토익
마법
2주의 기적

LISTENING

머리말

독자 여러분께

'토익 마법 - 2주의 기적'이라는 책 제목에서 '마법'이라는 말은 관심을 끌고자 붙인 부분이지만, '2주'는 빈말이 아닙니다. 매일 충분한 시간을 투자할 수 있다면 딱 2주만, 주말 빼고 열흘만이라도 열심히 공부해 보세요. 분명 놀라운 성과를 올리게 될 것입니다. 초보자라면 이 책으로 전국 평균인 680점을 쉽게 돌파할 수 있을 것이고, 점수 상승이 정체된 중급 수준의 수험생이라면 이 책이 고득점 도약의 발판이 되어 줄 것입니다. 저자가 지난 10여 년간 토익만 연구해 온 결과물로서 가장 효과적이고 효율적인 학습법과 문제 풀이 방식을 제시할 것을 약속 드립니다.

공부할 시간이 부족하거나 매일 몇 시간씩 영어를 공부하는 것이 부담스럽다면, 하루 단위로 제시된 양을 2-3일에 걸쳐 공부하는 것도 괜찮습니다. 되도록이면 책의 본문 내용을 꼼꼼히 읽은 후, 지시 사항을 잘 따르며 문제를 풀어 보고, 정답을 맞힌 문제라도 해설을 읽어 보시기 바랍니다. 시간이 되는 대로 반복해서 읽어 보고, 특히 고득점을 목표로 하는 수험생인 경우 필수 암기 어휘 외에도 제시된 모든 어휘를 전부 암기한다면 실제 시험에 큰 도움이 될 것입니다.

제 인생에 사명을 주신 하나님께, 저의 보잘것없는 재주와 삶을 의미 있게 만들어 주시는 독자들과 수강생들에게 충실하고자 하는 마음으로 이 책을 썼습니다. 여러분의 토익 공부에 만족스러운 성과가 있을 뿐만 아니라, 인생의 모든 면이 잘 되고 즐겁기를 기도합니다.

저자 이교희 올림

추신: 책이 출간될 수 있게 힘을 모아주신 성안당과 이재명 차장님, 김은주 부장님, 랭삭 팀과 송은주 대표님, 안산이지어학원 김창로 원장님, 고맙습니다.

목차

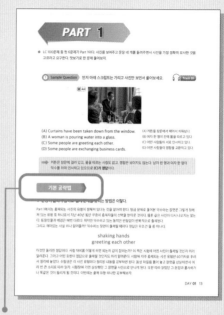

저자가 직접 소개하는
이 책의
구성과 특징

1. 청취력이 부족해도 정답을 알아내는 비법

각 파트, 유형마다 문장 전체, 혹은 지문 전체를 알아듣지 못해도 정답을 맞힐 수 있는 비법을 알려줍니다.

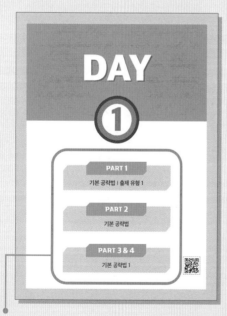

2. 전무후무, 매일 모든 파트 학습

다른 토익 교재에서는 볼 수 없는 방식. 매일 모든 파트를 공부함으로써 학습 효율성과 재미를 둘 다 얻을 수 있습니다.

3. 충분한 실전 문제

문제 풀이 기술을 배웠다면 실전 문제에 적용하는 무한 반복 훈련이 필요합니다. 충분한 수의 연습 문제를 실전 스타일로 준비했습니다.

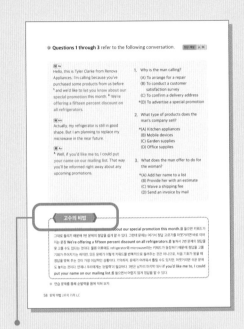

4. 풍부한 해설, 실전에 유용한 팁

모든 문제에 정답과 오답에 대한 자세한 설명이 제공되며, 필요할 때마다 부가 설명도 주어집니다. 저자의 많은 응시 경험(만점 10회)과 오랜 강의 경험을 통해 얻은 실전에 유용한 팁도 제공됩니다.

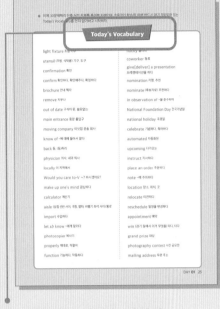

5. 고득점의 열쇠는 어휘력

아무리 좋은 기술을 배워도 어휘력이 없으면 문제 풀이는 여전히 어렵습니다. 매일 제공되는 Today's Vocabulary를 암기함으로써 문제 풀이가 쉬워지고 자신감을 얻게 됩니다.

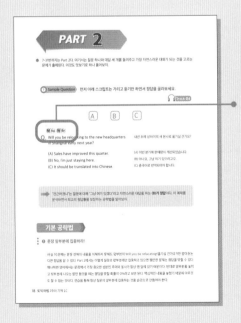

6. 정기 토익과 같은 성우 구성

출연 성우들의 출신 국가와 성별을 정기 토익과 같게 구성해서 각 나라 특유의 발음과 억양을 익힐 수 있습니다.

TOEIC이란?

● TOEIC

Test Of English for International Communication(국제적 의사소통을 위한 영어 시험)의 약자로, 영어가 모국어가 아닌 사람들이 비즈니스 현장 또는 일상생활에서 원활한 커뮤니케이션에 꼭 필요한 실용영어 능력을 갖추었는가를 평가하는 시험이다.

● TOEIC 시험 구성

구성	파트	유형		문항 수	시간	배점
Listening Comprehension	Part 1	사진 묘사		6	45분	495점
	Part 2	질의 응답		25		
	Part 3	짧은 대화		39		
	Part 4	짧은 담화		30		
Reading Comprehension	Part 5	단문 빈칸 채우기 (문법/어휘)		30	75분	495점
	Part 6	장문 빈칸 채우기 (문법/어휘/문장 고르기)		16		
	Part 7	지문 읽고 문제 풀기	단일 지문	29		
			이중 지문	10		
			삼중 지문	15		
Total	7 Parts			200 문항	120분	990점

● TOEIC 평가 항목

Listening Comprehension	Reading Comprehension
단문을 듣고 이해하는 능력	읽은 글을 통해 추론해 생각할 수 있는 능력
짧은 대화문을 듣고 이해하는 능력	장문에서 특정한 정보를 찾을 수 있는 능력
비교적 긴 대화문에서 주고받은 내용을 파악할 수 있는 능력	글의 목적, 주제, 의도 등을 파악하는 능력
장문에서 핵심이 되는 정보를 파악할 수 있는 능력	뜻이 유사한 단어들의 정확한 용례를 파악하는 능력
구나 문장에서 화자의 목적이나 함축된 의미를 이해하는 능력	문장 구조를 제대로 파악하는지, 문장에서 필요한 품사, 어구 등을 찾는 능력

TOEIC 수험 정보

● TOEIC 접수 방법

1. 한국 토익 위원회 사이트(www.toeic.co.kr)에서 시험일 약 2개월 전부터 온라인으로 24시간 언제든지 접수할 수 있다.
2. 추가시험은 2월과 8월에 있으며 이외에도 연중 상시로 시행된다.
3. JPG 형식의 본인의 사진 파일이 필요하다.

● 시험장 준비물

1. 신분증: 규정 신분증(주민등록증, 운전면허증, 기간 만료 전의 여권, 공무원증, 장애인 복지 카드 등)
2. 필기구: 연필과 지우개(볼펜이나 사인펜은 사용 금지)
3. 아날로그 손목시계(전자식 시계는 불가)

● TOEIC 시험 진행 시간

09:20	입실 (09:50 이후 입실 불가)
09:30 ~ 09:45	답안지 작성에 관한 오리엔테이션
09:45 ~ 09:50	휴식
09:50 ~ 10:05	신분증 확인
10:05 ~ 10:10	문제지 배부 및 파본 확인
10:10 ~ 10:55	듣기 평가 (LISTENING TEST)
10:55 ~ 12:10	읽기 평가 (READING TEST)

● TOEIC 성적 확인

시험일로부터 약 10~12일 후 인터넷 홈페이지 및 어플리케이션을 통한 성적 확인이 가능하다.
최초 성적표는 우편이나 온라인으로 발급받을 수 있다. 우편으로는 발급받기까지 성적 발표 후 약 7~10일이 소요되며, 온라인 발급을 선택하면 즉시 발급되며, 유효기간 내에 홈페이지에서 본인이 직접 1회에 한해 무료로 출력할 수 있다. TOEIC 성적은 시험일로부터 2년간 유효하다.

● TOEIC 점수

TOEIC 점수는 듣기 영역(LC)과 읽기 영역(RC)을 합계한 점수로 5점 단위로 구성되며 총점은 990점이다. TOEIC 성적은 각 문제 유형의 난이도에 따른 점수 환산표에 의해 결정된다.
성적표에는 전체 수험자의 평균과 해당 수험자가 받은 성적이 백분율로 표기되어 있다.

학습 계획

1. **10 Day Plan** - 하루에 많은 시간을 투자할 수 있다면 열흘에 공부를 끝내자.
2. **20 Day Plan** - 시간이 부족하거나, 초보자라서 많은 양의 학습이 부담스럽다면, '파트별 학습 + Today's Vocabulary'와 Practice Test로 나누어서 이틀에 하루치를 공부하자.
3. **30 Day Plan** - 너무 바빠서 하루 중에 많은 시간을 내기 힘들다면 '파트별 학습', '파트별 복습 + Today's Vocabulary', Practice Test로 나누어서 사흘에 하루치를 공부해보자.

나만의 학습 플랜 및 체크리스트

● 10일 플랜

1	2	3	4	5
☐ Day 1 / PART 1, 2, 3 & 4 ☐ PRACTICE TEST	☐ Day 2 / PART 1, 2, 3 & 4 ☐ PRACTICE TEST	☐ Day 3 / PART 1, 2, 3 & 4 ☐ PRACTICE TEST	☐ Day 4 / PART 1, 2, 3 & 4 ☐ PRACTICE TEST	☐ Day 5 / PART 1, 2, 3 & 4 ☐ PRACTICE TEST

6	7	8	9	10
☐ Day 6 / PART 1, 2, 3 & 4 ☐ PRACTICE TEST	☐ Day 7 / PART 1, 2, 3 & 4 ☐ PRACTICE TEST	☐ Day 8 / PART 1, 2, 3 & 4 ☐ PRACTICE TEST	☐ Day 9 / PART 1, 2, 3 & 4 ☐ PRACTICE TEST	☐ Day 10 / PART 1, 2, 3 & 4 ☐ PRACTICE TEST

● 20일 플랜

1	2	3	4	5
☐ Day 1 / PART 1, 2, 3 & 4 ☐ Today's Vocabulary	☐ PRACTICE TEST	☐ Day 2 / PART 1, 2, 3 & 4 ☐ Today's Vocabulary	☐ PRACTICE TEST	☐ Day 3 / PART 1, 2, 3 & 4 ☐ Today's Vocabulary

6	7	8	9	10
☐ PRACTICE TEST	☐ Day 4 / PART 1, 2, 3 & 4 ☐ Today's Vocabulary	☐ PRACTICE TEST	☐ Day 5 / PART 1, 2, 3 & 4 ☐ Today's Vocabulary	☐ PRACTICE TEST

11	12	13	14	15
☐ Day 6 / PART 1, 2, 3 & 4 ☐ Today's Vocabulary	☐ PRACTICE TEST	☐ Day 7 / PART 1, 2, 3 & 4 ☐ Today's Vocabulary	☐ PRACTICE TEST	☐ Day 8 / PART 1, 2, 3 & 4 ☐ Today's Vocabulary

16	17	18	19	20
☐ PRACTICE TEST	☐ Day 9 / PART 1, 2, 3 & 4 ☐ Today's Vocabulary	☐ PRACTICE TEST	☐ Day 10 / PART 1, 2, 3 & 4 ☐ Today's Vocabulary	☐ PRACTICE TEST

● 30일 플랜

1	2	3	4	5
☐ Day 1 / PART 1, 2, 3 & 4	☐ PART 1, 2, 3 & 4 복습 ☐ Today's Vocabulary	☐ PRACTICE TEST	☐ Day 2 / PART 1, 2, 3 & 4	☐ PART 1, 2, 3 & 4 복습 ☐ Today's Vocabulary

6	7	8	9	10
☐ PRACTICE TEST	☐ Day 3 / PART 1, 2, 3 & 4	☐ PART 1, 2, 3 & 4 복습 ☐ Today's Vocabulary	☐ PRACTICE TEST	☐ Day 4 / PART 1, 2, 3 & 4

11	12	13	14	15
☐ PART 1, 2, 3 & 4 복습 ☐ Today's Vocabulary	☐ PRACTICE TEST	☐ Day 5 / PART 1, 2, 3 & 4	☐ PART 1, 2, 3 & 4 복습 ☐ Today's Vocabulary	☐ PRACTICE TEST

16	17	18	19	20
☐ Day 6 / PART 1, 2, 3 & 4	☐ PART 1, 2, 3 & 4 복습 ☐ Today's Vocabulary	☐ PRACTICE TEST	☐ Day 7 / PART 1, 2, 3 & 4	☐ PART 1, 2, 3 & 4 복습 ☐ Today's Vocabulary

21	22	23	24	25
☐ PRACTICE TEST	☐ Day 8 / PART 1, 2, 3 & 4	☐ PART 1, 2, 3 & 4 복습 ☐ Today's Vocabulary	☐ PRACTICE TEST	☐ Day 9 / PART 1, 2, 3 & 4

26	27	28	29	30
☐ PART 1, 2, 3 & 4 복습 ☐ Today's Vocabulary	☐ PRACTICE TEST	☐ Day 10 / PART 1, 2, 3 & 4	☐ PART 1, 2, 3 & 4 복습 ☐ Today's Vocabulary	☐ PRACTICE TEST

DAY

PART 1

기본 공략법 | 출제 유형 1

PART 2

기본 공략법

PART 3 & 4

기본 공략법 1

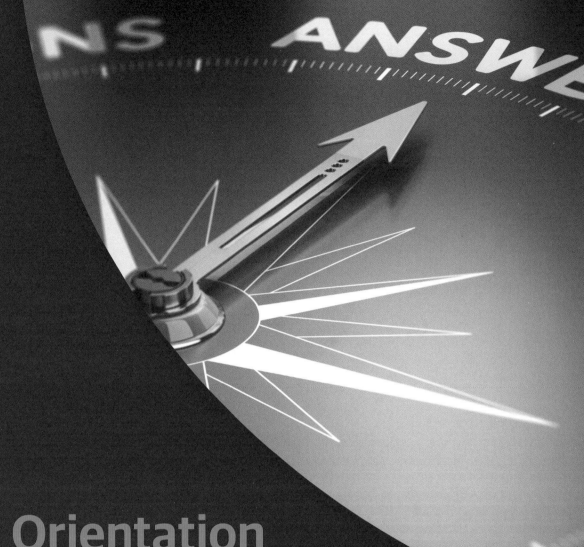

Orientation

잘 안 들리는 LC 문제도 맞힐 수 있는 비결이 있다. 대부분의 영어가 그냥 '블라블라~'로 들리는 수준에서 공부를 시작하더라도, 지금까지 가르쳐본 경험상 LC 400점 정도는 누구나 어렵지 않게 달성할 수 있는 학습법이다. 토익 공부 경험이 있거나, 어느 정도 청취력이 있는 수험생이라면 이 방식으로 만점을 달성하는 예도 많이 봤다. LC는 RC와 달리 4-5문제 틀려도 그냥 만점을 주는 데다 대부분의 수험생은 LC를 RC보다 잘하므로, RC 만점자는 만나기 힘들지만, LC 만점자는 흔하다. 따라서 자신감과 희망을 품고 공부를 시작하자. 전국 평균을 비교해 보면 LC 점수가 RC보다 50점 정도 높다. 즉, LC 400점을 달성한 수험생은 보통 RC 350점을 얻는다. 합치면 750점이다. 기본기가 부족한 상태에서 공부를 시작했다면 약간의 자부심과 함께 더 높은 점수에도 도전해볼 수 있겠다는 자신감도 가져볼 만한 점수다. 저자의 설명을 잘 읽고, 지시사항을 충실히 이행하면서 따라와 보자.

PART 1

● LC 100문제 중 첫 6문제가 Part 1이다. 사진을 보여주고 문장 네 개를 들려주면서 사진을 가장 정확히 묘사한 것을 고르라고 요구한다. 맛보기로 한 문제를 풀어보자.

❓ Sample Question ▶ 먼저 아래 스크립트는 가리고 사진만 보면서 풀어보세요. Track 01

W Am

(A) Curtains have been taken down from the window.
(B) A woman is pouring water into a glass.
(C) Some people are greeting each other.
(D) Some people are exchanging business cards.

(A) 커튼을 창문에서 떼어서 치워놨다.
(B) 여자 한 명이 잔에 물을 따르고 있다.
(C) 어떤 사람들이 서로 인사하고 있다.
(D) 어떤 사람들이 명함을 교환하고 있다.

▶▶▶ 커튼은 창문에 걸려 있고, 물을 따르는 사람도 없고, 명함은 보이지도 않는다. 남자 한 명과 여자 한 명이 악수를 하며 인사하고 있으므로 **(C)가 정답**이다.

기본 공략법

● **문장이 들리지 않아도 쉽게 문제를 맞히는 방법은 다음과 같다.**

Part 1에서는 출제되는 사진의 유형이 정해져 있다는 것을 알아야 한다. 방금 문제로 풀어본 악수하는 장면은 정해져 있는 유형 중 하나로서 지난 40년 동안 꾸준히 출제자들의 선택을 받아 왔다. 물론 같은 사진이 다시 나오지는 않는다. 등장인물과 배경은 매번 다르다. 하지만 악수하고 있는 동작은 변함없이 반복적으로 출제된다. 그리고 재미있는 사실을 알려준다면 악수하는 장면이 출제될 때마다 정답은 무조건 둘 중 하나다.

shaking hands
greeting each other

이것만 들리면 정답이다. 시험 대비를 어떻게 하면 되는지 감이 잡히는가? 이 책은 시험에 어떤 사진이 출제될 것인지 미리 알려준다. 그리고 어떤 표현이 정답으로 출제될 것인지도 미리 알려준다. 시험에 자주 출제되는 사진 유형만 60가지로 추려서 정리해 놓았다. 수험생은 각 사진 유형마다 정리된 내용을 공부하면 된다. 음성 파일을 틀어 놓고 장면을 상상하면서 여러 번 큰 소리로 따라 읽자. 시험장에 가면 상상했던 그 장면을 사진으로 만나게 된다. 또한 따라 읽었던 그 문장과 흡사하거나 똑같은 것이 들리게 될 것이다. 이번에는 출제 유형 하나만 공부해보자.

● 장면을 상상하면서 예문을 여러 번 따라 읽으세요.

★★★ **출제 유형 1** **~이 ~에 놓여 있다** *거의 매달 출제!*

 Track 02

VOCAB

ledge (창이나 벽에 돌출된) 선반 a tray of ~ 한 접시 base of a tree 나무의 밑동 vertical beam 수직 기둥
stool (등받이와 팔걸이가 없는) 의자 upside down (아래위가) 뒤집혀 bedding 침구 make bed (자고 나서) 잠자리
를 정돈하다 opposite (보통 마주 보고 있는 둘 중) 다른 편의, 건너편의 shoreline 해안가, 해안선 pottery 도자기
lighthouse 등대 potted plant 화분 border 가장자리, 변두리 patio 안뜰, 테라스 utensil 식기류, 조리도구
in a semi-circle 반원형으로 symmetrically 대칭적으로 trench 도랑 statue 조각상 pedestal (동상 등의) 받침대
pitcher (주둥이가 있고 손잡이가 달린) 주전자 light fixture 조명 기구 couch 긴 의자, 소파
post 게시하다 notice 공고문, 안내문 pin 핀으로 꽂다 bulletin board 게시판 tack 압정으로 고정하다 cookware
취사도구 stove (가스, 전기) 레인지 portable 휴대용의 staircase 계단

Key Words   "두다, 놓다"를 나타내는 단어를 기억하세요!

put, place, position, locate, situate, arrange, lay, set, mount, rest, push, store, leave

'두다/놓다'라는 뜻의 동사를 수동태로 사용해서 '~이 ~에 놓여 있다'라는 문장으로 출제된다. 거의 매달 출제되므로
반드시 철저히 공부해야 한다. 정리된 단어들을 암기하고, 여러 번 따라 읽고, 받아쓰기도 해보자.

A plant has been put on a ledge. 창문 밑 선반에 화분이 놓여 있다.

Chairs have been placed in the middle of the room.
방 한가운데에 의자들이 놓여 있다.

A tray of food has been placed on a counter. 계산대에 음식 한 접시가 놓여 있다.

Chairs have been placed around the base of a tree.
나무 밑동 둘레에 의자들이 놓여 있다.

A ladder has been placed next to a vertical beam.
수직 기둥 옆에 사다리가 놓여 있다.

Some boxes have been placed on a conveyor belt.
컨베이어벨트 위에 상자들이 놓여 있다.

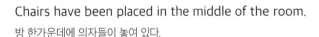

Some stools have been placed upside down. 등받이 없는 의자들이 뒤집혀서 놓여 있다.

Bedding has been folded and placed on a mattress. 침구가 접혀서 매트리스 위에 놓여 있다.

One of the beds has not been made. 침대 중 하나가 정돈되지 않은 상태다.

Chairs are positioned on opposite sides of the room.
의자들이 서로 방 맞은편에 놓여 있다.

Some boats are positioned at the river's edge. 배들이 강가에 있다.

Desks are positioned one in front of the other. 책상들이 서로 앞뒤로 놓여 있다.

Some tall buildings are located near the shoreline. 고층 건물들이 해안선을 따라 늘어서 있다.

A large piece of pottery is situated in the corner. 큰 도자기 한 점이 구석에 있다.

A lighthouse is situated near a shoreline. 해안선 근처에 등대가 있다.

Potted plants have been arranged along the border of the patio.
테라스 가장자리를 따라서 화분들이 놓여 있다.

Sets of utensils have been arranged on napkins.
냅킨 위에 여러 식기 세트가 놓여 있다.

The seats are arranged in a semi-circle. 좌석이 반원형으로 배치되어 있다.

The windows are arranged symmetrically. 창문이 대칭으로 배열되어 있다.

A canvas has been laid on the table. 테이블 위에 캔버스가 있다.

Pipes have been laid in the trench. 파이프가 도랑에 놓여 있다.

Scientific equipment has been set on top of a counter.
계산대 위에 과학 장비가 놓여 있다.

A statue is set on a pedestal. 조각상이 받침대 위에 놓여 있다.

Some metal pitchers have been set on a shelf.
금속 물주전자 몇 개가 선반 위에 놓여 있다.

Bulletin boards have been mounted to the wall. 벽에 게시판들이 설치되어 있다.

Some light fixtures are mounted on the walls. 벽에 몇몇 조명 기구들이 설치되어 있다.

A couch has been pushed to one side of the room. 소파가 방 한쪽으로 밀어져 있다.

Some chairs have been pushed under a table. 의자들을 테이블 아래로 밀어 놓았다.

Some papers have been posted on a board. 게시판에 문서가 게시되어 있다.

Some notices are pinned to a bulletin board. 공지사항들을 게시판에 핀으로 고정해 놓았다.

Papers have been tacked to a bulletin board. 문서가 게시판에 압정으로 고정되어 있다.

Boxes are stored on multiple shelves. 상자들이 여러 선반에 놓여 있다.

Files are being stored on shelves. 파일들이 선반에 보관되어 있다.

Some tools have been left on a cart. 수레에 공구들이 놓여 있다.

Some cookware has been left on a stove. 레인지에 취사도구가 놓여 있다.

A portable staircase has been brought up to the door.
이동식 계단을 문 앞에 가져다 놓았다.

"이제 문제를 한번 풀어보자."

○ 문제를 풀기 전에 단어를 먼저 외우세요.

정답·해설 p. 2

VOCAB traffic cone (도로 공사 구간 등에 세우는) 원뿔형 교통 표지 branch 나뭇가지 trim 다듬다, 손질하다
tow (자동차를) 견인하다 plant (나무, 씨앗 등을) 심다 parking area 주차장 artwork 미술품 frame 틀[액자]에 넣다
hang 걸리다, 매달리다 ceiling 천장 stack 쌓다 against a wall 벽에 기대어 on top of ~의 위에

1.

Track 03

a   b   c   d

2.

a   b   c   d

PART 2

● 7-31번까지는 Part 2다. 여기서는 질문 하나와 대답 세 개를 들려주고 가장 자연스러운 대화가 되는 대답을 고르는 문제가 출제된다. 이것도 맛보기로 하나 풀어보자.

? Sample Question   먼저 아래 스크립트는 가리고 듣기만 하면서 정답을 골라보세요.

🎧 Track 04

A   B   C

M Au W Br

Q. Will you be relocating to the new headquarters in Shanghai early next year?

내년 초에 상하이의 새 본사로 옮기실 건가요?

(A) Sales have improved this quarter.

(B) No, I'm just staying here.

(C) It should be translated into Chinese.

(A) 이번 분기에 판매량이 개선되었습니다.

(B) 아니요, 그냥 여기 있으려고요.

(C) 중국어로 번역되어야 합니다.

▬▬➤ "전근하겠냐"는 질문에 대해 "그냥 여기 있겠다"라고 자연스러운 대답을 하는 **(B)가 정답**이다. 이 예제를 분석하면서 최고의 정답률을 보장하는 공략법을 알아보자.

기본 공략법

★★★ ❶ 문장 앞부분에 집중하라!

사실 이 문제는 문장 전체의 내용을 이해하지 못해도 앞부분의 Will you be relocating(옮기실 건가요?)만 알아듣는 다면 정답을 알 수 있다. Part 2에서는 이렇게 질문의 앞부분에만 집중하고 있으면 웬만한 문제는 정답을 맞힐 수 있다. 왜냐하면 영어에서는 문장에서 가장 중요한 성분인 주어와 동사가 항상 맨 앞에 있기 때문이다. 반대로 앞부분을 놓치고 뒷부분에 나오는 말만 들었을 때는 정답을 맞힐 확률이 거의 없다고 보면 된다. 핵심적인 내용을 놓쳤기 때문에 아무 것도 할 수 없는 것이다. 연습을 통해 항상 질문의 앞부분에 집중하는 것을 습관으로 만들어야 한다.

★★ ❷ 오답을 잘 골라낼수록 고수가 된다!

(A)를 들어보면 질문에 나왔던 headquarters와 발음이 비슷한 this quarter가 들린다. 이렇게 질문에 들어 있는 단어가 반복되거나 그것과 발음이 비슷한 단어가 들리는 보기는 거의 다 오답이다.

(C)에서는 Chinese라는 단어가 들리는데, 이것은 질문에 들어 있는 Shanghai에서 연상될 만한 단어다. 내용을 잘 못 알아들은 수험생은 이러한 연상 단어나 표현이 들리면 정답으로 선택하고 싶은 충동을 느끼게 된다. 토익 출제위원들은 이러한 자연스러운 사람의 심리를 이용해서 문제를 만든다. 기억하자. 내용을 제대로 못 알아들었을 때 무언가 연상되는 단어나 표현이 들린다면 십중팔구 오답이다.

만약 질문이 의문사 의문문(Who, Where, When 등으로 시작하는 의문문)이라면 Yes나 No가 들리는 대답은 당연히 오답이다. 선택 의문문(A or B?)도 마찬가지다.

● 오답을 골라내는 방법을 정리하면 다음과 같다.

> (1) 질문에 나왔던 단어가 반복되거나 비슷한 발음이 들리면 오답이다.
> (2) 연상되는 단어가 들리는 보기는 오답이다.
> (3) 의문사 의문문과 선택 의문문에서는 Yes나 No가 들리면 오답이다.

● 토익 문제 풀이에서는 이 두 가지가 가장 중요하다. 문장 앞부분에 집중하면서 오답을 골라내는 기술을 성실하게 익히면 청취력이 아주 좋지 않아도 웬만한 문제는 해결할 수 있다.

● 문제 풀이에 도움이 되도록 출제 원리 몇 가지를 더 알아두자.

❸ "몰라"라고 대답하면 거의 항상 정답이다

● 다음 예문들을 읽어보자.

"담당자가 누구죠?"	→	"모르겠는데요."
"새 지사는 어디에 열죠?"	→	"아직은 모르겠어요."
"회사 야유회는 언제 간대요?"	→	"아직 정해지지 않았어요."
"이 기계의 작동법이 어떻게 되나요?"	→	"저도 모르겠어요."
"둘 중 어떤 게 더 비싼 거죠?"	→	"직원에게 물어보시죠."
"신제품 이름은 뭐가 될까요?"	→	"아직 결정되지 않았습니다."
"그 친구를 왜 전근 보내는 거죠?"	→	"저도 잘 모르겠어요."

"몰라"는 거의 모든 질문에 대한 자연스러운 대답이다. 그러므로 질문을 다소 알아듣기 어렵더라도 이런 대답은 정답으로 선택하는 게 안전하다. 보통 매달 25문제 중 한두 문제는 "모른다"라고 대답한다.

"몰라" 유형의 문장 중 시험에 자주 반복적으로 출제되어온 것들은 많이 따라 읽어서 암기해두자.

"몰라"

- **I[We] don't know.** 모르겠어요.
- **I have no idea.** 모르겠어요.
- I wish I knew. 모르겠어요.
- I can't tell. 판단이 서지 않는군요.
- It's too soon[early] to tell. 지금 판단하기는 이르죠.
- **I'm not sure.** 확실히는 모르겠습니다.
- **I don't remember.** 기억이 안 나네요.
- **I can't recall.** 기억이 안 나네요.
- I forgot ~. 잊어버렸어요.
- It's on the tip of my tongue.
  혀끝에서 맴도는데.
- It slipped my mind. 잊어버렸어요.
- I really haven't noticed. 정말 눈치 못 챘어요.
- I didn't see anyone.
  (Who 의문문에서) 아무도 못 봤는데요.
- Nobody I've heard of.
  (Who 의문문에서) 아무 이름도 못 들었습니다.
- **I haven't heard yet.** 아직 못 들었어요.
- **I haven't been told yet.** 아직 못 들었어요.
- I haven't been notified[informed].
  통지 못 받았습니다.
- They didn't give an exact date[time].
  (When 의문문, What time 유형에서) 정확한 날짜
  [시간]은 말해 주지 않더군요.
- She didn't give a reason.
  (Why 의문문에서) 이유를 알려주지 않았어요.
- He didn't say about it. 아무 말도 없던데요.
- I can't give you exact figures.
  (How many[much] 유형에서) 정확한 수치는 말씀
  드릴 수 없습니다.
- **The schedule hasn't been confirmed yet.**
  일정이 확정되지 않았습니다.
- I was too busy to go. 바빠서 못 갔어요.
- I haven't met her yet. 아직 못 만나봤어요.
- I haven't checked. 확인 못 했습니다.
- I'll go check. 가서 알아볼게요.
- **Let me check ~.** ~을 확인해 볼게요.

- I'll have to check ~. ~을 확인해 봐야 합니다.
- I'll see if ~. ~인지 알아보겠습니다.
- Let's look[check] ~. ~을 한번 알아봅시다.
- **Check with + 사람** ~에게 확인해 보세요.
- **Check + 사물** ~을 확인해 보세요.
- I'll call ~. ~에게 전화해 볼게요.
- I'll find out ~. ~을 알아보겠습니다.
- I'll have to ask ~. ~에게 물어봐야겠어요.
- I'll ask ~. ~에게 물어볼게요.
- I was going to ask ~. ~에게 물어보려고 했어요.
- I will let you know later. 나중에 알려드리죠.
- You should ask ~. ~에게 물어보셔야죠.
- **Ask + 사람** ~에게 물어보세요.
- **사람 + might[probably/should/would]
  know ~.** ~라면 알 거예요.
- **I[We; They] haven't decided yet.**
  아직 결정을 못했어요.
- **We still haven't decided.**
  아직 결정을 못했어요.
- They're still discussing. 아직 의논 중입니다.
- We're still uncertain. 아직 확실하지 않습니다.
- **It hasn't been decided yet.**
  아직 결정되지 않았습니다.
- A decision hasn't been made yet.
  아직 결정되지 않았습니다.
- There are several options.
  몇 가지 선택 사항이 있습니다.
- I can't decide ~. 결정을 못하겠군요.
- I'm not in charge. 제 담당이 아닙니다.
- That's a difficult question.
  그거 어려운 질문이군요.
- I'm still thinking it over. 아직 숙고 중입니다.
- It's not my decision. 제가 결정할 사항이 아닙니다.
- It's up to you. 당신에게 달려 있어요.
- I'll leave it up to you. 당신에게 맡기겠습니다.
- **It depends on ~.** ~에 따라 다릅니다.
- **It depends.** 그때그때 달라요.

④ 찍더라도 아무거나 찍지 말라

정답을 도저히 알 수 없어서 찍을 수밖에 없다면, 확률이 가장 높은 것으로 찍자. 아래 키워드가 들어 있는 대답은 내용에 상관없이 정답인 경우가 많다.

> (1) Sure (마법의 키워드 – 매우 자주 출제, 단, 의문사 의문문이 아닌 경우)
> (2) Actually
> (3) 반문하는 대답

● 모든 문제를 풀 때 두 가지가 가장 중요하다.

1. 문장 앞부분에 집중하라!
2. 오답을 잘 골라낼수록 고수가 된다!

● 연습 문제를 몇 개 풀면서 이 출제 원리들을 이용해보자.

Exercise

● 문제를 풀기 전에 단어를 먼저 외우세요.

정답·해설   p. 3

VOCAB

proposal 기획안, 제안서 hire 고용하다 staff (전체) 직원 approve 승인하다 transfer 전근 가다 branch 지사, 분점 as originally planned 원래 계획대로 guided tour 가이드가 함께하는 여행 offer 제공하다 account transfer 계좌 이체 request form 신청서 location 지점 replacement part 교체 부품 ship out ~을 발송하다 research 연구, 조사 be supposed to-V ~하기로 되어 있다, ~할 의무가 있다 publish (신문, 잡지에) 게재하다, 싣다 issue (정기 간행물의) 호 journal (전문) 잡지, 저널, 학술지 case study 사례 연구 photocopier 복사기 copy (문서) 한 부

🎧 Track 05

1. Mark your answer.   (A)   (B)   (C)

2. Mark your answer.   (A)   (B)   (C)

3. Mark your answer.   (A)   (B)   (C)

4. Mark your answer.   (A)   (B)   (C)

5. Mark your answer.   (A)   (B)   (C)

PART 3 & 4

● 32-70번까지는 Part 3, 71-100번은 Part 4다. Part 3는 두 명 혹은 세 명이 하는 40여 초 분량의 대화를 듣고 관련된 문제 세 개를 풀고, Part 4는 역시 40여 초 정도 되는 한 명이 하는 담화를 듣고 관련 문제 세 개를 풀게 되어 있다. 각각 대화 13개, 담화 10개를 들어야 한다. Part 3와 4는 엄밀한 의미에서 순수한 LC 시험이라고는 볼 수 없다. 대화와 담화를 듣기만 하는 것이 아니라 문제를 읽기도 하면서 풀어야 하기 때문이다. 아래 Part 3 예제를 보자.

(?) Sample Questions

1. What is the conversation about?

   (A) Locating a concert hall
   (B) Parking at a train station
   (C) Attending a festival
   (D) Driving on the highway

2. What problem occurred last year?

   (A) Parking cost too much.
   (B) Some employees were impolite.
   (C) Traffic was heavy.
   (D) The weather was unfavorable.

3. What does the woman suggest?

   (A) Leaving earlier in the morning
   (B) Canceling a reservation
   (C) Postponing the plan
   (D) Taking a train

VOCAB   locate 찾다   occur 발생하다   cost 비용이 ~ 들다   impolite 무례한   heavy (교통이) 매우 혼잡한
unfavorable 불리한, 알맞지 않은

기본 공략법 1

● 문제를 원활하게 해결하기 위해 대화를 잘 듣는 것만큼 중요한 것이 있는데, 바로 이 문제들을 미리 잘 읽어두는 것이다. 다시 위로 올라가서 정리된 단어들과 뜻을 참고하여 문제를 잘 읽어보자. 그런 후에 대화를 듣는다. 듣다 보면 미리 읽어 놓은 내용이 대화 도중에 또렷이 들리게 되어 있다. 이때 바로 정답을 선택하면 된다.
자, 직접 해보고 다음 페이지의 해설을 잘 읽어보자.

● **Questions 1 through 3** refer to the following conversation.

정답·해설   p. 4

W Br

Oh, Daniel, I have something to ask you about. **1.** Do you know there's going to be a **jazz festival** in Brisbane this weekend? **1.** I'm thinking of **going there** by my car on Saturday afternoon.

M Au

I think I'll be there, too. **2.** But, you know, the **traffic was terrible** when I went there **last year**. Usually it's only a thirty-minute ride from here, but it took me over an hour to get there on that Saturday.

W Br

Well, I saw an advertisement in the newspaper, and it says that they provide special bus and train services for those who book tickets online this year. **3.** **Why don't we take a train there**, since the Adelaide Station is within walking distance from the office. I'll check the timetable for the train service right now.

1. What is the conversation about?
   (A) Locating a concert hall
   (B) Parking at a train station
   *(C) Attending a festival
   (D) Driving on the highway

2. What problem occurred last year?
   (A) Parking cost too much.
   (B) Some employees were impolite.
   *(C) Traffic was heavy.
   (D) The weather was unfavorable.

3. What does the woman suggest?
   (A) Leaving earlier in the morning
   (B) Canceling a reservation
   (C) Postponing the plan
   *(D) Taking a train

● 1번 문제를 미리 잘 읽어둔 사람은 대화에서 jazz festival이라는 단어가 또렷하게 귀에 들어온다. 전체 내용은 못 알아들어도 괜찮으니까 이 키워드만 듣고 정답을 선택하면 된다. 그러고 나서 재빨리 2번의 정답을 고를 준비를 하고 기다리고 있다 보면 the traffic was terrible when I went there last year가 명확하게 들릴 것이다. 여기서 빠른 속도로 선택하고, 다음 문제로 넘어가서 키워드를 기다려야 한다. 그리고 여자가 Why don't we take a train there라고 말할 때 3번의 정답을 선택하면 된다. 이렇게 미리 잘 읽어두고 키워드만 잘 낚아채면 대화 전체를 이해하지 못해도 LC 400점 정도를 달성할 만큼 충분한 수의 문제를 맞힐 수 있다.

대화가 끝나면 성우가 문제를 읽어줄 것이다. 한 문제 읽어줄 때마다 8초씩 기다리게 되어 있으니 세 문제를 모두 읽어주는 데는 40-45초가 소요된다. 원래 시험을 디자인할 때는 이 시간을 정답 고르는 데 쓰라고 만든 것이지만, 우리는 이미 대화를 들으면서 정답을 다 골라 놓았다. 그렇다면 이 시간에 우리가 할 일은 당연히 다음 세 문제를 읽는 것이다. 그리고 같은 방식으로 키워드를 낚아채며 문제를 풀어나가면 된다.

● Part 3 대화 하나와 Part 4 담화 하나를 들으며 연습 문제를 풀어보자.

● 문제를 풀기 전에 단어를 먼저 외우세요.

정답·해설 p. 5

VOCAB
front desk (호텔, 사무실 건물 등의) 프런트, 안내 데스크 offer 제공하다 concierge service 심부름 서비스
pack (짐을) 챙기다 dress shirt (예복용, 비즈니스용) 와이셔츠 take care of ~을 처리하다 benefit 복리후생
be eligible for 자격이 있다 commute 통근, 통근하다 available to sb ~가 이용할 수 있는 claim 얻다, 차지하다
register for ~에 등록하다 monthly pass 월정기권 receipt 영수증

● 대화와 담화를 듣기 전에 문제를 먼저 읽으세요.

 Track 07

Part **3**

1. Where most likely are the speakers?

(A) At a convention center
(B) At an apartment building
(C) At a hotel
(D) At an airport

2. What does the man say he forgot?

(A) A shirt
(B) An address
(C) Some documents
(D) Some driving directions

3. What will the woman most likely do next?

(A) Call a taxi service
(B) Go to a dry cleaner's
(C) Cancel a reservation
(D) Give the man a map

Part **4**

4. What benefit is the company offering?

(A) Use of a company car
(B) Flexible work hours
(C) Additional vacation days
(D) Free shuttle service

5. Who is eligible for the benefit?

(A) Employees travelling to meet clients
(B) Employees commuting by train
(C) Employees with five or more years of service
(D) Employees working at branch offices

6. What do employees have to do to claim the benefit?

(A) Contact the human resources department
(B) Show proof of employment
(C) Submit a copy of a receipt
(D) Consult their immediate supervisors

● 이제 30문제짜리 단축 실전 문제를 풀어볼 차례인데, 효율적인 학습을 위해 반드시 여기에 정리되어 있는 Today's Vocabulary를 먼저 암기하고 시작하자.

Today's Vocabulary

light fixture 조명 기구

utensil 식기류, 조리도구

confirmation 확인

confirm 확인하다, 확인해주다, 확정하다

brochure 안내 책자

remove 치우다

out of date 구식이 된, 쓸모없는

main entrance 중앙 출입구

moving company 이삿짐 운송 회사

know of ~에 대해 들어서 알다

back 등, (등)허리

physician 의사, 내과 의사

locally 이 지역에서

Would you care to-V ~? ~ 하시겠어요?

make up one's mind 결심하다

calculator 계산기

aisle (상점 선반 사이, 극장, 열차, 비행기 좌석 사이) 통로

import 수입하다

let sb know ~에게 알리다

photocopier 복사기

properly 제대로, 적절히

function 기능하다, 작동하다

notify 알리다

coworker 동료

give[deliver] a presentation 프레젠테이션을 하다, 발표하다

nomination 지명, 추천

nominate (후보자로) 추천하다

in observation of ~을 준수하여

National Foundation Day 건국기념일

national holiday 국경일

celebrate 기념하다, 축하하다

automated 자동화된

upcoming 다가오는

instruct 지시하다

place an order 주문하다

note ~에 주의하다

location 장소, 위치, 곳

relocate 이전하다

reschedule 일정을 변경하다

appointment 예약

win (경기 등에서 이겨) 따다, 타다

grand prize 대상

photography contest 사진 공모전

mailing address 우편 주소

Practice Test

시험 전 필독!

● 이제 단축 실전 문제를 풀어보자. Part 1 3문제, Part 2 9문제, Part 3, 4 각각 9문제다.

● 시간을 가장 효율적으로 활용하는 법을 알아두자.

토익 시험의 모든 파트는 시작하는 부분에 Directions가 있는데 해당 파트의 출제 형식을 안내하는 부분이다. LC는 성우가 항상 이 부분을 읽어주는데, 이때 가만히 듣고 있지 말고 이 시간을 Part 3, 4 문제를 미리 읽는 데 사용해야 한다.

Part 1, 2는 항상 문제 사이에 5초의 간격이 있다. 이 시간은 마킹 답안지의 빈칸을 채우는 데 써야 한다. 그러나 Part 3, 4를 풀 때는 문제지에 살짝 정답을 표시해 놓기만 하고, 마킹은 하지 말아야 한다. 그러는 사이에 다음 문제의 키워드를 놓칠 수 있기 때문이다. Part 3, 4 마킹은 LC가 다 끝난 후 RC로 넘어가기 전에 한꺼번에 한다. 실제 시험에서는 총 69문제이기 때문에 마킹을 할 때 꽤 긴 시간이 걸릴 수 있다. 시간을 단축하기 위해 시험장에 갈 때는 항상 뭉툭한 연필을 준비하자. 10초만 절약해도 RC 문제를 하나 더 풀 수 있다.

LISTENING TEST

In the Listening test, you will be asked to demonstrate how well you understand spoken English. The entire Listening test will last approximately 45 minutes. There are four parts, and directions are given for each part. You must mark your answers on the separate answer sheet. Do not write your answers in your test book.

PART 1

Directions: For each question in this part, you will hear four statements about a picture in your test book. When you hear the statements, you must select the one statement that best describes what you see in the picture. Then find the number of the question on your answer sheet and mark your answer. The statements will not be printed in your test book and will be spoken only one time.

1.

a b c d

2.

a b c d

3.

a   b   c   d

PART 2

Directions: You will hear a question or statement and three responses spoken in English. They will not be printed in your test book and will be spoken only one time. Select the best response to the question or statement and mark the letter (A), (B), or (C) on your answer sheet.

4. Mark your answer.   (A)   (B)   (C)

5. Mark your answer.   (A)   (B)   (C)

6. Mark your answer.   (A)   (B)   (C)

7. Mark your answer.   (A)   (B)   (C)

8. Mark your answer.   (A)   (B)   (C)

9. Mark your answer.   (A)   (B)   (C)

10. Mark your answer.   (A)   (B)   (C)

11. Mark your answer.   (A)   (B)   (C)

12. Mark your answer.   (A)   (B)   (C)

Directions: You will hear some conversations between two or more people. You will be asked to answer three questions about what the speakers say in each conversation. Select the best response to each question and mark the letter (A), (B), (C), or (D) on your answer sheet. The conversations will not be printed in your test book and will be spoken only one time.

13. What problem are the speakers talking about?
(A) Some materials cannot be located.
(B) An office machine is not functioning properly.
(C) A colleague has not arrived yet.
(D) A telephone number is not in the directory.

14. What does the woman suggest?
(A) Notifying a coworker
(B) Purchasing a new machine
(C) Making extra copies of a report
(D) Creating a budget plan

15. What does the man have to do tomorrow?
(A) Repair a set of equipment
(B) Deliver a presentation
(C) Speak to a technician
(D) Create a budget plan

16. What are the speakers discussing?
(A) Joining the judging committee
(B) Increasing sales
(C) Organizing a meeting
(D) Nominating an employee for an award

17. What did Ruth Johnson do?
(A) Reported the best sales
(B) Filled out a form
(C) Worked in human resources department
(D) Nominated an employee for an award

18. What does the man suggest the woman do?
(A) Boost sales
(B) Examine a report
(C) Speak to a committee member
(D) Submit a form

19. What does the woman want to do?
(A) Buy some tickets
(B) Visit the town office
(C) Apply for a credit card
(D) Create a Web site

20. Why does the man say he cannot help the woman?
(A) The tickets are sold out.
(B) The comedy show has already ended.
(C) He can accept only cash payments.
(D) He doesn't work at the town office any more.

21. What does the man remind the woman about?
(A) Change in schedule
(B) Relocation of the office
(C) Cancelation of a show
(D) Difference in prices

Directions: You will hear some talks given by a single speaker. You will be asked to answer three questions about what the speaker says in each talk. Select the best response to each question and mark the letter (A), (B), (C), or (D) on your answer sheet. The talks will not be printed in your test book and will be spoken only one time.

22. Why is the office closed?
    (A) A national holiday is being celebrated.
    (B) Regular business hours have been changed.
    (C) Some maintenance work is being conducted.
    (D) Employees are attending a training session.

23. Why are the listeners instructed to press three?
    (A) To return to the main menu
    (B) To hear about current job vacancies
    (C) To place an order
    (D) To leave a message

24. What does the speaker say about the Angela Brooks' concert?
    (A) It was canceled.
    (B) Tickets are sold out.
    (C) A recording is available online.
    (D) The date has not been announced.

25. What type of business does the speaker work for?
    (A) A moving company
    (B) A dental office
    (C) A hotel
    (D) A travel agency

26. What has happened recently?
    (A) A business has relocated.
    (B) A doctor has retired.
    (C) Office hours have been extended.
    (D) Two companies have merged

27. According to the speaker, what can the listener do online?
    (A) Place an order
    (B) Pay an invoice
    (C) Complete some forms
    (D) Reschedule an appointment

28. Where does the speaker most likely work?
    (A) At a landscaping company
    (B) At a photography studio
    (C) At a beach resort
    (D) At a magazine

29. What news does the speaker give Mr. Nakajima?
    (A) He has won a contest.
    (B) He can upgrade his subscription.
    (C) He is being considered for a position.
    (D) He is eligible for a price reduction.

30. What does the speaker want to confirm?
    (A) A room reservation
    (B) An available date
    (C) A mailing address
    (D) A serial number

DAY

②

PART 1
출제 유형 2~8

PART 2
Who / Which 의문문 정답 패턴

PART 3 & 4
기본 공략법 2

PART 1

- Part 1에서는 출제되는 사진의 유형이 정해져 있고, 각 유형의 사진마다 정답으로 출제되는 표현도 항상 반복적이다. DAY 1에 이어 시험에 자주 출제되는 사진 유형들을 계속 공부해보자.

◯ 장면을 상상하면서 여러 번 따라 읽으세요.

출제 유형 2 ~을 보고 있다 *거의 매달 출제!*   Track 01

VOCAB merchandise (상점에서 파는) 상품 drawer 서랍 look through ~을 살펴[훑어]보다 in[into] the distance 저 멀리 artwork 미술품 scenery 경치, 풍경 landscape 풍경 content 속에 든 것들, 내용물 an article of clothing 의류 한 점 tag 꼬리표, 정가표 attach 붙이다, 첨부하다 suitcase 여행 가방 produce 농작물, 농산물 sign 표지판, 간판 spoke 바큇살 wheel 바퀴 label 라벨, 상표 painting (물감으로 그린) 그림 motorbike 오토바이 microscope 현미경 browse (가게 안의 물건들을) 둘러보다, 훑어보다 bookstore 책방, 서점 search 자세히 살피다 consult 찾아보다, 참고하다

Key Words
"보다"를 나타내는 단어를 기억하세요!

look, stare, view, gaze, review, face, examine, study, inspect, read, admire, check, watch, focus, peer, browse, search, consult

'~을 보고 있다'는 거의 매달 시험에 출제된다. 대부분 동사로 looking을 사용하지만, 가끔은 문제가 어려울 때도 있으므로 출제될 수 있는 표현들을 다 암기해두자.

They're looking at a book that's open. 펼쳐져 있는 책을 보고 있다.

He's looking down at a menu. 메뉴판을 보고 있다.

Shoppers are looking at merchandise. 쇼핑객들이 상품을 보고 있다.

A woman's looking in a file drawer. 파일 서랍을 들여다보고 있다.

They're looking over the side of a boat. 배 옆면 너머로 내려다보고 있다.

The woman is looking through her handbag. 여자가 핸드백 안을 살펴보고 있다.

They're staring into the distance. 먼 곳을 바라보고 있다.

People are viewing some artworks in a gallery. 미술관에서 미술 작품을 보고 있다.

He's gazing out at the scenery. 바깥 경치를 보고 있다.

Passengers are gazing at a city landscape. 승객들이 도시 전경을 보고 있다.

They're reviewing the contents of a notebook. 공책의 내용을 검토하고 있다.

One man is facing a group of people. 한 남자가 한 무리의 사람들을 보고 있다.

A customer's examining an article of clothing. 한 손님이 옷 한 벌을 살펴보고 있다.

She's examining a tag attached to a suitcase. 여행 가방에 붙어 있는 가격표를 보고 있다.

They're examining some produce. 농산물을 살펴보고 있다.

A couple is studying a sign. 한 커플이 표지판을 보고 있다.

The spokes on a wheel are being inspected. 바퀴살을 살펴보고 있다.

Two students are reading from the same book. 두 학생은 같은 책을 읽고 있다.

She's reading the label on a can. 캔에 붙어 있는 라벨을 읽고 있다.

He's admiring some paintings. 그는 그림을 감탄하며 보고 있다.

They're checking the route. 경로를 확인하고 있다.

A woman is watching a man work on a motorbike.
여자가 남자가 오토바이 고치는 걸 보고 있다.

The group is focusing on the computer monitor. 컴퓨터 모니터를 보고 있다.

Some scientists are peering into the microscopes.
과학자들이 현미경을 들여다보고 있다.

The women are browsing in a bookstore. 서점 안을 둘러보고 있다.

A woman is searching a bookshelf. 책장을 자세히 살피고 있다.

He's consulting a manual. 설명서를 찾아보고 있다.

출제 유형 3 **마주 보고 있다**

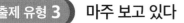 Track 02

Two women are facing[looking at] each other. 두 여자가 서로 마주 보고 있다.

출제 유형 4 **탁자[계산대]를 사이에 두고 마주 보는 장면에서는**
across가 들리면 100% 정답!

 Track 03

VOCAB　sit across from ~와 마주 보고 앉다

A man and woman are sitting across from one another.
남자와 여자가 서로 마주 보고 앉아 있다.

출제 유형 5 · picking (up)의 다양한 용법

VOCAB dry cleaner's 세탁소

The woman is picking up the document. 서류를 집어 올리고 있다.

A customer is picking up some clothing at a dry cleaner's. 한 손님이 세탁소에서 옷을 찾고 있다.

The man is picking vegetables in his garden. 텃밭에서 채소를 따고 있다.

출제 유형 6 · 구역이 나뉘어 있는 장면에서는 *divide, separate*가 *들리면 정답!*

VOCAB lounge 휴게실 partition 칸막이 workstation (사무실 등의 작업자의) 공간, 자리 lawn 잔디밭
walkway 통로, 보도 container 그릇, 용기

A lounge is divided by a partition. 휴게실이 칸막이로 나뉘어 있다.

Two workstations are separated by a partition. 두 자리가 칸막이로 나뉘어 있다.

A lawn separates two walkways. 잔디밭이 두 개의 통로를 가르고 있다. ⎯⎯⎯⎯⎯⎯⎯

Some fruit has been separated into containers. 과일이 그릇들에 나뉘어 담겨 있다.

출제 유형 7 · 쇼핑하는 장면

VOCAB open-air market 노천 시장 grocery 식료품 salesperson 판매원 vendor 노점상인, 행상인 offer 제안하다, 권하다
weigh 무게를 달다 scale 저울

Customers are shopping in an open-air market. 노천 시장에서 쇼핑하고 있다.

She is shopping for groceries. 식료품 쇼핑을 하고 있다. ⎯⎯⎯⎯⎯⎯⎯

A salesperson is showing the woman some shoes. 여자에게 신발을 보여주고 있다.

A vendor is offering some items to a customer. ⎯⎯⎯⎯⎯⎯⎯
노점상이 손님에게 물건을 권하고 있다.

A man's selling flowers. 꽃을 팔고 있다. ⎯⎯⎯⎯⎯⎯⎯

Some plants are being sold in an outdoor market. 노천 시장에서 화분을 팔고 있다.

He's weighing some fruits on the scale. 저울로 과일의 무게를 달고 있다.

VOCAB notice 공고문, 안내문 bulletin board 게시판

The man is posting some information. 정보를 게시하고 있다.

Some notices have been posted to a bulletin board. 게시판에 공고문이 게시되어 있다.

Exercise

○ 문제를 풀기 전에 단어를 먼저 외우세요.

정답·해설 p. 17

VOCAB try on 입어[신어] 보다 hand 건네주다, 넘겨주다 browse 둘러보다 stairway 계단(=staircase) handrail 난간 lean against ~에 기대다 column 기둥 at the bottom of ~의 밑바닥에 brick wall 벽돌 담 tear down (건물, 담 등을) 허물다(tore-torn)

1.

[a] [b] [c] [d]

 Track 08

2.

[a] [b] [c] [d]

PART 2

✅ Part 2 문제 풀이에서 가장 중요한 두 가지가 무엇이었는지 기억하는가?

1. 문장 앞부분에 집중하라!
2. 오답을 잘 골라낼수록 고수가 된다!

● 모든 문제를 풀 때 이 두 가지를 적용하려고 노력해야 한다.

◉ 이제 Part 2 문제들을 유형별로 살펴보자. 크게 네 가지로 분류할 수 있다.

● 의문사 의문문: 매달 10-12문제
● 일반 의문문 / 평서문: 매달 9-11문제
● 제안/부탁 의문문: 매달 3-4문제
● 선택 의문문: 매달 1-2문제

● 우선 가장 쉬운 의문사 의문문부터 시작하자.

◉ **의문사 의문문**

7가지 의문사 Who, Where, When, Why, Which, How, What으로 시작하는 질문들이 출제되는데, 이 중 Who, Where, When, Which 의문문이 더 쉽다. 이번 시간에는 Who 의문문과 Which 의문문을 보자.

Who 의문문 정답 패턴

● 질문이 Who로 시작된다면 당연히 대답에는 '사람'이 언급되어야 한다. 그래서 Who 의문문의 90%는 '사람 이름'이나 '직함'이 들리는 대답이 정답이다. 그밖에 들리기만 하면 정답이 되는 대답의 패턴이 있는데, 암기해 두면 의문사만 알아들어도 문제를 해결할 수 있는 경우가 많다.

1 사람 이름

2 직함, 신분 - manager(매니저), director(관리자), accountant(회계사) 등

3 관계 - supervisor(상사), client(고객), father, sister 등

4 Someone from[in]으로 시작하는 문장 / anyone, no one, nobody가 들어 있는 문장

5 회사 이름, 부서 이름

Track 09

Q. Who has the 12 o'clock appointment with Ms. Johnson?

A. Edward is meeting with her. ❶

Ms. Johnson과 12시에 약속되어 있는 사람이 누구죠?

➡ Edward가 만나기로 했어요.

Q. Who's that woman speaking to Mr. Davis?

A. She's a reporter from a magazine. ❷

Mr. Davis와 얘기하고 있는 저 여자분은 누구죠?

➡ 잡지사에서 나온 기자예요.

Q. Who ordered the alcohol lamps for the Lab 3?

A. Your supervisor did. ❸

3번 실험실에 알코올 램프는 누가 주문했나요?

➡ 당신 상사가 했어요.

Q. Who was hired for the editorial position?

A. Someone from Seoul. ❹

편집부 자리에는 누가 고용됐나요?

➡ 서울에서 온 누군가요.

Q. Who's developing the new processing equipment?

A. The Voltrin Engineering Company. ❺

새 가공 장비는 누가 개발하고 있나요?

➡ Voltrin Engineering 사(社)요.

Q. Who supplies your copy paper?

A. Check with the office manager.

당신들의 복사용지는 누가 공급합니까?

➡ 사무실 매니저에게 확인해 보세요.

Q. Who's going with you to the technology convention?

A. Management budgeted for only one attendee.

누가 당신과 함께 기술 컨벤션에 가나요?

➡ 경영진이 한 명만 참석하도록 예산을 짜 놓았어요.

● 정답의 패턴을 알고 있으면 토익 문제가 매우 쉽게 느껴질 것이다. 물론 여섯 번째나 일곱 번째 예제처럼 전형적인 패턴이 사용되지 않는 예도 있다. 여섯 번째의 경우는 지난 시간에 알려준 "몰라" 유형의 대답을 듣고 정답인 것을 알아야 한다. 일곱 번째 문제는 질문 앞부분의 Who's going with you(누가 당신과 함께 가나요)에 집중해서 자연스러운 대답을 찾아내야 한다.

Which 의문문 정답 패턴

● Which 의문문은 대답에서 (The) one(s)이 들리면 무조건 정답이므로 쉽게 맞힐 수 있다. 또한 'Which 바로 뒤에 붙는 명사'가 무슨 뜻인지만 알면 문제를 해결할 수 있다.

⊙ 기출문제들을 살펴보자.

Track 10

Q. Which items would you like me to put on the display rack?

A. Just the ones in the boxes.

진열 선반에 어느 제품들을 갖다 놓을까요?

➡ 상자에 있는 것들만요.

Q. Which water pipe come out of the kitchen sink?

A. The grey plastic one.

주방 싱크대에서 나오는 게 어느 수도관이죠?

➡ 회색 플라스틱인 것이요.

Q. Which menu item is the most popular in this restaurant?

A. Everyone loves the grilled chicken salad.

이 식당에서는 어느 메뉴가 가장 인기가 좋은가요?

➡ 구운 치킨 샐러드는 모든 사람이 좋아하죠.

Q. Which of these photos would look better in the catalog?

A. I don't like either one.

카탈로그에는 이 사진들 어느 것이 더 좋아 보일까요?

➡ 둘 다 별로인데요.

● 물론 Which 뒤에 있는 명사가 무슨 뜻인지 모르면 문제를 풀 수 없으므로, 항상 어휘력 향상을 위해 최선을 다해야 한다.

● 이제 배운 것들을 문제 풀이에 적용해 보자. 미리 알려주는 단어들을 외우고 시작하면 더 쉽게 문제를 풀 수 있다. 문장 앞부분에 집중하고, 오답을 골라내면서, 각 의문사에 해당하는 패턴을 포착하자. "몰라"는 일단 정답으로 생각하는 것이 안전하다. 도저히 정답을 모르겠다면 Sure나 Actually, 또는 '반문하는 대답'이 들릴 때 찍자.

Exercise

○ 문제를 풀기 전에 단어를 먼저 외우세요.

정답·해설　p. 18

VOCAB　be in charge of(= be responsible for) ~을 담당하다　salespeople 판매원들　accept 받아 주다, 수락하다　sales event 할인 행사　make a revision to ~을 수정하다　budget 예산　proposal 기획안, 제안서　associate director 부국장, 차장　additional 추가의　funding 자금, 자금 제공, 재정 지원　a range of 다양한　available 이용할 수 있는　be supposed to-V ~하기로 되어 있다, ~할 의무가 있다　instruction manual 사용 설명서　submit 제출하다　reimbursement 환급, 변제, 상환　request form 신청서　payroll department 급여 지급 부서, 경리과　attendee 참석자　missing 빠진　(new) hire 신입 사원　for a while 한동안, 당분간　colleague 동료　point out ~을 지적하다　costume (연극, 영화) 의상　rehearsal hall 연습실　conference 회의, 학회　real estate agency 부동산 중개소　leave 두고 오다[가다]　down the street 길 아래쪽에

🎧 **Track 11**

1. (A)	(B)	(C)	6. (A)	(B)	(C)
2. (A)	(B)	(C)	7. (A)	(B)	(C)
3. (A)	(B)	(C)	8. (A)	(B)	(C)
4. (A)	(B)	(C)	9. (A)	(B)	(C)
5. (A)	(B)	(C)	10. (A)	(B)	(C)

PART 3 & 4

지난 시간에 공부한 내용을 잊지 말자. Part 3, 4에서 고득점의 관건은 **'문제를 미리 잘 읽어두는 기술'**이다. 미리 읽어둔 내용을 바탕으로 키워드를 낚아채서 정답을 맞히는 기술을 확실히 숙달한다면 고득점을 향해 가는 길이 순탄할 것이다. 몇 가지 팁을 기억해두면 문제 풀이에 더 도움을 받을 수 있다.

기본 공략법 2

❶ 세 문제 중 첫 문제로 대화나 담화의 **'주제'**나 **'목적'**, **'장소'**, **'화자들의 직업'**, **'청자의 신분'**을 묻는 문제가 자주 출제되는데, 대부분 대화와 담화의 첫 한두 문장에서 정답을 알아낼 수 있으므로 이 부분을 놓치지 않도록 처음부터 집중하고 있어야 한다.

❷ **but**이나 **no, actually, so**로 시작하는 문장에는 대부분 정답에 키워드가 들어 있으므로, 이 키워드 중 하나가 들린다면 더 집중해보자.

❸ **next**로 끝나는 문제는 항상 대화와 담화의 마지막 문장에서 정답을 알려주므로, 중간에 정답을 고르지 말고 잘 집중하며 마지막까지 듣고 고르자.

● 이번에도 지난 시간에 이어 연습을 더 해보자. 아는 단어가 많을수록 대화나 담화 중 빠른 속도로 지나가는 키워드를 놓치는 일이 적어질 것이다. 미리 알려주는 단어들을 먼저 외우고, 질문과 보기를 잘 읽은 후에 연습 문제를 풀어보자.

○ 문제를 풀기 전에 단어를 먼저 외우세요.

정답·해설 p. 21

VOCAB

place an order 주문하다 shipment 수송품 on one's way (to) ~로 가는 도중인 pick up (어디에서) ~을 찾아오다
give *sb* a call 전화를 걸다 business card 명함 electronics 전자기기 accordingly 따라서 offer 제공하다
warranty 품질 보증 sign up for ~을 신청(가입)하다 extend 연장하다

○ 대화와 담화를 듣기 전에 문제를 먼저 읽으세요.

 Track 12

Part 3

1. What product are the speakers discussing?

   (A) A photo printer
   (B) A set of earphones
   (C) A digital camera
   (D) An ink cartridge

2. What does the man offer to do?

   (A) Process a refund
   (B) Recommend another product
   (C) Check a warehouse
   (D) Call when a shipment arrives

3. What does Irene give the man?

   (A) A business card
   (B) A discount coupon
   (C) An e-mail address
   (D) Some payment information

Part 4

4. Where does the speaker most likely work?

   (A) At a law firm
   (B) At a hardware store
   (C) At an electronics store
   (D) At a municipal office

5. What does the speaker say about this weekend?

   (A) A business will be closed.
   (B) A reservation will be required.
   (C) A special sale will begin.
   (D) An order will arrive.

6. According to the speaker, what is the business offering?

   (A) An online consultation
   (B) A personalized gift
   (C) A discount voucher
   (D) An extended warranty

● 이번에도 단축 실전 문제를 풀어보기 전에 먼저 필요한 단어들을 암기하자.

Today's Vocabulary

post 게시물

glass pane 유리판

diner (특히 식당에서) 식사하는 사람[손님]

across from each other 서로 맞은편에

press release 보도 자료

take care of ~의 책임을 지다, 처리하다

newsstand 신문 판매대

stock (상품을) 채우다

aisle 통로

overnight 야간의

be supposed to-V ~하기로 되어 있다

recall 기억해 내다

ocean view 바다가 보이는 전망

technology fair 기술박람회

representative 대표(자)

product demonstration 제품 시연회

bus station 버스 터미널

keynote speech 기조연설

give a speech 연설하다

brief 짧은, 잠시 동안의

go through ~을 거치다

renovation 개조, 보수

available to ~가 이용할 수 있는

sculpture 조각품

make sure to-V 반드시 ~하다

check out ~을 살펴보다

free of charge 무료인

in response to ~에 응하여

advertisement 광고

seek 찾다, 구하다

accept 받다, 받아들이다

application 지원(서)

status (진행 과정상의) 상황

order 주문품

immediately 즉시

deal with ~을 다루다, 처리하다

line 제품군

outerwear 겉옷(외투, 모자 등)

do well 성공하다

clothing 옷, 의복

namely 즉, 말하자면

properly 제대로, 적절히

look to-V ~할 예정이다[작정이다]

go out of business 폐업하다

steadily 꾸준히, 끊임없이

decline 줄어들다, 감소하다

decade 10년

souvenir 기념품

next door 옆 방[집/건물]의

quarter 분기

location 장소, 위치

librarian (도서관의) 사서

from now on 이제부터, 향후

collection 소장품

pass out ~을 나눠주다

request form 신청서

distribute 나누어 주다, 배부하다

Track 13 | 정답·해설 p. 23

LISTENING TEST

In the Listening test, you will be asked to demonstrate how well you understand spoken English. The entire Listening test will last approximately 45 minutes. There are four parts, and directions are given for each part. You must mark your answers on the separate answer sheet. Do not write your answers in your test book.

PART 1

Directions: For each question in this part, you will hear four statements about a picture in your test book. When you hear the statements, you must select the one statement that best describes what you see in the picture. Then find the number of the question on your answer sheet and mark your answer. The statements will not be printed in your test book and will be spoken only one time.

1.

[a]　　[b]　　[c]　　[d]

2.

a   b   c   d

3.

a   b   c   d

Directions: You will hear a question or statement and three responses spoken in English. They will not be printed in your test book and will be spoken only one time. Select the best response to the question or statement and mark the letter (A), (B), or (C) on your answer sheet.

4. Mark your answer.   (A)   (B)   (C)

5. Mark your answer.   (A)   (B)   (C)

6. Mark your answer.   (A)   (B)   (C)

7. Mark your answer.   (A)   (B)   (C)

8. Mark your answer.   (A)   (B)   (C)

9. Mark your answer.   (A)   (B)   (C)

10. Mark your answer.   (A)   (B)   (C)

11. Mark your answer.   (A)   (B)   (C)

12. Mark your answer.   (A)   (B)   (C)

Directions: You will hear some conversations between two or more people. You will be asked to answer three questions about what the speakers say in each conversation. Select the best response to each question and mark the letter (A), (B), (C), or (D) on your answer sheet. The conversations will not be printed in your test book and will be spoken only one time.

13. Where does the woman work?
(A) At an architecture firm
(B) At a botanical garden
(C) At a landscaping company
(D) At an art museum

14. What will happen in September?
(A) A product will be marked down.
(B) A building will be closed for renovations.
(C) An advertising campaign will launch.
(D) An art class for students will take place

15. What does the woman encourage the man to do?
(A) Visit a garden
(B) Revise an article
(C) Submit a résumé
(D) Participate in a tour

16. Who most likely is the man?
(A) A marketing expert
(B) An interior designer
(C) A photographer
(D) A financial planner

17. What type of event is the woman organizing?
(A) A retirement party
(B) A fundraising event
(C) An inaugural ceremony
(D) A leadership workshop

18. What will the man send to the woman?
(A) Some work samples
(B) A recommendation letter
(C) An assignment chart
(D) Some contract forms

19. What does the woman want to discuss with the man?
(A) A new line of laptop computers
(B) A company memo
(C) The opening of a new website
(D) The status of an order

20. What information does the man require?
(A) A date of purchase
(B) Description of an object
(C) An order number
(D) A mailing address

21. According to the man, how is he going to deal with the problem?
(A) By sending the product immediately
(B) By buying a new laptop battery
(C) By apologizing officially
(D) By canceling the order

Directions: You will hear some talks given by a single speaker. You will be asked to answer three questions about what the speaker says in each talk. Select the best response to each question and mark the letter (A), (B), (C), or (D) on your answer sheet. The talks will not be printed in your test book and will be spoken only one time.

22. Where do the listeners most likely work?
    (A) At a clothing store
    (B) At an electronics repair shop
    (C) At a shipping company
    (D) At a car manufacturing plant

23. What problem does the speaker mention?
    (A) Some merchandise was flawed.
    (B) An e-mail was sent to the wrong address.
    (C) Some photographs are not clear enough.
    (D) A link is not working properly.

24. What does the speaker ask the listeners to do?
    (A) Give refunds to some customers
    (B) Take some customers to a manager
    (C) Replace some promotional signs
    (D) Update some catalog descriptions

25. What kind of business does Philip Rashid own?
    (A) A landscaping firm
    (B) A bookstore
    (C) A toy manufacturer
    (D) A catering company

26. What problem did Philip Rashid have?
    (A) Lack of parking spaces
    (B) Decreasing sales
    (C) Faulty machinery
    (D) Government regulations

27. What does the speaker say about Julian's Souvenir Shop?
    (A) It will expand its location.
    (B) It has earned a reputation.
    (C) It is recruiting new employees.
    (D) It is having a special sale.

28. Where does the speaker work?
    (A) At a library
    (B) At a publishing company
    (C) At a museum
    (D) At a bookstore

29. What future plans are being discussed?
    (A) Celebrating a national holiday
    (B) Renovating an old building
    (C) Expanding a collection
    (D) Training new librarians

30. What will the speaker do next?
    (A) Distribute some documents
    (B) Introduce a colleague
    (C) Speak with some candidates
    (D) Consult a reference book

DAY

PART 1

출제 유형 9~15

PART 2

Where / When 의문문 정답 패턴

PART 3 & 4

순발력 연습

PART 1

● 출제 유형 1과 2는 수험생이 정기 토익에서 만날 확률이 90% 이상이라고 할 수 있다. 특히 출제 유형 1은 시험에 나오지 않은 횟수가 거의 손에 꼽을 정도다. 못 알아듣는 문장이 없도록 반복해서 공부하자. 이번에 공부할 내용 중에서는 특별히 출제 유형 9가 시험에 매우 자주 등장한다.

○ 장면을 상상하면서 여러 번 따라 읽으세요.

출제 유형 9 줄지어 있는 장면에서는 *line, row*가 들리면 정답!   Track 01

VOCAB line 줄; 줄을 세우다, (사람, 물건이) ~을 따라 늘어서다 **hallway** 복도 **corridor** 복도, 회랑 **space** (사물들 사이에 일정한) 간격을 두다 **organize** 정리하다

They are waiting in line. 줄을 서서 기다리고 있다.

Some boats are lined up in rows. 배들이 여러 줄로 늘어서 있다.

Lockers are lined up in a hallway. 사물함들이 복도에 줄지어져 있다.

A corridor is lined with arches. 복도에 아치들이 줄지어 있다. ───

Trees line both sides of the street. 나무가 길 양옆을 따라 늘어서 있다.

There are some vehicles lining the side of a street. 대로변을 따라 늘어서 있는 차들이 있다.

Lamps are spaced in a row on a tabletop. 램프들이 일정 간격으로 테이블 위에 줄지어져 있다.

Products have been organized into rows. 상품들이 여러 줄로 정리되어 있다.

A row of lights are above the edge of the platform. ───
플랫폼 가장자리 위에 조명이 일렬로 있다.

출제 유형 10 '들어 올리다'라는 뜻의 동사 lift, raise, elevate를 외우자

 Track 02

VOCAB wooden 나무로 된 plank 널빤지 rear end 후부, 후미

One of the men is lifting a wooden plank. 나무판자를 들어 올리고 있다.

The rear end of a car is raised off the ground.
자동차 후부를 땅에서 들어 올려놨다.

The car has been elevated for repairs. 자동차를 수리를 위해 들어 올려놨다.

출제 유형 11 (나무 등을) 심다, 식물로 덮다[가꾸다] – plant 🎧 Track 03

VOCAB bush 관목, 덤불

Some bushes are being planted. 관목이 심기고 있다.

A garden has been planted outside of a building.
건물 바깥에 정원이 식물로 덮여 있다.

출제 유형 12 흩어놓다, 펼치다 – scatter, spread 🎧 Track 04

VOCAB surface 표면 object 물건, 물체 on top of ~의 위에

Some papers are scattered on the table's surface. 테이블 표면에 종이가 흩어져 있다.

Various objects are spread on top of a desk.
책상 위에 다양한 물건들이 흩어져 있다.

They're spreading out a net. 그물을 펼치고 있다.

He's spreading cement with a shovel. 삽으로 시멘트를 개고 있다.

출제 유형 13 교통수단에 타고 있다, 내리고 있다 🎧 Track 05

Key Words

타다 - board, get on, get into, step into, step onto

내리다 - exit, get off, get out of, disembark from

* disembark from은 비행기나 배에서 내릴 때 사용한다.

VOCAB be about to 막 ~을 하려고 하다 aircraft 항공기 direct (길을) 안내하다, 알려주다 away from ~에서 떠나서
rider (말, 자전거, 오토바이 등을) 탄 사람

People are boarding a train. 기차에 타고 있다.

They're getting into a vehicle. 차에 타고 있다.

A passenger is about to step onto the train. 막 기차에 타려고 한다.

People are exiting through a door. 문을 통해 내리고 있다.

A passenger is getting out of a car. 차에서 내리고 있다.

Passengers are disembarking from an aircraft. 비행기에서 내리고 있다.

Passengers have arrived at the station. 기차역에 도착했다.

Children are being directed away from the bus.
버스에서 내리는 아이들을 안내하고 있다.

Some of the riders have gotten off their motorcycles.
일부 라이더들은 오토바이에서 내려 서 있다.

출제 유형 14 수리하는 장면에서는 *checking, fixing, repairing*이 들리면 정답!

🎧 Track 06

VOCAB rooftop (건물의) 옥상 streetlamp 가로등 inflate a tire 타이어에 공기를 넣다

The mechanic is checking the car's engine. 자동차 엔진을 점검하고 있다.

The rooftop of a home is being fixed. 어떤 집 지붕을 고치고 있다.

A streetlamp is being repaired. 가로등을 수리하고 있다.

A man is making a repair with a hammer. 망치로 수리 작업을 하고 있다.

The man's inflating a tire. 타이어에 공기를 넣고 있다.

출제 유형 15 꺼내고 있다 – taking, removing

🎧 Track 07

VOCAB volume 책 bookshelf 책꽂이 merchandise (상점에서 파는) 상품 off 떨어져서, 빠져, 떼어져 loaf (pl. loaves)
빵 한 덩이 baked goods 제과류 carton 판지 상자

He's taking a volume from the bookshelf. 책꽂이에서 책을 꺼내고 있다.

Merchandise is being taken off a shelf. 상품이 선반에서 꺼내지고 있다.

He's removing loaves of bread from the oven. 오븐에서 빵 몇 덩이를 꺼내고 있다.

Baked goods are being removed from an oven. 제과류가 오븐에서 꺼내지고 있다.

The cover has been removed from a carton. 상자에서 뚜껑을 제거해 놓았다.

"연습 문제를 풀면서 자신감을 가져 보자."

Exercise

● 문제를 풀기 전에 단어를 먼저 외우세요. 정답·해설 p. 33

VOCAB

pack (짐을) 싸다, 챙기다 suitcase 여행 가방 along ~을 따라 street 거리, 도로 waiting area 대기실
garage 차고 bulletin board 게시판 lie (기다랗게 가로) 놓여 있다

1.

🎧 Track 08

a   b   c   d

2.

a   b   c   d

PART 2

✓ Day 02부터 의문사 의문문 유형을 공부하기 시작했다. 가장 쉬운 Who 의문문과 Which 의문문을 익혔다면, 이번에도 쉬운 유형에 속하는 Where 의문문과 When 의문문을 살펴보자.

Where 의문문 정답 패턴

● Where 의문문은 당연히 '장소'로 대답하면 정답이 된다.

❶ in / at / on + 장소 ★ 90% 이상 이 패턴으로 출제

❷ 여러 가지 장소 전치사 + 장소
(beside / by / next to, across (from), to, near / close to, from, in front of, outside 등)

❸ try / check + 장소 ~에 한 번 가보세요.

❹ 장소 부사 – (over) there, down the street, down the hall, (a)round the corner, online, downstairs, nearby 등

❺ 장소 명칭 – apartment, post office, Gate 36-B, Platform 2, Track 7, Seat 16-C, Aisle 5 등

❻ 거리, 가는 데 걸리는 시간

○ 기출문제를 살펴보면서 출제 패턴을 확인해보자.

 Track 09

Q. Where will the candidates' debate take place?
A. In the Warner Theater. ❶

후보자 토론회는 어디에서 열리나요?
➡ Warner 극장에서요.

Q. Where can I catch the train to the city center?
A. The station's across the street. ❷

시내로 가는 기차는 어디에서 탈 수 있습니까?
➡ 길 건너에 역이 있어요.

Q. Where can I rent a commercial property downtown?
A. Check the Burnside Building. ❸

시내 어디에서 상업용 부동산을 임대할 수 있나요?
➡ Burnside 빌딩을 확인해 보세요.

Q. Where's the nearest subway station?
A. Just (a)round the corner. ❹

가장 가까운 지하철역이 어디입니까?
➡ 바로 길모퉁이에요.

Q. Where can I attend an evening course?
A. The college has some night classes. ❺

야간 수업을 어디서 들을 수 있죠?
➡ 대학교에 가면 야간 수업이 좀 있죠.

Q. Where's the post office?
A. Two hundred meters from here. ❻

우체국은 어디에 있나요?
➡ 여기서 200미터 가시면 돼요.

Q. Where does our company have its headquarters?
A. It's about thirty minutes from here. ❻

우리 회사 본사는 어디인가요?
➡ 여기서 30분 정도만 가시면 돼요.

Q. Where do we keep the contract forms?
A. Ask Sarah.

계약서 양식은 어디에 보관합니까?
➡ Sarah에게 물어보세요.

Q. Where can I get a new filing cabinet?
A. All furniture requests must be approved first.

새 서류 캐비닛은 어디서 받을 수 있나요?
➡ 모든 가구 신청은 승인부터 받아야 해요.

● 정답의 패턴을 알고 있으면 Where 의문문도 매우 쉽게 해결할 수 있다. 여덟 번째 예제처럼 "몰라" 유형의 대답도 들리면 정답으로 선택할 수 있게 잘 기억해두자. Ask somebody(~에게 물어봐)는 "몰라" 유형 중에서도 자주 출제되는 편이다. 마지막 예제 같은 경우는 의문사만 알아듣고 풀 수는 없다. 가장 좋은 것은 내용을 다 알아듣는 것이겠지만, 그렇게 못 해도 우리는 '질문 앞부분에 집중'하고 '오답을 골라냄'으로써 정답을 알아낼 수 있다.

When 의문문 정답 패턴

● 자주 있는 일은 아니지만, When 의문문은 시간에 관계된 질문이기 때문에 시제를 이용해서 오답을 유도하는 때가 있다. (예를 들어 질문은 현재 시제인데, 대답은 과거 시제인 경우가 있다.) 그러므로 When 바로 뒤에 나오는 be동사나 조동사에 신경을 써서 시제를 파악해두는 게 좋다. 다음과 같은 패턴으로 들리는 대답은 대부분 정답이다.

(1) 현재 / 미래 시제

❶ in + 시간 ~ 후에

❷ next week[month / year] 다음 주[달/해]

❸ sometime, someday, anytime, any day 언제, 언젠가, 언제든지, 곧

④ at 6 o'clock 6시 정각에, at around 4:30 4시 30분 즈음에,
10 past 5 5시 10분, 5 to 11 11시 5분 전, quarter to 6 6시 15분 전, half past 4 4시 반,
every hour on the hour 매시 정각에, (every hour) on the half hour 매 정시 30분에

⑤ at[by] the end of the day[week / month / quarter / year]
퇴근할 때(까지) / 주말[월말/분기말/연말]에[까지]

⑥ at the next board[staff] meeting 다음 이사회[직원] 회의 때

⑦ 요일, 날짜, 달 이름, 계절, 년도

⑧ 시간 + from now[today] 지금[오늘]로부터 ~ 후에

⑨ between + 시간 ~ 사이에

⑩ within + 시간 ~ 이내에

⑪ 여러 가지 시간 부사 – soon 곧, now 지금, today 오늘, tomorrow 내일,
the day after tomorrow 내일 모레, this afternoon 오늘 오후, this evening 오늘 저녁, tonight 오늘밤

(2) 과거 시제

last, ago, yesterday, this morning, recently, earlier today, just now 등

(3) 시제와 관계없이 정답인 표현

● 어느 시제로 문제가 출제되든지 다음 접속사나 전치사로 시작하는 문장은 100% 정답으로 출제된다.

① Not until, Not before, Not for

② When, While, As soon as

③ Before, After

O 기출문제들을 보자.

Q. When will Mr. Ohara finish his conference call?
A. In about ten minutes. (1)-①

Mr. Ohara는 전화 회의를 언제 끝낼까요?
➡ 약 10분 후에요.

Q. When will the accounting team meet?
A. Sometime next week. (1)-② ③

회계팀은 언제 모여요?
➡ 다음 주 중에요.

Q. When do you usually leave the office?
A. Around half past eight. **(1)-❹**

보통 언제 퇴근하시나요?
➡ 한 8시 반쯤에요.

Q. When are we distributing the employee survey?
A. Maybe at the end of the quarter. **(1)-❺**

직원 설문 조사는 언제 배부할 건가요?
➡ 아마 분기 말에요.

Q. When does Ms. Hines send orders for office supplies?
A. On the first day of every month. **(1)-❼**

Ms. Hines가 사무용품 주문서를 언제 보냅니까?
➡ 매달 1일에요.

Q. When will we receive the specifications for the new model of laptop computer?
A. We should be hearing from the supplier soon. **(1)-⓫**

새 노트북컴퓨터 모델의 사양은 언제 받게 됩니까?
➡ 곧 납품업자로부터 연락을 받을 겁니다.

Q. When did Helen buy the piano?
A. Last week, I think. **(2)**

Helen이 피아노를 언제 샀죠?
➡ 제 생각에는 지난주에요.

Q. When do I get reimbursed for my travel expenses?
A. Right after the form's been approved. **(3)-❸**

제 출장비는 언제 환급받게 됩니까?
➡ 양식이 승인된 직후에요.

Q. When does the modern painting exhibit open?
A. Let me check the calendar.

현대 회화 전시회는 언제 문을 엽니까?
➡ 제가 일정표를 확인해 볼게요.

Q. When will the packages be delivered?
A. They were shipped out this morning.

소포는 언제 배달될까요?
➡ 오늘 아침에 발송되었습니다.

Q. When will the employee telephone directory be printed?
A. I just need to add a few more numbers.

직원 전화번호부는 언제 인쇄됩니까?
➡ 번호 몇 개만 추가하면 돼요.

● 자주 사용되는 정답의 패턴을 기억해서 거의 모든 문제를 쉽게 풀 수 있게 하자. 'Let me check ~'은 "몰라" 유형의 대답 중에서 매우 빈번하게 사용되는 것 중 하나라는 것도 기억하자. 마지막 두 개의 예제는 예외적인 경우다. 청취력 향상을 위해 단어 암기, 받아쓰기 등의 노력을 하자. 무엇보다 '질문 앞부분에 집중'하고 '오답을 골라내는' 기술이 중요하다는 것도 잊지 말자.

● 이번에도 연습 문제를 풀어 보자. 되도록 많은 내용을 알아들을 수 있게 미리 알려주는 단어들을 잘 외우고 시작하자. 도저히 정답을 알 수 없는 문제가 나왔을 때는 Sure나 Actually, '반문'하는 대답이 들릴 때 찍자.

○ 문제를 풀기 전에 단어를 먼저 외우세요.

정답·해설 p. 34

VOCAB novelist 소설가 under construction 공사 중인 hiring committee 채용 위원회 make a decision 결정을 하다 account 거래처, 고객 understaffed 인원이 부족한 copy (문서) 한 부 sales report 판매 보고서 in a minute 금방, 곧 shipping 운송 poor (질적으로) 좋지 못한 seat 자리, 좌석 available 이용할 수 있는 left 남아 있는 row (극장 등의 좌석) 줄 so far 지금까지 outing 야유회 municipal 지방의, 시의 at the rear of ~의 뒤편에 commute 통근 confirmation 확인 finalize 마무리 짓다, 완결하다 evaluate 평가하다 performance 성능, 실적, 공연 set up ~을 설치하다 packaging machine 포장 기계 part 부품 loading dock 하역장, 짐 싣는 곳 overnight delivery 익일 배송 release (대중들에게) 공개[발표]하다 updated 최신의 at least 적어도, 최소한

🎧 Track 11

1. (A) (B) (C)   6. (A) (B) (C)

2. (A) (B) (C)   7. (A) (B) (C)

3. (A) (B) (C)   8. (A) (B) (C)

4. (A) (B) (C)   9. (A) (B) (C)

5. (A) (B) (C)   10. (A) (B) (C)

PART 3 & 4

순발력 연습

● 문제를 미리 읽고 키워드를 빠르게 포착해 정답을 맞히는 기술에 익숙해졌다면, 이제 한 단계 더 나아가 새로운 능력을 키워보자. 바로 '순발력'이다. 키워드가 들리면 0.1초도 머뭇거리지 않고 정답을 고르는 순발력이 필요하다. 잠깐 지체하는 동안 다음 문제의 키워드가 지나가 버리는 경우가 자주 있다. 예제를 통해 확인해보자.

? Sample Questions

○ 먼저 정리된 단어들을 참고하여 문제를 읽은 후 대화를 들으며 정답을 골라보세요.

1. Why is the man calling?

(A) To arrange for a repair
(B) To conduct a customer satisfaction survey
(C) To confirm a delivery address
(D) To advertise a special promotion

2. What type of products does the man's company sell?

(A) Kitchen appliances
(B) Mobile devices
(C) Garden supplies
(D) Office supplies

3. What does the man offer to do for the woman?

(A) Add her name to a list
(B) Provide her with an estimate
(C) Waive a shipping fee
(D) Send an invoice by mail

VOCAB appliances 가전제품 let *sb* know ~에게 알리다 promotion 홍보[판촉] (활동) arrange for ~을 준비하다, 계획을 짜다 conduct (특정한 활동을) 하다 customer satisfaction survey 고객 만족도 조사 confirm 확인하다 offer 제공하다, ~ 해 주겠다고 하다 refrigerator 냉장고 in good shape 상태가 좋은, 쓸 만한 replace 교체하다, 바꾸다 microwave (oven) 전자레인지 in the near future 가까운 장래에 put one's name on the list 명부에 이름을 올리다 estimate 견적서 waive 면제하다, 포기하다 shipping fee 운송료 invoice 송장(送狀), 청구서 by mail 우편으로 that way 그런 상태로 inform 알리다, 통지하다 right away 곧바로, 즉시 upcoming 다가오는, 곧 있을

정답·해설 p. 36

● **Questions 1 through 3** refer to the following conversation.

M Au
Hello, this is Tyler Clarke from Renova Appliances. I'm calling because you've purchased some products from us before **1.** and we'd like to **let you know about our special promotion** this month. **2.** We're **offering a fifteen percent discount on all refrigerators**.

W Am
Actually, my refrigerator is still in good shape. But I am planning to replace my microwave in the near future.

M Au
3. Well, if **you'd like me to**, I could **put your name on our mailing list**. That way you'll be informed right away about any upcoming promotions.

1. Why is the man calling?
   (A) To arrange for a repair
   (B) To conduct a customer satisfaction survey
   (C) To confirm a delivery address
   *(D) To advertise a special promotion

2. What type of products does the man's company sell?
   *(A) Kitchen appliances
   (B) Mobile devices
   (C) Garden supplies
   (D) Office supplies

3. What does the man offer to do for the woman?
   *(A) Add her name to a list
   (B) Provide her with an estimate
   (C) Waive a shipping fee
   (D) Send an invoice by mail

고수의 비법

남자의 대사 **we'd like to let you know about our special promotion this month.**를 들으면 키워드가 그대로 들리기 때문에 1번 문제의 정답을 쉽게 알 수 있다. 그런데 문제는 여기서 정답 고르기를 머뭇거리면 바로 이어지는 문장 **We're offering a fifteen percent discount on all refrigerators.**를 놓쳐서 2번 문제의 정답을 못 고를 수도 있다는 것이다. 물론 이후에도 refrigerator와 microwave라는 키워드가 등장하기 때문에 정답을 고를 기회가 주어지기는 하지만, 모든 문제가 이렇게 키워드를 반복적으로 들려주는 것은 아니므로, 처음 기회가 왔을 때 정답을 맞혀 주는 것이 가장 이상적인 상황이다. 기억하자. 문제가 어려워서 틀릴 수도 있지만, 머뭇거리면 쉬운 문제도 놓치는 것이다. 언제나 우리에게는 '순발력'이 필요하다. 3번은 남자의 마지막 대사 **if you'd like me to, I could put your name on our mailing list.**를 들으면서 어렵지 않게 정답을 알 수 있다.

● 연습 문제를 통해 순발력을 몸에 익혀 보자.

○ 문제를 풀기 전에 단어를 먼저 외우세요.

정답·해설 p. 37

VOCAB discontinue (생산을) 중단하다 instruction[user's] manual 사용 설명서 available 이용할 수 있는 so (that) + S + can[may/will] + V ~하기 위해서 offer ~해 주겠다고 하다 promotion 승진 assist 돕다 move 이사, 이동 overseas 해외로 가는; 해외로 get in touch with ~와 연락하다 moving company 이삿짐 운송 회사 cost estimate 비용 견적 contact 연락하다 verify 확인하다

○ 대화와 담화를 듣기 전에 문제를 먼저 읽으세요.

 Track 13

Part 3

1. What does the woman mention about the Dymo 6?

   (A) It is user-friendly.
   (B) It is an earlier model.
   (C) It is attractively designed.
   (D) It is very expensive.

2. What does the man request?

   (A) An extended warranty
   (B) A full refund
   (C) A replacement item
   (D) An instruction manual

3. What does the woman offer to do?

   (A) Change a password
   (B) Explain a company policy
   (C) Check the status of an order
   (D) Send a link to a website

Part 4

4. Why is the listener going overseas?

   (A) To speak at a conference
   (B) To manage an office
   (C) To meet with some clients
   (D) To go on a vacation

5. What does the speaker plan to do first?

   (A) Organize a business luncheon
   (B) Make travel arrangements
   (C) Reserve a hotel room
   (D) Contact a moving company

6. What does the speaker have to verify?

   (A) A departure date
   (B) Contact information
   (C) A passport number
   (D) Vaccination requirements

● 이번에도 단축 실전 문제를 풀어보기 전에 먼저 필요한 단어들을 암기하자. 각 파트별 Directions가 나오는 시간을 Part 3와 4의 문제를 읽는 데 활용하는 것도 잊지 말자.

Today's Vocabulary

checkpoint 검문소

barrier 차단기, 장벽

packing 짐 싸기

round-trip ticket 왕복 티켓

in advance 미리, 사전에

package (여행사의) 패키지 여행

headquarters 본사, 본부

office supplies 사무용품

application 지원(서)

due 마감인

copy (책, 신문 등의) 한 부

shipment 수송

supplies 물자, 필수품

storage room 창고

assistant manager 부매니저, 대리

go into effect 효력이 발생하다

upstairs 위층의

key 건반 keyboard 건반 (악기)

work 작동되다

fix 수리하다, 바로잡다 (=repair)

original receipt 영수증 원본

perform 연주하다, 공연하다

give a performance 공연하다

musical performance 음악 공연

conference 회의, 학회

attendance 출석, 참석

give[deliver] a presentation 프레젠테이션을 하다

latest 최신의

travel expense 출장비

registration fee 등록비

apply for ~을 신청하다

library card 도서관 회원증

complete 작성하다, 기재하다 (=fill out)

application form 신청서

proof 증거(물), 증명(서)

current 현재의

lease agreement 임대차 계약서

residence 거주, 거류

unfortunately 유감스럽게도, 안타깝게도

scratch 긁다

damage 손상을 주다

exchange 교환

give sb a call 전화를 걸다

so (that)+S+can[may/will]+V ~하기 위해서

sure 확신하는

shipping department 발송 부서

correct 맞는, 정확한

return call 응답 전화, 회신 전화

confirm 확인해 주다

grateful 고마워하는, 감사하는

make it 참석하다

celebrate 기념하다, 축하하다

expansion 신장, 발전

printing 인쇄, 인쇄술

owner 소유주

banquet 연회, 만찬

package 꾸러미

collect (상 등을) 받다, 타다

track work 선로 작업

south of ~의 남쪽인

travel through ~를 지나가다

operate 가동되다, 운용되다

slower than normal 평소보다 느린

experience 겪다, 경험하다

approximately 대략

arrival 도착

departing 출발하는

boarding announcement 탑승 안내 방송

proceed 이동하다, 나아가다

listen for ~에 귀를 기울이다, 듣다

Track 14 정답·해설 p. 39

LISTENING TEST

In the Listening test, you will be asked to demonstrate how well you understand spoken English. The entire Listening test will last approximately 45 minutes. There are four parts, and directions are given for each part. You must mark your answers on the separate answer sheet. Do not write your answers in your test book.

PART 1

Directions: For each question in this part, you will hear four statements about a picture in your test book. When you hear the statements, you must select the one statement that best describes what you see in the picture. Then find the number of the question on your answer sheet and mark your answer. The statements will not be printed in your test book and will be spoken only one time.

1.

a   b   c   d

2.

a   b   c   d

3.

a   b   c   d

Directions: You will hear a question or statement and three responses spoken in English. They will not be printed in your test book and will be spoken only one time. Select the best response to the question or statement and mark the letter (A), (B), or (C) on your answer sheet.

4. Mark your answer.   (A)   (B)   (C)

5. Mark your answer.   (A)   (B)   (C)

6. Mark your answer.   (A)   (B)   (C)

7. Mark your answer.   (A)   (B)   (C)

8. Mark your answer.   (A)   (B)   (C)

9. Mark your answer.   (A)   (B)   (C)

10. Mark your answer.   (A)   (B)   (C)

11. Mark your answer.   (A)   (B)   (C)

12. Mark your answer.   (A)   (B)   (C)

Directions: You will hear some conversations between two or more people. You will be asked to answer three questions about what the speakers say in each conversation. Select the best response to each question and mark the letter (A), (B), (C), or (D) on your answer sheet. The conversations will not be printed in your test book and will be spoken only one time.

13. What is the purpose of the woman's visit?
(A) To purchase some sheet music
(B) To get an instrument repaired
(C) To get a price quote
(D) To participate in an audition

14. What does the man request?
(A) A deposit
(B) An e-mail address
(C) A receipt
(D) A testimonial

15. What does the woman say she will do on Friday?
(A) Give a musical performance
(B) Return a product
(C) Talk to a repair person
(D) Take a piano lesson

16. What are the speakers discussing?
(A) Travel magazines
(B) Multinational companies
(C) Conference attendance
(D) Application requirements

17. What is the woman going to do in Bristol?
(A) Deliver a presentation
(B) Attract investors
(C) Take a tour of the city
(D) Interview for a job

18. What does the woman say about the registration fee?
(A) It includes accommodation.
(B) It will be paid by the company.
(C) It is due in July.
(D) It should be paid in advance.

19. Where does the conversation take place?
(A) In a library
(B) In a municipal office
(C) In a civic center
(D) At a real estate agency

20. What is the man asked to provide?
(A) A form of identification
(B) A credit card statement
(C) Proof of residence
(D) Proof of purchase

21. What does the woman suggest doing today?
(A) Visiting another location
(B) Completing a form
(C) Reviewing a regulation
(D) Making some revisions

Directions: You will hear some talks given by a single speaker. You will be asked to answer three questions about what the speaker says in each talk. Select the best response to each question and mark the letter (A), (B), (C), or (D) on your answer sheet. The talks will not be printed in your test book and will be spoken only one time.

22. What is wrong with the camera?
    (A) It doesn't work properly.
    (B) It is a wrong model.
    (C) It weighs too much.
    (D) It is damaged.

23. Where does the speaker want to go this afternoon?
    (A) To a real estate agency
    (B) To an electronics store
    (C) To a post office
    (D) To a manufacturer

24. Why does the speaker request a return call?
    (A) To order a different model
    (B) To request a rental item
    (C) To confirm an address
    (D) To inquire about discounts

25. What is being celebrated?
    (A) The completion of some projects
    (B) The retirement of an executive
    (C) An award for customer satisfaction
    (D) The growth of a company

26. Who most likely is the speaker?
    (A) A senior architect
    (B) A business owner
    (C) A regular client
    (D) A convention coordinator

27. What are employees asked to do before they leave?
    (A) Meet a public officer
    (B) Pose for a group photograph
    (C) Make a donation
    (D) Collect a gift

28. Where is this announcement most likely being made?
    (A) At an airport terminal
    (B) At a bus terminal
    (C) At a ferry terminal
    (D) At a train station

29. For how long will arrivals be delayed?
    (A) 10 minutes
    (B) 15 minutes
    (C) 40 minutes
    (D) 57 minutes

30. What are passengers traveling to Las Vegas told to do?
    (A) Speak to a customer service representative
    (B) Listen for an announcement
    (C) Proceed to the boarding gate
    (D) Change their travel arrangements

DAY

PART 1

출제 유형 16~22

PART 2

Why 의문문 정답 패턴

PART 3 & 4

두 문제의 키워드가 동시에 들리거나
순서가 바뀌는 문제

PART 1

- DAY 4에서 공부하게 되는 출제 유형 16-18은 전통적으로 정기 토익에서 매우 자주 출제됐다. 장면을 상상하면서 여러 번 따라 읽어보고, 모르는 단어들은 꼼꼼히 챙겨서 암기해두자.

⭘ 장면을 상상하면서 여러 번 따라 읽으세요.

출제 유형 16 들고 있다, 잡고 있다 - holding

🎧 Track 01

VOCAB paddle (작은 보트, 특히 카누용의 짧은) 노 lid 뚜껑 fishing rod[pole] 낚싯대 rail / railing / handrail 난간, 울타리 test tube 시험관 cardboard box 판지 상자 electric(al) cord 전깃줄 board 판자, 널빤지 fuel pump handle 연료 펌프 손잡이 ruler (길이 측정에 쓰는) 자 steering wheel (자동차의) 핸들 bowl 그릇 watering can 물뿌리개 lap (앉았을 때 양 허벅지 부분) 무릎 a coil of rope 밧줄 한 사리 booklet 소책자 under one's arm 겨드랑이에 (끼고) a stack of ~ 한 무더기[더미] sideways 옆으로

She's holding a paddle. 노를 들고 있다.

She's holding the machine lid[cover] open.
기계 뚜껑을 열어서 잡고 있다. (=She's making copies.)

The man is holding a fishing rod[pole]. 낚싯대를 들고 있다.

He's holding onto the rail[railing/handrail]. 난간을 붙들고 있다.

He's holding up a test tube. 시험관을 들고 있다.

He's holding a cardboard box. 판지 상자를 들고 있다.

One man is holding the back of his chair. 의자 뒷부분을 잡고 있다.

He's holding an electric(al) cord. 전깃줄을 들고 있다.

He's holding up a board. 판자를 들고 있다.

He's holding a fuel pump handle. 연료 펌프 손잡이를 들고 있다.

He's holding a ruler with one hand. 한 손으로 자를 들고 있다.

He's holding the steering wheel. 운전대를 잡고 있다.

She's holding a bowl. 그릇을 들고 있다.

She's holding a watering can with both hands. 양손으로 물뿌리개를 들고 있다.

The man is holding a coil of rope. 밧줄 한 사리를 들고 있다.

One of the women is holding a booklet. 소책자를 들고 있다.

One of the women is holding a notebook under her arm. 공책을 겨드랑이에 끼고 있다.

A woman is holding a magazine in her lap. 잡지를 무릎에 올려놓고 있다.

A salesperson is holding a stack of boxes. 상자 한 더미를 들고 있다.

A ladder is being held sideways. 사다리를 옆으로 들고 있다.

출제 유형 17 · 걸어가는 장면 - walking, strolling, marching, approaching

 Track 02

VOCAB archway 아치형 입구 past ~을 지나서 arm in arm 서로 팔짱을 끼고 water's edge 물가 formation 대형, 편대

Some people are walking toward an archway. 아치형 입구를 향해 걸어가고 있다.

She's walking past the bench. 벤치를 지나서 걷고 있다.

They are walking arm in arm. 서로 팔짱을 끼고 걷고 있다.

They're strolling along the water's edge. 물가를 따라 산책하고 있다.

They are marching in formation. 대형을 이루어서 행진하고 있다.

The women are approaching a building. 건물에 접근하고 있다.

They're entering the building. 건물에 들어가고 있다.

출제 유형 18 · 사용하고 있다 - using

 Track 03

VOCAB pole 막대기 cash register 금전 등록기 shovel 삽; 삽질하다 dig (구멍 등을) 파다 hole 구덩이 soil 흙 hammer 망치로 치다 nail 못 power tool 전동 공구 ramp 경사로 board 승선[승차/탑승]하다 calculator 계산기

One man is using a long pole. 장대를 사용하고 있다.

She's using a cash register. 금전등록기를 사용하고 있다.

He's using a shovel to dig a hole. 구덩이를 파기 위해 삽을 이용하고 있다.

The men are shoveling some soil. 삽으로 흙을 파고 있다.

She's hammering a nail into a wall. 망치로 벽에 못을 박고 있다.

A worker is using a power tool on a piece of wood.
목재에 전동 공구를 사용하고 있다.

Some people are using a ramp to board a boat.
경사로를 이용해서 배에 타고 있다.

A worker is using construction equipment on the beach.
해변에서 공사 장비를 사용하고 있다.

The calculator is being used in a store. 상점에서 계산기를 사용하고 있다.

A pole is being used to clean a window.
막대기를 이용해서 창문을 청소하고 있다.

출제 유형 19 연설/프레젠테이션하는 장면 🎧 Track 04

give		presentation
make	a(n)	speech/address
deliver		lecture

VOCAB crowd 사람들, 군중, 무리 address 연설; 연설하다 audience 청중, 관중 presenter 발표자 microphone 마이크

A man is giving a presentation to the crowd. 군중에게 프레젠테이션하고 있다.

One man is delivering a speech. 연설하고 있다.

The speaker is addressing a group. 한 무리에게 연설하고 있다.

A presentation is being shown on a screen. 프레젠테이션을 스크린에 보여주고 있다.

An audience is listening to a presentation. 프레젠테이션을 듣고 있다.

Some people are watching a presenter. 발표자를 보고 있다.

Some people are attending a presentation. 프레젠테이션에 참석하고 있다.

She's speaking into a microphone. 마이크에 대고 말하고 있다.

출제 유형 20 곡을 연주하는 장면 - play music, play instrument, perform(ance)

🎧 Track 05

VOCAB musical piece 악곡 conductor 지휘자 lead 지휘하다 practice 연습하다 give a performance 공연하다, 연주하다 entertain 즐겁게 해 주다 audience 청중, 관중

She's playing some music. 곡을 연주하고 있다.

The orchestra is playing a musical piece. 오케스트라가 음악 작품을 연주하고 있다.

The conductor is leading the orchestra. 지휘자가 오케스트라를 지휘하고 있다.

The musicians are playing different instruments. 각자 다른 악기를 연주하고 있다.

Some women are practicing their instruments. 악기를 연습하고 있다.

A band is performing outdoors. 밴드가 야외에서 연주하고 있다.

A band is giving an outdoor performance. 밴드가 야외 공연을 하고 있다.

Some performers are entertaining an audience.
연주자들이 청중을 즐겁게 해주고 있다.

출제 유형 21 전화 통화하는 장면에서는 대부분 talking on the phone이나 making a (phone) call을 사용한다

🎧 Track 06

VOCAB conduct (특정한 활동을) 하다

One of the women is talking on the telephone. 전화 통화를 하고 있다.

He's making a phone call. 전화 통화를 하고 있다.

The man is conducting a phone conversation. 전화 통화를 하고 있다.

출제 유형 22 고르고 있다 - selecting, choosing

🎧 Track 07

VOCAB buffet 뷔페 off ~로부터 떨어져서 item 물품 display 진열품 salesperson 판매원 merchandise (상점에서 파는) 상품 drawer 서랍

The woman is choosing what to eat. 먹을 것을 선택하고 있다.

A man is selecting some food from a buffet. 뷔페에서 음식을 고르고 있다.

She's choosing an item off a shelf. 선반에서 물건을 고르고 있다.

A man is selecting an item from a display.
진열품 중에서 물건을 하나 선택하고 있다.

A salesperson is helping a customer select merchandise.
판매원이 손님이 물건을 선택하도록 도와주고 있다.

A folder is being selected from a drawer. 서랍에서 폴더가 선택되고 있다.

"충분히 연습이 되었다면 문제를 한번 풀어보자."

○ 문제를 풀기 전에 단어를 먼저 외우세요.

정답·해설 p. 49

VOCAB projector 영사기, 프로젝터 reposition 다른 장소로 옮기다, 위치를 바꾸다 printed material 인쇄물 distribute 배부하다 lecturer 강사, 강연자 organize 정리하다 workplace 직장, 업무 현장 carry 나르다 bin 통

1.

Track 08

a b c d

2.

a b c d

PART 2

✓ DAY 4에서 다룰 유형은 의문사 의문문 중에서 Why 의문문인데, 앞서 공부한 Who, Which, Where, When 의문문보다는 약간 어렵게 출제될 수 있다. 최선을 다해 정답 패턴을 익히고, 질문 앞부분에 집중하면서 오답을 잘 골라내자.

Why 의문문 정답 패턴

● 다음과 같은 패턴의 대답은 대부분 정답이다.

1 To - V ~ 하기 위해

2 For + 명사 ~를 위해

3 So (that) + S + can[may/will] + V ~ 하기 위해

4 Due to / Because (of) ~ 때문에

● 접속사 Because로 시작하는 대답은 원래 종종 오답으로 출제되는 경향이 있었지만, 최근 여러 해 동안은 정답으로만 사용되었다. 청취력이 약한 초보자라면 일단 Because가 들릴 때 정답이라고 생각하는 게 안전하겠지만, 혹시 출제 경향이 예전으로 돌아가는 경우를 대비하여 나머지 두 개의 보기에 오답 장치가 들어 있는지도 주의 깊게 확인해보자.

○ 기출문제들을 살펴보자.

 Track 09

Q. Why are you meeting with Matthew?
A. To discuss a new software. **1**

왜 Matthew를 만나시나요?
➡ 새 소프트웨어에 대해 의논하려고요.

Q. Why are you moving to Madrid?
A. For a new job. **2**

왜 마드리드로 이사 가시나요?
➡ 새 일자리 때문에요.

Q. Why were so many people invited to this meeting?
A. So everyone can meet the new staff members. **3**

이번 회의에는 왜 이렇게 많은 사람이 초대 되었나요?
➡ 모두가 신입 직원들을 만나게 하려고요.

Q. Why has the flight been delayed?
A. Because of the weather. **4**

왜 비행이 지연되었나요?
➡ 날씨 때문에요.

● 질문과 대답의 내용을 완벽하게 이해하지 못해도 대답에서 날씨, 공사, 교통, 기계적 결함에 관련된 어휘가 들리면 대부분 정답이다.

⑤ 날씨 – weather, rain, storm, flood

⑥ 공사 – construction, renovation, remodeling, fixing cracks, painting, repaving

⑦ 교통 – traffic, missed the bus

⑧ 기계적 결함 – system is down, virus, mechanical problem, broken, not working, paper jam

🎧 **Track 10**

Q. Why are all the windows closed?
A. A storm is coming. **⑤**

창문이 왜 다 닫혀 있나요?
➡ 폭풍이 오고 있거든요.

Q. Why will the locker room be closed next week?
A. They're doing renovations. **⑥**

다음 주에 라커룸은 왜 폐쇄되나요?
➡ 개조 공사를 할 거예요.

Q. Why was Thomas so late?
A. Because his train was delayed. **⑦**

Thomas는 왜 그렇게 늦었나요?
➡ 기차가 연착되어서요.

Q. Why haven't the books I ordered arrived yet?
A. There was a problem with the truck. **⑧**

제가 주문한 책이 왜 아직 도착하지 않고 있죠?
➡ 트럭에 문제가 생겼습니다.

● Why 의문문은 자주 반복적으로 출제되는 질문이 두 가지 있다. 우선 다음 기출문제들을 보자.

🎧 **Track 11**

Q. Why was the schedule changed?
A. Because Mr. Wayne couldn't be here then.

일정이 왜 변경되었나요?
➡ Mr. Wayne이 그때 오실 수 없어서요.

Q. Why was the meeting rescheduled?
A. Dr. Hunter couldn't come.

회의 일정이 왜 변경되었나요?
➡ Hunter 박사가 오실 수 없어서요.

Q. Why did they reschedule the interview?
A. Mr. Potter couldn't be there.

면접 일정을 왜 다시 잡았나요?
➡ Mr. Potter가 못 오셔서요.

Q. Why was the annual meeting canceled?
A. The director was away.

연례 회의가 왜 취소되었나요?
➡ 이사님이 안 계셔서요.

Q. Why was the engineering lecture rescheduled?

A. The speaker was delayed.

엔지니어링 강연 일정이 왜 다시 잡혔나요?

➡ 강사가 늦게 오게 되어서요.

Q. Why hasn't the meeting started yet?

A. Ms. Ming is speaking with her client.

회의가 왜 아직도 시작되지 않나요?

➡ Ms. Ming이 고객과 이야기 중이거든요.

● 질문의 유형이 파악되는가? 모두 '일정 변경의 이유'를 묻고 있다. 대답의 유형도 알겠는가? 모두 누군가가 "없다"는 말이 정답이다. 이것들과 흡사한 문장이 다시 출제될 것이므로 여러 번 읽어서 익혀두자. 한 가지 더 살펴보자.

🎧 Track 12

Q. Why did Mr. Hill leave early?

A. He had an appointment.

Mr. Hill은 왜 일찍 가셨나요?

➡ 약속이 있으시대요.

Q. Why did John leave work early?

A. He had an appointment.

John이 왜 일찍 퇴근했죠?

➡ 약속이 있대요.

Q. Why did Ms. Chang leave early?

A. She had a doctor's appointment.

Ms. Chang은 왜 일찍 가셨나요?

➡ 병원 예약이 있어서요.

● 질문과 대답의 키워드를 파악해보라. 질문의 키워드는 'Why ~ leave early'이고 대답의 키워드는 appointment이다. 이렇게 토익 시험에서는 Why ~ leave early?라는 질문이 반복적으로 출제되는데, 대답에서 appointment가 들리면 일단 정답으로 선택하자.

"이제 연습 문제를 풀면서 확실히 익혀보도록 하자."

○ 문제를 풀기 전에 단어를 먼저 외우세요.

정답·해설　p. 50

VOCAB
transfer (직장, 학교 등을) 옮기다, 이동[이전]하다 branch 지사, 분점 relocate 이전시키다 outdoor 야외의
performance 공연, 연주회 reschedule 일정을 변경하다 vice president 부사장 machinery 기계(류)
ship out ~을 발송하다 processing plant 가공 처리 공장 deadline 마감기한 huge 엄청난, 막대한,
거대한 traffic jam 교통 체증 photocopier 복사기 black and white 흑백의 storage room 창고 lock 잠그다,
잠기다 expense report 지출 기안서 less expensive 덜 비싼 enter 입력하다 figure 수치

Track 13

1. (A)   (B)   (C)   6. (A)   (B)   (C)

2. (A)   (B)   (C)   7. (A)   (B)   (C)

3. (A)   (B)   (C)   8. (A)   (B)   (C)

4. (A)   (B)   (C)   9. (A)   (B)   (C)

5. (A)   (B)   (C)   10. (A)   (B)   (C)

PART 3 & 4

두 문제의 키워드가 동시에 들리거나
순서가 바뀌는 문제

● Part 3와 4는 문제와 보기를 미리 잘 읽어 놓고 기다리고 있으면, 키워드 대부분이 문제 번호 순서대로 나타난다. 그러나 가끔은 키워드가 순서를 바꿔서, 혹은 두 개의 키워드가 동시에 등장하는 예도 있다. Part 3와 4에서 각각 매달 한 번 정도 이런 경우가 있는데, 예제를 통해 이런 유형의 해결 방법을 알아보자.

? Sample Questions Track 14

○ 먼저 정리된 단어들을 참고하여 문제를 읽은 후 대화를 들으며 정답을 골라보세요.

1. Why is the woman calling?

   (A) To register for a convention
   (B) To check on a reservation
   (C) To reschedule a flight
   (D) To inquire about a training course

2. Who most likely is the woman talking to?

   (A) A college professor
   (B) A librarian
   (C) A flight attendant
   (D) A hotel receptionist

3. When will the woman arrive?

   (A) On Wednesday
   (B) On Thursday
   (C) On Friday
   (D) On Saturday

VOCAB
convention (전문직 종사자들의 대규모) 총회, 대회 confirm 확인하다 register for ~에 등록하다 check on ~을 확인하다 reschedule 일정을 다시 잡다 inquire 문의하다 training course 교육 과정 librarian (도서관의) 사서 flight attendant (비행기) 승무원 receptionist 접수 담당자 book 예약하다 or so ~쯤, 정도 make sure to-V 반드시 ~하다 hold (방 등)을 확보해 두다, (예약)을 유지하다

정답·해설 p. 52

● Questions 1 through 3 refer to the following conversation.

W Am
Hello, this is Grace Campbell. **1. 2.** I'll be attending the teachers' convention at **your hotel** next weekend and I'm **calling to confirm my room reservation** for Friday and Saturday nights.

M Au
Just a moment, Ms. Campbell. Let's see... Yes, we have you booked for Friday and Saturday in a single room.

W Am
That's right. **3.** Oh, but I **won't arrive** at the hotel **until 9** or so because I'm taking the afternoon flight **on Friday**. So, please make sure to hold the room for me.

1. Why is the woman calling?

(A) To register for a convention
*(B) To check on a reservation
(C) To reschedule a flight
(D) To inquire about a training course

2. Who most likely is the woman talking to?

(A) A college professor
(B) A librarian
(C) A flight attendant
*(D) A hotel receptionist

3. When will the woman arrive?

(A) On Wednesday
(B) On Thursday
*(C) On Friday
(D) On Saturday

고수의 비법

1번 문제는 대화의 목적을, 2번 문제는 화자의 직업을 묻고 있다. 이런 문제들은 대부분 첫 한두 문장에서 정답을 알 수 있다고 Day 2에서 알려준 것을 기억한다면, 문제를 미리 읽을 때 이 두 문제의 키워드가 동시에, 혹은 순서를 바꿔서 등장할 수 있다고 예상할 수 있다. 그렇다면 첫 문장이 나올 때 두 문제의 정답을 동시에 골라줘야 한다.

이런 문제를 풀 때는 문제의 내용을 기억하는 게 중요하다. 첫 문장을 들을 때 2번 문제의 내용이 기억나지 않는다면 1번만 정답을 고르고 2번은 놓치게 된다. 그리고 나서 2번의 키워드를 기다리겠지만 이미 지나가 버렸다. 이제 등장하는 것은 3번 키워드다. 그러나 지금 2번 문제 정답을 고르려고 기다리고 있는 수험자는 3번 역시 기억하지 못하고 놓칠 확률이 높다. 결과적으로 문제 내용을 기억하지 못한 사람은 2번과 3번 두 문제를 모두 놓치게 된다. 물론 이 대화의 경우 남자의 직업을 알려주는 키워드가 계속 등장하지만, 모든 문제가 이렇게 친절한 것은 아니다. 그러므로 첫 문장에서 기회가 주어졌을 때 두 문제의 정답을 동시에 고르는 게 이상적이다.

키워드가 순서가 바뀌거나 동시에 등장하는 경우를 대비해, 읽은 문제의 내용을 최대한 기억할 수 있도록 잘 읽어 두자. 3번 문제는 **Oh, but I won't arrive at the hotel until 9 or so because I'm taking the afternoon flight on Friday.**에서 키워드를 듣고 정답을 알 수 있다. But으로 시작하는 문장에는 대부분 정답의 키워드가 들어 있다는 점도 기억하자.

● 이제 연습 문제를 통해 이 유형의 공략법을 확실히 익혀보자.

○ 문제를 풀기 전에 단어를 먼저 외우세요.

정답·해설 p. 53

VOCAB reschedule 일정을 변경하다 appointment (병원 등의) 예약, (공식적인) 약속 receptionist 접수 담당자 put *sb* on a waiting list ~를 대기자 명단에 올리다 add 추가하다 manufacture 제조하다 merger 합병 make sure to-V 반드시 ~하다 tune in (라디오, 텔레비전 프로를) 청취[시청]하다 exclusive 독점적인

○ 대화와 담화를 듣기 전에 문제를 먼저 읽으세요.

 Track 15

Part 3

1. Why is the man calling?

(A) To reschedule an appointment
(B) To confirm an appointment
(C) To ask about the meeting time
(D) To ask for a wake-up call

2. Who most likely is the woman?

(A) A doctor
(B) A customer
(C) A receptionist
(D) A coworker

3. What does the woman offer to do for the man?

(A) Make an appointment
(B) Check the time for him
(C) Contact the doctor
(D) Add his name to a waiting list

Part 4

4. What is the purpose of the broadcast?

(A) To advertise the store's grand opening
(B) To announce a business merger
(C) To discuss a new product
(D) To report a change in regulations

5. What type of business is Andrew Christian?

(A) A construction company
(B) An interior design firm
(C) An advertising agency
(D) A clothing company

6. What does the speaker encourage the listeners to do?

(A) Listen to an interview
(B) Visit a website
(C) Apply for a job
(D) Enter a contest

● 이번에도 단축 실전 문제를 풀어보기 전에 먼저 필요한 단어들을 암기하자. 아는 단어가 많을수록 배운 문제 풀이 기술이 더 빛을 발하게 될 것이다. 각 파트 Directions가 나오는 시간을 Part 3와 4의 문제를 읽는 데 활용하는 것도 잊지 말자.

Today's Vocabulary

lawn mower 잔디 깎는 기계

indoors 실내로

forecast 예보

temporarily 일시적으로, 임시로

call a meeting 회의를 소집하다

quarter 분기(分期, 3개월)

sales figure 매출액

access (컴퓨터에) 접속하다

resign from ~에서 사직하다, 사임하다, 물러나다

for one's files 보관용으로

renew 갱신[연장]하다

contract 계약(서)

place an order 주문하다

offer 제공하다

proposal 제안

contact 연락하다

it seems like ~인 것 같다, ~인 듯하다

updated 업데이트된, 갱신된

finance 재정, 재무

colleague 동료

gather 모으다

place an order 주문하다

add 추가하다, 더하다

produce 농작물, 농산물

supplier 공급 회사

currently 현재

out of stock 재고가 떨어진

warehouse 창고

original 원래의

definitely 물론이죠

on one's way to ~로 가는 도중인

training session 교육 (과정)

play a critical role in
~에 중요한 역할을 하다

performance appraisal[evaluation]
인사 고과, 고과 평가

process 과정, 절차

appraisal 평가

conduct (특정한 활동을) 하다

confidentiality agreement 기밀 유지 서약

pass out ~을 나눠주다

leave (left-left) ~을 두고 가다

forgotten 잊고 안 가져간

confirm 확인하다

storage room 창고

go bad 상하다

spoil 상하다

throw away 버리다

low on ~이 부족한

lettuce 양상추

crowd 군중, 인파

pick up ~을 사다, 얻다

supplies 물자, 필수품

Track 16 · 정답·해설 p. 55

LISTENING TEST

In the Listening test, you will be asked to demonstrate how well you understand spoken English. The entire Listening test will last approximately 45 minutes. There are four parts, and directions are given for each part. You must mark your answers on the separate answer sheet. Do not write your answers in your test book.

PART 1

Directions: For each question in this part, you will hear four statements about a picture in your test book. When you hear the statements, you must select the one statement that best describes what you see in the picture. Then find the number of the question on your answer sheet and mark your answer. The statements will not be printed in your test book and will be spoken only one time.

1.

2.

a   b   c   d

3.

a   b   c   d

Directions: You will hear a question or statement and three responses spoken in English. They will not be printed in your test book and will be spoken only one time. Select the best response to the question or statement and mark the letter (A), (B), or (C) on your answer sheet.

4. Mark your answer.   (A)   (B)   (C)

5. Mark your answer.   (A)   (B)   (C)

6. Mark your answer.   (A)   (B)   (C)

7. Mark your answer.   (A)   (B)   (C)

8. Mark your answer.   (A)   (B)   (C)

9. Mark your answer.   (A)   (B)   (C)

10. Mark your answer.   (A)   (B)   (C)

11. Mark your answer.   (A)   (B)   (C)

12. Mark your answer.   (A)   (B)   (C)

Directions: You will hear some conversations between two or more people. You will be asked to answer three questions about what the speakers say in each conversation. Select the best response to each question and mark the letter (A), (B), (C), or (D) on your answer sheet. The conversations will not be printed in your test book and will be spoken only one time.

13. What are the speakers discussing?
    (A) A business proposal
    (B) A shipment delay
    (C) A restaurant opening
    (D) A tourist attraction

14. What did Mr. Garcia request?
    (A) More support
    (B) Faster delivery
    (C) Larger shipments
    (D) Lower price

15. What will the woman do next?
    (A) Postpone a meeting
    (B) Fill a new order
    (C) Cancel a delivery
    (D) Contact a client

16. What are the speakers discussing?
    (A) Analysis of the market
    (B) Development of a software product
    (C) Learning a foreign language
    (D) New features of a software product

17. Who most likely are the speakers?
    (A) Neighbors
    (B) Hardware store clerks
    (C) Colleagues
    (D) Market analysts

18. Who do the speakers plan to meet with?
    (A) Store managers
    (B) Product developers
    (C) Potential customers
    (D) Sales representatives

19. Why is the man calling?
    (A) To update a mailing address
    (B) To add more items to his order
    (C) To cancel a delivery
    (D) To request a discount

20. Where does the woman probably work?
    (A) At a produce supplier
    (B) At a flower shop
    (C) At a post office
    (D) At a shipping company

21. What does the woman say about the order?
    (A) Its delivery will be behind schedule.
    (B) It can be done online.
    (C) It is being delivered to the man's store.
    (D) The man will receive a discount on it.

Directions: You will hear some talks given by a single speaker. You will be asked to answer three questions about what the speaker says in each talk. Select the best response to each question and mark the letter (A), (B), (C), or (D) on your answer sheet. The talks will not be printed in your test book and will be spoken only one time.

22. What is the purpose of the talk?
    (A) To welcome new recruits
    (B) To train team leaders
    (C) To introduce technicians
    (D) To revise an employee handbook

23. According to the speaker, what will the software be used for?
    (A) Conducting performance evaluations
    (B) Recording product inventory
    (C) Creating employee directory
    (D) Comparing company benefit options

24. What are listeners asked to do?
    (A) Sign a form
    (B) E-mail a document
    (C) Create a new password
    (D) Review some statistics

25. Where does the speaker work?
    (A) At a bank
    (B) At an electronics store
    (C) At a post office
    (D) At a hotel

26. What is the phone call about?
    (A) A defective product
    (B) A forgotten item
    (C) A billing issue
    (D) A shipping delay

27. What information does the speaker need?
    (A) A mailing address
    (B) A credit card number
    (C) A tracking number
    (D) A description of an object

28. Where does the speaker work?
    (A) At a sandwich shop
    (B) At a farm
    (C) At an electronics store
    (D) At a rental agency

29. What problem does the speaker report?
    (A) Some employees are absent.
    (B) Some equipment needs service.
    (C) Some food has spoiled.
    (D) Some deliveries were delayed.

30. What does the speaker ask James to do?
    (A) Come in earlier than scheduled
    (B) Pick up some supplies
    (C) Call a supplier
    (D) Repair an appliance

DAY

(5)

PART 1

● 출제 유형 23-29를 공부해보자. 출제 유형 23-25는 오랫동안 정기 토익에서 꾸준히 자주 출제되어 온 유형인데, 최근 들어 더욱 빈도가 늘어났다. 장면을 상상하면서 여러 번 따라 읽고 잘 기억해두자.

◯ 장면을 상상하면서 여러 번 따라 읽으세요.

출제 유형 23 물건이 진열, 전시되어 있는 장면 - display, lay out, arrange, stock, exhibit, available for purchase, organize 🎧 Track 01

VOCAB

garment(=clothing) 의복, 옷 rack (물건을 거는) ~걸이 merchandise (상점에서 파는) 상품 flower arrangement 꽃꽂이 reading material 읽을거리 hallway 복도 lay out ~을 배치하다 neatly 깔끔하게, 말쑥하게 arrange 정리하다, 배열하다 wooden 나무로 된 platform (장비 등을 올려놓거나 하기 위한) 대(臺), 단 stock (상품, 식품 등으로) ~을 채우다 clay pot 토기 exhibit 전시하다 available 이용할 수 있는 refreshments 다과 organize 정리하다

Some food items are **displayed** for sale. 식품이 판매를 위해 진열되어 있다. —

Garments are being displayed. 의복이 진열되어 있다.

> ➤ 진행 시제 수동태의 예외적인 사용: **display**
>
> 보통 진행 시제 수동태는 동작(~되는 중이다)을 나타내기 때문에 사진 속에 사람이 있어야 한다. 그러나 display는 예외적으로 진행 시제 수동태로 표현해도 동작이 아니라 상태(~되어 있다)를 나타내기 때문에 사진에 사람이 없어도 정답이 될 수 있다.

Some clothing is being displayed on racks. 옷걸이에 옷이 진열되어 있다.

Merchandise is being displayed in a store window. 가게 진열창에 상품이 진열되어 있다.

Flower arrangements are on display. 꽃꽂이가 진열되어 있다.

Reading material is on display in a hallway. 복도에 읽을거리가 진열되어 있다.

Different kinds of bread are laid out for sale. 여러 종류의 빵이 판매를 위해 배치되어 있다.

Books are neatly arranged on the shelves. 책들이 선반에 깔끔하게 정리되어 있다.

Some vegetables have been arranged on wooden platforms. 채소가 나무 단 위에 정리되어 있다.

Display shelves are stocked with products. 진열 선반이 상품들로 채워져 있다.

Some clay pots are exhibited in a case. 토기가 보관용 케이스에 전시되어 있다.

The bags are available for purchase.
가방을 구매할 수 있게 해놓았다.

Some refreshments have been organized in a display case.
다과가 진열함에 정리되어 있다.

출제 유형 24 복장을 묘사하는 문장

 Track 02

VOCAB have ~ on ~을 입고[쓰고/신고/매고] 있다 veil 베일 long-sleeved[short-sleeved] shirt 긴소매[반소매] 셔츠 apron 앞치마 identical 동일한, 똑같은 alike 똑같이 formally 정식으로 wristwatch 손목시계 tool belt 공구 벨트 hard hat 안전모 lab coat 실험실 가운 protective 보호용의 smock 작업복, 덧옷 vest 조끼 protective clothing 방호복 safety gear 안전장치 barefoot 맨발의 pull on 잡아당기면서 신다 fasten 동여매다 try on (옷 따위를) 입어[신어] 보다

Key Words   "입다"와 "벗다"를 나타내는 단어를 기억하세요!

복장을 묘사할 때는 **wearing**(착용하고 있다)을 사용하는 문장이 정답이다. wearing과 putting on의 차이를 알아야 하는데, wearing은 **착용한 상태**를, putting on은 **착용하는 동작**을 나타낸다. 벗는 동작은 **removing**과 **taking off**로 나타낸다. 동영상이 아닌 사진으로는 입거나 벗는 동작을 표현하기 어렵다. 따라서 wearing이 들리는 문장은 정답이 될 수 있지만, putting on, removing, taking off가 들리는 문장은 거의 항상 오답이 된다.

A guitarist is wearing glasses. 기타리스트는 안경을 쓰고 있다.

The woman has her glasses on. 안경을 쓰고 있다.

The man has a jacket on. 재킷을 입고 있다.

They have long-sleeved[short-sleeved] shirts on. 긴소매[반소매] 셔츠를 입고 있다.

Some people are wearing coats and hats. 코트와 모자를 쓰고 있다.

A woman has a veil[cover] over her hair. 머리에 베일을 쓰고 있다.

A woman has covered her hair. 여성은 머리를 가렸다.

A woman is wearing an apron. 앞치마를 입고 있다.

They're wearing identical uniforms. 유니폼을 입고 있다.

They are dressed alike. 같은 옷을 입고 있다.

He's dressed formally. 정장을 입고 있다.

The girls are wearing backpacks. 배낭을 메고 있다.

The man is wearing a wristwatch. 손목시계를 차고 있다.

He's wearing a tool belt. 공구 벨트를 차고 있다.

He's wearing a hard hat. 안전모를 쓰고 있다.

He's wearing a helmet. 안전모를 쓰고 있다.

She's wearing protective glasses. 보호용 안경을 쓰고 있다.

The man is wearing a lab coat. 실험 가운을 입고 있다.

A customer is wearing a protective smock. 보호용 덧옷을 입고 있다.

The men are wearing work vests. 작업 조끼를 입고 있다.

They're wearing safety belts. 안전 벨트를 매고 있다.

A man is wearing a protective glove. 보호 장갑을 끼고 있다.

He's wearing protective clothing. 방호복을 입고 있다.

The man is wearing safety gear. 안전 장비를 착용하고 있다.

She's barefoot on the beach. 해변에서 맨발로 있다.

● 매우 드물기는 하지만 착용하는 동작이 출제된 적도 있기는 하다.

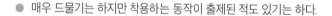

ⓐ One woman is trying on hats. 모자를 써보고 있다.

ⓑ She's pulling on protective gloves. 보호용 장갑을 잡아당기면서 끼고 있다.

ⓒ She's putting on her jacket. 재킷을 입고 있다.

ⓓ Some people are fastening their aprons. 앞치마를 묶고 있다.

출제 유형 25) 벽이나 천장에 걸려 있거나 매달려 있는 장면
- hang(ing), hung, suspend

VOCAB storefront 매장 전면, 가게 앞 (공간) picture frame 액자 hook 고리, 걸이 light fixture 조명 기구

Handbags are hanging near a storefront. 가게 앞쪽에 핸드백들이 걸려 있다.

Some guitars are hanging from a wall. 벽에 기타가 걸려 있다.

Some cables are hanging off the table. 테이블에서 케이블이 늘어뜨려져 있다.

Some picture frames are hanging on a wall. 벽에 액자들이 걸려 있다.

Some clothes have been hung from hooks. 옷걸이에 옷이 걸려 있다.

Some pictures are being hung on a wall. 벽에 그림이 걸려 있다.

> ▶ 진행 시제 수동태의 예외적인 사용: **hang**
>
> 보통 진행 시제 수동태는 동작(~되는 중이다)을 나타내기 때문에 사진 속에 사람이 있어야 한다. 그러나 hang은 예외적으로 진행 시제 수동태로 표현해도 동작이 아니라 상태(~되어 있다)를 나타내기 때문에 사진에 사람이 없어도 정답이 될 수 있다.

A light fixture is suspended above the table. 테이블 위에 조명 기구가 매달려 있다.

● '거는 동작'이 출제될 수도 있다.

He's hanging a clock on a wall. 벽에 시계를 걸고 있다.

출제 유형 26) 마시고 있다 - drinking, sipping

VOCAB water fountain 분수식 식수대 sip (음료를) 홀짝거리다, 조금씩 마시다 beverage 음료수

She is drinking from a water fountain. 식수대에서 마시고 있다.

A woman is sipping a beverage. 음료를 조금씩 마시고 있다.

She's sipping from a cup of coffee. 커피 한 잔을 조금씩 마시고 있다.

출제 유형 27 짐을 싣거나 내리는 장면 - load, unload

VOCAB material 재료 luggage 짐, 수하물

He's loading a vehicle. 차에 짐을 싣고 있다.

Workers are loading some materials onto a truck. 트럭에 자재를 싣고 있다.

He's unloading some packages. 꾸러미를 차에서 내리고 있다.

A cart has been loaded with luggage. 카트에 짐이 실려 있다.

출제 유형 28 손가락으로 가리키는 장면 - pointing

A woman's pointing at something on a piece of paper.
종이 위의 무언가를 가리키고 있다.

출제 유형 29 손을 뻗고 있는 장면 - reaching, extend, outstretch

VOCAB reach (손, 팔을 …쪽으로) 뻗다, 내밀다 extend (신체 일부분, 특히 팔, 다리를) 뻗다, 내밀다 outstretch 펴다, 뻗다

She's reaching for something on the shelf. 선반 위의 무언가를 향해 손을 뻗고 있다.

A man's arms are extended over the table. 테이블 위로 팔을 내밀고 있다.

The man's arms are outstretched. 팔을 뻗고 있다.

"연습을 충분히 한 후에 문제를 풀어보자."

Exercise

● 문제를 풀기 전에 단어를 먼저 외우세요.

정답·해설 p. 65

VOCAB

plug in ~의 플러그를 꽂다 adjust 조정하다, 조절하다 cyclist 자전거 타는 사람 ride (자전거, 오토바이 등을) 타고 가다
in a row 일렬로 get out of ~에서 내리다

1.

a   b   c   d

2.

a   b   c   d

PART 2

✅ 이제 공부할 의문사 의문문은 **How** 의문문과 **What** 의문문이 남았다. How나 What 뒤에 붙는 표현에 따라 매우 다양한 유형의 질문이 출제될 수 있으므로 각각 DAY 5와 6에 걸쳐 공부하도록 하자.
또한 DAY 5부터는 매달 9-11문제 출제되는 일반 의문문/평서문의 공략법도 함께 익힐 것이다.

How 의문문 1

● 기출문제들을 통해 How 의문문의 여러 가지 유형들을 살펴보자.

(1) How long ~? 얼마 동안 ~?

➡ **(for) + 기간, since + 과거 시점**

● 대부분은 '기간' 표현을 듣고 정답을 선택하도록 출제하며, 가끔 'since + 과거 시점'을 들려주는 예도 있다.

🎧 Track 09

Q. How long does it take to get to the train station?
A. At least an hour.

기차역까지 가는 데 얼마나 걸리나요?
➡ 최소 한 시간이요.

Q. How long have you been employed at this company?
A. Since it was established.

이 회사에서 얼마 동안 근무하셨습니까?
➡ 회사가 설립됐을 때부터요.

(2) How many + 명사 ~? 몇 개[명] ~?

➡ **숫자**, many(많은), few, a few(**약간의**), several(몇몇의), every(모든), each(각각의),
more than I can count(셀 수 없을 만큼 많이)

● 대부분 '숫자'가 들리는 대답을 정답으로 선택해야 하지만, 숫자 외의 키워드를 통해 정답을 골라야 하는 때도 있으므로 잘 기억해두자.

🎧 Track 10

Q. How many computers and printers have been ordered?
A. Three of each.

몇 대의 컴퓨터와 프린터가 주문되었나요?
➡ 각각 세 대요.

Q. How many people have signed up for the online training program?

A. About a dozen so far.

온라인 교육 프로그램에 몇 명의 사람들이 등록했나요?

➡ 지금까지 약 12명이요.

Q. How many boxes should I order?

A. We need quite a few.

몇 개의 상자를 주문해야 합니까?

➡ 꽤 많이 필요해요.

Q. How many applications have we received so far?

A. There have been several.

지금까지 몇 개의 지원서를 받았나요?

➡ 몇 개 있었어요.

Q. How many people will this plan affect?

A. Almost everyone in the company.

이 계획이 얼마나 많은 사람에게 영향을 미칠까요?

➡ 회사의 거의 모든 사람이요.

Q. How many orders did we receive today?

A. More than I can count.

오늘 몇 건의 주문을 받았나요?

➡ 셀 수 없을 만큼 많이요.

(3) How ~ get[go/commute/travel] to ~? ~까지 어떻게 가나요[통근하나요/여행[이동]하죠]?

How ~ be transported[delivered]? ~을 어떻게 운송[배송]하나요?

➡ **교통수단, 길 이름, 계단**(stairs, steps, stairway, staircase), **elevator**(엘리베이터), **escalator**(에스컬레이터), **walk / on foot**(걸어서), **길[장소] 안내**

● '교통수단'이나 '길 이름'을 들려주는 대답이 정답인 경우가 가장 많다. 계단이나 엘리베이터, 에스컬레이터도 교통수단이므로 들리면 정답이 될 수 있으며, 드물지만 걸어간다는 대답도 출제될 수 있다. '길 안내'나 '장소 안내'가 나오는 경우는 최근 들어 출제되고 있다.

🎧 Track 11

Q. How will you get to the restaurant tonight?

A. I'll take the bus.

오늘 저녁에 식당까지 어떻게 갈 건가요?

➡ 버스를 타려고요.

Q. How will you get to the train station?

A. A friend of mine will give me a ride.

기차역까지 어떻게 가실 건가요?

➡ 제 친구 중 한 명이 태워줄 거예요.

Q. Excuse me, how do I get to the train station from here?

A. Take Hill Street to Park Avenue.

실례지만, 여기서 기차역까지 어떻게 갑니까?

➡ Park 가(街)까지 Hill 가(街)를 따라가세요.

Q. How do I get to the second floor?

A. Take the stairs at the end of the hallway.

2층에 어떻게 가요?

➡ 복도 끝에서 계단을 이용하세요.

Q. How do I get to the mailroom?

A. It's at the end of this hallway.

우편실에 어떻게 가나요?

➡ 이 복도 끝에 있어요.

Q. How can I get to the nearest bank?

A. Turn left at the next corner.

가장 가까운 은행까지는 어떻게 가죠?

➡ 다음 모퉁이에서 좌회전하세요.

(4) How did you learn[find out/hear] ~? 어떻게 알았나요?

➡ **~ told me, 각종 통신매체(TV, 라디오, 신문, 인터넷 등), advertisement**

● 정답 1순위는 '~ told me'다. 영어의 l 발음은 우리말의 'ㄹ' 발음과 약간 달라서 잘 안 들릴 수 있으니 충분히 듣고 따라 읽어보자. advertisement는 미국 발음과 영국 발음이 다르다. 미국식 발음은 [애드버ㄹ타이즈먼트]이고 영국식이나 호주식 발음은 [어드버(ㄹ)티스먼트]이다.

🎧 **Track 12**

Q. How did you learn about our organization?

A. A colleague told me.

저희 기관에 대해 어떻게 알게 되셨나요?

➡ 동료가 알려줬습니다.

Q. How did you hear about the change in personnel?

A. Through the company website.

인사 이동에 대해 어떻게 들으셨어요?

➡ 회사 웹사이트를 통해서요.

Q. How did you find out about this job opening?

A. I saw an advertisement.

이 공석에 대해 어떻게 알게 되셨습니까?

➡ 광고를 봤습니다.

(5) How + be동사 + S ? ~가 어떤가요[어땠나요]?

➡ **형용사**

● '어떠니?'라고 물었을 때 '어떻다.'라고 대답을 해야 정답인데, 이때 대답에 주로 사용되는 단어는 형용사이다.

🎧 **Track 13**

Q. How's your new job?

A. It's very challenging.

새 직장은 어떠세요?

➡ 정말 힘들어요.

Q. How was the marketing meeting?

A. Very productive.

마케팅 회의는 어땠나요?

➡ 매우 생산적이었어요.

(6) How do you like[enjoy/feel about] ~? ~을 어떻게 생각하세요?

➡ **형용사, 부사**

● 의견을 물었을 때는 대부분 형용사나 부사를 사용하는 대답이 자연스럽다.

 Track 14

Q. How do you like the new vice president?
A. He's very friendly.

새 부사장님에 대해 어떻게 생각하세요?
➡ 매우 상냥하시죠.

Q. How do you like the new software?
A. It's working well so far.

새 소프트웨어는 어떤가요?
➡ 지금까지는 잘 작동합니다.

일반 의문문 & 평서문 1

● 일반 의문문이나 평서문은 의문사 의문문에서 발견할 수 있는 일정한 패턴이 없다. 모든 문장을 완전히 알아듣는다면 좋겠지만, 그렇지 못해도 우리는 문제를 해결할 수 있다: 질문 앞부분에 집중하며 오답을 골라내면 된다. DAY 1에서 봤던 예제를 다시 살펴 보자.

Track 15

Q. Will you be relocating to the new headquarters in Shanghai early next year?

(A) Sales have improved this quarter.
(B) No, I'm just staying here.
(C) It should be translated into Chinese.

내년 초에 상하이의 새 본사로 옮기실 건가요?

(A) 이번 분기에 판매량이 개선되었습니다.
(B) 아니요, 그냥 여기 있으려고요.
(C) 중국어로 번역되어야 합니다.

고수의 비법

질문 앞부분의 **Will you be relocating**(옮기실 건가요)에 집중하면 (B)가 자연스러운 대답이라는 것을 알 수 있다. (A)는 질문에 있는 **headquarters**와 발음이 비슷한 **quarter**를 들려주면서, (C)는 질문의 **Shanghai**에서 연상되는 단어 **Chinese**로 오답을 유도하고 있다.

정기 토익의 난이도는 매달 다르지만, 그것에 상관없이 안정적으로 좋은 점수를 얻는 비결은 항상 문장 앞부분에 집중하고, 오답을 골라내는 데 최선을 다하는 것이다.

"지금부터는 연습 문제를 풀어보자."

⭕ 문제를 풀기 전에 단어를 먼저 외우세요.

정답·해설 p. 66

VOCAB be out sick 아파서 결석[결근]하다 thick 두꺼운, 두툼한 show up (예정된 곳에) 나타나다 training course 교육 과정 drive 태워다 주다 job opening (직장의) 공석 colleague 동료 employee lounge 직원 휴게실 be willing to-V 흔쾌히 ~하다 give up ~을 단념하다, 포기하다 overbook 정원을 초과하여 예약받다 in exchange 그 대신, 답례로 response 대답, 응답 job application 입사 지원서 back up ~을 백업하다 modify 수정하다, 바꾸다 come out with ~을 선보이다 line 제품군 soft drink 청량음료 sample 맛보다 the other day 일전에 grant (정부나 단체에서 주는) 보조금 proposal 기획안

🎧 Track 16

| 1. (A) | (B) | (C) | 6. (A) | (B) | (C) |

| 2. (A) | (B) | (C) | 7. (A) | (B) | (C) |

| 3. (A) | (B) | (C) | 8. (A) | (B) | (C) |

| 4. (A) | (B) | (C) | 9. (A) | (B) | (C) |

| 5. (A) | (B) | (C) | 10. (A) | (B) | (C) |

PART 3 & 4

키워드가 패러프레이즈 되는 문제 1

● Part 3와 4는 문제를 미리 잘 읽어두기만 하면 읽어 놓은 키워드가 대화나 담화 중에 그대로 들리기 때문에 쉽게 문제를 해결할 수 있다. 그러나 가끔은 문제에서의 내용을 그대로 들려주지 않고 패러프레이즈를 한 문장, 즉 동일한 표현으로 문장을 바꿔 말하는 경우가 있다. 예제를 통해 확인해보자.

? Sample Questions   Track 17

○ 먼저 정리된 단어들을 참고하여 문제를 읽은 후 대화를 들으며 정답을 골라보세요.

1. Why does the woman want to go to the security office?

   (A) To obtain a badge
   (B) To submit some documents
   (C) To find a lost object
   (D) To inquire about a job opening

2. What does the man say about the building complex?

   (A) It does not have enough signs.
   (B) It is far from the city center.
   (C) It need some landscaping work.
   (D) It is closed for a national holiday.

3. What will the man bring to the woman?

   (A) A report
   (B) A security pass
   (C) A permit
   (D) An employee handbook

VOCAB
security office 경비실 pick up ~을 찾아오다, 찾다 identification badge 사원증 obtain 얻다, 구하다, 입수하다 badge 명찰, 신분증 object 물건, 물체 inquire 묻다, 알아보다 job opening 공석 complex (건물) 단지 confusing 혼란스러운 sign 표지판 post 게시하다 throughout 곳곳에 premises 건물, 부지 landscaping 조경 작업 national holiday 국경일 across the street 길 건너에 (있는) front entrance 정문 once ~하자마자 leave (left-left) 두고 오다 reserve 따로 남겨 두다 permit 허가증 holder 소지자 temporary 임시의 windshield (자동차) 앞 유리 handbook 편람, 안내서

정답·해설 p. 68

● **Questions 1 through 3** refer to the following conversation.

W Am
¹· Excuse me, I'm a new employee here and **I was told to visit the security office to pick up an identification badge** on my first day of work, but I don't know where it is. Can you tell me how to get there?

M Au
Sure, this building complex is confusing, isn't it? ²· **I think they have to have more maps and signs posted throughout the premises.** The security office is in the building across the street. It's near the front entrance, so you'll find it easily once you get into the building.

W Am
Oh, thanks a lot. By the way, I left my car in front of this building. Can it stay there while I walk across the street?

M Au
Actually, that area is reserved for permit holders only. If you wait just a minute here, ³· **I'll get you a temporary permit** to put on your windshield.

1. Why does the woman want to go to the security office?

   *(A) To obtain a badge
   (B) To submit some documents
   (C) To find a lost object
   (D) To inquire about a job opening

2. What does the man say about the building complex?

   *(A) It does not have enough signs.
   (B) It is far from the city center.
   (C) It needs some landscaping work.
   (D) It is closed for a national holiday.

3. What will the man bring to the woman?

   (A) A report
   (B) A security pass
   *(C) A permit
   (D) An employee handbook

고수의 비법

1번과 3번 문제는 그리 어렵지 않게 정답을 알 수 있다. 각각 여자의 대사 **I was told to visit the security office to pick up an identification badge**와 남자의 대사 **I'll get you a temporary permit**에서 키워드를 듣고 정답을 고르면 된다. 문제는 2번인데, 남자의 대사 **I think they have to have more maps and signs posted throughout the premise.**를 듣고 이 문장이 패러프레이즈 되어 있는 보기를 정답으로 선택해야 한다.

어휘력과 청취력이 있어야 해결할 수 있는 이 유형은 목표 점수에 따라 다른 전략을 취해야 한다. 최종 목표가 700점대 초반이나 그 이하라면 굳이 이 유형에 스트레스를 받지 말자. 많은 수가 출제되지 않기 때문에 다 맞히지 못하더라도 목표를 달성하는 데 큰 지장은 없을 것이다. 그러나 높은 점수가 필요하다면 보기에서 읽은 문장과 지문에서 들은 문장이 패러프레이즈 된 관계라는 것을 간파해야 한다. 되도록 높은 어휘력을 확보하기 위해 최선을 다하고 청취력 훈련도 매일 꾸준히 하자. 저자의 경험상 가장 효과적인 방식은 받아쓰기다. 하루에 한 시간 정도를 투자해서 지문을 통째로 받아쓰는 연습을 해보자. 며칠만 연습해도 귀가 뚫리는 경험을 하게 될 것이다.

받아쓰기 연습을 할 때는 먼저 스크립트를 읽으면서 모르는 단어나 구조가 이해되지 않는 문장이 없게 해두고 시작하자. 받아쓰기를 마친 후에는 성우의 억양을 그대로 따라 읽어보면 더 완벽한 학습이 된다.

● 연습 문제를 풀어보자.

Exercise

○ 문제를 풀기 전에 단어를 먼저 외우세요.

정답·해설 p. 69

VOCAB commercial 광고 방송 line 제품군 advertise 광고하다 electronic appliance 전자제품 unfortunately
유감스럽게도 rate (등급별) 요금 significantly 상당히 cost 값, 비용 shorten 길이를 짧게 하다 length 길이
fitness center 헬스클럽 grand opening 개장, 개점 guarantee 보장하다 competitor 경쟁사[자] membership
회원권 limited 제한된, 한정된 membership fee 회비

○ 대화와 담화를 듣기 전에 문제를 먼저 읽으세요.

Track 18

Part 3

1. What type of product are the speakers planning to advertise?

   (A) Motor vehicles
   (B) Bathroom supplies
   (C) Sporting goods
   (D) Electronic appliances

2. What problem does the man mention?

   (A) Production schedule has to be changed.
   (B) Sales have decreased.
   (C) Costs have increased.
   (D) Advertising space has been sold out.

3. What does the woman recommend?

   (A) Making a shorter advertisement
   (B) Holding a press conference
   (C) Contacting another television channel
   (D) Promoting the product in a newspaper

Part 4

4. What is being advertised?

   (A) A fitness center
   (B) A sporting goods store
   (C) An organic food market
   (D) A doctor's clinic

5. What makes the business different from its competitors?

   (A) Helpful staff
   (B) Short wait times
   (C) Industry awards
   (D) Extended hours

6. What can listeners receive for a limited time only?

   (A) Product samples
   (B) A complimentary consultation
   (C) Free delivery
   (D) A reduced membership fee

● 단축 실전 문제를 풀어보기 전에 먼저 필요한 단어들을 암기하자. 특히 이번에는 Part 3와 4에서 미리 읽어 놓은 문제 내용이 패러프레이즈 되어서 들릴 것이기 때문에 이를 간파하기 위해 더 많은 어휘력이 필요하다.

Today's Vocabulary

reading material 읽을거리

storefront 매장 전면, 가게 앞 (공간)

dining area 식탁 공간

leave 남기고[두고] 가다

trend 동향, 추세

public library 공립[공공] 도서관

usage 사용(량)

fantastic 기막히게 좋은, 환상적인

time sheet 근무 시간 기록표

look around ~을 둘러보다

mostly 주로, 일반적으로

soft drink 청량음료

stay ~인 채로 있다

quite 꽤, 상당히

heating system 난방 시스템

mail room 우편실

package 꾸러미, 소포, 짐

on one's way to ~로 가는 길[도중]인

part 부품, 부분

customs 세관

depart 출발하다

miss 거르다, 하지 않다

planning meeting 기획 회의

take place 발생하다

stall (차량, 엔진 등이) 멎다

tow 견인하다

repair shop 수리점

had better do ~하는 편이 낫다, ~해야 한다

photocopier 복사기

if my memory serves me right 내 기억이 맞다면

place an order 주문하다

distributor 판매 대리점

apparently 보아하니

manufacturer 제조업체

meet the demand 수요를 충족시키다

sell 팔리다

ship 운송하다, 수송하다

free of charge 무료로

complimentary 무료의

shipping 운송

directions 길 안내

turn left 좌회전하다

drive straight ahead 직진하다

pass 지나가다

ask for ~을 요청하다

ruin 망치다

first impression 첫인상

switch 바꾸다

at the last minute 막판에

attendee 참석자

accomplished 훌륭한

expert 전문가

panel 패널(특정한 문제에 대해 조언, 견해를 제공하는 전문가 집단)

feel free to-V ~을 마음 놓고 해도 괜찮다

help yourself to ~을 마음껏 드세요

snack 간식

refreshment 다과, 음식물

nutrition 영양

nutritionist 영양학자

nutritional 영양학적인

value 가치

favorite 매우 좋아하는

recipe 조리법, 요리법

entire 전체의

deliver a lecture 강연을 하다

miss 놓치다

broadcast 방송

mention 말하다, 언급하다

previous 이전의, 직전의

allow 허용하다

brochure 안내 책자

permission 허가

publish (신문, 잡지에) 게재하다, 싣다

Practice Test

 Track 19　정답·해설　p. 71

LISTENING TEST

In the Listening test, you will be asked to demonstrate how well you understand spoken English. The entire Listening test will last approximately 45 minutes. There are four parts, and directions are given for each part. You must mark your answers on the separate answer sheet. Do not write your answers in your test book.

PART 1

Directions: For each question in this part, you will hear four statements about a picture in your test book. When you hear the statements, you must select the one statement that best describes what you see in the picture. Then find the number of the question on your answer sheet and mark your answer. The statements will not be printed in your test book and will be spoken only one time.

1.

a   b   c   d

2.

a   b   c   d

3.

a   b   c   d

Directions: You will hear a question or statement and three responses spoken in English. They will not be printed in your test book and will be spoken only one time. Select the best response to the question or statement and mark the letter (A), (B), or (C) on your answer sheet.

4. Mark your answer.   (A)   (B)   (C)

5. Mark your answer.   (A)   (B)   (C)

6. Mark your answer.   (A)   (B)   (C)

7. Mark your answer.   (A)   (B)   (C)

8. Mark your answer.   (A)   (B)   (C)

9. Mark your answer.   (A)   (B)   (C)

10. Mark your answer.   (A)   (B)   (C)

11. Mark your answer.   (A)   (B)   (C)

12. Mark your answer.   (A)   (B)   (C)

Directions: You will hear some conversations between two or more people. You will be asked to answer three questions about what the speakers say in each conversation. Select the best response to each question and mark the letter (A), (B), (C), or (D) on your answer sheet. The conversations will not be printed in your test book and will be spoken only one time.

13. Where does the conversation most likely take place?
    (A) On a plane
    (B) In a car
    (C) In an office
    (D) At a car repair shop

14. Why was the woman late?
    (A) She had a problem with her car.
    (B) She met with a client.
    (C) She traveled to a foreign country.
    (D) She failed to reserve a flight ticket.

15. When does the man suggest they meet?
    (A) This morning
    (B) This afternoon
    (C) Tomorrow morning
    (D) Tomorrow afternoon

16. What is the problem with the speakers' order?
    (A) The delivery has been delayed.
    (B) The wrong item was shipped.
    (C) Too much was charged on the bill.
    (D) Defective products were delivered.

17. What does the woman say about the product?
    (A) Its design has been changed.
    (B) It was discontinued.
    (C) It sells very fast.
    (D) Production costs have increased.

18. What did the shipping manager offer?
    (A) A free upgrade of the model
    (B) Complimentary shipping
    (C) A longer warranty
    (D) A markdown on an additional purchase

19. Where are the speakers?
    (A) In a car
    (B) In an office
    (C) At a gas station
    (D) At a bus stop

20. What does the man suggest doing?
    (A) Putting off a meeting
    (B) Examining a map
    (C) Waiting for a client
    (D) Asking for directions

21. What are the speakers worried about?
    (A) Submitting a report on time
    (B) Being late to a meeting
    (C) Purchasing a present
    (D) Paying for fuel

Directions: You will hear some talks given by a single speaker. You will be asked to answer three questions about what the speaker says in each talk. Select the best response to each question and mark the letter (A), (B), (C), or (D) on your answer sheet. The talks will not be printed in your test book and will be spoken only one time.

22. According to the speaker, what was the problem with the original room?

(A) Some equipment was out of order.
(B) Some supplies were unavailable.
(C) It was too noisy.
(D) It was too small for the event.

23. What is said about the members of the panel?

(A) They come from several different countries.
(B) They acquired some small businesses.
(C) They have many years of business experience.
(D) They have received many awards.

24. What does the speaker invite the listeners to do?

(A) Get some refreshments
(B) Check in coats and boots
(C) Meet with the panelists
(D) Review the agenda

---

25. Who is Ruth Martinez?

(A) A restaurant manager
(B) A nutritionist
(C) A radio producer
(D) A hospital administrator

26. What will Ruth Martinez discuss with callers?

(A) How to reduce intake of fat
(B) What type of exercise is most beneficial
(C) Where to purchase good cooking utensils
(D) How to make recipes healthier

27. What can listeners do if they miss part of the broadcast?

(A) Read a summary online
(B) E-mail questions to Ms. Martinez
(C) Attend a lecture on the weekend
(D) Listen to a rebroadcast of the show

28. What did the speaker do for Mr. Hamidi?

(A) Design a website
(B) Introduce a new customer
(C) Print promotional fliers
(D) Renovate a house

29. According to the message, what did Mr. Hamidi do in September?

(A) Renewed a rental contract
(B) Moved to a new location
(C) Acquired a business
(D) Sold more houses than usual

30. What does the speaker ask Mr. Hamidi to do?

(A) Send a deposit one month in advance
(B) Discuss an upcoming construction project
(C) Give permission for some feedback to be published
(D) E-mail updated contact information

DAY

PART 1

출제 유형 30~36

PART 2

How 의문문 2 | 일반 의문문 & 평서문 2

PART 3 & 4

키워드가 패러프레이즈 되는 문제 2

PART 1

- 이번에는 출제 유형 30-36이다. 특히 출제 유형 30, 31이 매우 자주 출제되니 더 정성들여 공부하자. 앞에서 공부한 것들도 잊어버리지 않게 복습을 게을리하지 말자.

⭕ 장면을 상상하면서 여러 번 따라 읽으세요.

출제 유형 30 (펜으로) 쓰는 장면 - writing, jotting, taking notes

VOCAB jot *sth* down ~을 (급히) 쓰다, 적다 note 메모 notepad (한 장씩 떼어 쓸 수 있도록 철해져 있는) 메모지 take notes 메모하다, 기록하다

The man is writing on a sheet of paper. 종이에 쓰고 있다.

She's jotting down some notes on a notepad. 메모지에 받아 적고 있다.

They're having a pen and paper ready for taking notes.
기록하기 위해 펜과 종이를 준비하고 있다.

출제 유형 31 ~에 서 있다 - 위치 표현이 정답과 오답의 키워드가 된다

VOCAB shallow 얕은 walkway 통로, 보도 deck (배의) 갑판 podium 단(壇), 대(臺), 지휘대 display 전시, 진열 wooden 나무로 된 railing 난간 checkout counter 계산대 baggage trolley 수화물 카트, 수레 construction site 공사 현장 apart from ~에서 떨어져서 rise 일어나다 step (발걸음을 떼어놓아) 움직이다, 서다, 디디다

He's standing in shallow water. 얕은 물에 들어가 서 있다.

A man is standing in the back of the truck. 트럭 뒤쪽에 서 있다.

He's standing on a walkway. 보도에 서 있다.

The man is standing on the deck of the boat. 배 갑판에 서 있다.

A woman is standing behind the podium. 연단 뒤에 서 있다.

Some people are standing by a display of books. 진열된 책들 옆에 서 있다.

The women are standing by a wooden railing. 나무 난간 옆에 서 있다.

A customer is standing by a checkout counter. 계산대 옆에 서 있다.

He's standing next to some office equipment. 사무 장비 옆에 서 있다.

He's standing next to a baggage trolley. 수화물 카트 옆에 서 있다.

He's standing close to a pipe. 파이프 가까이에 서 있다.

A man is standing near a construction site. 공사 현장 근처에 서 있다.

One person is standing apart from the crowd. 한 사람이 무리에게서 떨어져서 서 있다.

A band member has risen from his seat. 밴드 구성원 한 명이 자리에서 일어서 있다.

Some customers have stepped up to the counter. 손님들이 계산대에 다가서 있다.

출제 유형 32 · 주차되어 있다 – be parked[left], 위치 표현에 집중하자 🎧 Track 03

VOCAB multi-level 여러 층의 structure 구조물, 건축물 mechanic's garage 정비소 rack ~대(臺) open area 공터 by a curb 길가에 wheelbarrow 외바퀴 손수레 pile 포개[쌓아] 놓은 것, 더미 unattended 방치된, 지켜보는 사람이 없는 land 착륙하다 airstrip (간이) 활주로 take off 이륙하다 tow 견인하다

Some cars are parked at the side of a street. 몇 대의 차가 길가에 주차되어 있다.

Vehicles are parked in multi-level structures. 차량들이 여러 층의 구조물에 주차되어 있다.

A van is parked in a mechanic's garage. 밴이 정비소에 주차되어 있다.

The airplanes are parked on the ground. 비행기가 땅에 주차되어 있다.

Some aircraft are parked in front of a terminal. 항공기들이 터미널 앞에 주차되어 있다.

Bicycles are parked in a rack. 자전거들이 주차대에 주차되어 있다.

Bicycles have been parked in an open area. 자전거들이 공터에 주차되어 있다.

A motorcycle is parked by a curb. 오토바이가 길가에 주차되어 있다.

A wheelbarrow has been left next to a pile of rocks.
외바퀴 손수레가 돌무더기 옆에 주차되어 있다.

Some carts have been left unattended. 카트 몇 대가 방치된 채로 주차되어 있다.

The helicopters have landed on the grass[an airstrip]. 헬리콥터가 잔디밭에[활주로에] 착륙해 있다.

The airplanes have taken off. 비행기들이 이륙했다.

🔵 견인하고 있다

The car is being towed. 차를 견인하고 있다.

출제 유형 33 묶고 있다 – tying

VOCAB shoelace 구두끈, 신발끈

She's tying her shoelaces. 신발끈을 묶고 있다. ————

출제 유형 34 선박이 등장하는 장면

VOCAB dock 부두; (배를) 부두에 대다 anchor (배를) 정박시키다 pier 부두 tie (up) 묶어 놓다 port 항구 harbor 항구, 항만 offshore 해안과 떨어진 곳에서, 앞바다에서 shore 해안, 해변, 호숫가 float (물에) 뜨다 numerous 많은 sail 항해하다 cliff wall 절벽 row (노를 써서) 배를 젓다 paddle 노를 젓다

● 배가 정박해 있는 장면

be	docked anchored tied (up)	at a dock at a pier at a port in a harbor offshore

Many boats are docked in a harbor. 많은 배가 항만에 정박해 있다. ————

A ship is anchored at a port. 배가 항구에 정박해 있다.

The boat is tied up offshore. 배가 연안에 묶여 있다.

A ship is docked near the smaller boats. 큰 배가 작은 배들 근처에 정박해 있다.

The boats have been taken out of the water. 배들을 물 밖으로 꺼내 놓았다.

Some small boats have been pulled onto the shore. ————
작은 배 몇 척을 해변으로 끌어올려 놓았다.

● (물 위에) 떠 있다

Some boats are floating by a dock. 배들이 부두 옆에 떠 있다.

● 항해하고 있다 / 이동하고 있다

Numerous boats are sailing on the water. 많은 배가 물 위에서 항해하고 있다.

Boats are passing between the cliff walls. 배들이 절벽 사이를 지나가고 있다.

A boat is moving toward a bridge. 배가 다리를 향해 이동하고 있다.

● 노 젓고 있다

He's rowing a boat in the water. 노 젓고 있다.

A group is paddling a boat near a pier. 부두 근처에서 노 젓고 있다.

출제 유형 35 **기계나 도구를 다루는 장면 - operating, adjusting** Track 06

VOCAB operate (기계를) 가동[조작]하다 heavy machinery 중장비 farm machinery 농기계 sewing machine 재봉틀 adjust 조정하다, 조절하다 window shade 차양, 블라인드 sail 돛 maneuver 조종하다

He's operating heavy machinery. 중장비를 가동하고 있다.

He is operating farm machinery. 농기계를 가동하고 있다.

The woman is operating a sewing machine. 재봉틀을 가동하고 있다.

She's adjusting a window shade. 차양을 조정하고 있다.

He's adjusting some equipment. 어떤 장비를 조작하고 있다.

The sail of a boat is being adjusted. 배의 돛을 조절하고 있다.

A man is maneuvering a machine. 기계를 조종하고 있다.

출제 유형 36 **(둥글게) 말고[감고] 있다 - rolling up** Track 07

VOCAB roll (up) (둥글게) 말다, 감다 rug (작은 카펫같이 생긴) 깔개, 양탄자 under one's arm 겨드랑이에 (끼고)

She's rolling up a poster. 포스터를 둘둘 말고 있다.

A rug is being rolled up. 깔개를 둥글게 말고 있다.

She has a rolled mat under her arm. 둥글게 감긴 매트를 옆구리에 끼고 있다.

"충분히 연습했다면 이제 연습 문제를 풀어보자."

◯ 문제를 풀기 전에 단어를 먼저 외우세요.

정답·해설 p. 81

VOCAB railing 난간 unload ~에서 짐을 내리다 try on (옷 따위를) 입어[신어] 보다 measure (치수, 양 등을) 측정하다, 재다
fabric 직물, 천 sliding window 가로닫이창, 미닫이창

1.

🎧 **Track 08**

a b c d

2.

a b c d

PART 2

✓ 지난 40여 년 동안 정기 토익에는 How 의문문의 여러 가지 유형이 출제됐다. 요즘 시험에 자주 출제되는 것들 중 DAY 5에서 6가지를 소개했고 DAY 6에서 6개만 더 공부해 보자. 일반 의문문/평서문도 계속 함께 연습하자.

How 의문문 2

(7) How much ~? (금액이) 얼마인가요? (양이) 얼마나 되나요?

How big[large] ~? (크기, 규모 등이) 얼마나 되나요?

➡ **숫자**

● 금액이든, 양이든, 규모든 대답에는 '숫자'가 들어가는 것이 당연히 자연스럽다.

Q. How much have we been paying for shipping costs?
A. About $300 a month.

우리가 운송비용으로 얼마를 지급해 왔나요?
➡ 매달 약 300달러요.

Q. How big is the main conference room?
A. Big enough for three hundred people.

대회의장 규모가 얼마나 되죠?
➡ 300명이 들어갈 만큼 충분히 큽니다.

(8) How often ~? 얼마마다 ~?

➡ **~ times a week[month/quarter/year], every ~, whenever ~**

● 어떤 일의 빈도를 물어보는 How often ~?이 출제되면 대부분 정답은 '~ times a week[month/quarter/year](일주일에[한 달에/분기마다/일 년에] ~ 번)'이다. every나 whenever가 들려도 '매 ~ 마다', '~할 때마다'라는 뜻의 빈도 표현이 되므로 정답으로 선택하자.

Q. How often do you take business trips?
A. Three or four times a year.

출장을 얼마마다 한 번씩 가시나요?
➡ 매년 서너 번이요.

Q. How often do you travel abroad for work?

A. Every couple of months.

해외 출장을 얼마마다 한 번씩 가시나요?

➡ 2, 3개월에 한 번씩이요.

Q. How often does your company have employee training sessions?

A. Whenever it's necessary.

당신 회사는 직원 교육 모임을 얼마마다 한 번씩 갖습니까?

➡ 필요할 때마다요.

(9) How soon[quickly/late] ~? 얼마나 빨리[늦게까지] ~?

   ➡ **When 의문문과 같은 패턴, 특히 by + 시간, until + 시간, at + 시간**

● "얼마나 빨리[늦게까지] ~?"라고 묻는 것은 사실상 "언제?"라고 묻는 것과 같다. 그러므로 이 유형은 When 의문문이라고 생각하고 풀면 된다.

Q. How soon can you be here?

A. I can be there in five minutes.

얼마나 빨리 오실 수 있겠어요?

➡ 5분이면 갈 수 있습니다.

Q. How late is the museum open?

A. Until 5 P.M.

박물관은 얼마나 늦게까지 개방합니까?

➡ 오후 5시까지요.

Q. How late is your shop open tonight?

A. We close at nine.

당신 가게는 오늘 밤 얼마나 늦게까지 문을 엽니까?

➡ 9시에 문 닫습니다.

(10) How ~ go(ing)? 어떻게 됐나요[되어가고 있나요]?

   ➡ **형용사, 부사**

● go를 '가다'라는 뜻으로 오해하면 안 된다. 이 유형은 일의 경과를 묻는 말이다.

Q. How did the planning meeting go?

A. Good. We addressed a lot of issues.

기획 회의는 어떻게 됐나요?

➡ 좋았어요. 많은 사안을 다루었죠.

Q. How did the interview go?

A. Pretty well, I think.

면접은 어떻게 됐어요?

➡ 제 생각에는 꽤 잘 된 것 같아요.

(11) How far ~? 거리가 얼마나 되나요?

➡ kilometers, miles, blocks, "Not that far. / Not much further.(별로 안 멀어요.)", 걸리는 시간

● 거리를 물었으니 당연히 거리를 알려주면 된다. kilometers, miles, blocks 같은 거리의 단위가 들릴 때 정답으로 선택하자. Not that far.나 Not much further(별로 안 멀어요). 같은 참 성의 없는 대답도 정답으로 출제된 적이 있다. 최근에는 직접적으로 거리를 말하는 대신 걸리는 시간을 알려주는 대답이 정답으로 나오기도 한다.

🎧 Track 13

Q. How far is it to the hotel?
A. About three miles.

호텔까지는 거리가 얼마나 돼요?
➡ 3마일 정도요.

Q. How far is the hotel from the train station?
A. Only a few minutes away.

기차역부터 호텔까지는 거리가 얼마나 되나요?
➡ 몇 분 거리밖에 안 돼요.

Q. How far is it from downtown to the airport?
A. It's about 40 minute ride by taxi.

시내에서 공항까지의 거리는 얼마나 되죠?
➡ 택시로 40분 정도 가면 됩니다.

(12) How + 조동사/be동사 + 주어 + 일반동사 ~?

➡ 명령문, By + 동명사

● 질문이 "어떻게 ~하죠?"이므로 당연히 "~하세요."나 "~함으로써"가 자연스러운 대답이 된다.

🎧 Track 14

Q. How could I request more office supplies?
A. Call the purchasing department.

추가 사무용품은 어떻게 요청하나요?
➡ 구매 부서에 전화하세요.

Q. How can I set up for automatic bill payment?
A. By filling out a form.

자동이체는 어떻게 설정하죠?
➡ 양식을 작성하시면 돼요.

일반 의문문 & 평서문 2

● 일반 의문문이나 평서문에서는 대답에 Yes나 No를 대신하는 표현이 사용될 때가 있는데, 이것들이 사용되면 거의 항상 정답이므로 기억해두도록 하자. 굵은 글씨로 된 것들은 더 자주 사용된다.

(1) YES를 대신하는 표현

● 물론이죠.

Sure.
Of course.
Certainly.
Absolutely.
Definitely.
You bet.
Without a doubt.

● 좋아요.

All right.
OK.

● 맞아요

You're right.
That's right.
That's true.

● 그런 것 같아요.

I think so.
I thought so.
I think she did.
I believe so.
I believe she has.
I hope so.
I guess so.
I suppose so.

That's the forecast I heard.
제가 들은 예보로는 그래요.

That's what the memo says.
단체 메일에 그렇게 쓰여 있더군요.

That's what I heard.
제가 듣기로는 그래요.

That's what they told me.
그렇다고 하더군요.

(2) No를 대신하는 표현

● 아직 아니에요.

Not yet.
Not quite yet.
Not quite. 좀 덜 됐어요.

● 아닌 것 같은데요.

I don't think so.
I don't think we have.
I don't think she's in today.
I didn't think he was, either.
I don't think he is.

● 절대 아니에요.

Never.
I never did.

Not at all. 전혀 그렇지 않아요.

I'm sorry ~ 미안하지만 ~
I'm afraid ~ 유감이지만 ~

● 제가 아는 한은 아닙니다.

Not that I know of.
Not that I'm aware of.

(3) 애매한 대답

● 꼭 그런 건 아니에요. Not really. / Not necessarily.

● 기출문제들을 살펴보자.

Q. Are you sure we'll be able to meet this deadline?

A. Yes, I think so.

우리가 이 마감기한을 지킬 수 있다고 확신하세요?
➡ 네, 그렇게 생각해요.

Q. It's usually cheaper to buy airplane tickets in advance.

A. Yes, that's true.

보통 항공권을 미리 사는 게 더 싸요.
➡ 네, 맞아요.

Q. Don't you want to bring a book to read?

A. No, I don't think so.

읽을 책을 가져가고 싶지 않으세요?
➡ 네, 별로요.

Q. Did you have any trouble finding my office?

A. No, not at all.

제 사무실 찾는 데 어려움이 있으셨나요?
➡ 아니요, 전혀요.

● 연습 문제를 풀어보자. How 의문문의 유형과 공략법을 잘 기억하고, 언제나 질문 앞부분에 집중하고, 오답을 골라내는 데 최선을 다하고, 일반 의문문과 평서문의 대답으로 Yes나 No를 대신하는 표현이 들리면 정답으로 선택하자.

Exercise

○ 문제를 풀기 전에 단어를 먼저 외우세요.

정답·해설 p. 82

VOCAB

double 두 배로 만들다 hold (회의, 시합 등을) 열다, 개최하다 envelope 봉투 entire 전체의, 온 staff (전체) 직원
seem to-V ~하는 것 같다 fiscal year 회계 연도 get *sth* ready ~을 준비하다 proposal 제안(서), 기획안
directly 곧장, 똑바로 director (회사의) 임원, 중역, 이사 down the street 길 아래로 regional director 지사장
directions 지시사항 arrangement committee 준비 위원회 contact 연락하다 colleague 동료 monthly sales
forecast 월매출 예상 lengthen 길게 하다, 늘이다 away 부재의 bicycle path 자전거 전용 도로 city council
시의회 analysis 분석 present 발표하다 stock market 주식 시장 analyze 분석하다

Track 16

1. Mark your answer. (A) (B) (C)

2. Mark your answer. (A) (B) (C)

3. Mark your answer. (A) (B) (C)

4. Mark your answer. (A) (B) (C)

5. Mark your answer. (A) (B) (C)

6. Mark your answer. (A) (B) (C)

7. Mark your answer. (A) (B) (C)

8. Mark your answer. (A) (B) (C)

9. Mark your answer. (A) (B) (C)

10. Mark your answer. (A) (B) (C)

PART 3&4

● 고득점을 원한다면 Part 3, 4에서 패러프레이즈 되는 문장들을 알아들어야 한다. 관건은 어휘력이라는 사실을 잊지
말고, DAY 5에 이어 DAY 6도 연습 문제를 더 풀면서 익혀보자.

Exercise

● 문제를 풀기 전에 단어를 먼저 외우세요.   정답·해설 p. 84

VOCAB as a matter of fact 사실은 census 인구 조사, 개체수 조사 resident bird 텃새 migratory bird 철새
volunteer 자원봉사자 task 일, 과제 be worried that 걱정하다(=be concerned that) lack 부족, 결핍
method 방법 benefit 득을 보다; 혜택 inform *sb* of *sth* ~에게 ~에 대해 알리다 deal 특가, 혜택 advance 사전의
notice 알림, 통지 special offer 특가품, 특가 판매 demonstration 시범 설명

● 대화와 담화를 듣기 전에 문제를 먼저 읽으세요.   Track 17

Part **3**

1. What does the man say he did last month?

   (A) He moved to a new town.
   (B) He started a new business.
   (C) He attended a science class.
   (D) He paid a visit to a park.

2. What task does the woman ask the man
   to help with?

   (A) Leading tours
   (B) Counting birds
   (C) Planting gardens
   (D) Cleaning parks

3. What is the man concerned about?

   (A) His tight schedule
   (B) His lack of experience
   (C) The distance to a workplace
   (D) The cost of participation

Part **4**

4. What is the speaker mainly discussing?

   (A) A marketing technique
   (B) An upcoming retail sale
   (C) An employment opportunity
   (D) A newly developed product line

5. What customer benefit does the
   speaker mention?

   (A) Improved customer service
   (B) Shorter shipping time
   (C) Flexible payment options
   (D) Advance notice of special offers

6. What will the speaker do next?

   (A) Complete a questionnaire
   (B) Give a demonstration
   (C) Explain an updated policy
   (D) Distribute some brochures

● 이번에도 단축 실전 문제가 준비되어 있다. 문제를 더 쉽게 풀기 위해 먼저 단어들을 잘 암기하고 시작하자. 언제나 고득점의 관건은 어휘력이다.

Today's Vocabulary

form 서식

railing 난간

at least 적어도, 최소한

dozen 십여 개[명]의

board of directors 이사회

go well 잘 되어가다

sponsor 후원하다

fundraising 모금

be delighted to-V ~해서 기쁘다

be of help 힘이 되다, 도움이 되다

mail room 우편실

package 꾸러미, 소포, 짐

on one's way to ~로 가는 길[도중]인

reset (시간, 숫자 등을) 재설정하다

contact 연락하다

help desk (회사 내의, 특히 컴퓨터 관련) 업무 지원 센터

sign up[register] for (강좌에) 등록하다; ~을 신청[가입]하다

management (사업체, 조직의) 경영, 운영, 관리

webinar 웨비나(인터넷상의 세미나)

turn off (전기, 기계 등을) 끄다

photocopier 복사기

make a copy 복사하다

district 지구, 지역

strictly 엄격히, 엄하게

restrict 제한하다

apply for ~에 지원하다

real estate agency 부동산 중개소

real estate agent 부동산 중개인

property 부동산; 건물

ideally 이상적으로

located ~에 위치한

(directly) across from ~의 바로 맞은편에

close to ~ 가까이에

laundry room 세탁실

ground floor 1층

tenant 세입자

laundry 세탁

seem to have p.p. (과거에) ~한 모양이다

reusable 재사용할 수 있는

groceries 식료품 및 잡화

be supposed to-V ~해야 한다

for free 무료로

workload 업무량

cutting machine 절삭기

keep up with (~의 진도, 증가 속도 등을) 따라가다

maintenance work 정비 작업

meet the target 목표를 달성하다

reasonable 타당한

adventure 모험

destination (여행 등의) 목적지

travel agency 여행사

present (특히 공식적인 의식을 통해) 주다, 수여하다

customer satisfaction 고객 만족(도)

promotion 판촉 행사

off 할인하여

airfare 항공요금

book 예약하다

renovation 개조

trust 신뢰하다

commercial 상업용의

remodeling 개조

contractor (건축) 하청업체

competitor 경쟁업체

complimentary 무료의

inspection 검열, 점검

follow-up 뒤따르는, 추가의

view 보다

conduct 실시하다

product demonstration 제품시연회

trade fair 무역박람회

set up ~을 설치하다

notice 발견하다

misspell 철자를 잘못 쓰다

incorrectly 부정확하게

Track 18   정답·해설   p. 87

LISTENING TEST

In the Listening test, you will be asked to demonstrate how well you understand spoken English. The entire Listening test will last approximately 45 minutes. There are four parts, and directions are given for each part. You must mark your answers on the separate answer sheet. Do not write your answers in your test book.

PART 1

Directions: For each question in this part, you will hear four statements about a picture in your test book. When you hear the statements, you must select the one statement that best describes what you see in the picture. Then find the number of the question on your answer sheet and mark your answer. The statements will not be printed in your test book and will be spoken only one time.

1.

a   b   c   d

2.

a   b   c   d

3.

a   b   c   d

Directions: You will hear a question or statement and three responses spoken in English. They will not be printed in your test book and will be spoken only one time. Select the best response to the question or statement and mark the letter (A), (B), or (C) on your answer sheet.

4. Mark your answer.   (A)   (B)   (C)

5. Mark your answer.   (A)   (B)   (C)

6. Mark your answer.   (A)   (B)   (C)

7. Mark your answer.   (A)   (B)   (C)

8. Mark your answer.   (A)   (B)   (C)

9. Mark your answer.   (A)   (B)   (C)

10. Mark your answer.   (A)   (B)   (C)

11. Mark your answer.   (A)   (B)   (C)

12. Mark your answer.   (A)   (B)   (C)

Directions: You will hear some conversations between two or more people. You will be asked to answer three questions about what the speakers say in each conversation. Select the best response to each question and mark the letter (A), (B), (C), or (D) on your answer sheet. The conversations will not be printed in your test book and will be spoken only one time.

13. Who is the man?
    (A) A real estate agent
    (B) A financial planner
    (C) A construction inspector
    (D) An interior designer

14. What does the woman say she likes about the apartment?
    (A) It is located close to a park.
    (B) It has an open layout.
    (C) It is reasonably priced.
    (D) It has hardwood floors.

15. Where will the speakers go next?
    (A) To the rooftop garden
    (B) To the laundry facility
    (C) To the storage area
    (D) To the parking lot

16. Where most likely are the speakers?
    (A) At a shoe store
    (B) At a supermarket
    (C) At a florist shop
    (D) At a post office

17. What does the business require customers to do?
    (A) Bring their own bags
    (B) Provide their contact information
    (C) Present photo identification
    (D) Pay with a specific credit card

18. What does the man recommend that the woman do?
    (A) Come back another day
    (B) Place an order online
    (C) Use public transportation
    (D) Register for a membership card

19. What problem does the man mention?
    (A) He needs to miss an upcoming seminar.
    (B) He has too much work.
    (C) A patent has expired.
    (D) Some directions are poorly written.

20. Where do the speakers most likely work?
    (A) At a factory
    (B) At a car repair shop
    (C) At a hardware store
    (D) At a government building

21. What do the women agree to do?
    (A) Revise an advertisement
    (B) Change a worker's shift
    (C) Hire another worker
    (D) Offer an employee a pay raise

22. What is being advertised?
    (A) An air carrier
    (B) A travel agency
    (C) A hotel chain
    (D) A botanical garden

23. What did the business recently receive an award for?
    (A) Its successful advertising campaign
    (B) Its comfortable accommodations
    (C) Its environmentally friendly practices
    (D) Its high level of customer satisfaction

24. How can listeners get a special discount?
    (A) By entering a promotional code
    (B) By presenting a voucher
    (C) By making a reservation before May 31st
    (D) By referring a friend

_____

25. What type of business is being advertised?
    (A) A web design firm
    (B) A hardware store
    (C) A real estate agency
    (D) A remodeling company

26. What special service does the business offer?
    (A) Complimentary installation
    (B) A flexible payment plan
    (C) A follow-up inspection
    (D) Emergency repairs

27. What does the speaker suggest the listeners do online?
    (A) View work samples
    (B) Leave testimonials
    (C) Request an estimate
    (D) Find a business location

_____

28. What event is the speaker calling about?
    (A) A shareholders' meeting
    (B) A business management course
    (C) A press conference
    (D) A trade fair

29. What is the speaker asking about?
    (A) The schedule of an event
    (B) The background of a speaker
    (C) The venue for a banquet
    (D) The number of participants

30. What problem does the speaker mention?
    (A) A venue is too far from her home.
    (B) A potential client is unable to attend.
    (C) Some equipment is no longer available.
    (D) Some information is provided incorrectly.

_____

DAY

PART 1

출제 유형 37~42

PART 2

What 의문문 1 | 일반 의문문 & 평서문 3

PART 3 & 4

화자의 의도 파악 문제 1

PART 1

● 이번에 공부할 내용까지 합하면 벌써 40가지 이상의 출제 유형을 공부하게 된다. 앞에서 공부한 것들을 잊어버리지 않도록 토익 공부가 끝날 때까지 계속 반복 학습하자.

○ 장면을 상상하면서 여러 번 따라 읽으세요.

출제 유형 37 청소하는 장면

 Track 01

VOCAB sweep 쓸다 sidewalk 보도, 인도 broom 쓸다 vacuum 진공청소기로 청소하다 mop 대걸레로 닦다 walkway 통로, 보도 scrub 문질러 씻다 pan 납작한 냄비 pot 냄비, 솥 dust 먼지를 털다 wipe 닦다, 훔치다 stove (오븐이 딸린 요리용 가스[전기]) 레인지 rug 깔개, 양탄자 polish 윤[광]을 내다 shine 윤(기), 광(택)

He's sweeping the sidewalk. 보도를 쓸고 있다.

She's vacuuming the floor. 바닥을 진공청소기로 청소하고 있다.

They're mopping the floor. 바닥에 대걸레질하고 있다.

The walkway is being mopped. 통로에 대걸레질하고 있다.

She's scrubbing a pan with a brush. 솔로 팬을 문질러 씻고 있다.

She's washing a pot in a sink. 싱크대에서 냄비를 씻고 있다.

The car is being washed. 자동차를 씻고 있다.

A woman is dusting a television screen. 텔레비전 스크린에서 먼지를 털어내고 있다.

He's wiping the table. 테이블을 닦고 있다.

A woman is cleaning a kitchen stove. 가스레인지를 청소하고 있다.

A rug is being cleaned near a window. 창문 근처에서 깔개를 청소하고 있다.

The floor has been polished to a shine. 바닥에 광을 내서 반짝이고 있다.

출제 유형 38 There is/are + 사물 + 위치 표현

VOCAB tram 전차 alleyway 골목, 좁은 길 mobile 이동식의 food stand 음식 가판대 opposite 맞은편의 shore 물가, 해안 grassy 풀로 덮인 saucer (커피잔 따위의) 받침 cupboard 찬장 kettle 주전자 gap (공간적) 틈, 간격 serving dish 서빙용 큰 접시 binder (종이 등을 함께 묶는) 바인더 diagram 도표, 도해 fireplace 벽난로 knob (동그란) 손잡이 drawer 서랍

There is a tram on the street. 거리에 전차가 있다.

There's heavy traffic on the street. 도로에 교통량이 많다.

There's no car traffic on the alleyway. 골목길에 자동차가 없다.

There are cars parked along the street. 길을 따라 차들이 주차되어 있다.

There's a mobile food stand on a walkway. 보도에 이동식 음식 가판대가 있다.

There are trees on the opposite shore. 맞은편 물가에 나무들이 있다.

There is a grassy area beside the park. 공원 옆에 잔디밭이 있다.

There are a lot of saucers on the cupboard. 찬장 위에 접시가 많이 있다.

There is a kettle[pot] on the stove. 가스레인지 위에 주전자[냄비]가 있다.

There's a gap between the tables. 테이블 사이에 간격이 있다.

There's some food in the serving dishes. 서빙용 접시에 음식이 있다.

There are some binders on the table. 테이블 위에 바인더가 있다.

There are diagrams on the blackboard. 칠판에 도표가 그려져 있다.

There's a fireplace in the living room. 거실에 벽난로가 있다.

There's a lamp between the beds. 침대 사이에 램프가 있다.

There are knobs on the desk drawers. 책상 서랍에 손잡이가 있다.

출제 유형 39 ~에 앉아 있다 – be seated[sitting]

VOCAB patio 안뜰, 테라스 dining area 식사 공간 diner (식당의) 식사 손님 near the curb 길가에 stool (등받이와 팔걸이가 없는) 의자 sit in a circle 둘러앉다 shade 그늘 by oneself 혼자, 다른 사람 없이 stand 가판대, 좌판 fountain 분수 kayak 카약 opposite 맞은편의 workstation (컴퓨터가 있는) 사무실 책상

They're sitting at different tables. 여러 테이블에 앉아 있다.

People are sitting at an outdoor patio. 야외 테라스에 앉아 있다.

Customers are seated in a dining area. 식사 공간에 앉아 있다.

Diners are seated near the curb. (식당) 손님들이 길가에 앉아 있다.(야외 식당)

Some customers are sitting on stools. 의자(스툴)에 앉아 있다.

They're seated at various places around the tree. 나무 주위 여러 자리에 앉아 있다.

They're sitting in a circle. 둥그렇게 모여 앉아 있다.

Some people are sitting in the shade. 그늘에 앉아 있다.

She's sitting by herself. 혼자 앉아 있다.

He is sitting alone by the water. 물가에 혼자 앉아 있다.

Some women are seated next to a market stand. 시장 가판대 옆에 앉아 있다.

Some people are sitting around the fountain. 분수대 둘레에 앉아 있다.

Some people are seated in kayaks. 카약을 타고 앉아 있다.

Some people are sitting at opposite workstations.
서로 맞은편 책상에 앉아 있다.

출제 유형 40 · 기대어 있는 장면에서는 *leaning, propped*가 들리면 정답!

🎧 Track 04

VOCAB lean 기대다 various 다양한 height 높이 prop (받침대 등으로) 받치다, 기대어 세우다 column 기둥
support (넘어지지 않도록) 떠받치다, 받치다 porch 현관

The chairs are leaning against the tables. 의자들이 테이블에 기대어 있다.

A man is leaning on a countertop. 작업대에 기대어 서 있다.

Ladders of various heights are propped (up) against the building.
다양한 높이의 사다리가 건물에 기대어 있다.

Columns are supporting a porch roof.
기둥이 현관 지붕을 받치고 있다.

출제 유형 41 　나란히 - side by side, next[close] to each other

 Track 05

VOCAB　carton (판지) 상자

Some people are walking side by side. 나란히 걷고 있다.

Some cartons have been placed next[close] to each other.
상자들이 나란히 놓여 있다.

출제 유형 42 　방향을 나타내는 표현

 Track 06

VOCAB　head (특정 방향으로) 가다, 향하다 face ~을 마주보다, 향하다 back 등, (등)허리

● 같은 방향으로 - in the same direction
　반대[다른] 방향으로 - in opposite[different] directions

They're both heading in the same direction. 두 사람 모두 같은 방향을 향하고 있다.

People are moving in different directions. 사람들이 다른 방향으로 이동하고 있다.

The trucks are facing in opposite directions. 트럭들이 반대 방향을 향하고 있다.

● ~를 향하고 있다 - be turned to(ward) ~
　~를 등지고 있다 - have turned away from ~
　　　　　　　　 one's back is turned to ~
　　　　　　　　 have one's back to ~

The women are turned toward the presenter. 발표자를 향하고 있다.

She's turned away from the pictures on the wall.
벽에 있는 그림으로부터 돌아서 있다.

The man's back is turned to the window. 창문을 등지고 있다.

One of the men has his back to a group of people. 사람들을 등지고 있다.

● 42번 같은 유형은 생소해서 어렵게 느껴질 수 있으니 더 많이 따라 읽어보자.

"이제 연습 문제를 풀면서 익혀보자."

○ 문제를 풀기 전에 단어를 먼저 외우세요.

정답·해설 p. 97

VOCAB

pedestrian 보행자 cross 건너다 intersection 교차로 clear A off B B에서 A를 치우다 walkway 보도
exit 나가다 parking garage 주차장 railing 난간 run (길이) 뻗다, 이어지다 lawn 잔디밭 mow (잔디를) 깎다
leave 남겨두다 step 계단

1.

a   b   c   d

2.

a   b   c   d

PART 2

✓ 마지막으로 공부할 의문사 의문문은 What 의문문이다. 이것도 How 의문문처럼 다양한 유형으로 출제되므로 두 DAY에 나눠서 살펴보자. 의문사 의문문만큼 비중이 높은 일반 의문문/평서문 풀이 연습도 계속 함께하자.

What 의문문 1

● What 의문문의 유형은 9가지로 분류할 수 있는데, 이번에는 그중 5개만 기출문제를 통해 살펴보자.

(1) What + 명사 ~? 어떤 ~?

What kind[type/form] of + 명사 ~? 어떤 종류의 ~?

➡ ① What 바로 뒤에 들리는 명사만 알아들으면 해결할 수 있다.

② (the) one(s)이 들리면 정답이다.

③ something (that)이 들리면 정답이다.

● 'What + 명사'에서 What을 Which로 바꿔도 의미상 큰 차이가 없으므로 같은 방식으로 풀면 된다. Which 의문문처럼 의문사 바로 뒤에 있는 명사에 집중하면 정답을 알 수 있고, (the) one(s)이 들리면 항상 정답이다. 또한 Who 의문문에서 Someone from[in]으로 시작하는 대답이 정답인 것처럼 'What + 명사' 유형에서는 something (that)이 들리면 정답이다.

 Track 08

Q. What color would you like the interior walls to be?

A. Light blue or grey.

내부 벽은 어떤 색상으로 하고 싶으세요?

➡ 밝은 파랑이나 회색이요.

Q. What real estate agency did you use?

A. It was the one on Main Street.

어느 부동산 중개업체를 이용하셨나요?

➡ Main 가(街)에 있는 거였어요.

Q. What type of shoes are you looking for?

A. Something suitable for running.

어떤 유형의 신발을 찾으시나요?

➡ 달리기에 적합한 거요.

(2) What time ~? 몇 시에 ~?

   ➡ **When 의문문과 같은 패턴**

● "몇 시에?"라고 물었으니 당연히 대부분의 정답은 "몇 시 몇 분."이라는 대답이지만, 반드시 그런 것은 아니다. When 의문문처럼 대답하면 정답이라고 기억하자.

Q. What time are you serving lunch?

A. From 11 A.M. to 2 P.M.

점심은 몇 시에 제공하실 건가요?
➡ 오전 11시부터 오후 2시까지요.

Q. What time is the conference supposed to begin?

A. It starts in about an hour.

회의는 몇 시에 시작하기로 되어 있나요?
➡ 약 한 시간 후에 시작합니다.

(3) What's the price[charge / fee / fare / rate / cost / budget / estimate] of ~?
   가격[요금 / 비용 / 예산 / 견적]이 얼마인가요?

   ➡ **'돈' 들리면 정답**

● '돈'에 대한 질문이므로 금액을 알려주는 대답이 정답이다.

Q. What's the hourly pay rate?

A. It's thirty dollars.

시급이 얼마인가요?
➡ 30달러입니다.

Q. What is the shipping charge?

A. Four dollars per kilo.

운송 요금은 얼마입니까?
➡ 킬로당 4달러입니다.

(4) What's ~ like? ~은 어떤가요?

   ➡ **형용사**

● DAY 5에서 공부한 'How +be동사 +주어 ~?'와 같은 의미의 질문이다. 정답도 똑같이 형용사를 사용하는 대답이다.

Q. What's the weather going to be like tomorrow?

A. It's going to be hot and humid.

내일 날씨가 어떨까요?
➡ 덥고 습할 겁니다.

(5) What's ~ about? ~는 무엇에 관한 건가요?

　　 What ~ discuss ~? 무엇을 의논했나요?

　　 What's the topic of ~? 주제가 뭔가요?

　　➡ **명사(구)**

● 주제를 묻는 이 유형은 대부분 What's ~ about?을 사용하는데, 주어, 동사가 갖춰진 완전한 문장이 정답인 경우가 거의 없고, 대부분 명사(구)로만 구성된 단답형 대답이 정답이다.

Q. What's the meeting about?

A. Our new sales goals.

회의 주제가 뭔가요?
➡ 우리의 새 영업목표요.

Q. What will be discussed on the conference call?

A. Results from a recent survey.

전화 회의에서는 무엇이 논의될 예정인가요?
➡ 최근 설문 조사의 결과요.

일반 의문문 & 평서문 3

● 일반 의문문이나 평서문이 출제되었을 때 대답이 Yes, and / Yes, but / No, but / But으로 시작되면 항상 정답이다. 뒤에 이어지는 내용을 못 알아들어도 일단 정답으로 선택하자. 보통 시험마다 한 번 정도 등장하므로 반드시 맞히도록 하자. 기출문제들을 확인해보자.

Track 13

Q. Did this product sell well in the United States?

A. Yes, and also in Europe.

이 제품 미국에서 잘 팔렸나요?
➡ 네, 그리고 유럽에서도요.

Q. Don't you think we should take a short break?

A. Okay, but only for ten minutes.

우리 잠깐 쉬어야 한다고 생각하지 않으세요?
➡ 좋아요, 딱 10분 동안만이에요.

Q. Aren't you working off-site this week?

A. No, but I will be next Monday.

이번 주에 외근하시는 거 아닌가요?
➡ 네, 다음 주 월요일에 해요.

Q. I think we should let Kay make the presentation.

A. But Carmen knows the material better.

Kay에게 프레젠테이션을 시켜야 할 것 같은데요.
➡ 하지만 그 자료에 대해서는 Carmen이 더 잘 알잖아요.

"이제 연습 문제를 풀어볼 차례다."

⭕ 문제를 풀기 전에 단어를 먼저 외우세요.

정답·해설 p. 98

VOCAB

end 끝나다 over 끝이 난 in a minute 즉각, 당장 flower arrangement 꽃꽂이 invoice 송장(送狀), 청구서
figure 수치 while at work 근무 중에 be done with ~을 다 처리하다 project 예상[추정]하다 estimate
추산[추정]하다 open 숨김없는, 솔직한 approachable 말을 붙이기 쉬운 production cost 생산 원가 warehouse
창고 double check 다시 한번 확인하다

Track 14

1. (A)　　　(B)　　　(C)　　　　6. (A)　　　(B)　　　(C)

2. (A)　　　(B)　　　(C)　　　　7. (A)　　　(B)　　　(C)

3. (A)　　　(B)　　　(C)　　　　8. (A)　　　(B)　　　(C)

4. (A)　　　(B)　　　(C)　　　　9. (A)　　　(B)　　　(C)

5. (A)　　　(B)　　　(C)　　　　10. (A)　　　(B)　　　(C)

PART 3 & 4

● 다음과 같이 화자의 의도 파악을 요구하는 문제가 출제될 수 있다.

Ex. What does the woman imply when she says, "Is this Rolando Villazón's résumé"?

(A) She is surprised to see a document.
(B) She is nominating a candidate for a position.
(C) She is worried about privacy protection.
(D) She is unable to read some writing.

● 대화를 듣다 보면 여자가 Is this Rolando Villazón's résumé?라는 말을 할 텐데, 어떤 의도로 이 말을 하는 것인지 알아 내야 한다. 일단 대화의 맥락을 파악해야 하기 때문에 앞뒤 문장들을 알아들어야 한다. 또한 다음 문제를 푸는 데 지장이 없도록 빠른 속도로 정답을 선택해야 하기 때문에 보기 네 문장의 내용을 잘 기억하는 게 필요하다. 예제를 한 번 풀어보자.

? Sample Questions

O 먼저 정리된 단어들을 참고하여 문제를 읽은 후 대화를 들으며 정답을 골라보세요.

1. What was the woman doing in Toronto?
(A) Interviewing job applicants   (B) Meeting relatives
(C) Taking a vacation   (D) Leading a seminar

2. What does the woman imply when she says, "Is this Rolando Villazón's résumé"?
(A) She is surprised to see a document.
(B) She is nominating a candidate for a position.
(C) She is worried about privacy protection.
(D) She is unable to read some writing.

3. How does the woman know Rolando Villazón?
(A) They used to live in the same neighborhood.
(B) They attended the same university.
(C) They organized a conference together.
(D) They worked for the same firm.

VOCAB   relaxing 편안한, 느긋한 sightseeing 관광 take a break 쉬다 job applicant 입사 지원자 relative 친척
search 물색, 찾기 leave 남기고 가다, 전하고 가다 paperwork 서류 résumé 이력서 apply for ~에 지원하다
nominate (후보로) 추천하다 writing 글 refer to ~을 가리키다 impress 깊은 인상을 주다 used to 한때는 ~했다
neighborhood 지역 organize 준비하다, 조직하다 firm 회사 run into ~를 우연히 마주치다 convention (전문직
종사자들의) 대회, 협의회

정답·해설 p. 100

● **Questions 1 through 3** refer to the following conversation.

M Cn
1. Vartika, **how was Toronto**?

W Br
1. **Relaxing**, thanks. It was **nice doing some sightseeing** and **taking a break** from work. Uh, how were things while I was out of the office? **2.** How's the **search for a new graphic designer** going?

M Cn
2. I think we've **found our person**. I've left you the **paperwork here on your desk**.

W Br
2. Is this Rolando Villazón's résumé? He's **a friend of mine**. You're telling me **he's applied for this job**?

M Cn
That's who I was referring to. He really impressed everyone.

W Br
I'm glad to hear that. **3.** I've known Rolando **since university**. We **had some classes together**. I've run into him several times at conventions, but I didn't have any idea he was applying for a job here.

1. What was the woman doing in Toronto?
   (A) Interviewing job applicants
   (B) Meeting relatives
   *(C) Taking a vacation
   (D) Leading a seminar

2. What does the woman imply when she says, "Is this Rolando Villazón's résumé"?
   *(A) She is surprised to see a document.
   (B) She is nominating a candidate for a position.
   (C) She is worried about privacy protection.
   (D) She is unable to read some writing.

3. How does the woman know Rolando Villazón?
   (A) They used to live in the same neighborhood.
   *(B) They attended the same university.
   (C) They organized a conference together.
   (D) They worked for the same firm.

고수의 비법

토론토에서 관광(sightseeing)도 하고 휴식도 취하며(taking a break) 편안하게(Relaxing) 지냈다는 말을 들으면, 여자가 토론토에서 휴가를 보냈다는 것을 파악하고, 1번 문제의 정답으로 (C)를 고를 수 있다. 3번 문제의 정답도 여자의 마지막 대사에서 **I've known Rolando since university. We had some classes together.** 같은 문장을 들으면 어렵지 않게 (B)라는 것을 알 수 있다. 2번은 조금 까다로운데, 대화의 맥락을 파악해야 한다. 앞에 나오는 대화에서 두 사람이 일하는 회사가 지금 채용할 사람을 찾고 있고, 적임자를 찾았고, 그의 입사 지원 서류가 여자에게 전달된 상황이라는 것을 알아야 한다. 그리고 여자의 대사 **Is this Rolando Villazón's résumé?**와 이어지는 **He's a friend of mine. You're telling me he's applied for this job?**(내 친구 중 한 명이에요. 그 친구가 이 자리에 지원했다는 거예요?)를 들으면서 여자의 놀란 감정을 파악하고 (A)를 정답으로 선택해야 한다. 대화의 맥락을 파악해도 정답을 고르는 데 시간이 너무 오래 걸리면 별로 어렵지도 않은 다음 문제를 놓칠 수 있으므로, 빠른 속도로 정답을 선택할 수 있게 보기의 내용을 잘 기억하고 있어야 한다.

● 연습 문제를 통해 익혀보자.

⊙ 문제를 풀기 전에 단어를 먼저 외우세요.

정답·해설 p. 101

VOCAB wonder 궁금하다, 궁금해하다 agency 중개소 neighborhood 지역; 인근 set up ~을 설립하다
give a presentation 프레젠테이션하다 experiment 실험 material 물질, 재료, 소재 generate 발생시키다,
만들어 내다 public 공개된 for some time 한동안 regarding ~에 관하여 schedule of fees(=fee schedule)
요금표 post 게시하다

⊙ 대화와 담화를 듣기 전에 문제를 먼저 읽으세요.

Track 16

Part 3

1. Why is the woman calling the man?

(A) To order some jewelry
(B) To find a new apartment
(C) To recommend some tools
(D) To share some information

2. What does the woman say she has done recently?

(A) Planted a garden
(B) Joined a community organization
(C) Started a business
(D) Remodeled a room

3. Why does the man say, "How's your afternoon?"

(A) To ask whether the woman is having a good time
(B) To request assistance in completing a project
(C) To explain an updated vacation policy
(D) To suggest a meeting time

Part 4

4. What has the speaker been asked to do?

(A) Interview a job candidate
(B) Organize a workshop
(C) Perform an experiment
(D) Give a presentation

5. What does the speaker imply when he says, "Those results won't be public for some time?"

(A) He cannot speak about a topic.
(B) He is impatient with a delay.
(C) He needs more time to complete a project.
(D) He wonders how the listener has acquired some data.

6. What does the speaker say is posted on his website?

(A) A biography
(B) A photograph
(C) A fee schedule
(D) An e-mail address

● 단축 실전 문제를 풀어볼 차례다. 문제 풀이를 쉽게 하기 위해 많은 단어를 암기하자. 또한 이번에는 Part 3와 4에서 새로 배운 유형의 문제를 더 잘 해결하기 위해 각 파트 Directions가 나오는 시간에 읽는 Part 3, 4 문제의 내용을 더 신경 써서 기억하도록 해보자.

Today's Vocabulary

debris 잔해, 쓰레기

cabinet 캐비닛, 보관장

above ~보다 위에

counter 조리대

driver's seat 운전석

location 장소

exhibit 전시

quite 꽤, 상당히

cost 값, 비용

free 무료의

warranty 품질보증

catering company 출장뷔페 업체

municipal 시[읍/군]의

postpone 연기하다, 미루다

trade fair 무역 박람회

familiar 익숙한, 친숙한

have a minute 시간이 좀 나다

figure 수치

in a minute 곧, 금방

for long 오랫동안

deadline 마감기한

affect 영향을 미치다

miss 놓치다

content 내용

line 제품군

beverage 음료수

advertising agency 광고 대행사

revision 수정

right away 곧바로, 즉시

be about to-V 막 ~하려고 하다

skip 거르다

text message 문자 메시지

contact 연락하다

colleague 동료

let *sb* know ~에게 알리다

projector 영사기, 프로젝터

properly 제대로, 적절히

report 알리다

malfunction 기능 불량, 오작동

come over[by] ~에 들르다

disturb 방해하다

for once 이번만은

videoconference 화상 회의

look forward to ~을 기대하다

in person 직접, 몸소

for a change 여느 때와 달리

unusual 특이한

conduct (특정한 활동을) 하다

face-to-face 얼굴을 마주 대하고

customer service representative
고객서비스 직원

to begin with 우선, 먼저

additional 추가적인

deal with ~을 다루다, 처리하다

incoming 도착하는, 들어오는

recognize 인식하다

concern 걱정, 우려

imperative 반드시 해야 하는

make a revision to ~을 수정하다(= revise)

assign 맡기다, 배정하다

section 부분

training materials 교육용 자료

follow up on ~의 후속 논의를 하다

finance 재정

be amazed at ~에 놀라다

accomplish 이룩하다, 성취하다

so far 지금까지

beauty salon 미용실

encouragement 격려

entrepreneur 기업가

convention 대회(= conference)

maintenance 정비, 관리

apologize for ~에 대해 사과하다

notice 알림, 통지

be unhappy with ~에 불만이다

Track 17　정답·해설 p. 103

LISTENING TEST

In the Listening test, you will be asked to demonstrate how well you understand spoken English. The entire Listening test will last approximately 45 minutes. There are four parts, and directions are given for each part. You must mark your answers on the separate answer sheet. Do not write your answers in your test book.

PART 1

Directions: For each question in this part, you will hear four statements about a picture in your test book. When you hear the statements, you must select the one statement that best describes what you see in the picture. Then find the number of the question on your answer sheet and mark your answer. The statements will not be printed in your test book and will be spoken only one time.

1.

ⓐ　　ⓑ　　ⓒ　　ⓓ

2.

a b c d

3.

a b c d

Directions: You will hear a question or statement and three responses spoken in English. They will not be printed in your test book and will be spoken only one time. Select the best response to the question or statement and mark the letter (A), (B), or (C) on your answer sheet.

4. Mark your answer.　　(A)　　　　　　(B)　　　　　　(C)

5. Mark your answer.　　(A)　　　　　　(B)　　　　　　(C)

6. Mark your answer.　　(A)　　　　　　(B)　　　　　　(C)

7. Mark your answer.　　(A)　　　　　　(B)　　　　　　(C)

8. Mark your answer.　　(A)　　　　　　(B)　　　　　　(C)

9. Mark your answer.　　(A)　　　　　　(B)　　　　　　(C)

10. Mark your answer.　　(A)　　　　　　(B)　　　　　　(C)

11. Mark your answer.　　(A)　　　　　　(B)　　　　　　(C)

12. Mark your answer.　　(A)　　　　　　(B)　　　　　　(C)

Directions: You will hear some conversations between two or more people. You will be asked to answer three questions about what the speakers say in each conversation. Select the best response to each question and mark the letter (A), (B), (C), or (D) on your answer sheet. The conversations will not be printed in your test book and will be spoken only one time.

13. What are the speakers mainly discussing?
    (A) Safety procedures
    (B) Training materials
    (C) Monthly results
    (D) Client surveys

14. What does the woman mean when she says, "I'll be attending a meeting in a minute"?
    (A) She is looking forward to a meeting.
    (B) She cannot talk with the man for long.
    (C) She wants the man to join a meeting.
    (D) She is asking the man to give her a document.

15. What does the woman want to know?
    (A) If deadlines have been missed
    (B) If sales figures are satisfactory
    (C) If clients have canceled their orders
    (D) If machines need to be purchased

16. Where do the speakers most likely work?
    (A) At a restaurant
    (B) At a delivery service
    (C) At an advertising agency
    (D) At a food manufacturer

17. Why does the woman say, "I can ask Manyata to update me later"?
    (A) She disagrees with a proposal.
    (B) She plans to skip a meeting.
    (C) She needs to extend a deadline.
    (D) She wants to understand a regulation.

18. What does the woman plan to do?
    (A) Place an order for equipment
    (B) Reserve a meeting room
    (C) Sample some food items
    (D) Contact some colleagues

19. Why is the woman calling the man?
    (A) To report an equipment malfunction
    (B) To reschedule a meeting
    (C) To ask for personnel information
    (D) To inquire about a missing item

20. What does the woman mean when she says, "I'm interviewing someone in here in ten minutes"?
    (A) She is in urgent need of help.
    (B) She does not want to be disturbed.
    (C) She is worried about an assignment.
    (D) She will not attend another meeting.

21. What does the woman say is unusual about the interview?
    (A) It will be broadcast online.
    (B) It will take place on a weekend.
    (C) It will be conducted face to face.
    (D) It will last for less than an hour.

Directions: You will hear some talks given by a single speaker. You will be asked to answer three questions about what the speaker says in each talk. Select the best response to each question and mark the letter (A), (B), (C), or (D) on your answer sheet. The talks will not be printed in your test book and will be spoken only one time.

22. Who most likely are the listeners?
    (A) Customer service representatives
    (B) Software programmers
    (C) Corporate executives
    (D) Financial analysts

23. What does the woman mean when she says, "Yes, I know that's not enough"?
    (A) She is admitting her own mistakes.
    (B) She is concerned about a deadline.
    (C) She plans to solicit funds.
    (D) She recognizes the listeners' concerns.

24. What task does the speaker assign to the listeners?
    (A) Updating a mailing list
    (B) Revising training materials
    (C) Giving advice to new staff
    (D) Learning more about a software program

25. What is the speaker following up on?
    (A) A sales call
    (B) A company memo
    (C) A financial meeting
    (D) A customer review

26. Why does the speaker say, "I couldn't have done that"?
    (A) To express gratitude
    (B) To offer encouragement
    (C) To avoid accusation
    (D) To correct an error

27. What does the speaker recommend the listener do next month?
    (A) Participate in a survey
    (B) Attend a conference
    (C) Open an additional store location
    (D) Hire experienced sales representatives

28. According to the speaker, what will take place this afternoon?
    (A) A product demonstration
    (B) A fire drill
    (C) A maintenance project
    (D) A software training session

29. What does the speaker ask listeners to do?
    (A) Move their vehicles
    (B) Assemble some equipment
    (C) Choose a time slot
    (D) Print some reading materials

30. What does the speaker imply when he says, "It wasn't our decision to have this done today"?
    (A) He needs more time to make a decision.
    (B) He is unhappy with the timing of some work.
    (C) He has an important meeting with a client today.
    (D) He does not know who will be assigned to a project.

DAY

PART 1

출제 유형 43~48

PART 2

What 의문문 2 | 일반 의문문 & 평서문 4

PART 3 & 4

화자의 의도 파악 문제 2

PART 1

● 이번에 공부할 표현들은 시험에서 정답으로도 자주 사용되지만, 오답으로도 자주 등장한다. 여러 번 따라 읽으며 익히고 잘 기억해두자.

○ 장면을 상상하면서 여러 번 따라 읽으세요.

출제 유형 43 물건이 쌓여 있는 장면에서는 *stack, pile, heap*이 들릴 때 정답!

 Track 01

VOCAB
crate (운송, 저장용 대형) 상자 on top of each other 서로 포개어, 차곡차곡 plate 접시, 그릇 utensil 식기류, 조리도구 in stacks[heaps/piles] 여러 더미로 pack 꾸러미 wheelbarrow 외바퀴 손수레 arrange 정리하다, 배열하다

Some of the crates are stacked on top of each other. 상자가 차곡차곡 쌓여 있다.

Plates have been stacked next to some utensils.
접시가 식기류(또는 조리기구) 옆에 쌓여 있다.

The boxes have been placed in stacks. 상자가 여러 더미로 쌓여 있다.

Some vegetables are piled in heaps on the table. 채소가 테이블 위에 여러 더미로 쌓여 있다.

Some packs have been piled in the wheelbarrow. 외바퀴 손수레에 꾸러미가 쌓여 있다.

Stacks of paper have been left on a desk. 종이 더미들이 책상 위에 놓여 있다.

A wheelbarrow has been left next to a pile of rocks. 돌 더미 옆에 외바퀴 손수레가 놓여 있다.

Vegetables are arranged in piles. 채소가 여러 더미로 놓여 있다.

출제 유형 44 설치되어 있다 – set up, built, assembled

 Track 02

VOCAB
dining area 식사 장소 set up ~을 설치하다, 준비하다 outdoors 야외에서 pavilion (공원 등의) 정자 archway 아치형 입구 path 길, 좁은 보도 assemble 조립하다

A dining area has been set up outdoors. 야외에 식사 장소가 준비되어 있다.

Some chairs have been set up under a pavilion.
정자 아래에 의자들이 설치되어 있다.

There are chairs set up in front of a building. 건물 앞에 의자들이 설치되어 있다.

Tents are being set up in a field. 들판에 천막들이 설치되고 있다.

An archway has been built over the path. 길 위에 아치형 통로가 지어져 있다.

A set of drums has been assembled. 드럼 한 세트가 조립되어 있다.

출제 유형 45 ~을 ~에 놓고 있다

Track 03

VOCAB plate 접시, 그릇 help oneself to 마음껏 가져다 먹다 snack 간단한 식사, 간식 compartment (가구의) 칸 dough 밀가루 반죽 wooden 나무로 된, 목재의 pallet (운반용) 판 belongings 소지품 vase 꽃병 brick 벽돌 chin 턱

● **두다 / 놓다** - put, place, position, arrange, lay, rest

She's putting some equipment in a case. 상자에 장비를 집어넣고 있다.

He's putting food on a plate. 접시에 음식을 담고 있다.(뷔페식당)

She's helping herself to a snack. 음식을 마음껏 접시에 담고 있다.

They are placing documents in compartments. 서류를 칸에 넣고 있다.

Circles of dough are being placed on a wooden pallet.
나무판에 둥글게 자른 밀가루 반죽을 놓고 있다.

A man has placed his belongings on a wall. 벽에 소지품을 올려놨다.

She's positioning a sheet of paper on the glass. (복사기) 유리 위에 종이를 놓고 있다.

Flowers are being arranged in vases. 꽃병에 꽃을 꽂고 있다.

He's laying bricks. 벽돌을 놓고 있다.

She's resting her chin on her hand. 손에 턱을 올려놓고 있다.(턱을 괴고 있다.)

출제 유형 46 타이핑하고 있다 - typing

Track 04

The woman is typing on a keyboard. 키보드로 타이핑하고 있다.

사람이나 물건이 모여 있는 장면에서는 *gather*나 *group*이 들리면 정답!

Track 05

VOCAB seating area 앉는 장소 leaf (나뭇)잎 pile 쌓아 올린 더미 street vendor 노점상 stand 판매대 armchair 팔걸이의자 performer 연주자 assemble 모이다 canopy (햇볕을 가리기 위하여 치는) 차양(遮陽)

Some women are gathered in a group. 한 그룹으로 모여 있다.

A small group is gathered in a seating area. 앉는 장소에 모여 있다. ―――

Some leaves are being gathered into a pile. 나뭇잎을 모아서 한 더미로 쌓고 있다.

Some people have gathered around a street vendor's stand.
노점상 가판대 둘레에 모여 있다.

Armchairs have been grouped around the tables. ―――
팔걸이의자들이 테이블 둘레에 모여 있다.

Performers have assembled beneath a canopy.
연주자들이 차양 아래에 모여 있다.

바퀴 달린 물건을 운반하는 장면 - **pushing, pulling, wheeling, rolling**

Track 06

VOCAB stroller 유모차 wheelbarrow 외바퀴 손수레 work area 작업장 aisle (상점·창고·비행기 등의) 통로 wheel (바퀴 달린 것을) 밀다, 끌다 baggage cart 수하물 수레 roll (바퀴 달린 것을) 밀다, 끌다

A woman is pushing a stroller. 유모차를 밀고 있다.

A wheelbarrow is being pulled across the work area.
작업장을 가로질러 외바퀴 수레를 끌고 가고 있다.

A cart is being pulled down an aisle by a shopper. 쇼핑객이 통로를 따라 카트를 끌고 가고 있다.

A woman is wheeling a baggage cart. 수하물 수레를 밀고 있다. ―――

Some people are rolling suitcases down a park.
공원에서 여행 가방을 끌고 가고 있다.

"충분히 연습했다면 이제 연습 문제를 풀어보자."

● 문제를 풀기 전에 단어를 먼저 외우세요.

정답·해설 p. 113

VOCAB canopy (햇볕을 가리기 위하여 치는) 차양(遮陽) unload ~에서 짐을 내리다 stand 판매대 replace 교체하다 lightbulb 백열전구 put up (건물 등을) 세우다, 짓다 scaffolding (건축 공사장의) 비계 board 탑승하다 climb up ~에 오르다 work site 작업장

1.

Track 07

a   b   c   d

2.

a   b   c   d

PART 2

✓ 의문사 의문문 마지막 시간이다. What 의문문을 9가지 유형으로 분류해서 DAY 7에서 5가지를 공부했다. DAY 8에서는 나머지 4가지 유형을 공부하면서 **일반 의문문과 평서문도** 계속 함께 연습하자.

What 의문문 2

(6) **What's your opinion[impression] of ~?** ~에 대해 어떤 의견[인상]인가요?

What do you think of[about] ~? ~에 대해 어떻게 생각하시나요?

➡ **형용사, 부사**

● 의견을 묻는 말은 How 의문문에도 있었다. How do you like[enjoy/feel about] ~?도 있다는 사실을 기억하자. How 의문문이나 What 의문문이나 의견을 묻는 말에는 형용사나 부사를 이용하는 대답이 매우 자주 정답으로 출제된다.

Q. What do you think of the company's new logo?

A. It represents our image perfectly.

회사의 새 로고에 대해 어떻게 생각하시나요?
➡ 우리의 이미지를 완벽하게 나타내고 있군요.

Q. What's your impression of our new uniforms?

A. They look very comfortable.

새 유니폼에 대해 어떤 인상을 받으셨나요?
➡ 아주 편안해 보이는데요.

(7) **What's the fastest[best / quickest / shortest] way to ~?**

~까지 가는 가장 빠른[좋은] 길은[방법은]?

➡ **교통수단, 길 이름, 길 안내**

● 가장 빠르게 이동하는 방법을 묻고 있으므로 교통수단이나 길 이름을 알려주는 대답이 자연스럽다. 최근에는 직진, 좌회전, 우회전 같은 길 안내를 하는 대답도 가끔 정답으로 출제된다.

Q. What's the fastest way to the convention center?

A. Drive down Hill Street.

컨벤션 센터까지 가는 가장 빠른 방법이 뭘까요?

➡ 차를 몰고 Hill 가(街)를 따라가세요.

Q. What's the best way to get to the Proud Mary Café?

A. Route 26 is the fastest.

Proud Mary 카페까지 가는 가장 좋은 방법은 뭐죠?

➡ 26번 국도가 가장 빠르죠.

Q. What's the shortest way to the train station?

A. Take the next left and go straight.

기차역까지 가는 가장 짧은 길은 무엇입니까?

➡ 다음 길에서 좌회전해서 직진하세요.

(8) What should I[we] do ~? 어떻게 해야 하죠?

➡ **명령문**

● "어떻게 해야 하죠?"라고 물었으니 "어떻게 하세요."라고 대답하는 것이 자연스럽다. 즉 명령문이 정답으로 출제된다.

Q. What should I do with the extra pamphlets?

A. Put them in the storage cabinet.

남는 팸플릿들은 어떻게 할까요?

➡ 보관 캐비닛에 넣어두세요.

(9) What do you do (for a living)? 직업이 뭔가요?

What kind[type / sort / line] of work do you do (for a living)?

➡ **직업의 이름, 업종**

● 직업을 묻는 표현을 기억해두자. 이 질문에는 직업 이름이나 종사하는 업종이 들리는 대답이 정답이다.

Q. What type of work do you do at the laboratory?

A. I'm a technician.

연구소에서 어떤 일을 하시죠?

➡ 기술자예요.

Q. What sort of work do you do?

A. Construction, mostly.

어떤 일을 하시나요?

➡ 주로 건설업이죠.

일반 의문문 & 평서문 4

● 일반 의문문 중에는 중간에 의문사가 들어 있는 간접 의문문이 출제될 수 있다. 간접 의문문에서는 의문사를 놓치지 않아야 문제를 해결할 수 있다.

Q. I wonder who will be hired as assistant manager, don't you?

A. I think Mr. Brown has a good chance.

부매니저로 누가 채용될지 궁금하네요. 그렇지 않나요?
➡ 제 생각에는 Mr. Brown이 가능성이 커요.

Q. Have you decided which laptop computer to buy?

A. Yes, the one on the left seems quite good.

어느 노트북을 살지 결정하셨나요?
➡ 네, 왼쪽이 있는 게 꽤 좋아 보이는군요.

Q. Could you tell me where I can find Room Thirty Five?

A. It's on the third floor at the end of the hall.

35호실을 어디서 찾을 수 있는지 알려주시겠어요?
➡ 3층 복도 끝에 있어요.

Q. Do you know when the new product demonstration begins?

A. In about thirty minutes.

신제품 시연회가 언제 시작되는지 아시나요?
➡ 한 30분 후에요.

Q. Do you know why Mr. Cruz is coming tomorrow?

A. I'll ask Jane about that.

Mr. Cruz가 내일 왜 오는지 아세요?
➡ 그건 Jane에게 물어볼게요.

● 연습 문제를 풀어보자. What 의문문의 유형과 공략법을 잘 기억하고, 질문 앞부분에 집중하고, 오답을 골라내는 데 최대한 주의를 기울이자. 일반 의문문이라도 중간에 의문사가 들리면 그 부분에 집중해서 문제를 풀자.

"이제 연습 문제를 풀어볼 차례다."

● 문제를 풀기 전에 단어를 먼저 외우세요.

정답·해설 p. 114

VOCAB

current 현재의, 지금의 trend 동향, 추세 industry 산업계, 업계 payment 지급금 due (돈을) 지급해야 하는
amount 총액, 액수 duty 직무, 임무 due date 만기일 oversee 감독하다 process 과정, 공정 hear from
~에게서 소식을 듣다 manufacturing plant 제조 공장 elegantly furnished 품격 있게 마감 처리된 owe 빚지고
있다 late fee 연체료 overdue 기한이 지난 reading room 열람실, 독서실 invoice 송장(送狀), 청구서 supplier
공급자, 공급 회사 check up on ~가 맞는지 확인하다 noisy 시끄러운 go well 잘 되어가다 newsletter 회보 seal
(봉투 등을) 봉하다 extra 여분의 training materials 교육용 자료 leave 남겨두다

Track 13

1. (A)   (B)   (C)   6. (A)   (B)   (C)

2. (A)   (B)   (C)   7. (A)   (B)   (C)

3. (A)   (B)   (C)   8. (A)   (B)   (C)

4. (A)   (B)   (C)   9. (A)   (B)   (C)

5. (A)   (B)   (C)   10. (A)   (B)   (C)

PART 3 & 4

● DAY 7에서 소개한 화자의 의도 파악을 요구하는 문제는 난이도가 높은 편에 속한다. 충분한 어휘력과 꾸준한 청취력 훈련이 필요한 것은 물론이고, 문제도 많이 풀어봐야 한다. 연습 문제를 더 풀어보자.

Exercise

● 문제를 풀기 전에 단어를 먼저 외우세요.

정답·해설 p. 116

VOCAB on one's way to ~로 가는 도중인 payroll check 급여명세서 leave 남기다 process 처리하다 decline 거절하다 staff meeting 직원회의 make a copy of ~을 복사하다 handout 인쇄물, 유인물 I'd be happy to. 기꺼이 해 드릴게요. medical center 종합 병원, 의료 센터 accommodate (요구 등에) 부응하다, 협조하다 professional profile (업무, 비즈니스 관련) 인물 소개 post 게시하다

● 대화와 담화를 듣기 전에 문제를 먼저 읽으세요.

 Track 14

Part 3

1. Why does the woman say, "I have four payroll checks left to process"?

   (A) To inquire about some software
   (B) To decline an invitation
   (C) To ask for an extension
   (D) To reassure a colleague

2. What will take place this afternoon?

   (A) A staff meeting
   (B) A fire drill
   (C) A department celebration
   (D) A product demonstration

3. What does the man agree to do?

   (A) Call an employee
   (B) Cancel a reservation
   (C) Copy a document
   (D) Write a report

Part 4

4. Where does the speaker work?

   (A) At a real estate agency
   (B) At a medical center
   (C) At an accounting firm
   (D) At an Internet service provider

5. What does the speaker mean when she says, "He recently moved to Morristown"?

   (A) A hiring decision was unexpected.
   (B) A location has become very popular.
   (C) An appointment should be postponed.
   (D) A request cannot be accommodated.

6. Why does the speaker recommend visiting a website?

   (A) To read some profiles
   (B) To fill out some forms
   (C) To view an invoice
   (D) To find a telephone number

● 어휘력이 풍부하면 모든 문제 풀이 요령을 쉽게 익힐 수 있지만, 부족하면 어떤 기술도 소용이 없게 된다. 이번에도 단축 실전 문제를 풀기 전에 필요한 단어들을 모두 암기하자.

Today's Vocabulary

bin 통

railing 난간

sewing machine 재봉틀

part 부품

left 남아 있는

let *sb* know ~에게 알리다

straight 곧장, 곧바로

parking garage 주차장, 주차장 건물

ingredient 재료

dried fruit 말린 과일

build 짓다, 건설하다

apartment complex 아파트 단지

get acclimated to ~에 익숙해지다

warehouse 창고

go well 잘 되어가다

fill an order 주문을 처리하다

shipping 운송

previous 이전의, 직전의

efficient 효율적인

pick 고르다, 선택하다

pack 포장하다

manually 손으로, 수동으로

entirely 완전히, 전부

automate 자동화하다

prefer A to B B보다 A를 선호하다

available 시간이 있는

sell 팔리다

investigate 조사하다

survey (설문) 조사하다; (설문) 조사

competitor 경쟁업체

landscaping company 조경 회사

bill 고지서, 청구서

double 두 배로 만들다

cost 경비, 비용

sustain 지속시키다

rate 요금

landscaping 조경

in the meantime 그동안에

pick up ~을 사다, 얻다, 획득하다

snack 간식

beverage (물 이외의) 음료

refreshments 다과, 음식물

prepare for ~을 준비하다

advertising 광고

notice 알아차리다

projector 영사기, 프로젝터

missing 없어진

conference room 회의실

give a presentation 프레젠테이션을 하다

book 예약하다

it looks like (that) ~인 것으로 보이다

be in compliance with ~을 준수하다

regulation 규정

volume (~의) 양

recycle 재활용하다

recycling 재활용

material 재료

manufacture 제조하다

production process 생산 공정

colleague 동료

secure 확보하다

contract 계약

so (that)＋S＋can[may/will]＋V ~하기 위해서

supply 공급, 보급

contact 연락하다

vendor 판매 회사

cost estimate 가격 견적서

considerably 많이, 상당히

behind (지급, 일 등이) 밀려 있는

a bit 조금, 다소, 약간

memorable 기억할 만한

promotional 홍보의, 판촉의

affordable (가격 등이) 알맞은, 감당할 수 있는

catering 출장뷔페

research 조사하다

look up ~을 찾아보다

Practice Test

 정답·해설 p. 119

LISTENING TEST

In the Listening test, you will be asked to demonstrate how well you understand spoken English. The entire Listening test will last approximately 45 minutes. There are four parts, and directions are given for each part. You must mark your answers on the separate answer sheet. Do not write your answers in your test book.

PART 1

Directions: For each question in this part, you will hear four statements about a picture in your test book. When you hear the statements, you must select the one statement that best describes what you see in the picture. Then find the number of the question on your answer sheet and mark your answer. The statements will not be printed in your test book and will be spoken only one time.

1.

ⓐ   ⓑ   ⓒ   ⓓ

2.

a b c d

3.

a b c d

Directions: You will hear a question or statement and three responses spoken in English. They will not be printed in your test book and will be spoken only one time. Select the best response to the question or statement and mark the letter (A), (B), or (C) on your answer sheet.

4. Mark your answer.   (A)   (B)   (C)

5. Mark your answer.   (A)   (B)   (C)

6. Mark your answer.   (A)   (B)   (C)

7. Mark your answer.   (A)   (B)   (C)

8. Mark your answer.   (A)   (B)   (C)

9. Mark your answer.   (A)   (B)   (C)

10. Mark your answer.   (A)   (B)   (C)

11. Mark your answer.   (A)   (B)   (C)

12. Mark your answer.   (A)   (B)   (C)

Directions: You will hear some conversations between two or more people. You will be asked to answer three questions about what the speakers say in each conversation. Select the best response to each question and mark the letter (A), (B), (C), or (D) on your answer sheet. The conversations will not be printed in your test book and will be spoken only one time.

13. Why does the man say, "I eat there several times a week"?
    (A) To refuse a proposal
    (B) To agree to an opinion
    (C) To suggest an alternative
    (D) To dispute a criticism

14. Where do the speakers work?
    (A) At an electronics store
    (B) At a financial institution
    (C) At a warehouse
    (D) At a stationery store

15. Why does the woman prefer her new job to her previous one?
    (A) There is a wider variety of work.
    (B) More of the work is automated.
    (C) The schedule is more flexible.
    (D) More time is spent with clients.

16. What does the woman imply when she says, "My next meeting isn't until four"?
    (A) She wants to volunteer for a task.
    (B) She thinks the schedule should be adjusted.
    (C) She does not need to use a conference room.
    (D) She is available to talk.

17. What problem are the speakers discussing?
    (A) A product launch has been delayed.
    (B) A product has not been selling well.
    (C) Some employees have not reported to work.
    (D) Some merchandise has been returned.

18. What do the speakers agree to do?
    (A) Hire a new vendor
    (B) Offer a large discount
    (C) Collect customer feedback
    (D) Talk with the marketing director

19. What problem is discussed?
    (A) A cost has increased.
    (B) A design has changed.
    (C) A property was sold.
    (D) A document was misplaced.

20. Why does the woman say, "The business across the street did some landscaping recently"?
    (A) To support a decision
    (B) To turn down an offer
    (C) To make a suggestion
    (D) To apologize for an error

21. What does the man ask the woman to do?
    (A) Reserve a table
    (B) Buy some refreshments
    (C) Print presentation materials
    (D) Make a phone call

Directions: You will hear some talks given by a single speaker. You will be asked to answer three questions about what the speaker says in each talk. Select the best response to each question and mark the letter (A), (B), (C), or (D) on your answer sheet. The talks will not be printed in your test book and will be spoken only one time.

22. Which department does the speaker most likely work in?

(A) Accounting   (B) Advertising

(C) Personnel   (D) Technical Support

23. What does the speaker say will happen at a meeting?

(A) A business merger will be discussed.

(B) A presentation will be given.

(C) A new board member will be interviewed.

(D) A salary raise will be approved.

24. Why does the speaker say, "The meeting in Room C has been canceled"?

(A) To indicate that she has spare time

(B) To correct an error in a schedule

(C) To apologize for a postponement

(D) To suggest a different location

25. Why is a change being made to a production process?

(A) Because of government regulations

(B) Because of trouble with the supply chain

(C) Because of high customer demand

(D) Because of innovative technology

26. What has Mariko done?

(A) She has written an instructional manual.

(B) She has led a training session.

(C) She has secured a supply of materials.

(D) She has met the requirements for a promotion.

27. What does the speaker imply when she says, "I think the decision will be a simple one"?

(A) She is disappointed with the outcome of an initiative.

(B) The cheapest option will be chosen.

(C) A product has not been selling very well.

(D) The management makes the same decision each time.

28. What is going to take place in December?

(A) A craft fair

(B) A client dinner

(C) A company outing

(D) A charity event

29. Why does the speaker say, "We're not spending much on promotional items"?

(A) To complain about the quality of some merchandise

(B) To thank some colleagues for their hard work

(C) To explain why a location is affordable

(D) To request budget approval

30. What does the speaker ask Taro to do?

(A) Draft an activities schedule

(B) Hire some professional musicians

(C) Distribute flyers in the neighborhood

(D) Look up some catering options

DAY

9

PART 1

출제 유형 49~54

PART 2

제안/부탁 의문문 공략법

PART 3 & 4

Look at the graphic 문제 1

PART 1

● 여기까지 꼼꼼하고 성실하게 각종 문제 유형들의 공략법을 익혀온 독자에게 축하와 격려의 박수를 보낸다. 하던 대로 두 DAY만 더 해보자.

○ 장면을 상상하면서 여러 번 따라 읽으세요.

출제 유형 49 무언가가 열려 있다 - open(ed)

🎧 Track 01

VOCAB arched 아치 모양의 opening 구멍, 틈 overhead storage compartment (버스 등의) 머리 위 짐 싣는 곳 patio umbrella 테라스용 파라솔 draw (커튼 등을) 걷다, 열다; 치다, 닫다

Some balcony doors have been opened. 발코니 문이 열려 있다.

The back of the truck is open. 트럭의 짐 싣는 부분이 열려 있다.

A building has arched openings. 건물에 아치 모양의 틈이 있다.

Some people have opened their umbrellas. 사람들이 우산을 펼쳤다.

One of the women has opened her menu. 여자 중 한 명이 메뉴를 폈다.

Some overhead storage compartments are open. 머리 위 짐칸이 열려 있다.

She's opening a package. 소포를 열고 있다.

Patio umbrellas have been closed. 테라스 파라솔이 접혀 있다.

The blinds are drawn. 블라인드가 열려[닫혀] 있다.

출제 유형 50 몸을 숙이고 있는 장면 - *leaning*이나 *bending*이 들리면 정답!

🎧 Track 02

VOCAB pick up ~을 집다[들어 올리다] bottle 병 container 그릇, 용기

A man is leaning over to pick up a bottle. 병을 집어 들기 위해 몸을 숙이고 있다.

He's leaning over a container. 통 위로 몸을 숙이고 있다.

She is bending over a bicycle. 자전거 위로 몸을 숙이고 있다.

물건을 운반하는 장면 - carrying, moving, transporting

🎧 Track 03

VOCAB

package 꾸러미, 포장물 photography equipment 사진용 장비 stairs 계단 tray 쟁반 container 그릇, 용기
earth 흙 dirt 흙 a load of 한 짐의 brick 벽돌 cargo 화물 sack 부대, 마대, 자루 rearrange 재배열[배치]하다

She's carrying a package under her arm. 꾸러미를 옆구리에 끼고 운반하고 있다.

He's carrying some photography equipment. 사진 장비를 운반하고 있다.

They're carrying bags up some stairs. 계단 위로 가방을 옮기고 있다.

A woman's carrying a jacket over her arm. 재킷을 팔에 걸치고 다니고 있다.

A cup is being carried on a tray. 쟁반 위에 컵을 올려서 운반하고 있다.

A container is being carried by a man. 용기를 운반하고 있다.

They're helping each other carry something. 서로 도와서 무언가를 옮기고 있다.

The machine is moving the earth[dirt]. 기계로 흙을 운반하고 있다.

One truck is transporting a load of bricks. 벽돌 한 짐을 운반하고 있다.

A vehicle is transporting some cargo. 화물을 운반하고 있다.

Some sacks are being transported by a vehicle. 마대 몇 개를 운반하고 있다.

They are rearranging some furniture. 가구를 재배치하고 있다.

출제 유형 52 ## 일하고 있다 - working

🎧 Track 04

VOCAB

laptop computer 노트북 컴퓨터 paperwork 서류 작업, 문서 업무 take care of ~을 처리하다 station 배치하다
service window 서비스 창구 laboratory 실험실 electronic device 전자장비 construction site 공사 현장
underground 지하의 painting 그림 sew ~을 꿰매다 fabric 직물, 천

● 사무실 장면

He's working on a laptop computer. 노트북 컴퓨터로 일하고 있다.

He's working with an electronic device. 전자장비로 일하고 있다.

She's doing some paperwork. 서류 작업을 하고 있다.

He's taking care of some paperwork. 서류 작업을 처리하고 있다.

An employee is stationed at a service window. 직원이 서비스 창구에 배치되어 있다.

● 공사/수리 장면

They are working at a construction site. 공사 현장에서 일하고 있다.

They're working on a construction project. 공사 프로젝트를 진행하고 있다.

Some men are working on a roof. 지붕에서 일하고 있다.

Some people are working underground. 지하에서 일하고 있다.

The man is working on a motorbike. 오토바이를 수리하고 있다.

● 기타

Technicians are working in a laboratory. 기술자들이 실험실에서 일하고 있다.

Some people are working in a field. 들판에서 일하고 있다.(농사) ———

The woman is working on a painting. 그림 작업을 하고 있다.

They're working on sewing projects. 꿰매는 일을 하고 있다.

She's sewing some fabric. 직물을 꿰매고 있다. ———

출제 유형 53 계단을 올라가거나 내려가는 장면 – 계단을 나타내는 단어 stairs, steps, stairway, staircase를 기억하자 🎧 Track 05

VOCAB climb 오르다, 올라가다 ascend 오르다, 올라가다 descend 내려오다, 내려가다 partway 도중까지

He's climbing some stairs. 계단을 올라가고 있다.

Some people are ascending[descending] some stairs. 계단을 올라가고[내려가고] 있다.

People are walking up[down] the steps.

They're going up[down] the stairs. ———

The people are going up to the next floor. 다음 층으로 올라가고 있다.

He has climbed partway up a ladder. 사다리 중간까지 올라가 있다. ———

They have climbed onto a roof. 지붕 위에 올라가 있다.

출제 유형 54 물건을 건네주는 장면 - passing, handing, giving 🎧 Track 06

VOCAB plate 접시, 그릇

The woman is passing a notebook to the man. 여자가 남자에게 공책을 건네주고 있다.

A plate is being passed in a kitchen. 주방에서 접시를 건네주고 있다.

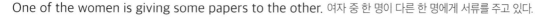

One woman is handing another woman some fruit.
한 여자가 다른 여자에게 과일을 건네주고 있다.

One of the women is giving some papers to the other. 여자 중 한 명이 다른 한 명에게 서류를 주고 있다.

She is delivering the mail. 편지를 배달하고 있다.

"이번에는 어려운 문장이 별로 없다. 자신감을 갖고 문제를 풀어보자."

Exercise

● 문제를 풀기 전에 단어를 먼저 외우세요.

정답·해설 p. 130

VOCAB brochure 안내 책자 hang 걸다 closet 벽장 set up ~을 설치하다 lift 들어 올리다 install 설치하다 railing 난간
sweep 쓸다

1.

 Track 07

a   b   c   d

2.

a   b   c   d

PART 2

제안/부탁 의문문 공략법

● 우선 질문의 형식을 알아야 한다. 대부분 아래와 같다.

1. 제안 의문문의 형식

(1) Why don't we ~? 우리 ~ 할까요?
Why don't you ~? ~ 하시지 그러세요.
Why don't I ~? 제가 ~ 해드릴까요?
Why not ~? ~ 하는 게 어때요?

(2) How[What] about ~? ~하는 게 어때요?
What if ~?
How would you like to-V ~?

(3) Would you like + N ~? ~ 드릴까요?
Would you care for + N ~?
Would you like to-V ~? ~ 하실래요?
Would you care to-V ~?
Would you like me to-V ~? 제가 ~ 해드릴까요?

(4) Do[Don't] you want + N ~? ~ 드릴까요?
Do[Don't] you want to-V ~? ~ 하실래요?
Do[Don't] you want me to-V ~?
제가 ~ 해드릴까요?

(5) Do you need help[assistance] with ~?
~ 도와드릴까요?

(6)

Can	
Can't	we ~?
Could	우리 ~ 하면 안 될까요?
Couldn't	

(7)

Shouldn't you ~? ~ 하셔야죠.
Shouldn't you consider ~? ~를 생각해 보시죠.
Don't you think we should ~? 우리 ~ 해야 하지 않나요?

● should가 들어 있는 질문은 거의 다 제안이다.

(8) Let's ~. ~ 합시다.

2. 부탁 의문문의 형식

(1)

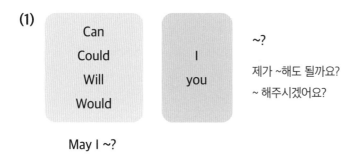

(2) Please ~. ~ 해주세요.

3. 자주 출제되는 정답

● 제안이나 부탁을 받으면 당연히 동의나 거절하는 대답이 나와야 자연스럽다. 우선 일상생활에서 자주 사용되는 전형적인 동의 및 거절 표현들을 익혀두면 시험에도 그대로 등장하기 때문에 상당수의 문제를 쉽게 해결할 수 있다. 굵은 글씨로 된 것들은 더 자주 나온다. 여러 번 따라 읽으면서 익혀두자.

(1) 자주 사용되는 동의 표현

● 사회생활을 원만하게 하려면 웬만한 제안이나 부탁은 거절하지 않는다. 그래서 동의하는 표현이 거절 표현보다 훨씬 더 많다.

- Sure.
- Of course.
- Certainly.
- Absolutely.
- Definitely.
- You bet.
- Without a doubt.
- No problem.
- That's a good idea.
- That's an excellent idea.
- That sounds like a great idea.
- That sounds like a good plan[choice].
- Sounds like fun.
- That sounds good.
- That sounds interesting.
- That would be great!
- That would be nice.
- That would be fantastic.
- That would be very helpful.
- That would help me a lot.
- That would save me some time.
- That would work out well for me.
- You're right.
- I'd like that.
- I'd be delighted to.
- I'd be pleased to.
- I'd be happy to.
- I'd be glad to.
- I'd be honored to.
- I'd love to.
- Thanks, ~.
- Okay, ~.
- I will.
- I probably should.

- We can do that.
- Yes, I would.
- It's okay[fine] with me.
- I was planning to.
- I think I might.
- That's what I was going to do.
- That's what I would suggest.
- That's what I was thinking.
- Help yourself.
- Suit yourself.
- Be my guest.
- By all means.
- Go ahead.
- There's one in[at/on] + 장소.
  어떤 물건을 부탁받았을 때
- Here you are. - 어떤 물건을 부탁받았을 때
- You'll have to **wait until** next week.
  무언가 해달라는 부탁을 받았을 때 문장 중간에
  wait until이 들리면 거의 다 정답이다.
- I can help.
- Wait a minute.
- I'll be right there.
- (Yes), if ~.
- I'm willing if ~.
- I'd appreciate that.
- Yes, please.
- I don't mind if I do.
- That's very generous of you.
- It's so kind of you.
- If you don't[wouldn't] mind.
- Yes, if you insist.
- I'll try my best.
- I'll give it my best shot.

(2) 자주 사용되는 거절 표현

- **~ don't have time ~**
- **~ too busy ~**
- **~ too much work ~**
- I **already** have one, thanks.
  already가 들리면 대부분 거절하는 대답이다.
- I'll do it later.
- I'll do it myself.
- No, thanks.
- I can't.
- Thanks, but ~.

- I'd prefer ~.
- I'd rather ~.
- I'd like to ~.
- **I was planning to ~.**
- **That's not necessary.**
- I've had **enough**.
- I wish I could, but ~.
- I'd like to, but ~.
- **I have other plans.**
- **I have a previous appointment.** 선약이 있어요.
- I'm afraid ~.

(3) 누군가가 부재중이라는 대답은 거의 다 거절이다.

- She's **out of the office** today.
- I'll be **out of town**.
- **I will be in** Greenville that week.
- I'm afraid **I won't be able to go**.

(4) 역으로 제안하는 대답은 거의 100% 동의나 거절이다.

- **Let's ~**
- **How about ~**
- Can[Can't] we ~

(5) Do[Would] you mind ~?의 정답 패턴

❶ 허락(대부분 허락하는 대답이 정답)

- **Not at all.**
- No, I don't.
- **Sure.**
- **Of course.**
- **Certainly.**
- No problem.

❷ 거절

- I'm afraid ~.

O 기출문제들을 통해 확인해보자.

Q. Can you give me a hand with these boxes?

A. Sure, I'll be right there.

이 상자들 옮기는 것 좀 도와주실 수 있겠어요?

➡ 물론이죠, 금방 갈게요.

Q. Why don't we hold this year's conference in Los Angeles?

A. That's an excellent idea.

올해 학회는 로스앤젤레스에서 하는 게 어때요?

➡ 훌륭한 생각입니다.

Q. Would you like to join our neighborhood book club?

A. I'd be happy to.

저희 동네 독서클럽에 가입하시겠어요?

➡ 기꺼이 하겠습니다.

Q. Why don't I confirm the meeting time with Ms. Moreno?

A. Thanks, that would be great.

제가 Ms. Moreno와 회의 시간을 확정할까요?

➡ 고마워요, 그게 좋겠어요.

Q. Would you like a ride to work tomorrow?

A. I'd appreciate that.

내일 직장까지 태워줄까?

➡ 고마워.

Q. Why don't we take a quick break?

A. I can't. I've got too much to do.

잠깐 쉬는 거 어때요?

➡ 안 돼요. 할 게 너무 많아요.

Q. Don't you want to see the baseball game tonight?

A. I just don't think we'll have time.

오늘 저녁에 야구 경기 보고 싶지 않니?

➡ 우리가 그럴 시간이 있을 것 같지 않은데.

● 기출문제들을 살펴봤으면, 다시 앞부분으로 돌아가서 동의 / 거절 표현 따라 읽기 연습을 충분히 한 후에 연습 문제를 풀어보자.

○ 문제를 풀기 전에 단어를 먼저 외우세요.

정답·해설　p. 131

VOCAB assistant 조수, 비서 thoroughly 철저하게 inspect 점검하다, 검사하다 expense report 지출기안서 seem like ~처럼 보이다 available 이용할 수 있는 make a left 좌회전하다 a copy of ~ 한 부 ticket booth 매표소 training session 교육 (과정) be scheduled for ~로 일정이 잡혀 있다 the other day 일전에 organize 준비하다, 조직하다 sales conference 영업 회의 reference 참고 자료 Don't mention it. (고맙다는 말에 대한 정중한 인사로) 별말씀을요 applicant 지원자 job description 직무 내용 설명서 hold 열다, 개최하다 pick up (어디에서) ~을 찾아오다 within walking distance 걸어서 갈 수 있는 거리에 있는 be supposed to-V ~하기로 되어 있다, ~해야 한다 come by 잠깐 들르다

🎧 Track 09

1. (A)   (B)   (C)   6. (A)   (B)   (C)

2. (A)   (B)   (C)   7. (A)   (B)   (C)

3. (A)   (B)   (C)   8. (A)   (B)   (C)

4. (A)   (B)   (C)   9. (A)   (B)   (C)

5. (A)   (B)   (C)   10. (A)   (B)   (C)

PART 3 & 4

Look at the graphic 문제 1

● 보통 Part 3의 마지막 세 개의 대화와 Part 4의 마지막 두 개의 대화에는 Look at the graphic(그래픽을 보시오.)으로 시작하는 문제가 포함되는데, 주어지는 그래프, 지도, 도면 등의 시각 자료를 참고하여 풀어야 한다.

Customer Service: 555-1368	
Services	Extension
Registration	101
Facilities	102
Cleaning	103
Lost and Found	104

Ex. Look at the graphic. Which extension number will the man have to dial?

(A) Ext. 101
(B) Ext. 102
(C) Ext. 103
(D) Ext. 104

고수의 비법

보기가 내선 번호(extension number) 네 개로 구성되어 있는데, 문제를 미리 읽을 때 대화에서 "내선 번호 ○○○ 번으로 전화해야 한다."라는 말은 안 나올 것이라고 알고 있어야 한다. 그렇게 출제되면 너무 쉽다. 그래픽의 내용을 살펴봐야 한다. 오른쪽에는 내선 번호가 적혀 있고, 왼쪽에는 서비스 항목이 나와 있는데, 이런 경우 대부분 대화에서는 내선 번호는 언급하지 않고, 어떤 서비스가 필요한지 알려줄 것이다. Look at the graphic 문제는 이렇게 그래픽에 들어 있는 다른 정보를 통해 정답을 추론해야 한다.

● 예제를 한 번 풀어보자.

먼저 정리된 단어들을 참고하여 문제를 읽은 후 대화를 들으며 정답을 골라보세요.

| Customer Service: 555-1368 ||
Services	Extension
Registration	101
Facilities	102
Cleaning	103
Lost and Found	104

1. Who is the woman?

(A) A store clerk
(B) A trade fair exhibitor
(C) An event coordinator
(D) A building janitor

2. Look at the graphic. Which extension number will the man have to dial?

(A) Ext. 101
(B) Ext. 102
(C) Ext. 103
(D) Ext. 104

3. Why does the man say some staff may be delayed?

(A) They are having lunch.
(B) They are assisting other people.
(C) They are at an information session.
(D) They are picking up some equipment.

VOCAB

trade show 무역박람회 information desk 안내 데스크 sign up for ~을 신청하다, ~에 등록하다 regular light 일반 전등 lighting 조명 instead of ~ 대신 stand out 돋보이다 facilities department 시설 관리부 once 일단 ~하면 take care of ~을 처리하다, 돌보다 customer service 고객 서비스[지원] extension 내선 registration 등록 lost and found 분실물 센터 exhibitor (전시회) 출품자 coordinator 진행자 janitor (건물의) 관리인 dial 전화를 걸다 assist 돕다 information session 설명회 pick up (~에서) ~을 찾아오다

Questions 1 through 3 refer to the following conversation and phone directory.

정답·해설 p. 133

W Am

Hi, I'm the owner of Anne Klein Shoes, **1.** and I **have a booth here at the trade fair**.

M Cn

Hello, welcome to the information desk. So, what can I do for you?

W Am

Well, when I signed up for a booth, I forgot to ask for display cases with LED lighting instead of regular lights, to make the colors of my products stand out. Is it possible to have the light replaced now?

M Cn

I think so. **2.** Let me **give our facilities department a call** and see what they can do. **3.** Some of the staff is **out for lunch** right now, but once they're back, someone should be able to **take care of that** for you. Maybe **in thirty minutes?**

W Am

That'd be nice, thanks.

Customer Service: 555-1368	
Services	Extension
Registration	101
2. Facilities	102
Cleaning	103
Lost and Found	104

1. Who is the woman?
(A) A store clerk
*(B) A trade fair exhibitor
(C) An event coordinator
(D) A building janitor

2. Look at the graphic. Which extension number will the man have to dial?
(A) Ext. 101
*(B) Ext. 102
(C) Ext. 103
(D) Ext. 104

3. Why does the man say some staff may be delayed?
*(A) They are having lunch.
(B) They are assisting other people.
(C) They are at an information session.
(D) They are picking up some equipment.

● 일단 1번 문제를 읽으면서 여자의 직업을 묻고 있으므로 첫 한두 문장에서 정답을 알 수 있다고 예상을 하자. 첫 문장에서 여자가 I have a booth here at the trade fair(여기 무역박람회에서 부스를 차렸어요).라고 말할 때 정답을 선택하면 된다. 예상대로 대화 중에 내선 번호는 직접 언급되지 않는다. 대신 남자가 Let me give our facilities department a call(저희 시설관리부에 전화해보겠습니다).이라고 말할 때 전화번호부에서 시설관리부의 내선 번호가 102번인 것을 확인하고 2번의 정답을 골라야 한다. 3번은 남자의 대사가 패러프레이즈 된 보기를 정답으로 골라야 한다. 몇몇 직원들이 점심을 먹으러 나 갔지만(Some of the staff is out for lunch right now), 돌아오는 대로 여자의 문제를 처리해줄 수 있다고(but once they're back, someone should be able to take care of that) 말하는데, 그때가 아마 30분 후일 것이라고(Maybe in thirty minutes?) 한다. Maybe in thirty minutes가 3번 질문의 may be delayed로 패러프레이즈 되어 있다는 것을 간파하고 정답을 선택하자.

"이제 연습 문제를 풀어보자."

Exercise

○ 문제를 풀기 전에 단어를 먼저 외우세요.

정답·해설 p. 134

VOCAB
herbal tea 허브차 health benefit 건강상의 이익[이점] green tea 녹차 try 먹어보다, 마셔보다 ceramic 도자기의 teapot 찻주전자 purchase 구매품 prepare (음식을) 준비[마련]하다 guide 안내서 leave 그대로 두다 make sure (that) 반드시 ~하도록 하다 carry-on baggage 기내 휴대용 수하물 properly 제대로, 적절히 stow 집어넣다 overhead compartment 머리 위 짐칸 ahead of ~ 앞에 있는 store 보관하다 luggage 짐, 수하물 flight 비행 on-time arrival 정시 도착 access 접속, 접속하다 refer to ~을 보다, 참조하다 booklet 소책자 pricing 가격 책정 rate 요금 cost 비용이 ~ 들다 duration 지속 기간 once 일단 ~하면 cruising altitude 순항 고도 flight attendant (비행기) 승무원 complimentary 무료의

○ 대화와 담화를 듣기 전에 문제를 먼저 읽으세요.

Part 3

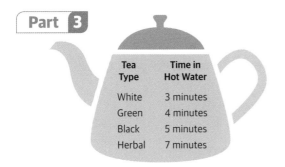

Tea Type	Time in Hot Water
White	3 minutes
Green	4 minutes
Black	5 minutes
Herbal	7 minutes

Part 4

Wireless Internet Access Rates

1 hour	$2.00
3 hour	$5.00
5 hour	$8.00
7 hours or more	$10.00

1. Why does the man want to try a new tea?

   (A) It is popular with his colleagues.
   (B) It is only sold at this store.
   (C) It has a strong flavor.
   (D) It has health benefits.

2. What will the man receive with his purchase?

   (A) A complimentary tea sample
   (B) A health consultation
   (C) A free teapot
   (D) A gift voucher

3. Look at the graphic. How long should the man leave the tea in hot water?

   (A) 3 minutes
   (B) 4 minutes
   (C) 5 minutes
   (D) 7 minutes

4. What does the speaker request that passengers do?

   (A) Store their luggage
   (B) Turn off their electronic devices
   (C) Fasten their seat belts
   (D) Pay attention to the safety briefing

5. Look at the graphic. How much does Internet access cost for the duration of the flight?

   (A) $2.00   (B) $5.00
   (C) $8.00   (D) $10.00

6. What does the speaker say flight attendants will do later?

   (A) Show a safety demonstration
   (B) Serve meals
   (C) Distribute customs declaration forms
   (D) Provide pillows

● 여기까지 성실하게 공부하며 왔다면 실력이 상당히 향상되었을 것이다. 자신감을 갖고, 계속 어휘력을 쌓고, 받아쓰기 훈련을 꾸준히 해서 LC 만점에 도전해보자. 이번에도 단축 실전 문제다.

Today's Vocabulary

umbrella 우산, 양산, 파라솔

dining area 식사 공간

sink 싱크대, 개수대

ride (자전거, 오토바이 등을) 타다, 몰다

update 최신 정보를 알려주다; 갱신, 최신 정보

board meeting 이사회 회의

definitely 분명히, 틀림없이

go over ~을 점검[검토]하다

replace 교체하다

living room 거실

press briefing 기자단에게 하는 발표[브리핑]

previous appointment 선약

reception desk 접수처, 안내 데스크

main entrance 중앙 출입구

review 검토하다

yearly sales figures 연매출액

equipment 장비, 설비

commercial 광고

shoot 촬영하다, 찍다(= film)

away (시간, 공간적으로) 떨어져 있는

office mate 사무실 동료

mention 언급하다, 말하다

if you don't mind 당신이 괜찮다면

coworker 동료

travel light 짐을 적게 가지고 여행하다

be headed to ~로 향하다(= head over to)

conference 회의

whole 전체의

get back 돌아오다(= return)

departure gate 출발 탑승구

boarding pass 탑승권

departure board 출발 안내판

on time 시간을 어기지 않은

status 상황

fly 비행기를 타고 가다

ask a favor of ~에게 부탁을 하다

attend 참석하다

assign 배정하다

on a first-come-first-served basis 선착순으로

wonder 궁금하다

save a place[seat] 자리를 맡다

confirmation (예약 등의) 확인

sign a contract 계약을 맺다

long-term 장기간의

sportswear 운동복

advertising campaign 광고 캠페인

proposal 제안서

come by 잠깐 들르다

present 제출[제시]하다, 발표하다

just a reminder (잊었을까 봐) 다시 한번 상기시키자면

renovation 보수, 수리

temporarily 임시로

across from ~ 맞은편에

photocopy 복사

conference room 회의실

floor plan 평면도

be pleased that ~해서 기쁘다

sign up for ~에 등록하다

participant 참가자

session 모임, 수업

company-wide 회사 전체의

staff meeting 직원회의

financial statement 재무제표

cater (행사에) 음식을 공급하다

logistics 실행 계획

organize 조직하다, 준비하다

award banquet 시상식 연회

inclement weather 악천후

book 예약하다

catering company 출장 뷔페 업체

contact 연락하다

vendor 판매상

be unhappy with ~에 불만이다

Track 12　정답·해설　p. 137

LISTENING TEST

In the Listening test, you will be asked to demonstrate how well you understand spoken English. The entire Listening test will last approximately 45 minutes. There are four parts, and directions are given for each part. You must mark your answers on the separate answer sheet. Do not write your answers in your test book.

PART 1

Directions: For each question in this part, you will hear four statements about a picture in your test book. When you hear the statements, you must select the one statement that best describes what you see in the picture. Then find the number of the question on your answer sheet and mark your answer. The statements will not be printed in your test book and will be spoken only one time.

1.

a　　b　　c　　d

2.

a   b   c   d

3.

a   b   c   d

Directions: You will hear a question or statement and three responses spoken in English. They will not be printed in your test book and will be spoken only one time. Select the best response to the question or statement and mark the letter (A), (B), or (C) on your answer sheet.

4. Mark your answer.   (A)   (B)   (C)

5. Mark your answer.   (A)   (B)   (C)

6. Mark your answer.   (A)   (B)   (C)

7. Mark your answer.   (A)   (B)   (C)

8. Mark your answer.   (A)   (B)   (C)

9. Mark your answer.   (A)   (B)   (C)

10. Mark your answer.   (A)   (B)   (C)

11. Mark your answer.   (A)   (B)   (C)

12. Mark your answer.   (A)   (B)   (C)

Directions: You will hear some conversations between two or more people. You will be asked to answer three questions about what the speakers say in each conversation. Select the best response to each question and mark the letter (A), (B), (C), or (D) on your answer sheet. The conversations will not be printed in your test book and will be spoken only one time.

Restaurants Near Me

Restaurant	Distance
1. Paul's Diner	1 mile
2. Redstone Grill	2 miles
3. Futuro's Café	3 miles
4. Roberto's Cantina	5 miles

Destination	Gate	Time	Status
Oklahoma	A2	15:30	Canceled
Ottawa	C14	15:30	On time
Pittsburgh	C10	15:45	Delayed
Phoenix	B22	16:00	On time

13. What will the speakers do at 10:00?
(A) Repair some equipment
(B) Film a commercial
(C) Visit a location
(D) Give a presentation

14. Look at the graphic. Which restaurant do the speakers decide on?
(A) Paul's Diner
(B) Redstone Grill
(C) Futuro's Café
(D) Roberto's Cantina

15. What does the man want to do?
(A) Invite a coworker
(B) Pay a deposit
(C) Give some advice
(D) Cancel a reservation

16. What type of event are the speakers traveling to?
(A) A music festival
(B) A culinary competition
(C) A business conference
(D) An awards ceremony

17. Why is the man staying just a short time?
(A) He must return for a meeting.
(B) He is about to go on a vacation.
(C) He has an insufficient budget.
(D) He could not find a later flight.

18. Look at the graphic. What city are the speakers flying to?
(A) Oklahoma
(B) Ottawa
(C) Pittsburgh
(D) Phoenix

VICTORIA CONCERT HALL
ANA KRIVOKAPIC
GUITAR CONCERT
SHOWTIME 7:00 P.M.
DOORS OPEN 6:00 P.M.
FRIDAY, APRIL 7

19. What does the woman ask the man to do?

(A) Record a concert
(B) Save a few seats
(C) Reschedule a meeting
(D) Give her a ride home

20. Look at the graphic. When does the man plan to arrive at the concert hall?

(A) At 6:00 P.M.
(B) At 6:30 P.M.
(C) At 7:00 P.M.
(D) At 7:30 P.M.

21. What will the woman do next?

(A) Print a confirmation e-mail
(B) Send a text message
(C) Cancel a purchase
(D) Request contact information

PART 4

Directions: You will hear some talks given by a single speaker. You will be asked to answer three questions about what the speaker says in each talk. Select the best response to each question and mark the letter (A), (B), (C), or (D) on your answer sheet. The talks will not be printed in your test book and will be spoken only one time.

Floor Plan		
Office 302	Photocopy Room	Office 303
Conference Room	Office 304	Office 305

22. What did the company recently do?
(A) Sponsor a sporting event
(B) Sign a business contract
(C) Hold an athletic meet
(D) Publish an employee handbook

23. What does the speaker ask the listeners to do?

(A) Participate in an employee survey
(B) Work extra hours
(C) Search for a professional athlete
(D) Submit design ideas

24. Look at the graphic. Which office is the speaker's?

(A) Office 302
(B) Office 303
(C) Office 304
(D) Office 305

Workshop	Month
Creative Graphics	January 9
Communication Policies	February 10
Managing Database	March 12
Reading Financial Statements	April 8

Tuesday	Wednesday	Thursday	Friday

25. What does the speaker say she is pleased about?

(A) The number of participants
(B) The variety of menu items
(C) The location of classes
(D) The reputation of instructors

26. Look at the graphic. Which session has been canceled?

(A) Creative Graphics
(B) Communication Policies
(C) Managing Databases
(D) Reading Financial Statements

27. What will happen after the morning session?

(A) Identification badges will be distributed.
(B) Lunch will be provided.
(C) Certificates will be awarded.
(D) Monetary incentives will be given.

28. Who most likely is the speaker?

(A) A weather forecaster
(B) An event planner
(C) A restaurant employee
(D) A magazine publisher

29. Look at the graphic. What day will the banquet be held?

(A) Tuesday
(B) Wednesday
(C) Thursday
(D) Friday

30. What does the speaker ask the listener to do?

(A) Create some diagrams
(B) Revise some brochures
(C) Prepare a budget report
(D) Contact a vendor

DAY

PART 1

출제 유형 55~60

PART 2

선택 의문문 공략법

PART 3 & 4

Look at the graphic 문제 2

PART 1

● 이번 시간을 마지막으로 60가지의 빈출 유형을 모두 소개한다. Part 1은 장면을 상상하면서 따라 읽는 연습만 하면된다. 약간의 시간만 투자해도 할 수 있는 일이니 여러 번 반복해서 이 파트에서는 한 문제도 틀리지 않도록 하자.

◯ 장면을 상상하면서 여러 번 따라 읽으세요.

출제 유형 55 식당 장면

 Track 01

VOCAB cafeteria 카페테리아(셀프서비스 식당), 구내식당 beverage (물 외의) 음료 lay out ~을 펼치다 arrange 마련하다 dine 식사하다 grab a bite 한 입 먹다 cattle (집합적으로) 소 graze (가축이) 풀을 뜯어 먹다 pasture 초원, 목초지 feed 먹이를 주다

A man is getting some food from a cafeteria. 카페테리아에서 음식을 가져오고 있다.

The customer is ordering some food. 음식을 주문하고 있다.

A server is taking an order. 주문을 받고 있다.

A waiter is serving some customers. 손님에게 음식을 제공하고 있다.

Beverages are being served to some customers. 손님에게 음료를 제공하고 있다.

The waiter is setting the table. 식탁을 차리고 있다.

A table has been set for a meal. 식사할 수 있도록 식탁이 차려져 있다.

The meal has been laid out[arranged] on the table. 식탁 위에 식사가 준비되어 있다.

She is eating[having] a meal. 식사하고 있다.

One of the men is dining alone. 혼자 식사하고 있다.

They're having a conversation over a meal. 식사하면서 대화하고 있다.

She's grabbing[taking] a bite of sandwiches. 샌드위치를 한 입 먹고 있다.

The cattle are grazing in the pasture. 소 떼가 초원에서 풀을 뜯고 있다.

=The animals are standing in a field. 동물들이 들판에 서 있다.

The child is feeding the birds. 새들에게 모이를 주고 있다.

출제 유형 56 · 참석하고 있다 - attending

art exhibit 미술 전시회 spectator (특히 스포츠 행사의) 관중 sporting event 스포츠 경기

Some women are attending an art exhibit. 미술 전시회에 참석하고 있다.

Some people are attending a presentation. 프레젠테이션에 참석하고 있다.

Spectators are attending a sporting event. 관중이 스포츠 경기에 참석하고 있다.

출제 유형 57 · 가득 차 있다 - be filled with, be full of

reading materials 읽을거리 stands 관중석 drawer 서랍

A bookshelf has been filled with reading materials. 책꽂이가 읽을거리로 가득 차 있다.

The stands are filled with spectators. 관중석이 관중들로 꽉 차 있다.

A section of the room is filled with people. 방 일부분에 사람들이 가득 차 있다.

The drawer is full of folders. 서랍이 폴더로 가득 차 있다.

The shelves are nearly full. 선반이 거의 꽉 차 있다.

The outdoor café is crowded with customers. 야외 카페가 손님들로 북적거린다.

출제 유형 58 · 악수하는 장면은 *shaking hands*나 *greeting each other*가 들리면 정답!

A woman is shaking hands with a visitor. 방문객과 악수하고 있다.

The men are greeting each other. 서로 인사를 나누고 있다.

출제 유형 59 · 버튼이나 초인종을 누르고 있다

keypad 키패드 device 장치 ring (초인종 등을) 누르다

She's pushing a button on a keypad. 키패드의 버튼을 누르고 있다.

She's pressing a button on a device. 장치에서 버튼을 누르고 있다.

The man is ringing the bell at the door. 문 앞에서 초인종을 누르고 있다.

VOCAB liquid 액체 beverage (물 외의) 음료

The woman's pouring liquid into a mug. 머그잔에 액체를 따르고 있다.

A beverage is being poured into a glass. 잔에 음료가 부어지고 있다.

Someone is filling a mug. 머그잔을 채우고 있다.

The cup is being filled. 컵이 채워지고 있다.

"충분히 연습했다면 이제 연습 문제를 풀어보자."

Exercise

○ 문제를 풀기 전에 단어를 먼저 외우세요.

정답·해설   p. 149

VOCAB face ~을 향하다 in the same direction 같은 방향으로 shelf (pl. shelves) 선반 floor lamp 플로어 스탠드 (바닥에 세워 놓는 키 큰 스탠드) lean against ~에 기대다 pour 붓다, 따르다 device 장치 put on ~을 착용하다 lab coat 실험실 가운 take 꺼내다

1.

2. 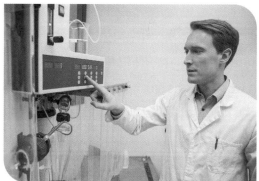 Track 07

ⓐ   ⓑ   ⓒ   ⓓ   ⓐ   ⓑ   ⓒ   ⓓ

● 지금까지 최근 토익 시험에 빈번하게 출제되는 순으로 Part 1에 해당하는 60가지 문제 유형을 공부했다. 시험장에서 만나게 될 문제는 웬만하면 여기서 벗어나지 않을 것이다. 장면을 상상하면서 따라 읽는 연습은 짧은 시간만 투자해도 큰 효과를 불러일으킬 수 있으므로 여러 번 반복해서 못 알아듣는 문장이 없게 만들자.

PART 2

● 선택 의문문을 마지막으로 Part 2의 모든 유형을 공부하게 된다. 선택 의문문은 둘 중 하나의 선택을 요구하는 질문이며, 매달 한두 문제 출제된다.

선택 의문문 공략법

● 우선 정답과 오답을 가려내는 방법을 정리해보자.

1. Yes나 No로 시작하는 대답은 기본적으로 오답이다.

예를 들어 Coffee or juice?라고 물었는데, Yes 또는 No로 대답을 시작한다면 당연히 정답이 될 수 없다.

2. A or B, 둘 중 하나를 선택하면 정답

Coffee or juice?라고 물었다면 당연히 Coffee, please. 혹은 Juice, please. 같은 대답이 정답이다. 여기서 주의할 점은 질문에 나왔던 단어가 대답에서 반복되었지만, 지금까지 연습해왔던 대로 오답으로 생각하면 안 된다는 것이다. A or B에 해당하는 부분이 어딘지 잘 간파하고, 둘 중 하나가 반복되는 것은 정답으로 선택해야 한다. 그러나 A or B가 아닌 다른 부분에 있는 단어가 반복되는 경우에는 대부분 오답이다.

3. 둘 중 하나를 선택해서 패러프레이즈 하면 정답

Coffee or juice?라는 질문에 대해 Something hot would be better.라고 대답할 수도 있다. 커피를 선택한 대답이므로 정답이 된다.

4. C, 제3의 선택을 하면 정답

A도 아니고 B도 아닌 C, 즉 제3의 선택을 할 수도 있다. Coffee or juice?라고 물었을 때 Just water, please.라고 대답해도 정답이 되는 것이다.

5. 마법의 키워드 - 이것들이 들리면 무조건 정답으로 선택하자!

❶ **Either, Whichever, Whatever, Whenever, Any ~(Anything, Any time, Anywhere 등) - 아무거나**

사실 일상생활에서 선택을 요구받은 사람이 가장 많이 하는 대답은 '아무거나'이다. Either는 미국식 발음은 [이더], 영국식 발음은 [아이더]이다. 발음이 두 가지이므로 단어가 두 개라고 생각하고 기억하자.

❷ **Both, Each - 둘 다, 각각**

'둘 중 어느 것을 드릴까요?'라고 물었을 때 '둘 다 주세요,'나 '각각 하나씩 주세요,'라고 대답할 수도 있다.

❸ **Neither - 둘 다 아니에요**

'A와 B 중 어느 것이 맞나요'라고 물었을 때 '둘 다 틀렸어요'라고 대답할 수도 있다. 미국식으로는 [니더], 영국식으로는 [나이더]라고 발음한다.

④ It doesn't matter. - 상관없어요.   I have no preference. - 특별히 선호하는 건 없어요.

특별히 선호하는 게 없거나 선택을 상대방에게 미루고 싶을 때 사용하는 표현이다.

⑤ (The) one(s)

Which 의문문을 공부할 때 이 키워드가 들리면 무조건 정답이라고 배웠다. Which 의문문이나 선택 의문문이나 선택을 요구한다는 점에서 본질적으로 서로 같은 유형의 질문이라고 볼 수 있다. 그래서 정답의 키워드도 같다.

⑥ "몰라"

'모른다'는 어떤 질문에 대해서도 정답이 될 수 있으므로 Day 1에 정리된 표현들을 잘 기억해두자.

◯ 기출문제들을 살펴보며 출제 패턴을 확인하자.

🎧 Track 08

Q. Do you want me to take the highway or Parker Avenue? 고속도로로 갈까요, Parker 가(街)로 갈까요?

A. Wouldn't the highway be faster? ➡ 고속도로가 더 빠르지 않을까요?

Q. Has the date been set for the merger with Peterson's Supply Company or is it still under discussion? Peterson's Supply Company와의 합병 날짜가 정해졌나요, 아니면 아직 논의 중인가요?

A. We're still talking it over. ➡ 아직 그것에 관해 이야기하고 있습니다.

Q. Are you going to submit the budget report on Friday, or will you need more time? 예산보고서를 금요일에 제출하실 건가요, 아니면 시간이 더 필요하신가요?

A. I handed it in already. ➡ 이미 냈습니다.

Q. Should we hire an accountant or an analyst? 회계사를 채용할까요, 분석 담당자를 뽑을까요?

A. Either would be useful. ➡ 어느 쪽이든 유용할 겁니다.

Q. Do you want to send a gift or just a card? 선물을 보내고 싶으세요, 그냥 카드만 하실 건가요?

A. Let's send both. ➡ 둘 다 보냅시다.

Q. Is today's meeting about communication or planning? 오늘 회의가 커뮤니케이션에 관한 것인가요, 기획에 관한 건가요?

A. Neither. It's about strategy. ➡ 둘 다 아니에요. 전략에 관해서입니다.

Q. Would you rather have sugar or honey with your tea? 차에 설탕 넣어드릴까요, 꿀을 넣을까요?

A. It doesn't matter to me. ➡ 저는 상관없습니다.

Q. Are you going to promote Ms. Shaw or hire someone new? Ms. Shaw를 승진시키실 건가요, 아니면 새로 누군가를 채용하실 건가요?

A. I haven't decided yet. ➡ 아직 결정을 못 했어요.

"연습 문제를 풀어보자."

⊙ 문제를 풀기 전에 단어를 먼저 외우세요.

정답·해설 p. 150

VOCAB would rather ~ (than) (~하기보다는 차라리) ~하겠다[하고 싶다] somewhere else (어딘가) 다른 곳에서 throw away ~을 버리다 later 나중에 attendee 참석자 staff lounge 직원 휴게실 cafeteria 구내식당 hall 복도 outside 밖에서 deserted 사람이 없는 training session 교육 (과정) reserve 예약하다 guest 미등록 이용자, 비회원 transfer 전근 가다 branch office 지사, 지점 work extra hours 잔업을 하다 carton 상자, 통 storage room 저장고 colored copy 컬러 복사본 black and white 흑백의, 단색의 at least 적어도, 최소한 make a decision 결정을 하다 come in 출근하다 in 회사에, 사무실에

🎧 **Track 09**

1. (A)   (B)   (C)   6. (A)   (B)   (C)

2. (A)   (B)   (C)   7. (A)   (B)   (C)

3. (A)   (B)   (C)   8. (A)   (B)   (C)

4. (A)   (B)   (C)   9. (A)   (B)   (C)

5. (A)   (B)   (C)   10. (A)   (B)   (C)

● 이제 모두 학습했으니 지금까지 공부한 것들을 정리해보자.

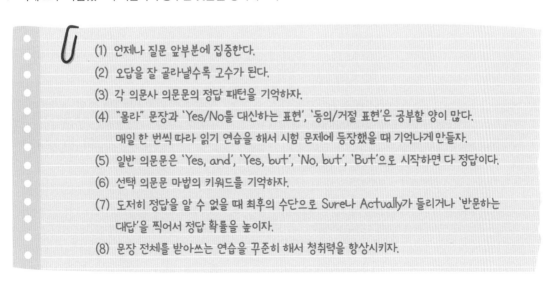

(1) 언제나 질문 앞부분에 집중한다.

(2) 오답을 잘 골라낼수록 고수가 된다.

(3) 각 의문사 의문문의 정답 패턴을 기억하자.

(4) "몰라" 문장과 'Yes/No를 대신하는 표현', '동의/거절 표현'은 공부할 양이 많다. 매일 한 번씩 따라 읽기 연습을 해서 시험 문제에 등장했을 때 기억나게 만들자.

(5) 일반 의문문은 'Yes, and', 'Yes, but', 'No, but', 'But'으로 시작하면 다 정답이다.

(6) 선택 의문문 마법의 키워드를 기억하자.

(7) 도저히 정답을 알 수 없을 때 최후의 수단으로 Sure나 Actually가 들리거나 '반문하는 대답'을 찍어서 정답 확률을 높이자.

(8) 문장 전체를 받아쓰는 연습을 꾸준히 해서 청취력을 향상시키자.

PART 3 & 4

Look at the graphic 문제 2

● DAY 9에서 소개한 Look at the graphic 문제를 더 연습해서 확실히 익혀두자.

Exercise

○ 문제를 풀기 전에 단어를 먼저 외우세요.

정답·해설 p. 152

VOCAB musical play 뮤지컬 genre (예술 작품의) 장르 for free 무료로 pick up ~을 얻다, 획득하다 obtain 얻다, 구하다, 입수하다 lead actor[actress] 주연 배우[여배우] local (자신이 사는) 지역의 resident 거주자, 주민 supporting actor[actress] 조연 배우[여배우] performer 연기자 shift 교대 근무, 교대조 confirm 확인해 주다

○ 대화와 담화를 듣기 전에 문제를 먼저 읽으세요.

 Track 10

Part 3

Winter Story Cast List

Michelle Portman
Lead Actress

Johnny Smith
Lead Actor

Isabel Foster
Supporting Actress

Jack Freeman
Supporting Actor

1. What does the woman say is her favorite type of performance?

   (A) Dance   (B) Musical

   (C) Drama   (D) Comedy

2. How can employees obtain tickets?

   (A) By ordering them over the phone

   (B) By asking a manager

   (C) By visiting a ticket office

   (D) By participating in a survey

3. Look at the graphic. According to the man, which performer is a local resident?

   (A) Michelle Portman   (B) Johnny Smith

   (C) Isabel Foster   (D) Jack Freeman

Part 4

Schedule	
Friday	5 P.M. – 11 P.M.
Saturday	5 P.M. – 11 P.M..
Sunday	7 A.M. – 1 P.M.
Monday	OFF
Tuesday	4 P.M. – 10 P.M.

4. Why does the speaker congratulate the listener?

   (A) For winning a prestigious award

   (B) For getting a new job

   (C) For completing an internship

   (D) For getting a pay raise

5. According to the speaker, where can the listener find the schedule?

   (A) In a folder   (B) In an e-mail

   (C) On a website

   (D) On a bulletin board

6. Look at the graphic. Which day does speaker want the listener to confirm?

   (A) Saturday   (B) Sunday

   (C) Monday   (D) Tuesday

● **마지막 팁이다.**

가끔 키워드를 놓쳐서 해당 대화나 담화가 끝날 때까지 정답을 고르지 못하는 문제가 있을 것이다. 이때 수험생이 반드시 버려야 할 것이 있는데, 바로 '미련'이다. 미련을 버리고 키워드를 놓친 문제는 얼른 아무거나 찍은 후, 다음 문제를 읽기 시작해야 한다. 미련을 못 버리고 어떻게 해서든 정답을 추론하려고 생각해 봤자 소용없다. 못 들었으면 끝난 것이다. 시간을 끌면 다음 문제를 잘 읽을 시간이 모자라기 때문에 또 키워드를 놓칠 수 있다. 잘못하면 그날의 시험 전체가 어려워질 수도 있다. LC는 4-5문제까지는 틀려도 만점을 준다. 몇 문제 찍는 것에 대해 부담을 갖지 말자.

● **기억하라.**

"미련을 버려야 고수가 된다!"

"미련 못 버리는 사람, 미련한 사람!"

● 마지막 단축 실전 문제 한 세트를 풀어보자. Part 2의 선택 의문문 문제는 패러프레이즈 된 표현을 알아들어야 하므로 어휘력이 더욱더 필요하다.

Today's Vocabulary

leave for the day 퇴근하다

organize 정리하다

something else 다른 것

sort out ~을 정리하다, 분류하다

assistance 도움

take care of ~을 책임지고 떠맡다

by oneself 혼자, 도움을 받지 않고

be finished (사람이 ~을) 끝내다, 마무리하다(with)

flavor 풍미, 맛

be seated 앉다

patio 테라스

fax 팩스로 보내다

contract 계약(서)

mail 우편으로 보내다

get through ~을 끝내다, 하다

luncheon 오찬

straight 곧장, 곧바로

respond 응답하다

typo 오자, 오식

registration form 신청서

incorrect 부정확한, 맞지 않는

apply for ~을 신청하다

loan 대출

tuition fee 수업료

available 이용 가능한

Hold on. (끊지 말고) 기다리세요.

transfer *sb* to ~로 전화를 연결시켜주다

listing 목록, 명단

suitable 적합한, 알맞은

particular 특정한, 특별한

feature 특징, 주안점

commercial 상업적인

rent 임대, 임차

give *sb* a call 전화를 걸다

set up an appointment 만날 약속을 하다

get in touch with ~와 연락하다

offer 제공하다; 제의, 제안

run 운영하다, 제공하다

special 특별한 것

beverage (물 외의) 음료

head to ~로 가다, 향하다

directly 곧장

decline 거절하다

item 항목

agenda 안건

initiative 계획, 프로젝트

promote 증진시키다

encourage 권장하다, 장려하다

water dispenser 정수기

lounge 휴게실

hallway 복도

across from ~ 맞은편에

pass around (여러 사람이 보도록) 돌리다

indicate 나타내다

preference 선호

take over ~을 넘겨받다, 인수하다

package 소포

signature 서명

confirmation 확인

address (~ 앞으로 우편물을) 보내다

recipient 받는 사람, 수령인

be about to-V 막 ~하려는 참이다

review 논평, 비평

washing machine 세탁기

hand out ~을 나눠주다, 배포하다

advance copy 신간 출판물 견본

content 내용

table 표

demonstrate 보여주다, 입증하다

rate 등급을 매기다

category 범주, 부문

rating 평가, 순위

fair 중간 정도의, 평균의

fall short of ~에 미치지 못하다

expectation 기대, 요구

have got to ~해야 한다

focus on ~에 집중하다, 초점을 맞추다

Track 11 | 정답·해설 p. 155

LISTENING TEST

In the Listening test, you will be asked to demonstrate how well you understand spoken English. The entire Listening test will last approximately 45 minutes. There are four parts, and directions are given for each part. You must mark your answers on the separate answer sheet. Do not write your answers in your test book.

PART 1

Directions: For each question in this part, you will hear four statements about a picture in your test book. When you hear the statements, you must select the one statement that best describes what you see in the picture. Then find the number of the question on your answer sheet and mark your answer. The statements will not be printed in your test book and will be spoken only one time.

1.

a   b   c   d

2.

a   b   c   d

3.

a   b   c   d

Directions: You will hear a question or statement and three responses spoken in English. They will not be printed in your test book and will be spoken only one time. Select the best response to the question or statement and mark the letter (A), (B), or (C) on your answer sheet.

4. Mark your answer.   (A)   (B)   (C)

5. Mark your answer.   (A)   (B)   (C)

6. Mark your answer.   (A)   (B)   (C)

7. Mark your answer.   (A)   (B)   (C)

8. Mark your answer.   (A)   (B)   (C)

9. Mark your answer.   (A)   (B)   (C)

10. Mark your answer.   (A)   (B)   (C)

11. Mark your answer.   (A)   (B)   (C)

12. Mark your answer.   (A)   (B)   (C)

Directions: You will hear some conversations between two or more people. You will be asked to answer three questions about what the speakers say in each conversation. Select the best response to each question and mark the letter (A), (B), (C), or (D) on your answer sheet. The conversations will not be printed in your test book and will be spoken only one time.

Online Registration Form

Name:	Novak Sokolov
Student ID:	992648
Course Number:	256
Start Date:	March 5
E-mail Address:	ns015@bae.net

COMMERCIAL PROPERTIES FOR RENT

Address	Property Feature
55 North Street	Parking lot
30 Main Avenue	Storage area
22 Senate Street	Price
35 Central Avenue	Size

13. Look at the graphic. According to the woman, what information is incorrect?

(A) The start date
(B) The e-mail address
(C) The student ID
(D) The course number

14. What does the man ask for more information about?

(A) Part-time jobs
(B) Student loans
(C) Graduate programs
(D) Volunteer opportunities

15. What will the woman do next?

(A) Consult a brochure
(B) Print an invoice
(C) E-mail a form
(D) Transfer a call

16. What type of business does Ms. Weng want to open?

(A) A toy store
(B) A real estate agency
(C) A coffee shop
(D) A legal service provider

17. Look at the graphic. Which property will be shown to Ms. Weng?

(A) 55 North Street
(B) 30 Main Avenue
(C) 22 Senate Street
(D) 35 Central Avenue

18. What will the man most likely do next?

(A) Take a measurement of a room
(B) Get in touch with a client
(C) Provide driving directions
(D) Supply a price estimate

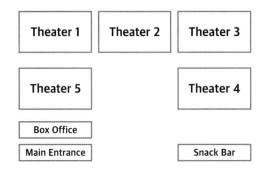

19. What does the man ask the woman about?

(A) Parking fees
(B) Seat assignment
(C) A student discount
(D) A payment option

20. Why does the man decline an offer?

(A) He seldom goes to the theater.
(B) He is waiting for a friend.
(C) He usually buys tickets online.
(D) He already ate a meal.

21. Look at the graphic. Where will the man go next?

(A) To Theater 1
(B) To Theater 2
(C) To Theater 3
(D) To Theater 4

PART 4

Directions: You will hear some talks given by a single speaker. You will be asked to answer three questions about what the speaker says in each talk. Select the best response to each question and mark the letter (A), (B), (C), or (D) on your answer sheet. The talks will not be printed in your test book and will be spoken only one time.

Office 201	Ⓐ	Conference Room
Employee Lounge	Ⓑ	Office 204
Office 202	Ⓒ	Kitchen
Office 203	Ⓓ	Copy Room

22. What is the company trying to do?

(A) Encourage energy conservation
(B) Decrease travel expenses
(C) Enhance workplace safety
(D) Promote employee health

23. Look at the graphic. Where will a new dispenser be located?

(A) At location A
(B) At location B
(C) At location C
(D) At location D

24. What are the listeners asked to do?

(A) Retain receipts
(B) Indicate a preference
(C) Read an user manual
(D) Report problems immediately

Stadley Office Building Directory

302	Raymond Jackman
303	Shichiro Ichimura
304	Weimin Li
305	Harvey Morris

Washing Machine Product Ratings	
Wilson 25	
Features	Ratings
Price	Excellent
Wash settings	Good
Load capacity	Good
Energy efficiency	Good
Noise	Fair

25. What will be delivered?

(A) Some architectural plans
(B) Some employee records
(C) A printer
(D) A desk lamp

26. What does the speaker remind the listener to do?

(A) Get a signature
(B) Secure a visitor pass
(C) Confirm a delivery address
(D) Call the head office

27. Look at the graphic. Who is the package addressed to?

(A) Raymond Jackman
(B) Shichiro Ichimura
(C) Weimin Li
(D) Harvey Morris

28. What has the speaker received a copy of?

(A) A testimonial
(B) A magazine article
(C) A sales report
(D) A technical drawing

29. Look at the graphic. Which feature does the speaker say they have to focus on?

(A) Price
(B) Load capacity
(C) Energy efficiency
(D) Noise

30. Who is Peter?

(A) A sales associate
(B) A maintenance technician
(C) A product designer
(D) A company executive

DAY별 파일 듣기

● 본 책 각 DAY 첫 페이지 오른쪽 하단에 있는 QR코드로 접속하면
  DAY별 전체 음원을 바로 들을 수 있습니다.

홈페이지에서 파일 전체 다운로드 받기

1. 우측 QR코드로 접속하기

2. 성안당 사이트가 나오면 오른쪽 상단의 [회원가입]을 클릭하여 회원 가입하기

3. QR코드로 다시 접속하여 로그인 하기

4. 게시판이 나오고 왼쪽 [자료 다운로드 바로가기] 버튼 클릭하기

5. 전체 파일 다운로드 하기

저자 선생님과 함께 공부하기

● 우측 QR코드로 접속하셔서 저자 선생님이 올려 주신 부가학습자료와 질문 코너를
  이용해 보세요.

● 단어 시험지, 청취력 향상을 위한 받아쓰기, 추가 어휘 문제 등을 다운받을 수 있습니다.

● 저자에게 질문하는 코너를 통해 교재에서 궁금했던 내용을 바로 질문하고 답변 받을
  수 있습니다.

저자
질문코너

단어시험지

청취력 향상
받아쓰기

추가
어휘 문제

저자 소개

2009년에 강남에서 강의를 시작하며 정기 토익에 응시해서 10회 만점을 달성했다. 가장 효율적인 문제풀이 방식을 제시하는 깔끔한 강의로 수강생들의 호응을 얻었으며, 각종 인터넷 강의로도 수많은 수험생들과 만났다. 강사이자 저자로서 끊임없이 축적해온 연구의 결실을 '토익 마법 - 2주의 기적'을 통해 함께 즐겨보자.

약력

● 학원

광주광역시 제제 외국어학원 대표 강사
파고다 외국어학원 토익 일타 강사(신촌, 종로)
현, 안산 이지어학원 토익 대표 강사

● 인터넷 강의

ujeje.com
Cracking TOEIC
파고다스타 '이교희의 탑토익 족보공개'

● 저서

토익 마법 2주의 기적 990 RC (2024)
토익 마법 2주의 기적 990 LC (2024)
토익 마법 2주의 기적 RC (2022)
토익 마법 2주의 기적 LC (2022)
시나공 토익 950 실전 모의고사 (2012)
파고다 외국어학원 월간 모의고사 해설

토익 마법 2주의 기적 LC

2022. 11. 16. 초 판 1쇄 발행
2025. 1. 8. 초 판 2쇄 발행

지은이 | 이교희
펴낸이 | 이종춘
펴낸곳 | **BM** (주)도서출판 **성안당**
주소 | 04032 서울시 마포구 양화로 127 첨단빌딩 3층(출판기획 R&D 센터)
| 10881 경기도 파주시 문발로 112 파주 출판 문화도시(제작 및 물류)
전화 | 02) 3142-0036
| 031) 950-6300
팩스 | 031) 955-0510
등록 | 1973. 2. 1. 제406-2005-000046호
출판사 홈페이지 | www.cyber.co.kr
ISBN | 978-89-315-5862-3 (13740)
정가 | 19,800원

이 책을 만든 사람들
책임 | 최옥현
진행 | 김은주, 송은주
편집 · 교정 | 송은주, 이경복, 함동은, 송지우
영문 검수 | Stephanie Berry
본문 디자인 | 임혜정
표지 디자인 | 임혜정, 박성하
홍보 | 김계향, 임진성, 김주승, 최정민
국제부 | 이선민, 조혜란
마케팅 | 구본철, 차정욱, 오영일, 나진호, 강호묵
마케팅 지원 | 장상범
제작 | 김유석

■ 도서 A/S 안내

성안당에서 발행하는 모든 도서는 저자와 출판사, 그리고 독자가 함께 만들어 나갑니다.
좋은 책을 펴내기 위해 많은 노력을 기울이고 있습니다. 혹시라도 내용상의 오류나 오탈자 등이 발견되면 "좋은 책은 나라의 보배"로서 우리 모두가 함께 만들어 간다는 마음으로 연락주시기 바랍니다. 수정 보완하여 더 나은 책이 되도록 최선을 다하겠습니다.
성안당은 늘 독자 여러분들의 소중한 의견을 기다리고 있습니다. 좋은 의견을 보내주시는 분께는 성안당 쇼핑몰의 포인트(3,000포인트)를 적립해 드립니다.
잘못 만들어진 책이나 부록 등이 파손된 경우에는 교환해 드립니다.

케임브리지 대학 출판부의 베스트셀러 문법 교재
<GRAMMAR IN USE> 시리즈!

초급 Basic Grammar in use 4/e

전 세계 수백만 명의 학습자가 사용하는 영문법 교재입니다. 이 책의 구성은 스스로 공부하는 학생과 영어 수업의 필수 참고서로 적합한 교재입니다. 학습가이드를 통하여 영문법을 익히고 연습문제를 통하여 심화학습 할 수 있습니다. 쉽고 간결한 구성으로 Self-Study를 원하는 학습자와 강의용으로 사용하는 모두에게 알맞은 영어교재입니다.

▮ Book with answers and Interactive eBook 978-1-316-64673-1
▮ Book with answers 978-1-316-64674-8

초급 Basic Grammar in use 한국어판

한국의 학습자들을 위하여 간단 명료한 문법 해설과 2페이지 대면 구성으로 이루어져 있습니다. 미국식 영어를 학습하는 초급 단계의 영어 학습자들에게 꼭 필요한 문법을 가르치고 있습니다. 또한 쉽게 따라 할 수 있는 연습문제는 문법 학습을 용이하도록 도와줍니다. 본 교재는 Self-Study 또는 수업용 교재로 활용이 가능합니다.

▮ Book with answers 978-0-521-26959-9

초급 Essential Grammar in use 4/e

영어 초급 학습자를 위한 필수 문법교재 입니다. 학습가이드와 연습문제를 제공하며 Self-Study가 가능하도록 구성되어 있습니다.

▮ Book with answers and Interactive eBook 978-1-107-48053-7
▮ Book with answers 978-1-107-48055-1

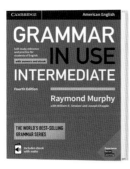

중급 Grammar in use Intermediate 4/e

미국식 영어학습을 위한 중급 문법교재입니다. 간단한 설명과 명확한 예시, 이해하기 쉬운 설명과 연습으로 구성되어 Self-Study와 강의용 교재 모두 사용 가능합니다.

▮ Book with answers and interactive eBook 978-1-108-61761-1
▮ Book with answers 978-1-108-44945-8

BM (주)도서출판 성안당 | ✠ CAMBRIDGE | 도서문의 031-950-6394

중급 Grammar in use Intermediate 한국어판

이해하기 쉬운 문법 설명과 실제 생활에서 자주 쓰이는 예문이 특징인 <Grammar in use Intermediate 한국어판>은 미국 영어를 배우는 중급 수준의 학습자를 위한 문법 교재입니다. 총 142개의 Unit로 구성되어 있는 이 교재는, Unit별로 주요 문법 사항을 다루고 있으며, 각 Unit은 간단명료한 문법 설명과 연습문제가 대면 방식의 두 페이지로 구성되어 있습니다. 문법과 전반적인 영어를 공부하고 하는 사람은 물론 TOEIC, TOEFL, IELTS 등과 같은 영어능력 시험을 준비하는 학습자에게도 꼭 필요한 교재입니다.

❘ Book with answers 978-0-521-14786-6

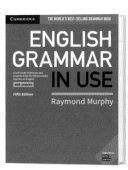

중급 English Grammar in use 5/e

최신판으로 중급 학습자를 위한 첫 번째 선택이며, 해당 레벨에서 필요한 모든 문법을 학습할 수 있는 교재입니다. <IN USE> 시리즈는 전 세계 누적 판매 1위의 영문법 교재로 사랑받고 있습니다. 145개의 Unit으로 이루어져 있으며, Study guide를 제공하여 Self-Study에 적합하며 강의용 교재로 활용할 수 있습니다.

❘ Book with answers and Interactive eBook 978-1-108-58662-7
❘ Book with answers 978-1-108-45765-1

고급 Advanced Grammar in use 4/e

영어 심화 학습자를 위한 영문법 교재입니다. Study planner를 제공하여 자율학습을 용이하게 합니다. 포괄적인 문법 범위와 친숙한 구성으로 고급레벨 학습자에게 적합합니다. 이미 학습한 언어 영역을 다시 확인할 수 있는 Grammar reminder 섹션을 제공합니다. Cambridge IELTS를 준비하는 학생들에게 이상적인 교재입니다.

❘ Book with Online Tests and eBook 978-1-108-92021-6
❘ eBook with Audio and Online Tests 978-1-009-36801-8

LISTENING 당신이 찾던 토익책!

토익 마법

저자 이교희

2주의 기적

"토익 점수 수직 상승의 비법"

정답 및 해설

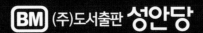
BM (주)도서출판 성안당

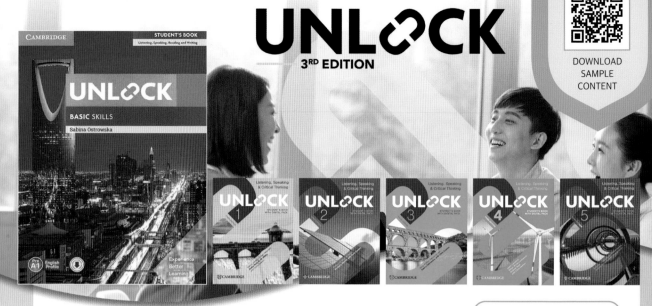

비판적 사고력을 키워 주는 스킬북, Unlock 시리즈!

Unlock 시리즈는 학업에 필요한 스킬과 언어를 강화하는 코스입니다.
초기 언어 학습부터 학문적 맥락의 비판적 사고까지 기를 수 있도록 안내합니다.

- **Critical Thinking Skills** 목표 측정과 자기 평가를 통한 비판적 사고 기술 습득
- **Video Content** 학문, 시사 및 일반 상식 등 다양한 주제의 동영상 콘텐츠로 흥미 유발
- **Cambridge English Corpus** 이십억 개의 단어로 구성된 캠브리지 코퍼스로 실생활에
  쓰이는 언어를 제공하여 최신 언어 학습 가능
- **Cambridge One** 캠브리지 학습관리 플랫폼인 Cambridge One에서 추가 학습 가능
  - eBook, Class audio, Video, Digital Workbook with videos, Digital Classroom Material
  - 대체 읽기 및 듣기 자료, 통합 워크시트, 추가 읽기 및 대학 수업용 자료, 테스트

The digital resources

| Presentation Plus | Interactive eBook with Audio and Video | Video | Downloadable Audio | Teacher Training |

토익 마법
2주의 기적

정답 및 해설

Day 01

p. 17 Part 1　　　Exercise　**1.** a　　　**2.** d

● 정답을 맞힌 문제도 해설을 읽어보자.

1.　M Au

(A) Some traffic cones have been placed near some trucks.
(B) Some tree branches are being trimmed.
(C) A car is being towed by a truck.
(D) Some flowers have been planted in a parking area.

(A) 원뿔형 교통 표지들이 트럭들 가까이에 놓여 있다.
(B) 나뭇가지들이 다듬어지고 있다.
(C) 자동차가 트럭에 의해 견인되고 있다.
(D) 주차장에 꽃들이 심겨 있다.

VOCAB　traffic cone (도로 공사 구간 등에 세우는) 원뿔형 교통 표지　branch 나뭇가지　trim 다듬다, 손질하다　tow (자동차를) 견인하다
plant (나무, 씨앗 등을) 심다　parking area 주차장

해설　traffic cone이라는 단어를 알고 '~이 ~에 놓여 있다' 문장을 충실히 공부해서 정답을 골라야 한다. (B)와 (C) 같은 진행형 수동
태는 사진 속에서 해당 동작이 진행되고 있어야 정답이 된다. (D)에는 사진에 없는 명사 flowers가 들어 있다. 사진에 없는 사
람이나 사물이 들리면 무조건 오답이다.

2.　W Am

(A) Some artwork is being framed.
(B) One of the lamps is hanging from the ceiling.
(C) Some chairs have been stacked against a wall.
(D) One of the lamps has been set on top of a table.

(A) 미술품이 액자에 넣어지고 있다.
(B) 램프 중 하나가 천장에 매달려 있다.
(C) 의자들이 벽에 기대여 쌓여 있다.
(D) 램프 중 하나가 테이블 위에 놓여 있다.

VOCAB　artwork 미술품　frame 틀[액자]에 넣다　hang 걸리다, 매달리다　ceiling 천장　stack 쌓다　against a wall 벽에 기대어
on top of ~의 위에

해설　(A)는 진행형 수동태이므로 사진 속에 사람이 등장해서 해당 동작을 하고 있어야 정답이 된다. 동사 hang, stack의 의미를 알
고 (B)와 (C)도 오답으로 골라내야 한다. (D)가 정답인데, set on top of a 부분의 발음이 잘 안 들릴 수 있다. 연음되기 때문에
[세론타뻐버]라고 읽는다. 여러 번 따라 읽어서 알아들을 수 있게 만들어 두자.
　● Part 1에서는 위치 표현을 많이 알아두는 게 유리하다. 몇 가지를 암기해 두자.

on top of ~의 위에　　　　　　　　　at the bottom[foot] of ~ 맨 아래에
in front of ~ 앞에　　　　　　　　　at the rear of ~ 뒤쪽에
on both sides of / on either[each] side of ~ 양옆에

● 정답을 맞힌 문제도 해설을 읽어보자.

M Cn W Br

1. The proposal to hire more staff has finally been approved.
(A) I'm glad to hear that.
(B) To a higher level.
(C) A weekly staff meeting.

직원을 더 고용하려는 기획안이 마침내 승인되었어요.
(A) 반가운 소식이네요.
(B) 더 높은 수준으로요.
(C) 주간 직원회의요.

VOCAB   proposal 기획안, 제안서   hire 고용하다   staff (전체) 직원   approve 승인하다

해설   자연스러운 대화는 (A)이지만, 못 알아들어도 걱정은 말자. (B)는 질문의 동사 hire와 발음이 똑같은 higher를 들으면서 오답이라는 것을 알 수 있고, (C)는 명사 staff가 반복되는 것을 듣고 오답으로 골라낼 수 있다. 잊지 말자. 오답을 잘 골라낼수록 고수가 된다!

M Cn W Am

2. Are you transferring to our Toronto branch as originally planned?
(A) A guided tour will be offered.
(B) An account transfer request form.
(C) No, I've decided to stay at this location.

원래 계획대로 토론토 지사로 전근 가실 건가요?
(A) 가이드와 함께 하는 투어가 제공될 겁니다.
(B) 계좌 이체 신청서요.
(C) 아니요, 이 지점에 머무르기로 했어요.

VOCAB   transfer 전근 가다   branch 지사, 분점   as originally planned 원래 계획대로   guided tour 안내원이 딸린 (관광) 여행   offer 제공하다   account transfer 계좌이체   request form 신청서   location 지점

해설   질문 앞부분에 집중하는 습관을 만들자. Are you transferring?(전근 가실 건가요?)에 집중하면 (C)가 자연스러운 대답이라는 것을 알 수 있다. (A)는 질문에 지명이 들어 있으므로 연상되는 대답으로 오답을 유도하고 있고, (B)는 반복되는 단어 transfer를 듣고 오답이라는 것을 알 수 있다.

W Br M Au

3. Where can I purchase replacement parts for my car?
(A) Michael probably knows.
(B) The parts were shipped out yesterday.
(C) I'm afraid I haven't yet.

제 차의 교체부품을 어디서 구매할 수 있죠?
(A) Michael이 알 거예요.
(B) 부품은 어제 발송되었습니다.
(C) 아직 안 했어요.

VOCAB   replacement part 교체 부품   ship out ~을 발송하다

해설   "몰라" 유형의 문장 중 '사람 + might[probably/should/would] know ~,'가 있었던 것이 기억나면 쉽게 문제를 해결할 수 있다. "몰라"는 거의 항상 정답이다. (B)는 parts가 반복되는 것을 듣고 오답임을 짐작할 수 있고, (C)는 Where 의문문에 알맞지 않은 대답이다.

W Am W Br

4. When are the results of our research supposed be published?
(A) In the September issue of the journal.
(B) A different style of case study.
(C) I think you'll find it easily.

우리의 연구결과는 언제 게재될 예정이죠?
(A) 학술지의 2월호에요.
(B) 다른 유형의 사례 연구입니다.
(C) 쉽게 찾으실 걸요.

해설 (A)에 달 이름이 들어 있으므로 때문에 질문에서 의문사 When만 알아들어도 정답을 알 수 있다. (B)는 질문의 research에서
연상되는 단어 case study로 오답을 유도하고 있고, (C)는 When과는 무관한 대답이다.

M Cn W Br

5. What's your opinion about purchasing another photocopier?

　　(A) Why don't we wait until next month?

　　(B) A special type of toner.

　　(C) I need two copies of the letter.

복사기를 한 대 더 구매하는 것에 대해 어떻게 생각하세요?

(A) 다음 달까지 기다리는 게 어때요?

(B) 특별한 유형의 토너요.

(C) 편지 두 통이 필요합니다.

VOCAB photocopier 복사기 copy (문서) 한 부

해설 질문 앞부분에 집중하자. What's your opinion이라고 의견을 묻고 있으므로 Why don't we wait(기다리는 게 어때요)라고 의견을
말하는 (A)가 가장 자연스럽다. (B)는 질문의 photocopier에서 연상되는 단어 toner로, (C)는 발음이 비슷한 copies로 오답을 유도
하고 있다. 오답을 골라내면 정답을 알 수 있지만, 도저히 모르겠다면 '반문하는 대답'은 정답일 확률이 매우 높다는 사실을 기억하자.

---

p. 23 Part 3 & 4　　**Sample Questions**

VOCAB ride (차량, 자전거 등을) 타고 가기 advertisement 광고 book 예약하다 within walking distance 걸어갈 수 있는
거리에 있는 timetable 시간표

해석 1-3번 예제는 다음 대화에 관한 것입니다.

여: 아, Daniel, 당신에게 물어볼 게 있어요. 이번 주말에 Brisbane에서 재즈 축제가 있는 거 알고 있나요? 토요일 오후에 제 차를 타고 거기 가려고 생각 중이에요.

남: 저도 갈 것 같아요. 하지만 있잖아요, 작년에 제가 거기 갔을 때 교통상황이 정말 안 좋았어요. 보통은 여기서 차로 30분밖에 안 걸리는데요, 그 주 토요일에는 거기까지 가는 데 한 시간이 넘게 걸렸어요.

여: 음, 제가 신문에서 광고를 봤는데요, 올해는 온라인으로 표를 예매하는 사람들에게 특별한 버스와 기차 서비스를 제공한다고 하더군요. Adelaide역이 사무실에서 걸어갈 수 있는 거리에 있으니까 거기까지 기차 타고 가는 게 어때요? 제가 지금 바로 기차 서비스 시간표를 확인해 볼게요.

1. 무엇에 관한 대화인가?
　(A) 콘서트홀 위치 파악하기
　(B) 기차역에 주차하기
　(C) 축제에 참석하기
　(D) 고속도로에서 운전하기

2. 작년에는 어떤 문제가 일어났는가?
　(A) 주차 요금이 너무 비쌌다.
　(B) 일부 직원들이 무례했다.
　(C) 교통량이 많았다.
　(D) 날씨가 안 좋았다.

3. 여자는 무엇을 제안하는가?
　(A) 아침에 더 일찍 떠나기
　(B) 예약 취소하기
　(C) 계획을 연기하기
　(D) 기차 타기

● 정답을 맞힌 문제도 해설을 읽어보자.

Questions 1 through 3 refer to the following conversation.

M Au **1.** Hello, **front desk**.

M Cn **1.** Hi. I'm calling from **Room 304**. **1.** Do you **offer concierge service**?

M Au I'm afraid not. But I'm happy to help you.

M Cn OK. Do you know of some place nearby to go shopping? **2.** I **forgot** to pack a **dress shirt** in my luggage, and I'd like to pick one up for a client meeting I have tomorrow.

M Au Actually, the closest shopping mall is a little far away – the Northside Mall.

M Cn Hmm… **3.** Could you give me the number of a local **taxi service**?

M Au Don't worry. **3.** **I can take care of that for** you. I'll let you know when it arrives.

1-3번 문제는 다음 대화에 관한 것입니다.

여: 안녕하세요, 프런트입니다.

남: 안녕하세요. 304호에서 전화 드립니다. 심부름 서비스 제공하시나요?

여: 죄송하지만 없습니다. 하지만 제가 기꺼이 도와 드릴게요.

남: 좋습니다. 근처 어딘가에 쇼핑하러 갈 만한 곳 아 시나요? 짐 챙길 때 와이셔츠를 잊어버려서요, 내일 있을 고객과의 회의 때문에 하나 사려고요.

여: 실은 가장 가까운 쇼핑몰도 조금 먼 곳에 있어요 – Northside 쇼핑몰이라고요.

남: 어… 이 지역 택시 서비스 전화번호 좀 알려주시 겠어요?

여: 그건 신경 쓰지 마세요. 제가 해드릴게요. 도착하 면 알려드리겠습니다.

1. Where most likely are the speakers?

(A) At a convention center

(B) At an apartment building

(C) At a hotel

(D) At an airport

화자들은 어디에 있겠는가?

(A) 컨벤션 센터에

(B) 아파트 건물에

(C) 호텔에

(D) 공항에

2. What does the man say he forgot?

(A) A shirt

(B) An address

(C) Some documents

(D) Some driving directions

남자는 무엇을 잊었다고 말하는가?

(A) 셔츠

(B) 주소

(C) 몇몇 서류

(D) 운전을 위한 길 안내

3. What will the woman most likely do next?

(A) Call a taxi service

(B) Go to a dry cleaner's

(C) Cancel a reservation

(D) Give the man a map

여자는 이후에 무엇을 하겠는가?

(A) 택시 서비스에 전화한다

(B) 세탁소에 간다

(C) 예약을 취소한다

(D) 남자에게 지도를 준다

VOCAB front desk (호텔, 사무실 건물 등의) 프런트, 안내 데스크 offer 제공하다 concierge service 심부름 서비스 someplace 어딘가, 어떤 장소 nearby 인근의, 가까운 곳의 pack (짐을) 챙기다 dress shirt (예복용, 비즈니스용) 와이셔츠 luggage (여행용) 짐 directions 길 안내 pick up ~을 얻다, 획득하다 take care of ~을 처리하다 dry cleaner's 세탁소

Part 3에서 주제나 장소, 직업을 묻는 문제의 정답은 대부분 첫 한두 문장에서 알 수 있는데, 토익을 처음 접하는 수험생들은 이 부분을 놓치는 경우가 많다. 첫 문장부터 집중하는 습관을 들이자. 여자와 남자의 첫 대사를 듣고, 이곳은 프런트(front desk)가 있고, 번호가 붙은 방이 여럿 있으며(Room 304), 심부름 서비스(concierge service)를 기대할 수도 있는 곳, 즉 호텔이라는 것을 추론하여 1번 문제의 정답을 선택한다. 2번은 남자의 대사에서 forgot과 shirt라는 키워드를 듣는다면 아주 쉽게 해결할 수 있다. 문제를 미리 잘 읽어두기만 하자. 3번 같은 do next 유형의 문제는 세 문제 중 마지막에 자주 출제되는데, 항상 마지막 대사에서 정답을 알 수 있으므로 대화가 끝날 때까지 집중력을 잃으면 안 된다. 대화 마지막에 남자가 택시 서비스의 전화번호를 요구하자 (Could you give me the number of a local taxi service?) 여자가 택시를 자기가 불러주겠다는(I can take care of that for you.) 것을 듣고 정답을 골라야 한다.

Questions 4 through 6 refer to the following introduction.

4-6번 문제는 다음 소개에 관한 것입니다.

M Au Before we finish this new employee orientation, there's one more thing I need to tell you about. Here at Act-On Software, we've decided to offer a new transportation option. **4.** Starting next week, there will be a **company shuttle van** that runs between Greenville Train Station and our office building during morning and evening commutes. **5. The van service is available to all employees who take trains to get to work. 6. If you want to register for this program**, please buy a monthly train pass and **e-mail a copy of your receipt to me**. We need the documentation that shows that you are actually commuting primarily by train. So, please be sure that the scan of your receipt is clear.

이번 신입 사원 오리엔테이션을 마치기 전에 한 가지 더 말씀드릴 게 있습니다. 우리 Act-On 소프트웨어에서 교통편에 대한 새로운 옵션을 제공하기로 했습니다. 다음 주부터 아침과 저녁 통근시간 동안 Greenville 기차역과 우리 사무실 건물 사이에 회사 셔틀 밴을 운영할 것입니다. 밴 서비스는 출근할 때 기차를 타는 모든 직원이 이용할 수 있습니다. 이 프로그램에 등록하기를 원한다면, 열차 월 정기이용권을 구매하시고 영수증을 저에게 이메일로 보내주세요. 여러분이 실제로 통근하는 데 주로 기차를 이용하고 있다는 걸 보여주는 증빙서류가 필요합니다. 그러니까 영수증을 스캔한 이미지가 깨끗해야 합니다.

4. What benefit is the company offering?
(A) Use of a company car
(B) Flexible work hours
(C) Additional vacation days
(D) Free shuttle service

회사는 어떤 복리 후생을 제공하는가?
(A) 회사 차의 이용
(B) 탄력적인 근무시간
(C) 추가적인 휴가 날짜
(D) 무료 셔틀 서비스

5. Who is eligible for the benefit?
(A) Employees travelling to meet clients
(B) Employees commuting by train
(C) Employees with five or more years of service
(D) Employees working at branch offices

누가 이 혜택을 받을 자격이 있는가?
(A) 고객을 만나기 위해 출장 가는 직원
(B) 기차로 통근하는 직원
(C) 5년 이상 재직한 직원
(D) 지사에서 근무하는 직원

6. What do employees have to do to claim the benefit?
(A) Contact the human resources department
(B) Show proof of employment
(C) Submit a copy of a receipt
(D) Consult their immediate supervisors

직원들은 혜택을 받기 위해 어떻게 해야 하는가?
(A) 인사부에 연락한다
(B) 재직증명서를 보여준다
(C) 영수증을 제출한다
(D) 직속 상사와 의논한다

VOCAB transportation 운송, 수송 benefit 복리 후생 flexible 마음대로 바꿀 수 있는 additional 추가의 available to sb ~가 이용할 수 있는 be eligible for 자격이 있다 commute 통근, 통근하다 branch office 지점, 지사 register for ~에 등록하다 monthly pass 월정기권 receipt 영수증 claim 얻다, 차지하다 contact 연락하다 human resources department 인사부 proof of employment 재직증명서 copy (문서) 한 부 consult 상의하다 immediate supervisor 직속 상사 documentation 증빙서류 primarily 주로

해설 우선 문제를 잘 읽어두고, 지문에서 company shuttle van이라든가 employees who take trains to get to work, e-mail a copy of your receipt to me 같은 부분들만 잘 들으면 세 문제의 정답을 어렵지 않게 알아낼 수 있다.

Practice Test
● 정답을 맞힌 문제도 해설을 읽어보자.

1	d	4	c	7	b	10	b	13	b	16	d	19	a	22	a	25	b	28	d
2	b	5	a	8	a	11	b	14	a	17	a	20	c	23	c	26	a	29	a
3	a	6	b	9	c	12	a	15	b	18	d	21	d	24	d	27	d	30	c

p. 27 Part 1

1. W Br

(A) He's taking some food items from a display shelf.
(B) He's holding a restaurant menu.
(C) A container is being carried by a man.
(D) A touch screen monitor has been placed on a counter.

(A) 그는 진열 선반에서 식품을 꺼내고 있다.
(B) 그는 식당 메뉴를 손에 들고 있다.
(C) 용기가 남자에 의해 운반되고 있다.
(D) 터치스크린 모니터가 카운터 위에 놓여 있다.

VOCAB container 그릇, 용기 carry (이동 중에) 들고[데리고] 있다, 나르다

해설 사진에 food도 없고, menu도 없으므로 (A)와 (B)는 오답이다. (C)는 진행형 수동태이므로 정답이 되려면 남자가 해당 동작을 하고 있어야 한다. "무언가가 어딘가에 놓여 있다" 문장은 Part 1에서 거의 매달 정답으로 출제되고 있으므로 따라 읽기와 받아쓰기 연습을 많이 해서 반드시 알아들을 수 있게 해두자. 터치스크린 모니터가 카운터 위에 있으므로 (D)가 정답이다.

2. W Am

(A) Some chairs are stacked in the corner.
(B) Some light fixtures are mounted on the walls.
(C) Some tables are covered with tablecloths.
(D) Some furniture is on display in a window.

(A) 의자들이 구석에 쌓여 있다.
(B) 조명 기구들이 벽에 설치되어 있다.
(C) 테이블들이 식탁보로 덮여 있다.
(D) 가구들이 진열창에 진열되어 있다.

해설 오답으로 나온 문장들도 다른 문제에서는 자주 정답으로 사용될 수 있으므로 공부해두자. 물건이 쌓여 있는 장면에서는 be stacked[piled]를 사용하는 문장이 정답으로, 물건이 진열, 전시된 장면에서는 display가 들리는 문장이 정답으로 출제된다. 식탁보를 뜻하는 tablecloth도 기억하자. 사진 안에 안 보이는 물건이 들리면 무조건 오답이다.

3. (M Cn)

(A) Sets of utensils have been arranged on napkins.
(B) Containers have been placed on chairs.
(C) Tablecloths are being removed.
(D) Glasses are being filled with water.

(A) 식기 세트가 냅킨 위에 놓여 있다.
(B) 그릇들이 의자 위에 놓여 있다.
(C) 식탁보들을 치우고 있다.
(D) 잔에 물을 채우고 있다.

VOCAB utensil 식기류, 조리도구 **container** 그릇, 용기 **tablecloth** 식탁보 **fill** 채우다

해설 테이블마다 냅킨 위에 포크와 나이프가 있으므로 (A)가 정답이다. (B)는 위치를 잘못 설명했고, (C)와 (D)는 진행형 수동태이기 때문에 해당 동작이 이루어지고 있어야 정답이다.

p. 28 Part 2

(W Am) (W Br)

4. How will I know when my client has received the package?
(A) About ten kilograms.
(B) From Seoul to Shanghai.
(C) A confirmation e-mail will be sent to you.

제 고객이 소포를 받았는지 어떻게 알죠?
(A) 10킬로그램 정도요.
(B) 서울에서 상하이까지요.
(C) 확인 이메일이 발송될 겁니다.

VOCAB client 고객 **package** 소포 **confirmation** 확인

해설 질문 앞부분 How will I know(어떻게 알죠)에 집중하면 (C)가 자연스러운 대답이라는 것을 알 수 있다.

(M Cn) (W Br)

5. Why have the brochures been removed from the reception desk?
(A) Because they're out of date.
(B) Near the main entrance.
(C) Someone from a moving company.

왜 접수처에서 안내 책자를 치웠죠?
(A) 오래돼서요.
(B) 중앙 출입구 근처에요.
(C) 이삿짐 회사에서 나온 누군가요.

VOCAB brochure 안내 책자 **remove** 치우다 **reception desk** 접수처, 프런트 **out of date** 구식이 된, 쓸모없는
main entrance 중앙 출입구 **moving company** 이삿짐 운송 회사

질문 앞부분 Why have the brochures been removed(왜 안내 책자를 치웠죠)에 집중하면 (A)가 자연스러운 대답이라는 것을 알 수 있다. (B)는 Where 의문문의 정답으로 알맞은 대답이고, (C)는 질문의 removed와 발음이 비슷한 moving을 들려주면서 오답을 유도하고 있다. 오답을 잘 골라낼수록 고수가 된다!

M Au   W Am

6. Do you know of any good physician in this area?

(A) On your way back.

(B) Sure, I'll give you his phone number.

(C) I'd prefer something grown locally.

이 지역에서 좋은 의사 아는 사람 있어요?

(A) 돌아오시는 길에요.

(B) 물론이죠, 전화번호 알려드릴게요.

(C) 이 지역에서 재배한 거였으면 좋겠어요.

VOCAB know of ~에 대해 들어서 알다 physician 의사, 내과 의사 on one's way back 돌아가는 길에 back 등, (등)허리 prefer 선호하다 grow 재배하다 locally 이 지역에서

해설
질문 앞부분 Do you know of any good physician(좋은 의사 아는 사람 있어요)에 집중하면 자연스러운 대답은 (B)라는 것을 알 수 있다. (A)는 back이 명사로 '등, 허리'라는 뜻이 있으므로 질문의 physician에서 연상되는 단어로 오답을 유도하는 것이고, (C)의 locally는 질문의 in this area에서 연상되는 단어다. 연상되는 단어나 표현은 거의 항상 오답 장치다. 정답을 도저히 모르겠다면 Sure는 Part 2에서 '마법의 키워드'라는 사실을 기억하고, 정답 확률이 가장 높은 선택을 하자.

W Br   M Cn

7. Would you care to see the other vehicles we have on display?

(A) I didn't see that.

(B) I think I've already made up my mind.

(C) Some new interior accessories.

저희가 진열하고 있는 다른 차량도 보시겠습니까?

(A) 그건 못 봤네요.

(B) 이미 마음을 정한 것 같아요.

(C) 새 실내장식품이요.

VOCAB Would you care to-V ~ 하시겠어요? vehicle 차량, 탈것 have sth on display ~을 진열하다 make up one's mind 결심하다 interior 내부의, 실내의 accessories 액세서리, 장신구

해설
질문 앞부분 Would you care to see the other(다른 ~을 보시겠습니까)에 집중하면 (B)가 자연스러운 대답이라는 것을 알 수 있다. (A)는 동사 see를 반복하면서 오답을 유도하고 있다.

W Am   M Au

8. Would you mind if I turn down the music?

(A) Sorry, I didn't realize it was so loud.

(B) Mine is over here.

(C) Yes, turn at the next corner.

음악 소리를 좀 낮춰도 될까요?

(A) 죄송합니다, 그렇게 큰 줄 몰랐네요.

(B) 제 것은 여기 있습니다.

(C) 네, 다음 모퉁이에서 도세요.

VOCAB turn down (소리·온도 등을) 낮추다 realize 알아차리다, 인식[자각]하다 loud (소리가) 큰, 시끄러운

해설
mind와 발음이 비슷한 mine, 반복되는 turn 같은 단어들을 듣고 오답을 골라내면 쉽게 정답을 찾아낼 수 있다.

M Cn   M Au

9. Isn't there usually a calculator on the bottom shelf?

(A) The folder was on top of the pile.

(B) I have time to work on the budget report.

(C) Yes, but Jose is using it right now.

보통 맨 아래 선반에 계산기가 있지 않나요?

(A) 폴더는 더미 위에 있습니다.

(B) 제가 예산 보고서 쓸 시간이 있어요.

(C) 네, 그런데 지금은 Jose가 사용하고 있어요.

W Br M Cn

10. Could you tell me which aisle has imported beverages?

(A) I have a meeting with an important client.

(B) They've been moved to Aisle Seven.

(C) Yes, I'll let him know.

수입 음료수는 어느 통로에 있는지 말씀해 주시겠어요?

(A) 중요한 고객과 회의가 있어요.

(B) 7번 통로로 옮겨놨습니다.

(C) 네, 제가 그분께 말씀드릴게요.

W Br M Cn

11. What was the name of the restaurant you took our foreign investors to?

(A) No, in Seattle.

(B) Do you mean the Tantalizers Café?

(C) They took a different route.

당신이 우리 외국인 투자자들을 데리고 갔던 식당 이름이 뭐였죠?

(A) 아니요, 시애틀에서요.

(B) Tantalizers 카페 말씀이세요?

(C) 그들은 다른 길로 왔어요.

W Am W Br

12. Where did you buy your wool sweater?

(A) Actually, it was a gift.

(B) Because it's getting cold.

(C) No, the sale ended on Friday.

울 스웨터 어디서 사셨어요?

(A) 사실은, 선물 받은 거예요.

(B) 추워지고 있기 때문이죠.

(C) 아니요, 세일은 금요일에 끝났습니다.

Questions 13 through 15 refer to the following conversation.

M Cn **13.** **This photocopier isn't working properly** again. The images are all blurry and there's a black streak along the top edge of each page. Don't you think we should consider getting a new one?

W Am I'll take that into account when I make the next year's budget. **14.** For now, **you should tell Cindy** at the information desk about the problem. She has the phone number for the technician and she's usually in charge of arranging for repair works.

M Cn Oh, Okay. I hope I can use the copier again today. **15.** **I'm giving a presentation** to the board of trustees **tomorrow** and I have a lot of materials to make copies of.

13-15번 문제는 다음 대화에 관한 것입니다.

남: 이 복사기가 또 제대로 작동을 안 하네요. 이미지가 온통 흐릿하고 페이지마다 위쪽 가장자리에 까만 선이 있어요. 새 걸로 장만하는 걸 고려해야 하지 않나요?

여: 내년 예산안을 만들 때 그 점도 고려할게요. 지금은, 그 문제에 대해 안내데스크에 있는 Cindy에게 말씀하세요. 그 사람이 수리 기사의 전화번호를 갖고 있고, 보통 수리 작업의 일정을 잡는 일을 그녀가 담당합니다.

남: 아, 알았어요. 오늘 중에 다시 복사기를 쓸 수 있었으면 좋겠어요. 내일 이사회에서 프레젠테이션을 해야 하는데 복사할 자료가 많단 말이에요.

13. What problem are the speakers talking about?
(A) Some materials cannot be located.
(B) An office machine is not functioning properly.
(C) A colleague has not arrived yet.
(D) A telephone number is not in the directory.

화자들은 어떤 문제에 관해 이야기하고 있는가?
(A) 어떤 자료의 위치를 알 수 없다.
(B) 어떤 사무실 기계가 제대로 작동하지 않는다.
(C) 어떤 동료가 아직 도착하지 않았다.
(D) 전화번호부에 전화번호가 없다.

14. What does the woman suggest?
(A) Notifying a coworker
(B) Purchasing a new machine
(C) Making extra copies of a report
(D) Creating a budget plan

여자는 무엇을 제안하는가?
(A) 동료에게 알리기
(B) 새 기계 구매하기
(C) 보고서를 추가로 복사하기
(D) 예산안 만들기

15. What does the man have to do tomorrow?
(A) Repair a set of equipment
(B) Deliver a presentation
(C) Speak to a technician
(D) Create a budget plan

남자는 내일 무엇을 해야 하는가?
(A) 장비를 수리한다
(B) 프레젠테이션을 한다
(C) 기술자와 이야기한다.
(D) 예산안을 짠다

VOCAB photocopier 복사기 properly 제대로, 적절히 locate 찾다 function 기능하다, 작동하다 blurry 흐릿한 streak 줄, 줄무늬, 선 take *sth* into account ~을 고려하다 information desk 안내데스크 notify 알리다 coworker 동료 make extra copies 추가로 복사하다 technician 기술자, 기사 be in charge of ~를 담당하다 arrange for 준비하다, 계획을 짜다 give[deliver] a presentation 프레젠테이션을 하다 board of trustees 이사회 materials 자료 budget plan 예산안 equipment 장비

해설 첫 문장 This photocopier isn't working properly again.이 나오는 순간 13번 문제의 정답을, 여자의 대사 you should tell Cindy 가 들릴 때 14번의 정답을, 마지막 남자의 대사에서는 presentation과 tomorrow만 듣고 15번의 정답을 알 수 있다.

Questions 16 through 18 refer to the following conversation.

W Am **16.** Jason, I was told that you're in charge of receiving **nominations for the Employee of the Year Awards**. Have the recipients been selected yet?

M Au Not yet, the judging committee is planning to meet next Wednesday to make final decisions. Is there someone you'd like to recommend?

W Am **17.** Yes, I was thinking of one of our sales representatives, **Ruth Johnson**. **17.** She **reported the highest sales** in her team for five months in a row. She really deserves the recognition for that.

M Au Well, the deadline for nomination is next Tuesday. **18.** Just pick up a **nomination form** from human resources, fill it out and **give it to me** before then.

16-18번 문제는 다음 대화에 관한 것입니다.

여: Jason, 당신이 '올해의 직원' 상의 후보를 추천 받는 일을 담당하고 있다고 들었어요. 수상자가 정해졌나요?

남: 아직이요, 심사 위원회가 최종 결정을 위해서 다음 주 수요일에 모일 예정이에요. 추천하고 싶은 사람이 있나요?

여: 네, 우리 영업 사원 중 한 명인 Ruth Johnson이요. 그녀는 5개월 연속으로 팀에서 가장 높은 판매량을 올렸어요. 그녀는 정말 표창받을 만해요.

남: 음, 후보 추천의 마감 기한은 다음 주 화요일이거든요. 그 전에 인사부에서 추천양식을 가져오셔서 작성하시고 저한테 주세요.

16. What are the speakers discussing?
(A) Joining the judging committee
(B) Increasing sales
(C) Organizing a meeting
(D) Nominating an employee for an award

화자들은 무엇을 논하고 있는가?
(A) 심사 위원회에 참가하기
(B) 판매량 증가시키기
(C) 회의 준비하기
(D) 어떤 상에 직원 추천하기

17. What did Ruth Johnson do?
(A) Reported the best sales
(B) Filled out a form
(C) Worked in the human resources department
(D) Nominated an employee for an award

Ruth Johnson은 어떤 일을 했는가?
(A) 가장 좋은 판매량을 올렸다
(B) 양식을 작성했다
(C) 인사부에서 일했다
(D) 어떤 직원이 상을 받도록 추천했다

18. What does the man suggest the woman do?
(A) Boost sales
(B) Examine a report
(C) Speak to a committee member
(D) Submit a form

남자는 여자가 무엇을 할 것을 권하는가?
(A) 판매량을 증진하기
(B) 보고서를 살펴보기
(C) 위원과 대화하기
(D) 양식 제출하기

VOCAB be in charge of ~를 담당하다 nomination 지명, 추천 judging committee 심사 위원회 sales 판매량, 매출액 organize 조직하다, 준비하다 nominate (후보자로) 추천하다 recipient 수상자 recommend 추천하다 sales representative 영업 사원 in a row (여러 번을) 잇달아, 연이어 fill out 작성하다 human resources 인사부 deserve ~을 받을 만하다 recognition 표창 deadline 마감기한 boost 신장시키다, 북돋우다 examine 조사하다, 검토하다

해설 대부분 주제를 묻는 문제는 첫 한두 문장에서 정답을 알려준다. 여자의 첫 대사 Jason, I was told that you're in charge of receiving nominations for the Employee of the Year Awards.를 들으면서 16번 문제의 정답을 고르면 된다. 17번은 여자의 대사 중 "~ Ruth Johnson. She reported the highest sales ~."에서 정답을 알아낼 수 있는데, 발음의 원리에 주의하자. highest sales의 발음이 불편하므로 중간에 t를 발음하지 않고 [하이어세일즈]라고 읽는다. 18번은 남자의 마지막 대사 Just pick up a nomination form from human resources, fill it out and give it to me before then.이 설명하는 과정이 동사 submit로 압축된 것을 알고 정답을 선택하면 된다.

Questions 19 through 21 refer to the following conversation.

W Br **19.** Hi. I'm **calling to buy tickets** to the Amy Vaughn Comedy Show. I was told that the Jacksonville Town Office offers the discounted prices. Can I buy four tickets over the phone with a credit card?

M Cn **20.** I'm sorry, but we **only accept cash payments**, so we **can't sell them** over the phone. If you want to pay with your credit card, you can access the website for the show to buy them.

W Br Oh, I didn't know that. Could you tell me what the website address is?

M Cn It's www.amyvaughnshow.com. **21.** But **remember** that they **don't offer discounts online**. **21.** You'll have to visit our **office** to buy tickets **at a lower price**.

19-21번 문제는 다음 대화에 관한 것입니다.

여: 안녕하세요. Amy Vaughn 코미디 쇼의 표를 사고 싶은데요. Jacksonville 동사무소에서 할인가를 제공한다고 들었어요. 신용카드를 이용해서 전화로 표 네 장을 살 수 있을까요?
남: 죄송하지만, 저희는 현금 지불만 받거든요, 그래서 전화로는 판매할 수 없습니다. 신용카드로 계산하고 싶으시면, 쇼의 웹사이트에 접속하셔서 구매하시면 돼요.
여: 아, 그건 몰랐네요. 웹사이트 주소가 뭔지 알려주실 수 있나요?
남: www.amyvaughnshow.com입니다. 하지만 온라인으로는 할인을 제공하지 않는다는 걸 기억하세요. 더 낮은 가격으로 표를 사시려면 우리 사무실을 방문하셔야 합니다.

19. What does the woman want to do?
(A) Buy some tickets
(B) Visit the town office
(C) Apply for a credit card
(D) Create a website

여자는 무엇을 하고 싶은가?
(A) 표 몇 장 구매하기
(B) 동사무소 방문하기
(C) 신용카드 신청하기
(D) 웹사이트 만들기

20. Why does the man say he cannot help the woman?
(A) The tickets are sold out.
(B) The comedy show has already ended.
(C) He can accept only cash payments.
(D) He doesn't work at the town office any more.

남자는 왜 여자를 도울 수 없다고 말하는가?
(A) 표가 매진되었다.
(B) 코미디 쇼는 이미 끝났다.
(C) 현금 지불만 받을 수 있다.
(D) 더 이상 동사무소에서 일하지 않는다.

21. What does the man remind the woman about?
(A) A change in schedule
(B) Relocation of the office
(C) Cancelation of a show
(D) Difference in prices

남자는 무엇을 여자에게 상기시켜주는가?
(A) 일정의 변경
(B) 사무실의 이전
(C) 공연의 취소
(D) 가격의 차이

VOCAB town office 동사무소, 면사무소 apply for ~을 신청하다 offer 제공하다 discounted price 할인가, 염가 accept 받아들이다 sold out (표가) 매진된 end 끝나다 access 접속하다 relocation 재배치

해설

calling to buy tickets와 only accept cash payments, can't sell them 같은 키워드만 들리면 19번과 20번 문제의 정답을 알아낼 수 있다. 21번은 길지만 별로 알아듣기 어렵지 않은 남자의 마지막 대사 But remember that they don't offer discounts online. You'll have to visit our office to buy tickets at a lower price.에서 가격의 차이를 알려주고 있다는 걸 간파하고 정답을 고르면 된다.

Questions 22 through 24 refer to the following recorded message.

M Au You've reached Seoul Arts Center. **22.** Our **office is currently closed in observation of National Foundation Day**. Our customer service representatives would be happy to assist you if you call back during our regular hours of operation. The hours are Monday through Friday, 9 A.M. to 6 P.M. **23.** However, if you'd like to use our automated system **to order tickets** for any upcoming events, please **press three**. **24.** If you're calling about the **Angela Brooks' concert**, please note the **date has not yet been confirmed**. The information will be posted on our website as soon as it is made public.

22-24번 문제는 녹음 메시지에 관한 것입니다.

서울 아트 센터입니다. 저희 사무실은 현재 건국기념일을 준수하여 휴무 중입니다. 정규 영업시간에 다시 전화 주신다면 저희 고객 서비스 직원들이 기꺼이 도와드릴 것입니다. 영업시간은 월요일부터 금요일, 오전 9시부터 오후 6시까지입니다. 그러나, 다가오는 어떤 행사의 티켓이든 저희의 자동화 시스템을 이용해서 주문하고자 하신다면, 3번을 눌러주세요. Angela Brooks 콘서트에 관련하여 전화 주셨다면, 아직 날짜가 확정되지 않았음을 알려드립니다. 콘서트 관련 정보는 발표되는 대로 저희 웹사이트에 게재될 것입니다.

22. Why is the office closed?
(A) **A national holiday is being celebrated.**
(B) Regular business hours have been changed.
(C) Some maintenance work is being conducted.
(D) Employees are attending a training session.

사무실은 왜 문을 닫았는가?
(A) 국경일을 기념하고 있다.
(B) 정규 영업시간이 변경되었다.
(C) 보수 작업을 시행하고 있다.
(D) 직원들이 교육에 참석하고 있다.

23. Why are the listeners instructed to press three?
(A) To return to the main menu
(B) To hear about current job vacancies
(C) **To place an order**
(D) To leave a message

왜 청자들에게 3번을 누르도록 지시하는가?
(A) 메인 메뉴로 돌아가기 위해
(B) 현재의 공석에 대해 듣기 위해
(C) 주문하기 위해
(D) 메시지를 남기기 위해

24. What does the speaker say about the Angela Brooks concert?
(A) It was canceled.
(B) Tickets are sold out.
(C) A recording is available online.
(D) **The date has not been announced.**

화자는 Angela Brooks 콘서트에 대해 무엇이라고 말하는가?
(A) 취소되었다.
(B) 티켓이 매진되었다.
(C) 음원을 온라인으로 이용할 수 있다.
(D) 날짜가 아직 발표되지 않았다.

VOCAB reach 연락하다 in observation of ~를 준수하여 National Foundation Day 건국기념일 national holiday 국경일 celebrate 기념하다, 축하하다 maintenance work 보수 작업 conduct (특정한 활동을) 하다 training session 교육 (과정) customer service representative 고객 서비스 직원 be happy to-V 기꺼이 ~하다 assist 도와주다 regular hours of operation 정규 근무시간 automated 자동된 upcoming 다가오는 instruct 지시하다 current 현재의 job vacancy (직장의) 공석 place an order 주문하다 leave 남기고[전하고] 가다 note ~에 주의하다 confirm 확정하다 sold out 다 팔린, 매진된 recording 녹음[녹화]된 것 available 이용할 수 있는 post 게시하다 make public 일반에게 알리다

해설 우선 지문 초반의 Our office is currently closed in observation of National Foundation Day.에서 22번 문제의 정답을 신속하게 골라주고, 중간에 나오는 to order tickets for any upcoming events, please press three.를 듣고 23번 문제의 정답을 고르면 된다. 24번 문제의 정답은 If you're calling about the Angela Brooks' concert, please note the date has not yet been confirmed.에서 쉽게 알아낼 수 있다.

Questions 25 through 27 refer to the following telephone message.

25-27번 문제는 다음 전화 메시지에 관한 것입니다.

W Br **25.** Hi Amy, this is Ying calling from **Pine Street Dentistry**. I'm calling to confirm that your dental check-up is scheduled for Wednesday at 4. **26.** For your information, **our office building has just moved to a new location** right down the road. We're now located at 445 Pine Street, not that far from our previous address. **27.** If you need to **reschedule your appointment**, you can do that **online at www.pinedentist.org**. If you have any questions, do not hesitate to contact us at 555-0294.

안녕하세요 Amy, Pine Street 치과의 Ying입니다. 당신의 치과 검진이 수요일 4시로 일정이 잡혀 있다는 것을 확인해 드리려고 전화했습니다. 참고로 알려드리자면, 저희 사무실 건물이 바로 길 아래쪽의 새 장소로 막 이사를 했습니다. 이제 저희는 Pine 가(街) 445번지에 있고요, 이전 주소에서 그리 멀지 않습니다. 만약 예약을 다시 잡으셔야 할 일이 있을 때는, www.pinedentist.org에 들어가셔서 온라인으로 하실 수 있습니다. 문의 사항이 있으실 때는, 주저하지 말고 저희에게 555-0294로 연락 주세요.

25. What type of business does the speaker work for?
(A) A moving company
(B) A dental office
(C) A hotel
(D) A travel agency

화자는 어떤 유형의 사업체에서 근무하는가?
(A) 이삿짐 회사
(B) 치과
(C) 호텔
(D) 여행사

26. What has happened recently?
(A) A business has relocated.
(B) A doctor has retired.
(C) Office hours have been extended.
(D) Two companies have merged.

최근에 무슨 일이 있었는가?
(A) 어떤 사업체가 이전했다.
(B) 어떤 의사가 은퇴했다.
(C) 영업시간이 연장되었다.
(D) 두 회사가 합병했다.

27. According to the speaker, what can the listener do online?
(A) Place an order
(B) Pay an invoice
(C) Complete some forms
(D) Reschedule an appointment

화자 말에 따르면 청자는 온라인으로 무엇을 할 수 있는가?
(A) 주문을 한다
(B) 청구서 비용을 지불한다
(C) 양식을 작성한다
(D) 예약 일정을 변경한다

VOCAB dentistry 치과 confirm 확인해 주다 dental check-up 치과 검진 be scheduled for ~로 일정 잡혀 있다 for your information 참고로 말씀드리자면 location 장소, 위치, 곳 right down the road 길 따라 바로 아래에 있는 relocate 이전하다 office hours 영업시간 extend 연장하다 merge 합병하다 be located at[on/in] ~에 자리 잡고 있다 previous 이전의 reschedule 일정을 변경하다 appointment 예약 place an order 주문하다 invoice 송장(送狀), 청구서 complete 작성하다 hesitate 망설이다 contact 연락하다

해설 문제들을 미리 잘 읽어두기만 하면, 업체 이름 Pine Street Dentistry와 중간에 나오는 our office building has just moved to a new location, 그리고 If you need to reschedule your appointment, you can do that online이 들리는 순간 매우 쉽게 세 문제의 정답을 알 수 있다.

Questions 28 through 30 refer to the following telephone message.

W Am Hello, Mr. Nakajima. **28.** This is Caroline Rossi **from Outdoor Photographer Magazine**. I'm calling with some good news. **29.** The ocean landscape **photo you submitted** for our magazine's photography contest **has won the grand prize**. This means your photo will be featured in the February issue of our magazine. As you know, there's a cash prize as well, **30.** but **I need to confirm your mailing address** before we send the check out to you, so please call me back at 555-1227. Thanks, Mr. Nakajima and congratulations.

28-30번 문제는 다음 전화 메시지에 관한 것입니다.

안녕하세요, Mr. Nakajima. *Outdoor Photographer* 지(誌)의 Caroline Rossi입니다. 좋은 소식으로 전화 드렸습니다. 저희 잡지사의 사진 공모전에 출품하신 바다 풍경 사진이 대상에 선정되었습니다. 이것은 당신의 사진이 저희 잡지 2월호에 실릴 것이라는 걸 의미하는 거죠. 아시다시피 상금도 있는데요, 당신에게 수표를 발행하기 전에 우편 주소를 확인해야 하니까 555-1227로 다시 전화 주세요. Mr. Nakajima 고맙습니다, 그리고 축하합니다.

28. Where does the speaker most likely work?
(A) At a landscaping company
(B) At a photography studio
(C) At a beach resort
(D) At a magazine

화자는 어디에서 일하는 것 같은가?
(A) 조경 회사
(B) 사진 스튜디오
(C) 해변 리조트
(D) 잡지사

29. What news does the speaker give Mr. Nakajima?
(A) He has won a contest.
(B) He can upgrade his subscription.
(C) He is being considered for a position.
(D) He is eligible for a price reduction.

화자는 Mr. Nakajima에게 어떤 소식을 전하는가?
(A) 그는 공모전에서 우승했다.
(B) 그는 구독권을 업그레이드할 수 있다.
(C) 그를 어떤 일자리에 고용하려고 고려하고 있다.
(D) 가격 할인을 받을 자격이 된다.

30. What does the speaker want to confirm?
(A) A room reservation
(B) An available date
(C) A mailing address
(D) A serial number

화자는 무엇을 확인하고 싶은가?
(A) 방 예약
(B) 시간이 있는 날짜
(C) 우편 주소
(D) 일련번호

VOCAB ocean landscape 바다 경치 photography contest 사진 공모전 win (경기 등에서 이겨 무엇을) 따다, 타다 grand prize 대상 subscription 구독 position 지위, 위치 be eligible for 자격이 있다 price reduction 가격 할인 feature (신문 따위가) ~을 특집으로 하다 issue (정기 간행물의) 호 cash prize 상금 as well 또한, 역시, ~도 confirm 확인하다 mailing address 우편 주소 send sth out ~을 발송하다 check 수표 available 시간이 있는

해설 문제와 보기를 미리 잘 읽어두고 키워드가 들어 있는 문장만 놓치지 않으면 된다. This is Caroline Rossi from Outdoor Photographer Magazine.에서 28번 문제의 정답을, The ocean landscape photo you submitted for our magazine's photography contest has won the grand prize.에서 23번의 정답을, 그리고 지문 마지막 부분의 but I need to confirm your mailing address에서 24번의 정답을 알아낼 수 있다.

● 정답을 맞힌 문제도 해설을 읽어보자.

1. M Cn

(A) A customer is picking up some clothing at a dry cleaner's.
(B) A customer is trying on a jacket.
(C) A customer is handing a worker some cash.
(D) A customer is browsing in a store.

(A) 세탁소에서 옷을 찾고 있다.
(B) 재킷을 한 번 입어보고 있다.
(C) 직원에게 현금을 건네주고 있다.
(D) 상점 안을 둘러보고 있다.

VOCAB   try on 입어[신어]보다   hand 건네주다, 넘겨주다   browse 둘러보다

해설   동사 pick up은 지금까지 토익에서 '집어 들다'와 '(맡기거나 주문한 물건을) 찾아오다'라는 뜻으로 출제됐다. 동사 pick이 과일이나 채소를 따는 장면에서 출제된 적도 있다는 것도 기억하자. trying, handing, browsing 같은 동사들도 여기서는 오답이지만 다른 문제에서는 정답으로 출제될 수 있으므로 기억해두자.

2. W Am

(A) A stairway is divided by a handrail.
(B) One of the women is leaning against a column.
(C) The people are standing at the bottom of a staircase.
(D) A brick wall is being torn down.

(A) 계단이 난간으로 나뉘어 있다.
(B) 여자들 중 한 명이 기둥에 기대어 있다.
(C) 사람들이 계단 아래에 서 있다.
(D) 벽돌 담이 철거되고 있다.

VOCAB   stairway 계단(=staircase)   handrail 난간   lean against ~에 기대다   column 기둥   at the bottom of ~의 밑바닥에 brick wall 벽돌 담   tear down (건물, 담 등을) 허물다(tore-torn)

해설   구역이 나뉘어 있는 것이 보이면 divide, separate가 들리는 문장이 정답이다. (B)의 leaning against는 가끔 정답으로 출제될 수 있으므로 기억해주다. (C)는 at the bottom of라는 위치 표현을 알아들어야 한다. Day 1에서도 소개했지만, 다시 한번 보고 기억하자.

on top of ~의 위에   at the bottom[foot] of ~ 맨 아래에
in front of ~ 앞에   at the rear of ~ 뒤쪽에
on both sides of / on either[each] side of ~ 양옆에

● (D)는 tear down은 RC 지문에서도 종종 등장하는 표현이므로 기억하고 있어야 한다. 발음도 기억하자. [티어]라고 읽으면 안 되고, [태어]라고 읽어야 한다. 변화형 tear - tore - torn도 기억하자.

| 1 | a | 3 | b | 5 | b | 7 | b | 9 | b |
| 2 | a | 4 | b | 6 | b | 8 | b | 10 | c |

● 정답을 맞힌 문제도 해설을 읽어보자.

W Br M Cn

1. Who's in charge of training the new salespeople?
(A) Mr. Park's responsible for that.
(B) Do you accept credit cards?
(C) There'll be a sales event at the store.

신입 판매사원들 교육은 누가 담당하나요?
(A) 그건 Mr. Park가 담당합니다.
(B) 신용카드 받으시나요?
(C) 상점에서 할인 행사가 있을 거예요.

VOCAB   be in charge of(= be responsible for) ~을 담당하다   salespeople 판매원들   accept 받아 주다, 수락하다
sales event 할인 행사

해설   Who 의문의 90 %는 '사람 이름'이나 '직함'이 들리는 대답이 정답이다. (B)는 질문에 있는 charge가 '요금'이라는 뜻이 있으므로 연상되는 단어 credit cards를 통해 오답을 유도하고 있고, (C)는 salespeople의 sales가 반복되는 것을 듣고 오답인 것을 짐작할 수 있다. 오답을 잘 골라낼수록 고수가 된다!

W Br M Cn

2. Who made revisions to the budget proposal?
(A) The associate director.
(B) Additional funding will be required.
(C) A range of menu options are available.

누가 예산 기획안을 수정했나요?
(A) 차장님이요.
(B) 추가 자금 지원이 필요할 겁니다.
(C) 다양한 메뉴 옵션이 이용 가능합니다.

VOCAB   make a revision to ~을 수정하다   budget 예산   proposal 기획안, 제안서   associate director 차장, 부국장
additional 추가의   funding 자금, 자금 제공, 재정 지원   a range of 다양한   available 이용할 수 있는

해설   Who 의문의 90%는 '사람 이름'이나 '직함'이 들리는 대답이 정답이다. (A)에서 director가 들릴 때 그냥 정답으로 선택하면 된다. (B)는 질문의 budget에서 연상되는 표현 Additional funding으로 오답을 유도하고 있고, (C)는 그냥 질문과 무관한 대답이다.

M Au W Am

3. Who's supposed to attend the training workshop?
(A) The next one's at three.
(B) Anyone who's interested.
(C) I took a train to Boston.

교육 워크숍에는 누가 참석하게 되어 있죠?
(A) 다음 모임은 3시에 있습니다.
(B) 관심 있는 사람은 누구든지요.
(C) 보스턴까지 기차를 탔습니다.

VOCAB   be supposed to-V ~하기로 되어 있다, ~할 의무가 있다

해설   Who 의문문은 someone으로 시작하거나 anyone, no one, nobody가 들어 있는 대답은 모두 정답이다. (A)는 What time으로 시작하는 질문에서 정답이 될 만한 대답이고, (C)처럼 반복되는 단어(train)가 들릴 때에도 오답으로 골라내야 한다. 오답을 잘 골라낼수록 고수가 된다!

4. Who needs an instruction manual?

(A) One hundred and eighty two pages.

(B) I haven't received one yet.

(C) It's tomorrow morning.

사용 설명서가 필요한 사람이 누구죠?

(A) 182페이지입니다.

(B) 저 아직 못 받았어요.

(C) 내일 아침입니다.

VOCAB instruction manual 사용 설명서

해설 질문 앞부분에 집중해보자. Who needs(누가 필요한가)에 집중하면 (B)가 자연스러운 대답이라는 것을 알 수 있다. 페이지 수를 말하는 (A)는 질문의 instruction manual에서 연상되는 표현으로 오답을 유도하고 있고, (C)는 When 의문문의 정답으로 알맞다.

5. Who do I submit the reimbursement request form to?

(A) My trip to Tokyo.

(B) The payroll department.

(C) That's too much.

환급 신청서는 누구에게 제출합니까?

(A) 저의 도쿄 출장이요.

(B) 경리부요.

(C) 그건 너무 많아요.

VOCAB submit 제출하다 reimbursement 환급, 변제, 상환 request form 신청서 payroll department 경리부, 급여 지급 부서

해설 Who 의문문의 정답은 대부분 '사람'이지만, '부서 이름'이나 '회사 이름'이 들릴 때에도 선택해야 한다. (A)와 (C)는 모두 질문의 reimbursement에서 연상되는 표현으로 오답을 유도하고 있다.

6. Which attendees are missing from the guest list?

(A) No, I'm not ready to leave yet.

(B) The new hires still have to be added.

(C) They're staying here for a while.

어느 참석자가 초대 손님 명단에서 빠졌나요?

(A) 아니요, 저는 아직 출발할 준비가 안 됐어요.

(B) 신입 사원들을 아직 추가해야 합니다.

(C) 그들은 한동안 여기 머무를 거예요.

VOCAB attendee 참석자 missing 빠진 (new) hire 신입 사원 for a while 한동안, 당분간

해설 Which 의문문은 바로 뒤에 붙는 명사 하나만 알아들으면 정답을 알아낼 수 있다. Which attendees(어느 참석자들)만 이해했다면 (B)에서 The new hires(신입 사원들)를 듣고, 정답임을 알 수 있다. 의문사 의문문이므로 (A)처럼 No가 들리면 무조건 오답이다. (C)는 질문의 guest에서 연상되는 단어 staying을 들려주면서 오답을 유도하고 있다.

7. Who was that woman I saw with Mr. Hall?

(A) Yes, I saw that T-shirt, too.

(B) I think she's our new colleague.

(C) I agree to what you pointed out.

제가 봤을 때 Mr. Hall과 함께 있었던 그 여성은 누구였죠?

(A) 네, 저도 그 티셔츠 봤어요.

(B) 우리의 새 동료인 것 같은데요.

(C) 당신이 지적한 바에 동의합니다.

VOCAB colleague 동료 point out 지적하다

해설 Who 의문문에서 사람 이름, 직함, 신분, 관계 등을 나타내는 단어가 들리는 대답은 거의 다 정답이다. (A)는 Yes가 들리는 순간 오답임을 알 수 있고, (C)는 의문사 Who에 대한 단서가 전혀 없다.

8. Who will we purchase costumes from?

    (A) Bring them to the rehearsal hall, please.

    (B) It's cheaper to make them ourselves.

    (C) I'm looking forward to the performance!

의상을 누구에게서 구매할 건가요?

    (A) 그것들을 연습실로 가져가 주세요.

    (B) 우리가 직접 만드는 게 더 쌉니다.

    (C) 공연이 기대돼요!

VOCAB   costume (연극, 영화) 의상 rehearsal hall 연습실

해설 의상을 누군가로부터 구매하는 것보다는 직접 만들어 사용하는 것이 더 싸다고 말하는 (B)가 자연스러운 대답이다. costumes, rehearsal hall, performance와 같이 서로 연상되는 단어들은 오답 장치로 사용된다는 사실에 유의하면 내용을 완벽하게 알아듣지 못해도 오답을 골라내고 정답을 찾아낼 수 있다. 오답을 잘 골라낼수록 고수가 된다!

---

9. Who is attending the sales conference in Montreal?

    (A) In the convention center.

    (B) It hasn't been decided yet.

    (C) They've been increasing.

몬트리올에서 하는 영업 회의에는 누가 참석합니까?

    (A) 컨벤션 센터에서요.

    (B) 아직 결정되지 않았습니다.

    (C) 증가하고 있어요.

VOCAB   conference 회의, 학회

해설 누가 참석할지 결정되지 않아서 모르겠다고 하는 대답이 정답이다. "몰라" 유형의 문장들을 되도록 많이 기억하자. 특히 It hasn't been decided yet.은 이 유형의 정답 중 지금까지 가장 빈번하게 출제됐다. (A)는 Where 의문문의 정답으로 알맞고, (C)는 질문의 sales가 '판매량'이라는 뜻이 있으므로 연상되는 표현으로 오답을 유도하는 것이다.

---

10. Which house did Ms. Leon move into?

    (A) A real estate agency.

    (B) Leave the box at the door, please.

    (C) The blue one down the street.

Ms. Leon은 어느 집으로 이사 갈 건가요?

    (A) 부동산 중개소요.

    (B) 상자는 문 앞에 놔 주세요.

    (C) 길 아래에 있는 파란 집이요.

VOCAB   real estate agency 부동산 중개소 leave 두고 오다[가다] down the street 길 아래쪽에

해설 정답을 맞히라고 주는 문제다. Which 의문문은 (The) one(s)이 들리면 무조건 정답이다. (A)와 (B)는 모두 질문의 house나 move에서 연상되는 대답으로 오답을 유도하고 있다.

● 정답을 맞힌 문제도 해설을 읽어보자.

Questions 1 through 3 refer to the following conversation with three speakers.

W Am **1.** Excuse me, I'm here to buy a new VIVA X **photo printer**, but I can't seem to find it on any of the shelves...

W Br Hmm... I thought we had one left, but my colleague should know. He manages the electronics section. Ki-Soo, do we have a VIVA X in stock?

M Au No, I sold our last one this morning.

W Am Hmm... can I order one online, then?

M Au **2.** Sure, but we already placed an order and **a new shipment is on its way here**, so it'll be easier for you to pick it up here. **2.** It'll **arrive on Wednesday**. **2.** I can **give you a call when it comes in**.

W Am That sounds good, thanks. My name is Irene. **3.** **Here's my business card** with my phone number on it.

1-3번 문제는 화자가 세 명인 다음 대화에 관한 것입니다.

여1: 저기요, 새로 나온 VIVA X 포토 프린터를 사러 왔는데요, 어느 선반에서도 찾지 못하겠네요…

여2: 음… 하나 남아 있는 거로 알고 있었는데, 제 동료가 알 거예요. 그가 전자제품 코너를 관리하거든요. Ki-Soo, VIVA X 재고 있어?

남: 아니, 오늘 오전에 마지막 것을 팔았어.

여1: 음… 그럼 온라인으로 주문할 수 있을까요?

남: 물론이죠, 하지만 저희가 이미 주문을 했었고, 새 배송품이 여기로 오는 중이니까 여기서 찾아가시는 게 더 편하실 겁니다. 물건은 수요일에 도착합니다. 들어오면 전화 드릴 수 있어요.

여1: 그게 좋겠네요, 고마워요. 제 이름은 Irene입니다. 여기 제 전화번호가 있는 명함이요.

---

1. What product are the speakers discussing?

(A) A photo printer

(B) A set of earphones

(C) A digital camera

(D) An ink cartridge

화자들은 어떤 제품에 대해 논하고 있는가?

(A) 포토 프린터

(B) 이어폰

(C) 디지털카메라

(D) 잉크 카트리지

2. What does the man offer to do?

(A) Process a refund

(B) Recommend another product

(C) Check a warehouse

(D) Call when a shipment arrives

남자는 무엇을 해주겠다고 제안하는가?

(A) 환급을 처리한다

(B) 다른 제품을 추천한다

(C) 창고를 확인한다

(D) 배송품이 도착하면 전화한다

3. What does Irene give the man?

(A) A business card

(B) A discount coupon

(C) An e-mail address

(D) Some payment information

Irene은 남자에게 무엇을 주는가?

(A) 명함

(B) 할인 쿠폰

(C) 이메일 주소

(D) 결제 정보

VOCAB   can't[cannot] seem to-V ~할 수 없는 것 같다   leave 남겨 두다(left-left)   colleague 동료   manage 관리하다 electronics 전자기기   section 구역   have *sth* in stock ~의 재고가 있다   place an order 주문하다 shipment 배송품   on one's way (to) ~로 가는 도중인   pick up (어디에서) ~을 찾아오다   give *sb* a call 전화를 걸다   process 처리하다   warehouse 창고   business card 명함

Questions 4 through 6 refer to the following recorded message.

[M Cn] **4·** Hello, thank you for calling Otterbein **Electronics**, the store for all your electronic needs! The store is closed now. **5·** And as a reminder, **we will be closed this weekend**, July twenty-sixth and twenty-seventh, in observance of the national holiday. The store will reopen for business on July twenty-eighth. If you're calling about your recent purchase of a Nelco television set, we are aware that these may be defective. **6·** Accordingly, the store is **offering a five-year warranty** on these televisions. **6·** Just bring in your receipt to sign up for the **extended warranty**.

4-6번 문제는 다음 녹음 메시지에 관한 것입니다.

안녕하세요, 고객님이 전자제품과 관련해 필요로 하는 모든 것이 있는 곳, Otterbein 전자에 전화 주셔서 고맙습니다! 지금은 영업이 끝났습니다. 그리고 이번 주말인, 7월 26일과 27일에도 국경일을 준수하여 영업을 쉰다는 점, 유의해주시기 바랍니다. 7월 28일에 다시 영업하겠습니다. 최근에 구매하신 Nelco 텔레비전 세트와 관련하여 전화 주셨다면, 저희는 이 제품들에 결함이 있을 수 있다는 것을 알고 있습니다. 따라서, 저희 매장에서는 이 텔레비전들에 대해 5년의 품질 보증을 제공해드리고 있습니다. 영수증을 가져오셔서 연장된 품질 보증 신청만 하시면 됩니다.

4. Where does the speaker most likely work?
(A) At a law firm
(B) At a hardware store
(C) At an electronics store
(D) At a municipal office

화자는 어디서 일하는 것 같은가?
(A) 법률 사무소에서
(B) 철물점에서
(C) 전자제품 판매장에서
(D) 시청에서

5. What does the speaker say about this weekend?
(A) A business will be closed.
(B) A reservation will be required.
(C) A special sale will begin.
(D) An order will arrive.

화자는 이번 주말에 대해 무엇이라고 말하는가?
(A) 사업체가 영업을 쉴 것이다.
(B) 예약이 필요할 것이다.
(C) 특별 할인이 시작될 것이다.
(D) 주문한 상품이 도착할 것이다.

6. According to the speaker, what is the business offering?
(A) An online consultation
(B) A personalized gift
(C) A discount voucher
(D) An extended warranty

화자의 말에 따르면 사업체는 무엇을 제공하고 있는가?
(A) 온라인 상담
(B) 개인 맞춤 선물
(C) 할인 쿠폰
(D) 연장된 품질 보증

VOCAB electronics 전자기기 electronic 전자제품과 관련된 as a reminder 유의하세요. in observance of ~을 준수하여 national holiday 국경일 open for business 영업 중인 aware 알고 있는 defective 결함이 있는 accordingly 따라서 offer 제공하다 warranty 품질 보증 sign up for ~을 신청(가입)하다 extend 연장하다 law firm 법률 사무소 hardware store 철물점 municipal office 시청 order 주문품 consultation 상담 personalize (개인의 필요에) 맞추다 voucher 쿠폰

Practice Test

● 정답을 맞힌 문제도 해설을 읽어보자.

1	b	4	a	7	a	10	b	13	d	16	c	19	d	22	a	25	b	28	a
2	d	5	a	8	c	11	b	14	b	17	d	20	c	23	d	26	b	29	c
3	b	6	a	9	b	12	b	15	a	18	a	21	a	24	b	27	a	30	a

p. 42 Part 1

1. M Cn

(A) One of the men is holding a cup in his hand.
(B) One of the men is looking at a post on a glass pane.
(C) One of the men is standing next to an entrance.
(D) One of the men is counting sheets of paper.

(A) 손에 컵을 들고 있다.
(B) 유리판에 있는 게시물을 보고 있다.
(C) 출입구 옆에 서 있다.
(D) 종이 장수를 세고 있다.

VOCAB post 게시물 glass pane 유리판

해설 "무언가를 보고 있다"는 Part 1에서 거의 매달 정답으로 출제되고 있으므로 철저한 대비가 필요하다. 앞으로 배우겠지만, (A) 같은 "~을 들고 있다"도 매우 자주 출제되는 유형이다. 손에 들고 있는 물건 이름을 못 알아듣지 않도록 많은 단어를 외워 둬야 한다. (C) 같은 "~에 서 있다"도 매우 자주 출제된다. Part 1에서는 항상 위치 표현이 중요하다는 사실을 기억하자.

2. M Cn

(A) One man is putting away a credit card.
(B) A woman is reaching for a glass of water.
(C) One man is pouring water into a container.
(D) Some diners are seated across from each other.

(A) 한 남자가 신용카드를 다시 넣고 있다.
(B) 여자가 물잔을 향해 손을 뻗고 있다.
(C) 한 남자가 그릇에 물을 따르고 있다.
(D) 식당 손님들이 서로 맞은편에 앉아 있다.

VOCAB put away (다 쓰고 난 물건을 보관 장소에) ~을 넣다, 치우다 reach (손, 팔을) 뻗다, 내밀다 pour 붓다, 따르다 container 그릇, 용기 diner (특히 식당에서) 식사하는 사람[손님] across from each other 서로 맞은편에

3.   W Br

(A) Some people are sitting in a car.
(B) Some people are facing each other.
(C) A woman is talking on the phone.
(D) A man is wearing headphones.

(A) 사람들이 차 안에 앉아 있다.
(B) 사람들이 마주 보고 있다.
(C) 여자가 전화 통화를 하고 있다.
(D) 남자가 헤드폰을 착용하고 있다.

VOCAB   **face each other** 서로 마주 보고 있다   **wear** 착용하고 있다

해설   facing each other는 40년 동안 꾸준히 출제위원들의 사랑을 받아온 표현이므로 반드시 기억해두자. (A)는 사진에 없는 car를 들려주고 있다. 사진에 없는 사람이나 물건 하나라도 들리면 무조건 오답이다. talking on the phone이나 wearing headphones 같은 표현은 정답으로 출제될 수도 있으므로 알아들을 수 있게 익혀두자.

p. 44 Part 2

W Br   W Am

4.   Who should write the press release?
(A) Michael can take care of that.
(B) Press the blue button.
(C) At that newsstand.

보도 자료를 누가 써야 할까요?
(A) 마이클이 책임지고 할 수 있어요.
(B) 파란 버튼을 누르세요.
(C) 저 신문 판매대에서요.

VOCAB   **press release** 보도 자료   **take care of** ~의 책임을 지다, 처리하다   **newsstand** 신문 판매대

해설   Who 의문문의 90%는 '사람 이름'이나 '직함'이 들리는 대답이 정답이다. (B)는 질문에 나왔던 press를 반복하면서 오답을 유도하고 있고, (C)는 Where 의문문의 정답으로 나올 대답이다.

M Cn   W Br

5.   Who's going to stock the shelves in Aisle 3?
(A) The overnight workers are supposed to do it.
(B) No, I haven't gone over it yet.
(C) To make room for additional items.

3번 통로의 선반들은 누가 채울 건가요?
(A) 야간 직원들이 하기로 되어 있습니다.
(B) 아니요, 그건 아직 점검하지 않았어요.
(C) 추가된 물건들을 위한 공간을 만들려고요.

VOCAB   **stock** (상품을) 채우다   **aisle** 통로   **overnight** 야간의   **be supposed to-V** ~하기로 되어 있다   **go over** ~을 점검[검토]하다 **make room for** ~를 위해 공간을 만들다   **additional** 추가의

Who 의문문의 90%는 '사람 이름'이나 '직함'이 들리는 대답이 정답이다. (B)는 No가 들리는 순간 오답이라는 것을 알 수 있고, (C) 같은 to 부정사 대답은 '~하기 위해서'라는 뜻이므로 Why 의문문의 정답으로 알맞다.

W Am   M Au

6. Which hotel did you stay at?

    (A) I can't recall the name.

    (B) Swimming and fishing.

    (C) The room has an ocean view.

어느 호텔에 묵으셨나요?

(A) 이름이 기억이 안 나네요.

(B) 수영과 낚시요.

(C) 방에서 바다를 볼 수 있어요.

VOCAB   recall 기억해 내다 ocean view 바다가 보이는 전망

해설   "몰라" 유형의 문장들을 기억하면 문제 풀이가 쉽다. (B)와 (C)는 모두 질문의 hotel에서 연상되는 대답으로 오답을 유도하고 있다.

W Br   W Am

7. Which pair of sunglasses did you decide to purchase?

    (A) Actually, I didn't buy any.

    (B) At the technology fair yesterday.

    (C) Thanks for the offer.

어느 선글라스를 구매하기로 하셨나요?

(A) 사실, 아무것도 안 샀어요.

(B) 어제의 기술박람회에서요.

(C) 제안 고맙습니다.

VOCAB   technology fair 기술박람회

해설   Which 뒤의 명사에 집중해야 한다. Which pair of sunglasses(어느 선글라스)를 알아들으면 (A)가 자연스러운 대답이라는 것을 알 수 있다. (B)는 pair와 발음이 비슷한 fair를 들려주면서 오답을 유도하고 있고, (C)는 Thanks가 들리는 순간 Which 의문문의 정답이 될 수 없다는 걸 알아야 한다. 오답을 잘 골라낼수록 고수가 된다. 또한 도저히 정답을 맞히기 힘들어서 그냥 찍어야 할 때는 actually가 들리는 대답은 내용에 상관없이 90% 정도가 정답이라는 사실을 기억하고 찍었을 때도 정답을 맞힐 확률을 최대한 높이도록 하자.

M Au   M Cn

8. Which client did you meet with this morning?

    (A) They will discuss the upcoming merger.

    (B) Just a light breakfast.

    (C) The Glendale Company representative.

오늘 오전에 어느 고객을 만나셨나요?

(A) 곧 있을 합병에 대해 의논할 거예요.

(B) 그냥 가벼운 아침 식사요.

(C) Glendale 사(社) 대표요.

VOCAB   upcoming 다가오는, 곧 있을 merger 합병 representative 대표(자)

해설   Which 바로 뒤의 명사만 알아들으면 된다. Which client(어느 고객)라고 물었으므로 사람으로 대답하는 (C)가 정답이다. 우선 대답의 시제부터 일치하지 않는 (A)는 회의의 주제를 묻는 말에 알맞은 대답이다. 주제를 물어보는 질문은 What ~ about?으로 출제된다. (B)는 질문의 morning에서 연상되는 단어 breakfast로 오답을 유도하고 있다.

W Am   M Cn

9. Who's doing the product demonstration tomorrow?

    (A) That bus station is under construction.

    (B) I'm leaving for Boston tonight.

    (C) Let me show you a few more.

내일 제품 시연회는 누가 할 건가요?

(A) 저 버스 터미널은 공사 중입니다.

(B) 저는 오늘 저녁에 보스턴으로 떠나요.

(C) 몇 개 더 보여드리죠.

해설 오늘 저녁에 보스턴으로 간다는 것은 내일 제품 시연회를 누가 할지는 모르겠지만 어쨌든 나는 못 한다는 의미이므로 자연스러운 대답이 된다. (A)는 the product demonstration과 발음이 유사한 That bus station을 이용해서 오답을 유도하고 있고, (C)는 product에서 연상되는 대답을 오답 장치로 사용하고 있다. 오답을 잘 골라낼수록 고수가 된다!

M Au W Br

10. Which office is Mary's?

(A) I saw some in the supply closet.

(B) The one right across from the conference room.

(C) At nine this morning.

Mary의 사무실은 어느 것인가요?

(A) 비품 창고에서 몇 개 봤어요.

(B) 회의실 바로 맞은편에 있는 거요.

(C) 오늘 오전 9시에요.

VOCAB supply closet 비품 창고 (right) across from ~의 바로 맞은편에 conference room 회의실

해설 Which 의문문은 (The) one(s)이 들리면 무조건 정답이다. (A)는 Where 의문문에서, (B)는 When 의문문이나 What time 유형의 질문에 대한 알맞은 대답이다.

W Br M Au

11. Who's going to give the keynote speech?

(A) At eleven thirty.

(B) Here's the event program.

(C) Oh, is the door locked?

누가 기조연설을 할 건가요?

(A) 11시 30분에요.

(B) 여기 행사 프로그램이요.

(C) 아, 문이 잠겨 있나요?

VOCAB keynote speech 기조연설 give a speech 연설하다 lock 잠그다

해설 누가 기조연설을 할 것인지 알려주는 대신 프로그램 구성을 보라고 말해주는 대답이 자연스럽다. (A)는 What time ~?이라고 물어볼 때 할 만한 대답이고, (C)는 keynote speech라는 단어를 모르는 사람을 오답으로 유도하기 위한 장치다. 오답을 잘 골라 낼수록 고수가 된다!

W Am M Cn

12. Who sent out the schedule for the conference?

(A) From two to five.

(B) Didn't you get one?

(C) Just one brief announcement.

학회 일정표를 누가 보냈죠?

(A) 2시부터 5시까지요.

(B) 못 받으셨어요?

(C) 짧은 공지 하나만 하겠습니다.

VOCAB conference 회의, 학회 brief 짧은, 잠깐의

해설 (A)와 (C)는 확실히 Who 의문문의 정답으로 알맞지 않다. 오답을 잘 골라낼수록 고수가 된다. 질문 앞부분 Who sent out (누가 보냈죠)에 집중해 봐도 가장 자연스러운 대답은 (B)라는 것을 알 수 있다. 도저히 정답을 알 수 없을 때는 (B)처럼 '반문' 하는 대답은 내용에 상관없이 85-90% 정도 정답으로 출제된다는 사실을 기억하고 정답 확률을 높이는 선택을 하자.

Questions 13 through 15 refer to the following conversation.

W Am **13.** Lafayette **Museum of Art**. This is Kabira speaking. How may I help you?

M Cn **14.** Hi, I heard that the museum will be going through **renovations in September**. Will it still be available to visitors?

W Am **14.** The museum will be **closed for the whole month**, but the outdoor sculpture garden will still be open.

M Cn **15.** Oh, I didn't know there was a **sculpture garden** outside the museum. Should I pay admission to walk through it?

W Am No, it's free of charge. **15.** **Make sure to check it out** - it's really beautiful.

13-15번 문제는 다음 대화에 관한 것입니다.

여: Lafayette 미술관입니다. 저는 Kabira입니다. 어떻게 도와드릴까요?

남: 안녕하세요, 9월에 미술관에서 보수 작업이 있을 거라고 들었어요. 방문객들이 여전히 이용할 수 있는 건가요?

여: 미술관은 한 달 내내 폐쇄될 것이지만, 야외 조각 공원은 계속 개방할 겁니다.

남: 아, 미술관 바깥에 조각 공원이 있는 줄은 몰랐네요. 지나다니려면 입장료를 내야 하나요?

여: 아니요, 무료입니다. 꼭 한 번 보세요 - 정말 아름답답니다.

---

13. Where does the woman work?
(A) At an architecture firm
(B) At a botanical garden
(C) At a landscaping company
(D) At an art museum

여자는 어디서 근무하는가?
(A) 건축 사무소에서
(B) 식물원에서
(C) 조경 회사에서
(D) 미술관에서

14. What will happen in September?
(A) A product will be marked down.
(B) A building will be closed for renovations.
(C) An advertising campaign will launch.
(D) An art class for students will take place.

9월에 어떤 일이 있을 것인가?
(A) 어떤 제품이 할인될 것이다.
(B) 어떤 건물이 보수 공사를 위해 폐쇄될 것이다.
(C) 광고 캠페인이 시작될 것이다.
(D) 학생들을 위한 미술 수업이 열릴 것이다.

15. What does the woman encourage the man to do?
(A) Visit a garden
(B) Revise an article
(C) Submit a résumé
(D) Participate in a tour

여자는 남자에게 무엇을 하도록 권장하는가?
(A) 공원을 방문한다
(B) 기사를 수정한다
(C) 이력서를 제출한다
(D) 투어에 참가한다

VOCAB architecture firm 건축회사 botanical garden 식물원 landscaping company 조경 회사 go through ~을 거치다 renovation 개조, 보수 mark down ~을 할인하다 advertising campaign 광고 캠페인 launch 시작하다, 개시하다 take place 개최되다, 일어나다 available to ~가 이용할 수 있는 sculpture 조각품 admission 입장료 free of charge 무료인 Make sure to-V 반드시 ~해라 check out 살펴보다 revise 수정하다 participate in ~에 참가[참여]하다

해설 여자가 근무하는 곳, 즉 여자의 직업을 묻고 있는데, 이런 문제는 세 문제 중 첫 번째로 매우 자주 출제되며, 거의 항상 첫 한두 문장에서 정답을 알 수 있다. Lafayette Museum of Art.가 들리자마자 바로 13번 문제의 정답을 선택하면 된다. 14번은 남자의 대사 I heard that the museum will be going through renovations in September.와 여자의 대사 The museum will be closed for the whole month에서 키워드를 듣고 정답을 고른다. 15번은 "조각 공원이 있는지 몰랐다(I didn't know there was a sculpture garden outside the museum.)"라는 남자의 말에 여자가 "꼭 한 번 가보라(Make sure to check it out)"고 대답하는 것을 듣고 정답을 알아낼 수 있다.

Questions 16 through 18 refer to the following conversation.

W Br Hi, you've reached Maresco Financial Advisors. How may I help you?

M Au Hello. **16.** I'm **calling in response to your advertisement seeking photographers** to work on an event next month. **16.** Are you **still accepting applications**?

W Br Yes, thanks for calling. **17.** I'm **organizing the leadership workshop** for our managers this year, and I'd like to have some pictures taken at the event.

M Au Sounds good. **18.** I can **send you a few samples** from some of my recent projects.

W Br Great. I'll give you a call when I've had a chance to look them over.

16-18번 문제는 다음 대화에 관한 것입니다.

여: 안녕하세요, Maresco 재무 상담입니다. 어떻게 도와드릴까요?

남: 안녕하세요. 다음 달 행사에서 일할 사진작가를 구하신다는 광고를 보고 전화 드립니다. 아직 지원서를 받고 계신가요?

여: 네, 전화 주셔서 고맙습니다. 올해 저희 매니저들을 위한 리더십 워크숍을 준비하고 있는데요, 행사 때 사진을 좀 찍었으면 해요.

남: 좋네요. 저의 최근 프로젝트에서 나온 것들을 몇 장 견본으로 보내드릴게요.

여: 좋아요. 그것들을 살펴보고 전화 드릴게요.

16. Who most likely is the man?
(A) A marketing expert
(B) An interior designer
(C) A photographer
(D) A financial planner

남자는 누구인 것 같은가?
(A) 마케팅 전문가
(B) 인테리어 디자이너
(C) 사진작가
(D) 재무 설계사

17. What type of event is the woman organizing?
(A) A retirement party
(B) A fundraising event
(C) An inaugural ceremony
(D) A leadership workshop

여자는 어떤 유형의 행사를 준비하고 있는가?
(A) 은퇴 파티
(B) 기금 모금 행사
(C) 개업식
(D) 리더십 워크숍

18. What will the man send to the woman?
(A) Some work samples
(B) A recommendation letter
(C) An assignment chart
(D) Some contract forms

남자는 여자에게 무엇을 보낼 것인가?
(A) 작업 견본
(B) 추천서
(C) 업무 차트
(D) 계약 서식

VOCAB reach 연락하다 in response to ~에 응하여 advertisement 광고 seek 찾다, 구하다 accept 받다, 받아들이다 application 지원(서) expert 전문가 financial planner 재무 설계사 organize 준비하다, 조직하다 fundraising 모금, 기금 모금 inaugural ceremony 개업식, 취임식 assignment 과제, 임무 look over 살펴보다

해설 남자의 직업을 묻는 문제가 나왔으므로 첫 문장부터 집중하고 있어야 한다. 남자의 첫 대사에서 사진작가를 구하는 광고를 보고 전화했다고 말하면서(I'm calling in response to your advertisement seeking photographers) 아직 지원할 수 있는지 묻고 있으므로(Are you still accepting applications?) 여기서 남자의 직업을 알아내서 16번 문제의 정답을 선택해야 한다. 17번과 18번은 각각 여자의 대사 I'm organizing the leadership workshop과 남자의 대사 I can send you a few samples 에서 키워드를 듣고 정답을 알 수 있다.

Questions 19 through 21 refer to the following conversation.

W Am **19.** Hi. I'm calling to **check on the status of my order**. I bought a battery for my laptop computer on your website, but I haven't received anything yet.

M Au Oh, I'm so sorry to hear about that. **20.** Could you please **tell me your order number**?

W Am Let me check the memo I jotted down. Here it is. The number is 20340021.

M Au Okay, ma'am. I see the order for a laptop battery you placed two weeks ago. It seems like your order has been omitted in the process of shipment. We apologize for that. **21.** We'll **send you your order immediately** and I'll report this to my manager so he can provide you with adequate compensation for this.

19-21번 문제는 다음 대화에 관한 것입니다.

여: 안녕하세요. 제 주문의 진행 상황을 확인하려고 전화 드렸습니다. 당신의 웹사이트에서 제 노트북에 쓸 배터리를 구매했는데, 아직 아무것도 받지 못했네요.

남: 아, 정말 죄송합니다. 주문번호를 말씀해 주시겠습니까?

여: 제가 적어놓은 메모 좀 보고요. 여기 있네요. 번호는 20340021이에요.

남: 네, 고객님. 2주 전에 노트북 배터리를 주문하신 것을 확인했습니다. 배송 과정에서 주문이 누락된 것 같습니다. 사과드립니다. 주문 물품은 즉시 보내드리고 이 문제를 저희 매니저에게 말해서 적절한 보상을 해드리도록 하겠습니다.

19. What does the woman want to discuss with the man?
(A) A new line of laptop computers
(B) A company memo
(C) The opening of a new website
(D) The status of an order

여자는 남자와 무엇을 논하고자 하는가?
(A) 새 노트북컴퓨터 제품군
(B) 회사 단체 메모
(C) 새 웹사이트의 개설
(D) 주문의 진행 상황

20. What information does the man require?
(A) A date of purchase
(B) A description of an object
(C) An order number
(D) A mailing address

남자는 어떤 정보를 요구하는가?
(A) 구매 날짜
(B) 물건의 묘사
(C) 주문번호
(D) 우편 주소

21. According to the man, how is he going to deal with the problem?
(A) By sending the product immediately
(B) By buying a new laptop battery
(C) By apologizing officially
(D) By canceling the order

남자의 말에 따르면, 그는 어떻게 이 문제를 처리할 것인가?
(A) 제품을 즉시 보내서
(B) 새 노트북 배터리를 구입해서
(C) 공식적으로 사과해서
(D) 주문을 취소해서

VOCAB status (진행 과정상의) 상황 line 제품군 memo 단체 메모 description 설명, 묘사 object 물건, 물체 jot down (급히) 쓰다, 적다 place an order 주문하다 It seems like ~인 것으로 보이다 omit 빠뜨리다, 누락시키다 in the process of ~의 과정에서 shipment 수송, 배송 apologize 사과하다 order 주문품 immediately 즉시 adequate 충분한[적절한] compensation 보상(금) deal with 다루다, 처리하다 officially 공식적으로

해설 미리 잘 읽어두기만 한다면 거의 점수를 쉽게 가져갈 수 있는 문제들이다. 여자의 첫 대사 I'm calling to check on the status of my order.와 이어서 나오는 남자의 질문 Could you please tell me your order number?, 그리고 남자의 마지막 대사에 들어 있는 We'll send you your order immediately에서 세 문제의 정답을 각각 쉽게 알아낼 수 있다.

Questions 22 through 24 refer to the following talk.

W Br Hi, everyone. A quick announcement before we start the day. **22.** While **our sales of the new line of outerwear** here at the store are doing well, our website is having some issues. **23.** Namely, **the link** to the page for men's jackets **isn't working properly**. Our technical support team is looking into this, but we don't know when it will be fixed. **24.** So, if any **customers** come in looking to find the jackets that they saw online, please **take them to our customer service manager**. She'll be able to assist them. Thanks!

22-24번 문제는 다음 담화에 관한 것입니다.

여러분 안녕하세요. 오늘 근무를 시작하기 전에 간단한 공지사항이 있습니다. 이곳 우리 매장에서 새 외투 제품군의 판매는 잘 되어가고 있지만, 우리 웹사이트에는 약간의 문제가 있습니다. 다시 말하자면, 남성용 재킷 페이지로의 연결이 제대로 작동하지 않고 있습니다. 기술지원팀이 이것을 조사하고 있지만, 언제 고쳐질지는 알 수 없습니다. 그래서 만약 어떤 고객이 인터넷으로 본 재킷을 찾기 위해 오신다면, 그분을 고객서비스 매니저에게 데려다 주세요. 그녀가 도와드릴 수 있을 겁니다. 고맙습니다!

22. Where do the listeners most likely work?
- **(A) At a clothing store**
- (B) At an electronics repair shop
- (C) At a shipping company
- (D) At a car manufacturing plant

청자들은 어디서 일하는 것 같은가?
- (A) 의류 판매장에서
- (B) 전자제품 수리점에서
- (C) 택배 회사에서
- (D) 자동차 제조 공장에서

23. What problem does the speaker mention?
- (A) Some merchandise was flawed.
- (B) An e-mail was sent to the wrong address.
- (C) Some photographs are not clear enough.
- **(D) A link is not working properly.**

화자는 어떤 문제를 언급하는가?
- (A) 어떤 상품에 결함이 있었다.
- (B) 어떤 이메일이 잘못된 주소로 발송되었다.
- (C) 어떤 사진들이 충분히 선명하지 않다.
- (D) 어떤 링크가 제대로 작동하지 않는다.

24. What does the speaker ask the listeners to do?
- (A) Give refunds to some customers
- **(B) Take some customers to a manager**
- (C) Replace some promotional signs
- (D) Update some catalog descriptions

화자는 청자들에게 무엇을 하라고 요구하는가?
- (A) 일부 고객들에게 환급을 해준다
- (B) 일부 고객들을 매니저에게 데려간다
- (C) 일부 홍보 표지판들을 교체한다
- (D) 일부 카탈로그의 설명을 갱신한다

VOCAB line 제품군 outerwear 겉옷(외투, 모자 등) do well 성공하다 issue (걱정거리가 되는) 문제 clothing 옷, 의복 shipping company 운송 회사, 택배 회사 manufacturing plant 제조 공장 namely 다시 말하자면, 즉 properly 제대로, 적절히 merchandise (상점에서 파는) 상품 flawed 결함이 있는 clear 선명한 technical support team 기술지원팀 look into ~을 조사하다 look to-V ~할 예정이다[작정이다] assist 돕다 refund 환급 replace 교체하다 promotional 홍보의 sign 표지판, 간판 update 갱신하다, 개정하다 description 설명

해설 22번과 같이 청자들의 신분을 묻는 문제는 대부분 첫 한두 문장에서 정답을 알 수 있다. 그런데 직접 직업이나 장소의 이름을 들려주는 일은 별로 없다. 관련 어휘를 통해 추론할 수 있도록 어휘력 확보에 힘써야 한다. 두 번째 문장에서 our sales of the new line of outerwear(우리 새 외투 제품군의 판매량)를 들으면 이들의 근무 장소를 간파할 수 있다. 23번은 이어지는 Namely, the link to the page for men's jackets isn't working properly.에서 키워드만 파악하면 정답을 알아낼 수 있다. So로 시작하는 문장은 정답을 알려줄 확률이 높으므로 더 집중하자. customers라는 키워드가 들린 후에 please take them to our customer service manager.가 나올 때 24번의 정답을 선택해야 한다.

Questions 25 through 27 refer to the following broadcast.

25-27번 문제는 다음 방송에 관한 것입니다.

M Cn This is local business news. **25. Philip's Bookshop will be going out of business soon. 25. Philip Rashid, the owner of the West End Avenue shop**, has announced his plans to retire after over thirty years serving Middletown residents. **26.** In an interview with our reporter, Mr. Rashid said that book **sales** in the region **have steadily declined** over the last decade. However, the site won't be empty for long! **27. Julian's Souvenir Shop**, which is right next door, will be **expanding into the space** by the end of the quarter.

지역 비즈니스 뉴스입니다. Philip's 서점이 곧 폐업합니다. West End 가(街)에 있는 이 상점의 소유주인 Philip Rashid는, Middletown 주민들에게 30년 이상 서비스를 제공해온 끝에 이제 은퇴하겠다는 계획을 발표했습니다. 저희 기자와의 인터뷰에서, Mr. Rashid는 지난 10년에 걸쳐 지역의 서적 판매량이 꾸준히 감소해 왔다고 말했습니다. 그러나, 이 자리는 오랫동안 비어 있지는 않을 전망입니다! 바로 옆 가게인 Julian's 기념품점이 이번 분기 말까지 그 자리까지 확장하기로 했습니다.

---

25. What kind of business does Philip Rashid own?
(A) A landscaping firm
(B) A bookstore
(C) A toy manufacturer
(D) A catering company

Philip Rashid는 어떤 유형의 사업체를 소유하고 있는가?
(A) 조경 회사
(B) 서점
(C) 장난감 제조업체
(D) 출장 요리 회사

26. What problem did Philip Rashid have?
(A) Lack of parking spaces
(B) Decreasing sales
(C) Faulty machinery
(D) Government regulations

Philip Rashid에게 어떤 문제가 있었는가?
(A) 주차공간 부족
(B) 감소하는 판매량
(C) 결함이 있는 기계
(D) 정부 규제

27. What does the speaker say about Julian's Souvenir Shop?
(A) It will expand its location.
(B) It has earned a reputation.
(C) It is recruiting new employees.
(D) It is having a special sale.

화자는 Julian's 기념품점에 대해 무엇이라고 말하는가?
(A) 장소를 확장할 것이다.
(B) 명성을 얻었다.
(C) 새로운 직원들을 모집하고 있다.
(D) 특별 할인을 하고 있다.

VOCAB bookshop 서점(=bookstore) go out of business 폐업하다 landscaping firm 조경 회사 manufacturer 제조업체 catering 출장 요리 resident 거주자, 주민 reporter 기자 steadily 꾸준히, 끊임없이 decline 줄어들다, 감소하다 decade 10년 lack 부족, 결핍 parking space 주차공간 faulty 결함이 있는 machinery 기계류 regulation 규정, 규제 site 장소, 현장, 부지 for long 오랫동안 souvenir 기념품 next door 옆 방[집/건물]의 quarter 분기 location 장소, 위치 earn a reputation 평판을 얻다, 명성을 쌓다 recruit 모집하다 special sale 특별 할인

해설 우선 Philip's Bookshop이라는 업체명과 the owner라는 키워드만 들리면 25번 문제의 정답을 알 수 있다. 기자와의 인터뷰에서 Philip Rashid가 book sales in the region have steadily declined over the last decade라고 말했다고 했으므로 26번의 정답은 여기서 고르자. 27번은 Julian's Souvenir Shop이라는 업체명이 들릴 때 집중하고 있다가 딱 한 단어 expanding만 들리면 정답을 알 수 있다.

Questions 28 through 30 refer to the following excerpt from a meeting.

W Am **28.** **As librarians, we** all have titles that we'd like to see on our shelves, and as you all know, the library has recently been awarded a large grant. **29.** So **from now on**, we'll be using this money to **expand our collection** of books. If there are any books you've always wished we had, now is the time to make a request. As for me, I would like to expand our reference section, and I know some of you think our periodical section could use more material. **30.** I'll **pass out the request forms** now. Please use a separate line on the form for each book you wish to request, and return your list to me by Friday.

28-30번 문제는 다음 회의 발췌문에 관한 것입니다.

사서로서, 우리는 모두 선반에 꽂혀 있었으면 하는 서적들이 있는데요, 모두 아시다시피, 우리 도서관이 최근에 큰 규모의 보조금을 받게 되었습니다. 그래서 이제부터, 우리는 이 돈을 사용해서 소장 도서를 늘릴 것입니다. 여러분이 언제나 우리에게 있기를 바랐던 책이 있다면, 지금이 신청하실 때입니다. 저 같은 경우, 참고도서 부서를 확장하고 싶은데요, 여러분 중 어떤 분들은 정기 간행물 부서에 자료가 더 있으면 좋겠다고 생각하시는 거로 알고 있습니다. 지금 신청서를 나눠 드리겠습니다. 신청하고 싶으신 도서마다 양식에서 줄을 바꿔가며 써주시고, 목록은 금요일까지 저에게 주시기 바랍니다.

28. Where does the speaker work?
(A) At a library
(B) At a publishing company
(C) At a museum
(D) At a bookstore

화자는 어디서 근무하는가?
(A) 도서관에서
(B) 출판사에서
(C) 박물관에서
(D) 서점에서

29. What future plans are being discussed?
(A) Celebrating a national holiday
(B) Renovating an old building
(C) Expanding a collection
(D) Training new librarians

어떤 향후 계획을 논하고 있는가?
(A) 국경일 기념
(B) 오래된 건물 보수
(C) 소장 도서 확장
(D) 신입 사서 교육

30. What will the speaker do next?
(A) Distribute some documents
(B) Introduce a colleague
(C) Speak with some candidates
(D) Consult a reference book

화자는 이후에 무엇을 할 것인가?
(A) 문서를 배부한다
(B) 동료를 소개한다
(C) 지원자들과 대화한다
(D) 참고 도서를 찾는다

VOCAB librarian (도서관의) 사서 title 서적, 출판물 award 수여하다 grant (정부나 단체에서 주는) 보조금 publishing company 출판사 from now on 이제부터, 향후 collection 소장품 celebrate 기념하다, 축하하다 national holiday 국경일 renovate 개조[보수]하다 make a request 요청하다 as for ~에 대해서 말하자면 reference (book) 참고 문헌, 참고 도서 periodical 정기 간행물 material 자료 pass out ~을 나눠 주다 request form 신청서 distribute 나누어 주다, 배부하다 colleague 동료 candidate 지원자 consult 찾아보다, 참고하다 separate 분리된, 따로 떨어진

해설 문제를 미리 읽을 때 28번 문제 같은 것들은 화자의 직업을 묻고 있으므로 첫 문장부터 잘 집중하자고 마음먹고 있어야 한다. 담화가 시작되자마자 자기 자신을 비롯한 모여 있는 사람들이 도서관 사서들이라고(As librarians, we ~) 말하고 있다. So로 시작하는 문장에는 정답의 키워드가 들어 있을 확률이 없다. 이어지는 문장 So from now on, we'll be using this money to expand our collection of books.가 향후 계획을 알려주고 있으므로 여기서 29번의 정답을 선택하면 된다. 30번 같은 next로 끝나는 문제는 항상 담화 마지막 부분에서 정답을 알려주므로, 담화가 끝날 때까지 잘 집중하고 있다가 정답을 골라야 한다. I'll pass out the request forms now.를 근거로 정답을 선택하자.

p. 51 Part 1   Exercise   **1.** c   **2.** d

● 정답을 맞힌 문제도 해설을 읽어보자.

1.   W Br

(A) Some people are packing their suitcases.
(B) Some people are walking along a street.
(C) Some people are boarding an airplane.
(D) Some people are sitting in a waiting area.

(A) 여행 가방을 챙기고 있다.
(B) 도로를 따라 걷고 있다.
(C) 비행기에 타고 있다.
(D) 대기실에 앉아 있다.

VOCAB   pack (짐을) 싸다, 챙기다 suitcase 여행 가방 along ~을 따라 street 거리, 도로 waiting area 대기실

해설   오답으로 사용된 문장들도 모두 여러 번 정답으로 출제되었던 것들이므로 단어와 표현을 잘 익혀두자. '교통수단에 탑승하다'라는 뜻으로 board, get on, get into, step into, step onto를 기억하면 정답을 알 수 있다.

2.   W Br

(A) Some vehicles are parked in a garage.
(B) Some trees are being planted on a street.
(C) A bulletin board is lying on the ground.
(D) A streetlamp is being repaired.

(A) 차량 몇 대가 차고에 주차되어 있다.
(B) 나무 몇 그루가 길에 심기고 있다.
(C) 게시판이 땅바닥에 가로놓여 있다.
(D) 가로등이 수리되고 있다.

VOCAB   garage 차고 bulletin board 게시판 lie (기다랗게 가로) 놓여 있다

해설   Part 1에서는 (B)와 같은 진행 시제 수동태 문장으로 오답을 유도하는 경우가 자주 있다. 사진 속의 사람이 해당 동작을 하고 있어야 정답이 될 수 있다는 점에 유의하자. (A)와 (C)는 각각 위치 표현 in a garage와 on the ground를 잘 듣고 오답으로 골라내야 한다. 수리하는 장면에서는 checking, fixing, repairing 같은 동사가 들리는 문장이 정답이다.

1	c	3	c	5	a	7	b	9	b
2	c	4	c	6	a	8	a	10	c

● 정답을 맞힌 문제도 해설을 읽어보자.

M Cn M Au

1. Where's the book you and Patrick were talking about?
(A) He's a novelist.
(B) The library is under construction.
(C) Over there on the table.

당신과 Patrick이 얘기하던 책이 어디 있나요?
(A) 그는 소설가입니다.
(B) 도서관은 공사 중입니다.
(C) 저쪽 테이블 위에요.

VOCAB　novelist 소설가　under construction 공사 중인

해설　Where 의문문이므로 당연히 장소부사가 들리는 대답이 정답이다. 토익 시험에서 정답에서 가장 많이 사용되는 장소부사로 (over) there, down the street[hall], (a)round the corner, online 같은 것들을 기억해두자. (A)와 (B)는 각각 질문의 book에서 연상되는 단어 novelist, library를 들려주면서 오답을 유도하고 있다. 오답을 잘 골라낼수록 고수가 된다!

M Au M Cn

2. When is the hiring committee making a final decision?
(A) A new account manager.
(B) Because we're understaffed.
(C) By the end of the month.

채용 위원회가 언제 최종 결정을 내릴까요?
(A) 새 거래처 담당 매니저요.
(B) 우리는 직원이 모자라기 때문입니다.
(C) 월말까지요.

VOCAB　hiring committee 채용 위원회　make a decision 결정을 하다　account 거래처, 고객　understaffed 인원이 부족한

해설　(A)처럼 직함으로 대답하는 경우는 Who 의문문의 정답으로 등장할 수 있으며, (B)는 because가 들리는 순간 오답임을 알 수 있다. 오답만 잘 골라내면 (C)는 들을 필요도 없다. 또한 By the end of the week[month/quarter/year].는 When 의문문의 정답으로 자주 등장하는 편이므로 반드시 기억해야 한다.

M Cn M Au

3. Where can I get a copy of the sales report?
(A) Most of our sales were in Taiwan.
(B) That's what she reported.
(C) I'll e-mail you one in a minute.

판매 보고서 한 부를 어디서 받을 수 있습니까?
(A) 우리 판매의 대부분은 대만에서 이루어졌습니다.
(B) 그게 그녀가 보고한 거죠.
(C) 금방 이메일로 한 부 보내 드릴게요.

VOCAB　copy (문서) 한 부　sales report 판매 보고서　in a minute 금방, 곧

해설　문장 앞부분 Where can I get(어디서 받을 수 있습니까)에 집중하면 자연스러운 대답을 알 수 있다. 또한 (A)는 sales, (B)는 report가 반복되는 걸 듣고 오답으로 골라낼 수 있다. 오답을 잘 골라낼수록 고수가 된다!

M Au **M Cn**

4. When can we expect the product?

(A) The shipping forms.

(B) In poor condition.

(C) Within 48 hours.

제품이 언제 나올 거로 생각하면 될까요?

(A) 운송 양식이요.

(B) 좋지 않은 상태요.

(C) 48시간 이내에요.

VOCAB shipping 운송 poor (질적으로) 좋지 못한

해설 (A)와 (B)는 의문사 When과 전혀 관련이 없다. 'within + 시간'의 패턴도 가끔 When 의문문의 정답으로 사용된다는 사실을 알아두자.

W Am **M Cn**

5. Where are the best seats available for tomorrow's performance?

(A) There are a few left in the third row.

(B) It's a comedy by Ronnie Atkinson.

(C) Yes, they are the best so far.

내일 공연 때 비어 있는 좌석 중 가장 좋은 게 어떤 거죠?

(A) 세 번째 줄에 몇 자리 남아있습니다.

(B) Ronnie Atkinson의 코미디요.

(C) 네, 지금까지는 그것들이 가장 좋습니다.

VOCAB seat 자리, 좌석 available 이용할 수 있는 left 남아 있는 row (극장 등의 좌석) 줄 so far 지금까지

해설 Where 의문문의 90%는 'in/at/on + 장소'의 패턴이 정답으로 출제된다. 문제의 performance가 보기의 comedy라는 표현으로 연상되어 오답을 유도하고 있고, (C)는 Yes만 들어도 오답으로 골라낼 수 있다.

W Am **M Cn**

6. When is the company outing?

(A) Two weeks from now.

(B) She won't be able to attend.

(C) At the municipal park.

회사 야유회는 언제 있습니까?

(A) 지금으로부터 2주 후에요.

(B) 그녀는 참석할 수 없을 겁니다.

(C) 시립공원에서요.

VOCAB outing 야유회 municipal 지방의, 시의

해설 꾸준히 When 의문문의 정답패턴으로 사용되어온 '시간 + from now[today]' 유형의 대답도 기억해두는 게 좋다. (B)는 질문의 company outing에서 연상되는 대답으로 오답을 유도하고 있지만, When과는 전혀 관련이 없으며, She가 누구를 가리키는지도 알 수 없다. (C)는 Where 의문문의 정답으로 사용될 대답이다.

W Br **M Au**

7. Where is the parking area?

(A) The local park is beautiful.

(B) At the rear of the building.

(C) During his commute to work.

주차장은 어디에 어디 있어요?

(A) 지역 공원이 아름답습니다.

(B) 건물 뒤편에요.

(C) 통근하는 동안에요.

VOCAB at the rear of ~의 뒤편에 commute 통근

해설 Where 의문문이므로 at the rear of(~ 뒤편에)가 들릴 때 정답인 것을 알 수 있다. (A)는 parking과 발음이 비슷한 park가 들릴 때, (C)는 During(~ 동안)이 들릴 때 오답인 것을 알 수 있다.

8. When will I receive a confirmation e-mail for my reservation?

(A) As soon as it is finalized.

(B) To evaluate its performance.

(C) Maybe at the post office.

제 예약의 확인 이메일은 언제 받게 됩니까?

(A) 완료되는 대로요.

(B) 성능을 평가하기 위해서요.

(C) 아마도 우체국에서요.

> **VOCAB** confirmation 확인 finalize 마무리 짓다, 완결하다 evaluate 평가하다 performance 성능, 실적, 공연

> **해설** 접속사 When, While, As soon as로 시작하는 대답은 When 의문문에서 일단 무조건 정답으로 선택해야 한다. (B)처럼 to 부정사로 대답하는 경우는 '~하기 위해서'라는 뜻이므로 Why 의문문의 정답이 되고, (C)는 Where 의문문의 정답 패턴이다.

9. Where should we set up the new packaging machine?

(A) Several small parts.

(B) By the loading dock.

(C) By overnight delivery.

새 포장 기계를 어디에 설치할까요?

(A) 몇몇 작은 부품들이요.

(B) 하역장 옆에요.

(C) 익일 배송으로요.

> **VOCAB** set up ~을 설치하다 packaging machine 포장 기계 part 부품 loading dock 하역장, 짐 싣는 곳 overnight delivery 익일 배송

> **해설** Where 의문문인데 장소로 대답하는 보기는 (B) 밖에 없다.

10. When are we going to release the updated car model?

(A) At the new factory.

(B) At least seven.

(C) It's too soon to tell.

신차 모델은 언제 공개하게 되죠?

(A) 새 공장에서요.

(B) 최소한 7대요.

(C) 지금 말하기는 너무 이릅니다.

> **VOCAB** release (대중들에게) 공개[발표]하다 updated 최신의 at least 적어도, 최소한

> **해설** (A)는 Where 의문문의 정답 패턴이므로 질문의 의문사 When만 기억하고 있어도 오답으로 골라낼 수 있고, (B)는 release-at least 같은 유사한 발음을 통해 오답임을 알아차려야 한다. (C)처럼 '모른다'라는 뜻으로 하는 대답은 거의 항상 정답이다. When 의문문에서 출제될 수 있는 "몰라" 유형의 대답으로 The schedule hasn't been confirmed yet. 같은 문장도 기억해두자.

p. 58 Part 3 & 4 Sample Questions

> **해석** 1-3번 문제는 다음 대화에 관한 것입니다.

남: 안녕하세요, Renova Appliances의 Tyler Clarke입니다. 전에 저희에게서 몇몇 제품을 구매하신 적이 있으셔서 전화 드리는데요, 이번 달 저희의 특별 판촉 행사에 대해 알려드리고자 합니다. 모든 냉장고에 대해 15퍼센트 할인을 제공해 드리고 있습니다.

1. 남자는 왜 전화하고 있는가?

(A) 수리 일정을 잡기 위해

(B) 고객 만족도 설문 조사를 실시하기 위해

(C) 배송 주소를 확인하기 위해

(D) 특별 판촉 행사를 광고하기 위해

여: 사실 제 냉장고는 아직 상태가 좋아요. 하지만 가까운 장래에 전자레인지는 교체하려고 계획 중이랍니다.

남: 음, 원하신다면 저희 메일링 리스트에 성함을 올려드릴 수 있습니다. 그렇게 하면 곧 있을 어떤 판촉 행사든 즉시 통보받으시게 되는 거죠.

2. 남자의 회사는 어떤 유형의 상품을 판매하는가?
(A) 주방용품 (B) 모바일 장치
(C) 정원용품 (D) 사무용품

3. 남자는 여자에게 무엇을 해주겠다고 제안하는가?
(A) 이름을 명단에 추가한다
(B) 견적서를 제공한다
(C) 운송료를 면제해준다
(D) 송장을 우편으로 보낸다

---

p. 59 Part 3 & 4 **Exercise** **1.** b **2.** d **3.** d **4.** b **5.** d **6.** c

● 정답을 맞힌 문제도 해설을 읽어보자.

Questions 1 through 3 refer to the following conversation.

(W Br) Hello, Dymo Office Manufacturers. You've reached customer service. How may I assist you today?

(M Au) Yes, hello. I recently bought a used **Dymo 6** label maker. The person I got it from no longer had the user's manual, though, and I can't seem to figure out how the machine works.

(W Br) **1.** Unfortunately, that's an **earlier model** which has been discontinued.

(M Au) Oh, no. That's a problem.

(W Br) No, it's OK. Because the Dymo 10 has a similar design, and the instructions should be nearly the same.

(M Au) That's great! **2.** Could you **send me the instruction manual**? My address is...

(W Br) **3.** Actually, the manual for Dymo 10 is available on our **website**. I can **send you the link** so you can download it.

1-3번 문제는 다음 대화에 관한 것입니다.

여: 안녕하세요, Dymo Office Manufacturers 고객 서비스입니다. 어떻게 도와드릴까요?

남: 네, 안녕하세요. 최근에 Dymo 6 라벨 제조기를 샀거든요. 하지만 저에게 물건을 판 사람이 사용 설명서를 갖고 있지 않더라고요. 그래서 기계가 어떻게 작동하는 건지 이해가 안 되고 있어요.

여: 안타깝게도, 그건 생산이 중단된 예전 모델이네요.

남: 어, 이런. 그러면 안 되는데…

여: 아니에요, 괜찮습니다. Dymo 10이 디자인이 유사하거든요, 그래서 설명도 거의 같을 겁니다.

남: 잘됐네요! 사용 설명서 좀 보내주시겠어요? 제 주소는…

여: 사실, Dymo 10의 설명서는 저희 웹사이트에서 이용하실 수 있습니다. 다운로드 하실 수 있게 링크를 보내 드릴 수 있어요.

---

1. What does the woman mention about the Dymo 6?
(A) It is user-friendly.
(B) It is an earlier model.
(C) It is attractively designed.
(D) It is very expensive.

여자는 Dymo 6에 대해 무엇을 언급하는가?
(A) 사용하기 쉽다.
(B) 예전 모델이다.
(C) 보기 좋게 디자인되었다.
(D) 매우 비싸다.

2. What does the man request?
(A) An extended warranty
(B) A full refund
(C) A replacement item
(D) An instruction manual

남자는 무엇을 요청하는가?
(A) 연장된 품질 보증
(B) 전액 환급
(C) 교체 제품
(D) 사용 설명서

3. What does the woman offer to do?
   (A) Change a password
   (B) Explain a company policy
   (C) Check the status of an order
   (D) Send a link to a website

여자는 무엇을 해주겠다고 제안하는가?
   (A) 비밀번호를 변경한다
   (B) 회사 정책에 관해 설명한다
   (C) 주문의 진행 상황을 확인한다
   (D) 웹사이트 링크를 보내준다

VOCAB reach 연락하다 assist 돕다 recently 최근 used 중고의 label maker 라벨 제조기 though (문장 끝에 와서) 그렇지만, 하지만 can't seem to-V ~할 수 없는 것 같다 figure out 이해하다 discontinue (생산을) 중단하다 attractively 보기 좋게 similar 비슷한, 유사한 instructions 설명 nearly 거의 instruction[user's] manual 사용 설명서 extend 연장하다 warranty 품질 보증 replacement 교체, 대체 available 이용할 수 있는 so (that)+S+can[may/will]+V ~하기 위해서 offer ~해 주겠다고 하다 status 상황

해설 항상 기억해야 하는 것은 문제가 어려워서 틀리기도 하지만, 문제가 쉬워도 정답 고르기를 머뭇거리면 다음 문제의 키워드를 놓친다는 점이다. 세 문제 모두 키워드가 들어 있는 문장 "that's an earlier model"과 "Could you send me the instruction manual?", "~ website. I can send you the link"만 잘 들으면 너무나 쉽게 정답을 알아낼 수 있다. 문제는 Could you send me the instruction manual?를 듣고 2번 문제의 정답 고르기를 지체하면 다음 키워드를 놓친다는 것이다. 우리에게는 순발력이 필요하다. Actually로 시작하는 문장에는 정답의 키워드가 들어 있을 확률이 높다는 점도 기억하고 더 집중하도록 노력해보자.

Questions 4 through 6 refer to the following telephone message.

4-6번 문제는 다음 전화 메세지에 관한 것입니다.

W Br Hi, this is Elaine Choi, from Human Resources. **4.** Congratulations on **your promotion to manager of our Hanoi office!** **4.** I'm calling because I've been asked to assist you with **your move overseas**. **5.** The **first thing I'll do is get in touch with a moving company** to get a cost estimate of the move. **6.** I also need to **verify your passport number** for your work visa. I want to make sure your documents are in order as soon as possible. Please give me a call back at your earliest convenience.

안녕하세요, 인사부의 Elaine Choi입니다. Hanoi 지사 매니저로 승진하신 것을 축하드립니다! 해외로 이사하시는 걸 도와드리라는 요청을 받아서 전화 드립니다. 가장 먼저 제가 할 일은 이삿짐 회사에 연락해서 이사 비용의 견적을 받아보는 거예요. 당신의 취업 비자를 위해 여권 번호도 확인해야 합니다. 당신의 서류들이 제대로 되어 있는지 되도록 빨리 확인하고 싶습니다. 될 수 있는 대로 빨리 다시 전화를 주세요.

---

4. Why is the listener going overseas?
   (A) To speak at a conference
   (B) To manage an office
   (C) To meet with some clients
   (D) To go on a vacation

청자는 왜 해외로 가는가?
   (A) 학회에서 발표하기 위해
   (B) 지사를 관리하기 위해
   (C) 고객들을 만나기 위해
   (D) 휴가 가기 위해

5. What does the speaker plan to do first?
   (A) Organize a business luncheon
   (B) Make travel arrangements
   (C) Reserve a hotel room
   (D) Contact a moving company

화자는 먼저 무엇을 할 계획인가?
   (A) 비지니스 오찬을 준비한다
   (B) 여행 준비를 한다
   (C) 호텔 방을 예약한다
   (D) 이삿짐 회사에 연락한다

6. What does the speaker have to verify?
(A) A departure date
(B) Contact information
(C) A passport number
(D) Vaccination requirements

화자는 무엇을 확인해야 하는가?
(A) 출발 날짜
(B) 연락처
(C) 여권 번호
(D) 예방 접종 요구 사항

해설 · 화자가 청자에게 Hanoi 지사 매니저로 승진한 것을 축하한다고(Congratulations on your promotion to manager of our Hanoi office!) 말하고 나서 해외 이사를 돕겠다고(I've been asked to assist you with your move overseas.) 하고 있으므로 여기서 4번 문제의 정답을 알 수 있다. 이어지는 문장 The first thing I'll do is get in touch with a moving company 와 I also need to verify your passport number for your work visa.를 들으면 5번과 6번의 정답도 쉽게 알 수 있다. 주의할 점은 이 대화에서는 정답 키워드들이 여유 부릴 틈을 주지 않고 연속으로 등장한다는 것이다. 언제나 정답을 고를 때는 순발력이 있어야 한다.

Practice Test ● 정답을 맞힌 문제도 해설을 읽어보자.

1	a	4	b	7	b	10	b	13	b	16	c	19	a	22	d	25	d	28	d
2	c	5	c	8	b	11	c	14	c	17	a	20	c	23	c	26	b	29	c
3	c	6	a	9	a	12	a	15	a	18	b	21	b	24	c	27	d	30	b

---

p. 61 Part 1

1.

(A) **There are some vehicles lining the side of a street.**
(B) There are lampposts illuminating the entrance of a building.
(C) Some bicycles are parked near a curb.
(D) Some people are driving through an intersection.

(A) 길가를 따라 줄지어 있는 차량이 있다.
(B) 건물 입구에 조명을 비추고 있는 가로등들이 있다.
(C) 자전거들이 길가에 주차되어 있다.
(D) 차를 몰고 교차로를 통과하고 있다.

해설 · 사람이나 물건이 줄지어 있는 장면에서는 line이나 row가 키워드로 사용된다. (B)의 illuminating은 토익 시험에서 자주 보거나 들을 수 있는 동사는 아니지만, Part 1 문제가 어렵게 출제되었을 때 사용된 이력은 있다. (C)는 사진에 자전거가 보이지 않으므로 오답이지만, near a curb 같은 위치 표현은 반드시 알고 있어야 한다. (D)는 사진에 사람이 없으므로 오답이다.

2. W Am

(A) One of the men is removing his uniform.
(B) One of the men is setting up a signpost.
(C) A checkpoint barrier has been raised.
(D) The roof of a building is under construction.

(A) 유니폼을 벗는 중이다.
(B) 표지판을 설치하고 있다.
(C) 검문소 차단기가 올려져 있다.
(D) 건물 지붕이 공사 중이다.

VOCAB remove 벗다 signpost 표지판 checkpoint 검문소 barrier 차단기, 장벽

해설 putting on은 복장을 착용하는 동작을 나타내고, removing과 taking off는 벗는 동작을 나타내는데, 동영상이 아닌 사진을 보고 어떤 옷을 입는 중인지 벗는 중인지 판단하는 것은 매우 어렵다. 따라서 Part 1에서 putting on, removing, taking off 가 들리는 문장은 다 오답이라고 생각하면 된다. (B)의 동사 setting up과 (D)의 전치사구 under construction은 기본적으로 알고 있어야 하는 표현들이다. '들어 올리다'라는 뜻의 동사 lift, raise, elevate를 기억하고 정답을 선택하자.

3. M Au

(A) A shirt has been placed on the ground.
(B) A man is shoveling some soil.
(C) A garden has been planted beside the fence.
(D) A man is putting some tools in a toolbox.

(A) 셔츠가 땅바닥에 놓여 있다.
(B) 한 남자가 흙을 삽으로 퍼내고 있다.
(C) 울타리 옆에 정원이 식물로 덮여 있다.
(D) 한 남자가 연장들을 통에 넣고 있다.

VOCAB shovel 삽질하다 soil 흙 toolbox 연장통

해설 동사 plant의 뜻이 '(나무 등을) 심다, 식물로 덮다[가꾸다]'라는 것을 알고 정답을 선택해야 한다. (A)는 위치 표현 on the ground가 잘못되었고, (B)는 동사 shoveling을 알아듣고 오답으로 골라내야 한다. (D)는 연장통이 사진에 없으므로 오답이다.

p. 63 Part 2

M Au M Cn

4. When do you usually start packing for a trip?
   (A) Two round-trip tickets, please.
   (B) About three days in advance.
   (C) They're included in the package.

보통 여행을 위해 언제 짐을 싸기 시작하시나요?
(A) 왕복 티켓 두 장 주세요.
(B) 한 사흘 전부터요.
(C) 그것들은 패키지여행에 포함되어 있습니다.

VOCAB packing 짐 싸기 round-trip ticket 왕복 티켓 in advance 미리, 사전에 package (여행사의) 패키지여행

해설 When 의문문이므로 유일하게 시간 표현으로 대답하고 있는 (B)가 정답이다. (A)는 trip을 반복하면서, (C)는 질문의 packing과 발음이 유사한 package를 들려주면서 오답을 유도하고 있다. 오답을 잘 골라낼수록 고수가 된다!

5. Where is your company's headquarters?

(A) Before you go to work.

(B) His name is Mr. Kim.

(C) In Paris, France.

회사의 본사는 어디 있나요?

(A) 당신 출근하기 전에요.

(B) 그의 이름은 Mr. Kim입니다.

(C) 프랑스 파리에요.

VOCAB headquarters 본사, 본부

해설 (A)는 When 의문문의, (B)는 Who 의문문의 정답으로 알맞은 대답이다. 오답을 골라내면 (C)는 들을 필요도 없다. Where 의문문의 90%는 'in/at/on + 장소' 패턴의 대답이 정답으로 출제된다.

6. When did Keito start working here?

(A) I think it was two years ago.

(B) Since my computer isn't working properly.

(C) Yes, he retired last month.

Keito는 언제 여기서 일하기 시작했죠?

(A) 2년 전이었던 것 같아요.

(B) 제 컴퓨터가 제대로 작동하지 않기 때문이죠.

(C) 네, 그는 지난달에 은퇴했어요.

VOCAB properly 제대로, 적절히

해설 When 의문문이 과거시제로 출제되는 경우에는 대부분 정답 문장 속에 last, ago, yesterday 같은 키워드가 들어있다. (B)는 working이 반복되는 것을 듣고, (C)는 Yes를 듣고 오답인 것을 알 수 있다. 오답을 잘 골라내자!

7. Where is the nearest coffee shop?

(A) From nine until seven.

(B) It's right down the street.

(C) Just a few office supplies.

가장 가까운 커피숍은 어디 있나요?

(A) 9시부터 7시까지요.

(B) 바로 길 아래에 있어요.

(C) 몇 가지 사무용품만요.

VOCAB office supplies 사무용품

해설 Where 의문문이므로 장소 부사가 들리는 대답이 정답이다. down the street, down the hall 같은 표현들은 Where 의문문에서 매우 자주 정답으로 등장하는 표현이라고 기억해두자. (A)는 영업시간을 묻는 말(What are your hours?)에 알맞은 대답이다.

8. When are applications for the summer internship due?

(A) You did an excellent job today!

(B) By November twentieth.

(C) Yes, we do.

여름 인턴직의 지원은 언제 마감인가요?

(A) 오늘 정말 잘하셨어요!

(B) 11월 20일까지요.

(C) 네, 우리가 합니다.

VOCAB application 지원(서) internship 인턴직, 인턴사원 근무 (기간) due 마감인

해설 When 의문문이므로 날짜가 들리는 대답이 정답이다. (A)는 질문의 internship에서 연상되는 표현으로 오답을 유도하고 있고, (C)는 Yes를 듣자마자 오답인 것을 알 수 있다.

M Cn   M Au

9. When should I return your book?

(A) Don't worry, I have another copy.

(B) On page thirty five.

(C) This library is beautiful.

당신 책을 언제 돌려드려야 하나요?

(A) 걱정하지 마세요, 저는 한 권 더 있어요.

(B) 35페이지에요.

(C) 이 도서관은 아름답군요.

VOCAB copy (책, 신문 등의) 한 부

해설 (B)와 (C)는 모두 질문의 book에서 연상되는 표현으로 오답을 유도하고 있다. 연상되는 표현은 오답 장치인 경우가 많다는 것을 기억하자. 오답을 잘 골라낼수록 고수가 된다!

 M Au   W Br

10. Where is this shipment of supplies going?

(A) Not until four o'clock.

(B) It's going to Arizona.

(C) I met her on the ship.

이 물자 수송은 어디로 가나요?

(A) 4시는 되어야죠.

(B) 애리조나로 갑니다.

(C) 배에서 그녀를 만났어요.

VOCAB shipment 수송 supplies 물자, 필수품

해설 Where 의문문의 정답이 될 수 있는 것은 'to + 장소'로 대답하고 있는 (B)이다. (A)는 When 의문문의 정답으로 매우 자주 출제되는 패턴이다. (C)는 shipment와 발음이 비슷한 ship을 들려주면서 오답을 유도하고 있다. 오답을 잘 골라내자!

M Au   M Cn

11. Where is the store manager?

(A) Some items from the storage room.

(B) No, I'm an assistant manager.

(C) She just went out for lunch.

매장 매니저는 어디에 있나요?

(A) 창고에서 가져온 몇 개의 제품이요.

(B) 아니요, 저는 부매니저입니다.

(C) 그녀는 방금 점심을 먹으러 나갔어요.

VOCAB storage room 창고 assistant manager 부매니저, 대리

해설 우선 store와 발음이 비슷한 storage가 들릴 때 (A)를 오답으로 골라내고, No가 들리는 순간 (B)를 오답으로 골라내면 쉽게 정답을 알 수 있다. 오답을 잘 골라내자!

W Br   M Au

12. When does the computer update go into effect?

(A) Mr. Kang might know.

(B) A new desktop computer.

(C) My office is upstairs now.

컴퓨터 업데이트의 효력이 언제 발생하나요?

(A) Mr. Kang이 알지도 몰라요.

(B) 새 데스크톱 컴퓨터요.

(C) 제 사무실은 이제 위층에 있어요.

VOCAB go into effect 효력이 발생하다 upstairs 위층의

해설 "Mr. Kang이 알 것"이라는 대답은 본인은 모른다는 뜻이다. "모른다"는 대답은 내용에 상관없이 대부분 정답인데, Someone might[probably/would/should] know.는 최근에 자주 출제되고 있는 "몰라" 유형의 대답이다. (B)는 computer를 반복하면서, (C)는 update와 발음이 비슷한 upstairs를 들려주면서 오답을 유도하고 있다. 오답을 잘 골라낼수록 고수가 된다!

Questions 13 through 15 refer to the following conversation.

W Br Hi, I bought an electric piano from this store a few months ago. It came with a one-year warranty. **13. One of the keys on the keyboard isn't working** now. Can you **fix it** for me?

M Cn Of course! **14. Do you have your original receipt?** I'll need that to confirm that the instrument's still under warranty.

W Br Yes, here you are.

M Cn Thanks! My colleague Julie is in charge of keyboard repairs, but she's left for the day. She should be able to work on it first thing tomorrow morning.

W Br OK. Umm… **15. I'm performing in a concert** on Friday. Do you think it'll be ready before then?

M Cn Oh, definitely! It usually takes no more than a couple of hours to do these sorts of repairs.

13-15번 문제는 다음 대화에 관한 것입니다.

여: 안녕하세요, 몇 달 전에 이 매장에서 전자 피아노를 샀어요. 1년짜리 품질 보증서가 함께 왔고요. 키보드의 건반 하나가 지금 작동을 안 하네요. 고쳐 주실 수 있나요?

남: 물론이죠! 영수증 원본 있으신가요? 악기가 아직 품질 보증 기간 중이라는 것을 확인하는 데 필요합니다.

여: 네, 여기 있어요.

남: 고맙습니다! 제 동료 Julie가 건반 수리를 담당합니다만, 지금 퇴근해서 없습니다. 내일 아침 출근 하자마자 작업해드릴 수 있을 거예요.

여: 알겠어요. 음… 제가 금요일에 콘서트에서 연주해요. 그 전에 준비가 될까요?

남: 아, 당연하죠! 이런 유형의 수리를 하는 데는 보통 두세 시간밖에 안 걸립니다.

---

13. What is the purpose of the woman's visit?
(A) To purchase some sheet music
(B) To get an instrument repaired
(C) To get a price quote
(D) To participate in an audition

여자의 방문 목적은 무엇인가?
(A) 낱장 악보를 사는 것
(B) 악기를 수리받는 것
(C) 가격 견적을 받는 것
(D) 오디션에 참가하는 것

14. What does the man request?
(A) A deposit   (B) An e-mail address
(C) A receipt   (D) A testimonial

남자는 무엇을 요청하는가?
(A) 보증금   (B) 이메일 주소
(C) 영수증   (D) 추천서

15. What does the woman say she will do on Friday?
(A) Give a musical performance
(B) Return a product
(C) Talk to a repairperson
(D) Take a piano lesson

여자는 자기가 금요일에 무엇을 할 것이라고 말하는가?
(A) 음악 공연을 한다
(B) 상품을 반품한다
(C) 수리 기사와 이야기한다
(D) 피아노 수업을 받는다

VOCAB electric piano 전자피아노 come with ~이 딸려 있다 warranty 품질 보증(서) key 건반 keyboard 건반 (악기) work 작동되다 fix 수리하다, 바로잡다(=repair) sheet music 낱장 악보 instrument 악기 price quote 견적서 participate in ~에 참가하다 original receipt 영수증 원본 confirm 확인하다 under warranty 보증 기간 중인 here you are (자) 여기 (있어요) colleague 동료 in charge of ~을 담당하는 leave for the day 퇴근하다 first thing tomorrow morning 내일 출근하자마자 perform 연주하다, 공연하다 give a performance 공연하다 musical performance 음악 공연 repairperson 수리공 definitely 물론이죠 no more than 불과, ~밖에 sort 종류, 부류, 유형

해설 작동하지 않는 건반을 고쳐줄 수 있는지(One of the keys on the keyboard isn't working now. Can you fix it for me?) 묻는 여자의 대사에서 13번 정답을 어렵지 않게 알 수 있다. 문제는 이 문제의 정답을 빠른 속도로 골라야 이어지는 문장에 들어 있는 14번의 키워드를 놓치지 않는다는 점이다. 순발력이 필요하다. 15번은 여자의 대사 I'm performing in a concert on Friday.를 듣고 정답을 알 수 있다.

Questions 16 through 18 refer to the following conversation.

M Au **16.** Are you **going to the conference** in Bristol next week?

W Br **17.** **Yes, they asked me to give a presentation** about my latest project.

M Au **18.** That's great. Do you know if the **company** will pay for your travel expenses?

W Br **They'll pay for the registration fee**, but I have to cover the airfare myself. The company paid for my plane tickets to the conferences in July and September, and they're only supposed to cover airfare for two conferences per year.

16-18번 문제는 다음 대화에 관한 것입니다.

남: 다음 주 Bristol에서 하는 학회 갈 거야?

여: 응, 내 최신 프로젝트에 대해 프레젠테이션을 해 달라는 요청을 받았거든.

남: 잘됐네. 혹시 여행 경비는 회사 측에서 내주는 건지 아니?

여: 등록비는 내주겠지만, 항공 요금은 내가 직접 부담해야 해. 7월과 9월에는 회사가 학회에 가는 내 비행기 푯값을 내줬는데, 매년 두 번의 학회까지만 항공 요금을 부담해주게 되어 있어.

16. What are the speakers discussing?
(A) Travel magazines
(B) Multinational companies
(C) Conference attendance
(D) Application requirements

화자들은 무엇을 논하고 있는가?
(A) 여행 잡지
(B) 다국적 기업들
(C) 학회 참석
(D) 지원 요건

17. What is the woman going to do in Bristol?
(A) Deliver a presentation
(B) Attract investors
(C) Take a tour of the city
(D) Interview for a job

여자는 Bristol에서 무엇을 할 것인가?
(A) 프레젠테이션을 한다
(B) 투자자들을 끌어모은다
(C) 도시를 구경한다
(D) 일자리 면접을 본다

18. What does the woman say about the registration fee?
(A) It includes accommodation.
(B) It will be paid by the company.
(B) It is due in July.
(D) It should be paid in advance.

여자는 등록비에 대해 무엇이라고 말하는가?
(A) 숙박비를 포함한다.
(B) 회사에 의해 지급될 것이다.
(C) 7월에 지급해야 한다.
(D) 미리 지급되어야 한다.

VOCAB conference 회의, 학회 attendance 출석, 참석 application 지원[신청](서) requirement 필요조건, 요건 give [deliver] a presentation 프레젠테이션을 하다 latest 최신의 attract 끌어모으다, 끌어들이다 investor 투자자 travel expense 출장비 registration fee 등록비 accommodation 거처, 숙소 due 지급해야 하는 in advance 미리, 사전에 cover ~을 위한 돈을 대다 airfare 항공 요금 be supposed to-V ~하기로 되어 있다, ~해야 한다 per 매 ~마다

해설 대화를 시작하자마자 불과 네 문장 안에 세 문제의 키워드가 모두 들어 있다. 순발력을 발휘하는 것이 얼마나 중요한 일인지 잊지 말자. Are you going to the conference in Bristol next week?를 듣자마자 16번 문제의 정답을, Yes, they asked me to give a presentation about my latest project.가 들리는 순간 재빨리 17번 정답을, Do you know if the company will pay for your travel expenses?와 They'll pay for the registration fee가 나올 때 얼른 18번의 정답을 고르고 다음 문제를 읽자.

Questions 19 through 21 refer to the following conversation.

M Au Hi, I recently moved in here, **19. and I'd like to apply for a library card**. What do I need to do?

W Br You'll have to complete this application form **20. and then show proof of your current address**, such as a lease agreement.

M Au Hmm... unfortunately, I don't have the lease agreement with me. I guess I'm going to have to drop by later this week.

W Br **21.** Well, why don't you **fill out the application form now**? Then the next time you visit, just don't forget to bring your proof of address.

19-21번 문제는 다음 대화에 관한 것입니다.

남: 안녕하세요, 저 최근에 여기로 이사 왔는데요, 도서관 회원증을 신청하고 싶어요. 어떻게 하면 되나요?

여: 이 신청서를 작성하셔야 해요 그러고 나서 현주소의 증빙 자료를 보여주셔야 해요, 임대차 계약서 같은거요.

남: 음… 안타깝지만 임대차 계약서는 지금 가지고 있지 않아요. 이번 주 후반에 들러야 할 것 같네요.

여: 어, 신청서는 지금 작성하시는 게 어때요? 그리고 다음번 방문하실 때, 주소 증빙자료 가져오시는 것만 잊지 마시고요.

19. Where does the conversation take place?
(A) **In a library**
(B) In a municipal office
(C) In a civic center
(D) At a real estate agency

대화는 어디에서 이루어지고 있는가?
(A) 도서관에서
(B) 시청에서
(C) 시민 회관에서
(D) 부동산 중개소에서

20. What is the man asked to provide?
(A) A form of identification
(B) A credit card statement
(C) **Proof of residence**
(D) Proof of purchase

남자는 무엇을 제공하도록 요구받는가?
(A) 일종의 신분증
(B) 신용카드 명세서
(C) 거주 증빙 자료
(D) 구매 증빙 자료

21. What does the woman suggest doing today?
(A) Visiting another location
(B) **Completing a form**
(C) Reviewing a regulation
(D) Making some revisions

여자는 오늘 무엇을 하라고 제안하는가?
(A) 다른 지점을 방문하기
(B) 양식을 작성하기
(C) 규정을 검토하기
(D) 약간의 수정을 하기

VOCAB apply for ~을 신청하다 library card 도서관 회원증 complete 작성하다, 기재하다 (=fill out) application form 신청서 proof 증거(물), 증명(서) current 현재의 lease agreement 임대차 계약서 identification 신분증 statement 명세서 residence 거주, 거류 unfortunately 유감스럽게도, 안타깝게도 drop by 잠깐 들르다 location 지점 review 검토하다 regulation 규정 revision 수정, 정정

해설 대화 장소를 묻는 말은 대부분 첫 한두 문장에서 정답을 알아낼 수 있으므로 처음부터 잘 집중하자. 그리고 남자의 대사 and I'd like to apply for a library card.가 들리자마자 19번 문제의 정답 고르기를 절대 머뭇거리지 말자. 다음 문제의 키워드를 놓칠 수 있다. 금방 이어서 나오는 여자의 대사 and then show proof of your current address에서 20번의 정답을 골라야 한다. 21번 정답은 여자의 마지막 대사에 들어 있는 why don't you fill out the application form now?에서 알 수 있다.

Questions 22 through 24 refer to the following telephone message.

W Am Hello, this is Josephine Gross. I recently purchased a camera from your online store. **22.** Unfortunately, when I received the camera, the **lens was scratched**. **23.** I want to **bring it to the post office** this afternoon to return it for an exchange, but I'd like to speak to someone in your company before I mail it. You see, I'm moving into a new house this weekend, so the replacement will have to be shipped to my new address. **24.** Please give me a **call back so I can be sure** your shipping department will **send the product to the correct address**.

22-24번 문제는 다음 전화 메시지에 관한 것입니다.

안녕하세요, Josephine Gross입니다. 얼마 전에 당신들의 온라인 상점에서 카메라를 구매했어요. 유감스럽게도, 제가 카메라를 받았을 때 렌즈가 긁혀 있더군요. 오늘 오후에 그걸 우체국으로 가져가서 교환을 위해 돌려보내고 싶은데요, 우편으로 보내기 전에 당신 회사의 누군가와 통화를 하고 싶습니다. 있잖아요, 제가 이번 주말에 새집으로 이사를 해서요, 그래서 교환품은 새 주소로 발송되어야 합니다. 당신의 발송 부서에서 제품을 맞는 주소로 보낼 것이라고 제가 확신할 수 있게 전화를 다시 주시기 바랍니다.

22. What is wrong with the camera?
(A) It doesn't work properly.
(B) It is a wrong model.
(C) It weighs too much.
(D) It is damaged.

카메라에 무엇이 잘못되었는가?
(A) 제대로 작동하지 않는다.
(B) 틀린 모델이다.
(C) 무게가 너무 많이 나간다.
(D) 손상되었다.

23. Where does the speaker want to go this afternoon?
(A) To a real estate agency
(B) To an electronics store
(C) To a post office
(D) To a manufacturer

화자는 오늘 오후에 어디에 가고 싶은가?
(A) 부동산 중개소
(B) 전자 제품 판매장
(C) 우체국
(D) 제조업체

24. Why does the speaker request a return call?
(A) To order a different model
(B) To request a rental item
(C) To confirm an address
(D) To inquire about discounts

화자는 왜 회신 전화를 요청하는가?
(A) 다른 모델을 주문하기 위해
(B) 임대 제품을 요청하기 위해
(C) 주소를 확인해 주기 위해
(D) 할인에 대해 문의하기 위해

VOCAB **unfortunately** 불행하게도, 유감스럽게도 **scratch** 긁다 **work** 작동되다 **properly** 제대로, 적절히 **weigh** 무게가 ~이다 **damage** 손상을 주다 **exchange** 교환 **mail** 우편으로 보내다 **you see** 있잖아 **replacement** 교체물, 대체물 **ship** 운송하다, 수송하다 **give** *sb* **a call** 전화를 걸다 **so (that) + S + can[may/will] + V** ~하기 위해서 **sure** 확신하는 **shipping department** 발송 부서 **correct** 맞는, 정확한 **return call** 응답 전화, 회신 전화 **rental** 임대의 **confirm** 확인해 주다 **inquire** 문의하다, 묻다

해설 각각 22번과 23번 문제의 키워드가 들어있는 the lens was scratched.와 I want to bring it to the post office this afternoon이 서로 딱 붙어 있다. 지문 내용만 놓고 보면 매우 쉬운 문제이지만, 순발력이 없으면 키워드를 놓칠 수 있다는 것을 반드시 기억해야 한다. 마지막 문장에서 Please give me a call back이 들릴 때 24번의 정답이 나오려고 한다는 것을 알 수 있고, the correct address라는 키워드가 나오면 정답을 알아낼 수 있다.

Questions 25 through 27 refer to the following speech.

M Cn Good evening! **25.** I'm so grateful that you all could make it tonight to celebrate our **company's expansion**. **26.** When **I first started this printing company**, it was only a small team of five people struggling to make our business survive. And now, we have thirty full-time employees, we've expanded our presence, and we even have a new, a lot larger office space. **27.** So please, before you leave the banquet, **pick up your gift package**. It's my personal token of appreciation to thank all of you for your hard work and dedication to the company.

25-27번 문제는 다음 연설에 관한 것입니다.

안녕하세요! 오늘 저녁 저희 회사의 성장을 기념하기 위해 여러분 모두가 참석해 주셔서 정말 감사합니다. 제가 처음 이 인쇄 회사를 시작했을 때는, 사업을 살아남게 하려고 투쟁하고 있는 다섯 사람으로 이루어진 작은 팀일 뿐이었습니다. 이제, 저희는 30명의 상근하는 직원들이 있고, 입지를 확대했으며, 심지어 훨씬 더 크고 새로운 사무실 공간까지 있습니다. 그러니 부디, 연회장에서 나가시기 전, 선물 꾸러미를 받아가십시오. 여러분 모두의 노고와 회사에 대한 헌신에 감사하기 위한 저의 개인적인 감사의 표시입니다.

25. What is being celebrated?
(A) The completion of some projects
(B) The retirement of an executive
(C) An award for customer satisfaction
(D) The growth of a company

무엇이 기념되고 있는가?
(A) 프로젝트의 완료
(B) 간부 사원의 은퇴
(C) 고객 만족으로 받는 상
(D) 회사의 성장

26. Who most likely is the speaker?
(A) A senior architect
(B) A business owner
(C) A regular client
(D) A convention coordinator

화자는 누구이겠는가?
(A) 수석 건축가
(B) 사업 소유주
(C) 단골손님
(D) 컨벤션 진행 책임자

27. What are employees asked to do before they leave?
(A) Meet a public officer
(B) Pose for a group photograph
(C) Make a donation
(D) Collect a gift

직원들은 떠나기 전에 무엇을 하도록 요구받는가?
(A) 공무원을 만난다
(B) 단체 사진을 위해 자세를 취한다
(C) 기부를 한다
(D) 선물을 받아 간다

VOCAB grateful 고마워하는, 감사하는 make it 참석하다 celebrate 기념하다, 축하하다 expansion 신장, 발전 completion 완료, 완성 executive 간부, 중역 customer satisfaction 고객 만족 printing 인쇄, 인쇄술 struggle 투쟁하다, 허우적[버둥]거리다 survive 살아남다, 생존[존속]하다 senior (계급, 지위가) 고위[상급/상위]의 architect 건축가 owner 소유주 convention (전문직 종사자들의 대규모) 대회 coordinator 진행 책임자 full-time 상근의, 전임의 presence 입지, 영향력 banquet 연회, 만찬 package 꾸러미 public officer 공무원, 관리 pose 자세를 취하다 collect (상 등을) 받다, 타다 personal 개인적인 token 표시, 징표 appreciation 감사 hard work 노고 dedication 전념, 헌신

해설 첫 문장에서 들리는 celebrate our company's expansion이라는 키워드를 통해 25번 문제의 정답을 쉽게 알아낼 수 있다. 이어지는 문장에서 화자가 "내가 처음 이 인쇄 회사를 시작했을 때(When I first started this printing company)"라고 말하는 것을 듣고 그가 이 회사의 소유주라는 것을 알 수 있는데, 문제는 25번 문제의 정답을 너무 느리게 고르면 이 부분을 놓칠 수 있다. 그렇기에 언제나 순발력이 필요하다. 27번은 뒷부분에 나오는 So please, before you leave the banquet, pick up your gift package.를 들으면서 정답을 고르면 된다. So로 시작하는 문장에는 대부분 정답의 키워드가 들어 있다는 것을 기억하고 더 집중하는 습관을 길러 보자.

Questions 28 through 30 refer to the following announcement.

(W Am) Attention, passengers. **28.** Because of track work south of Sacramento, **all arriving trains** traveling through that region are operating at slower than normal speeds **29.** and **experiencing delays of approximately 40 minutes**. At present, the San Diego trains are not affected. Please check the status of your train on the arrivals board, which is updated every ten minutes. **30.** Also, please be advised that due to engine trouble, departing **Train 57 to Las Vegas** is not yet ready to receive passengers. **30.** **Wait for the boarding announcement** before proceeding to the platform.

28-30번 문제는 다음 안내에 관한 것입니다.

승객 여러분께 안내 말씀드립니다. Sacramento 남쪽의 선로 작업 때문에, 그 지역을 통과해서 도착하는 모든 열차는 평소보다 느린 속도로 운행하고 있으며 대략 40분의 지연을 겪고 있습니다. 현재, 샌디에이고 열차들은 영향을 받지 않고 있습니다. 도착 시간 게시판이 10분마다 갱신되고 있으니, 열차의 상황을 확인하시기 바랍니다. 아울러 엔진 문제로 인해, Las Vegas행 57번 열차는 아직 승객을 맞이할 준비가 되어 있지 않다는 점 알려드립니다. 플랫폼으로 이동하시기 전에 탑승 안내방송을 기다리시길 바랍니다.

28. Where is this announcement most likely being made?
(A) At an airport terminal
(B) At a bus terminal
(C) At a ferry terminal
(D) At a train station

이 안내방송은 어디에서 나오고 있겠는가?
(A) 공항 터미널
(B) 버스 터미널
(C) 카페리 터미널
(D) 기차역

29. For how long will arrivals be delayed?
(A) 10 minutes
(B) 15 minutes
(C) 40 minutes
(D) 57 minutes

도착이 얼마 동안 지연될 것인가?
(A) 10분
(B) 15분
(C) 40분
(D) 57분

30. What are passengers traveling to Las Vegas told to do?
(A) Speak to a customer service representative
(B) Listen for an announcement
(C) Proceed to the boarding gate
(D) Change their travel arrangements

Las Vegas로 여행하는 승객들은 무엇을 하도록 지시받는가?
(A) 고객 서비스 직원과 이야기한다
(B) 안내 방송에 귀를 기울인다
(C) 탑승구로 이동한다
(D) 여행 준비 사항을 변경한다

VOCAB attention (안내 방송에서) 알립니다, 주목하세요 track work 선로 작업 south of ~의 남쪽인 travel through ~를 지나가다 operate 가동되다, 운용되다 slower than normal 평소보다 느린 ferry 카페리, 연락선 experience 겪다, 경험하다 approximately 대략 arrival 도착 at present 현재는 affect 영향을 미치다 status 상황 arrivals board 도착 시간 게시판 update 갱신하다 departing 출발하는 boarding announcement 탑승 안내방송 proceed 이동하다, 나아가다 customer service representative 고객 서비스 직원 listen for ~에 귀를 기울이다, 듣다 boarding gate 탑승구 travel arrangement 여행 준비 (사항)

해설 28번처럼 담화의 장소를 물을 때는 대부분 첫 한두 문장에서 정답을 알려준다. 첫 문장에 들어 있는 all arriving trains라는 키워드는 여기가 기차역이라는 확실한 단서가 된다. 같은 문장에 들어 있는 and experiencing delays of approximately 40 minutes를 들으면서 29번 문제의 정답을 골라야 하므로 28번 정답을 고를 때 조금이라도 시간을 지체하면 안 된다. 30번은 Train 57 to Las Vegas라는 키워드가 들린 후 이어지는 마지막 문장에서 Wait for the boarding announcement를 통해 정답을 알 수 있다.

p. 71 Part 1 Exercise   **1.** c   **2.** a

● 정답을 맞힌 문제도 해설을 읽어보자.

1.   M Au

(A) A projector is being repositioned on a desk.
(B) Some printed materials are being distributed to a class.
(C) An audience is listening to a lecturer.
(D) Some people are organizing a workplace.

(A) 프로젝터가 책상 위로 옮겨지고 있다.
(B) 학급에 인쇄물이 배부되고 있다.
(C) 청중이 강사의 말을 듣고 있다.
(D) 사람들이 업무 현장을 정리하고 있다.

VOCAB   projector 영사기, 프로젝터 reposition 다른 장소로 옮기다, 위치를 바꾸다 printed material 인쇄물 distribute 배부하다 lecturer 강사, 강연자 organize 정리하다 workplace 업무, 현장

해설   (A)와 (B) 같은 진행 시제 수동태 문장은 사진 속에서 사람이 해당 동작을 하고 있어야 정답이 될 수 있다는 것을 반드시 기억하자. (D)에 들어 있는 동사 organize도 다른 문제에서는 정답에 사용될 수 있으므로 기억하고 있어야 한다. giving[making/delivering] a lecture, addressing, a presentation is being shown, listening to a presentation, watching a presenter, attending a presentation 같은 표현들을 잘 익혀서 정답을 선택하자.

2.   W Am

(A) Some people are playing instruments.
(B) Some people are carrying a bin.
(C) Some people are watching a performance.
(D) Some people are washing some windows.

(A) 악기를 연주하고 있다.
(B) 통을 나르고 있다.
(C) 공연을 보고 있다.
(D) 창문을 닦고 있다.

VOCAB   carry 나르다 bin 통

해설   곡을 연주하는 장면에서는 playing music, playing instruments, perform(ance) 같은 키워드가 들리면 정답이다. (C)는 해당 키워드가 들어 있기는 하지만 공연을 보는 사람은 없으므로 오답이다. (B)와 (D)는 각각 carrying과 washing을 듣고 오답으로 골라내야 한다.

| 1 | a | 3 | c | 5 | b | 7 | c | 9 | c |
| 2 | b | 4 | c | 6 | c | 8 | b | 10 | b |

● 정답을 맞힌 문제도 해설을 읽어보자.

M Cn W Br

1. Why did Deniz transfer to the Istanbul branch?

   (A) To be closer to his family.

   (B) From the first to the third floor.

   (C) That's a good choice.

Deniz가 왜 이스탄불 지사로 전근 갔죠?

(A) 자기 가족이랑 더 가까이 있으려고요.

(B) 1층에서 3층으로요.

(C) 좋은 선택입니다.

VOCAB transfer (직장, 학교 등을) 옮기다, 이동[이전]하다 branch 지사, 분점

해설 Why 의문문에서 (A)처럼 to 부정사가 들리면 대부분 정답이다. (B)에서는 질문의 transfer to the와 발음이 비슷한 first to the가 들릴 때 오답이라는 것을 짐작할 수 있으며, (C)는 제안하는 질문에 동의하는 대답으로 알맞다.

W Am M Cn

2. Why is the conference being relocated?

   (A) I know a nice place.

   (B) So that more people can participate.

   (C) One of the largest conference rooms.

회의 장소를 왜 이전하는 거죠?

(A) 제가 좋은 장소를 알아요.

(B) 더 많은 사람이 참석하게 하려고요.

(C) 가장 큰 회의실 중 하나요.

VOCAB relocate 이전시키다

해설 Why 의문문에서는 'So that + S + can[may/will] + V'의 패턴도 종종 등장하므로 들리면 바로 정답으로 선택할 수 있도록 외워둬야 한다. that을 생략하고 말하는 경우도 많다는 점도 기억하자. (A)는 질문의 relocated에서 연상되는 대답으로 오답을 유도하고 있고, (C)는 반복되는 단어 conference를 듣고 오답으로 골라낼 수 있다.

W Br M Au

3. Why was the outdoor performance canceled?

   (A) I enjoyed it very much.

   (B) Yes, a single ticket.

   (C) The weather was bad.

야외 공연은 왜 취소되었습니까?

(A) 정말 재미있었어요.

(B) 네, 표 한 장이요.

(C) 날씨가 안 좋았어요.

VOCAB outdoor 야외의 performance 공연, 연주회

해설 Why 의문문은 (C)처럼 '날씨'와 관련된 대답이 나오면 다 정답이다. (A)처럼 질문의 performance에서 연상되는 대답이 들리면 대부분 오답이라는 것을 기억하자. (B)는 Yes가 들리는 순간 오답임을 알 수 있다. 기억하라. 오답을 잘 골라낼수록 고수가 된다!

4. Why was the seminar rescheduled?
    (A) On communication skills.
    (B) Whenever you have time.
    (C) Because Karen couldn't come.

세미나 일정을 왜 다시 잡았습니까?
(A) 의사소통 기술에 관해서요.
(B) 당신이 시간이 있을 때 언제든지요.
(C) Karen이 올 수 없었기 때문이죠.

VOCAB   reschedule 일정을 변경하다

해설   일정 변경의 이유를 묻는 말의 정답은 대부분 (C)처럼 누군가의 '부재중'이 사용된다. 이 점을 기억해두면 가끔 한 문제씩 쉽게 맞힐 수 있다. (A)는 seminar의 주제를 물었을 때 정답이 될 수 있는 대답이고, (B)는 빈도에 대해 언급하고 있으므로 How often 유형의 질문에서 정답이 될 수 있다.

5. Why did Javier have to leave the meeting early?
    (A) After the vice president.
    (B) He had an appointment.
    (C) It's on your left.

Javier는 왜 회의에서 일찍 나가야 했죠?
(A) 부사장님 뒤에요.
(B) 약속이 있었어요.
(C) 그건 당신 왼쪽에 있습니다.

VOCAB   vice president 부사장

해설   Why ~ leave early? 유형의 질문은 딱 한 단어 appointment만 듣고 정답으로 선택하면 거의 다 정답이다. (A)는 When 의문문, (C)는 Where 의문문의 정답으로 사용될 대답이다.

M Cn W Am

6. Why has the company ordered so much machinery?
    (A) The orders were shipped out last week.
    (B) At the machine shop.
    (C) It's for our new processing plant.

회사가 이렇게 많은 기계류를 주문한 이유가 뭔가요?
(A) 주문 물품은 지난주에 발송되었습니다.
(B) 기계 매장에서요.
(C) 그건 우리의 새 가공 공장을 위한 겁니다.

VOCAB   machinery 기계(류)   ship out ~을 발송하다   processing plant 가공 처리 공장

해설   'For + 명사'는 '~를 위한'이라는 뜻이므로 Why 의문문의 정답으로 적절하다. (A)나 (B)처럼 반복되는 단어(order)나 비슷한 발음(machinery-machine)이 들리는 대답은 거의 항상 오답이다. 오답을 잘 골라낼수록 고수가 된다.

M Au W Br

7. Why were so many employees late to work today?
    (A) No, the deadline is next week.
    (B) I walk to work almost every day.
    (C) There was a huge traffic jam.

오늘 왜 이렇게 많은 직원들이 지각했나요?
(A) 아니요, 마감기한은 다음 주입니다.
(B) 저는 거의 매일 걸어서 출근해요.
(C) 차가 엄청 막혔거든요.

VOCAB   deadline 마감기한   huge 엄청난, 막대한, 거대한   traffic jam 교통 체증

해설   Why 의문문은 교통에 관련된 대답이 들리면 항상 정답이므로 traffic이 들리는 대답은 일단 정답으로 생각하는 게 안전하다. (A)는 No가 들리는 순간 오답임을 눈치챌 수 있고, (B)는 질문의 work를 반복시키거나 비슷한 발음을 들려주면서 오답을 하고 있다. 오답을 잘 골라낼수록 고수가 된다.

8. Why has the photocopier been removed from the office?

(A) He moved to Glasgow.

(B) We're getting a new one.

(C) With black and white photos.

복사기를 왜 사무실 밖으로 꺼냈습니까?

(A) 그는 Glasgow로 이사 갔습니다.

(B) 새로 한 대 들여놓을 거예요.

(C) 흑백 사진으로요.

VOCAB photocopier 복사기 black and white 흑백의

해설 (A)와 (C)에서 사용된 removed-moved, photocopier-photos와 같은 유사한 발음은 오답을 유도하는 장치라는 것을 기억하면 질문과 대답을 완벽하게 알아듣지 못해도 정답을 알 수 있다. 오답을 잘 골라낼수록 고수가 된다.

9. Why is the storage room locked?

(A) Would you do that?

(B) It's the key with a label.

(C) I'm not sure.

창고가 왜 잠겨 있습니까?

(A) 그렇게 해주시겠어요?

(B) 라벨이 붙어있는 열쇠입니다.

(C) 저도 확실히는 모르겠어요.

VOCAB storage room 창고 lock 잠그다, 잠기다

해설 '모른다'는 말은 거의 모든 질문에 대한 자연스러운 대답이다. I'm not sure.는 정기 토익에서 자주 정답으로 출제되어 온 대답이다. (A)나 (B)는 모두 질문의 locked에서 연상되는 표현으로 오답을 유도하고 있다. 연상되는 표현이 들리면 거의 항상 오답이다.

10. Why hasn't Vanessa submitted her expense report yet?

(A) No, it's less expensive than I thought.

(B) It's possible that she forgot.

(C) I'll enter those figures in the spreadsheet.

Vanessa는 왜 아직도 지출 기안서를 제출하지 않았죠?

(A) 아니요, 제가 생각했던 것보다 덜 비싸군요.

(B) 잊어버린 것 같아요.

(C) 제가 그 수치를 스프레드시트에 입력하겠습니다.

VOCAB expense report 지출 기안서 less expensive 덜 비싼 enter 입력하다 figure 수치

해설 문장 앞부분인 Why hasn't Vanessa submitted(Vanessa가 왜 제출하지 않았죠)에 집중한다면 (B)에서 she forgot (잊어버렸다)를 듣고 쉽게 정답을 찾아낼 수 있다. (A)는 No가 들리는 순간 오답인 것을 알 수 있고, (C)는 질문의 expense 에서 연상되는 단어 figures로 오답을 유도하고 있지만, those figures가 무엇을 가리키는지 알 수 없으므로 오답이다.

p. 77 Part 3 & 4 Sample Questions

해석 27-29번 예제는 다음 대화에 관한 것입니다.

여: 여보세요, 저는 Grace Campbell입니다. 제가 다음 주말에 당신의 호텔에서 하는 교사 총회에 참석하는데요, 금요일과 토요일의 제 방 예약을 확인하려 고 전화 드렸어요.

1. 여자가 전화한 이유는?

(A) 총회에 등록하기 위해서

(B) 예약을 확인하기 위해서

(C) 비행편의 일정을 다시 잡기 위해서

(D) 교육 과정에 대해 문의하기 위해서

남: Ms. Campbell, 잠시만요. 찾아보겠습니다… 네, 고객님께서는 금요일과 토요일 싱글 룸에 예약되어 있으시군요.

여: 맞아요. 음, 그런데 제가 금요일 오후 비행기를 타기 때문에 9시쯤까지는 호텔에 도착할 수 없을 것 같아요. 그러니까 꼭 제가 들어갈 수 있게 방을 확보해 주세요.

2. 여자는 누구에게 말하고 있는 것 같은가?
(A) 대학 교수
(B) 도서관 사서
(C) 비행기 승무원
(D) 호텔 접수 담당자

3. 여자는 언제 도착할 것인가?
(A) 수요일에
(B) 목요일에
(C) 금요일에
(D) 토요일에

---

p. 78 Part 3 & 4 **Exercise** **1.** a **2.** c **3.** d **4.** b **5.** d **6.** a

● 정답을 맞힌 문제도 해설을 읽어보자.

Questions 1 through 3 refer to the following conversation.

(M Au) Hello. My name is Jae-hyun Lee. **1. 2.** I'd like to **reschedule my appointment** to see Dr. Liu, which was scheduled for tomorrow at 2 o'clock. I've just been asked to attend a meeting with some clients at the same time. Could it be possible to move the appointment to early in the morning?

(W Br) I'm sorry, but Dr. Liu doesn't have any openings until the week after next. **3.** But I can **put you on a waiting list** so I can let you know if one of the patients cancels an appointment.

(M Au) Okay, I'd like that. But I think I need to schedule an appointment anyway in case that doesn't happen.

1-3번 문제는 다음 대화에 관한 것입니다.

남: 여보세요. 제 이름은 Jae-hyun Lee입니다. 내일 2시로 잡혀 있었던 Liu 선생님과의 예약 일정을 변경하고 싶어서요. 그 시간에 고객들과의 회의에 참석해야 한다는 요청을 지금 막 받았어요. 예약을 이른 오전 시간으로 옮기는 게 가능할까요?

여: 죄송하지만, Liu 선생님은 다다음 주까지 비는 시간이 전혀 없으세요. 하지만 환자분들 중 한 분이 예약을 취소할 경우 알려드릴 수 있게 대기자 명단에 올려드릴 수는 있어요.

남: 좋아요, 그렇게 하죠. 하지만 아무도 취소하지 않을 수도 있으니까 어쨌든 예약은 잡아 봐야겠군요.

---

1. Why is the man calling?
(A) To reschedule an appointment
(B) To confirm an appointment
(C) To ask about the meeting time
(D) To ask for a wake-up call

남자는 왜 전화하는가?
(A) 예약 일정을 변경하기 위해서
(B) 예약을 확인하기 위해서
(C) 회의 시간에 관해 묻기 위해서
(D) 모닝콜을 요청하기 위해서

2. Who most likely is the woman?
(A) A doctor
(B) A customer
(C) A receptionist
(D) A coworker

여자는 누구인 것 같은가?
(A) 의사
(B) 고객
(C) 접수 담당자
(D) 동료

3. What does the woman offer to do for the man?

  (A) Make an appointment

  (B) Check the time for him

  (C) Contact the doctor

  (D) Add his name to a waiting list

여자가 남자에게 해주겠다고 제안하는 것은 무엇인가?

  (A) 예약을 잡는다

  (B) 시간을 확인해준다

  (C) 의사에게 연락한다

  (D) 대기자 명단에 남자의 이름을 추가한다

해설 1번과 2번 문제는 각각 대화의 목적과 화자의 직업을 묻고 있는데, 이런 유형의 문제는 대부분 첫 한두 문장에서 정답을 알 수
있다. 두 문제가 모두 첫 문장에서 정답을 알려줄 확률이 높으므로 정답을 동시에 골라야 할 수도 있다고 예상하는 게 좋다.
그리고 I'd like to reschedule my appointment to see Dr. Liu가 들릴 때 두 문제의 정답을 동시에 고르고 넘어가도록 하자.
3번은 여자의 대사 But I can put you on a waiting list가 들릴 때 쉽게 정답을 고를 수 있다. But으로 시작하는 문장에는 대
부분 키워드가 들어 있다.

Questions 4 through 6 refer to the following broadcast.

M Cn Now for tonight's business report. **4. 5.** Today,
Andrew Christian, a locally based company with over
two decades of experience **designing and manufacturing
clothing, announced** its much-anticipated **merger** with
GLO Incorporated. GLO Incorporated will provide an
online platform for selling Andrew Christian's clothing.
6. Make sure to tune in at this time tomorrow **for an
exclusive interview** with the vice president of Andrew
Christian. She'll give us more details about what this
merger will mean to the local economy.

4-6번 문제는 다음 방송에 관한 것입니다.

오늘 저녁 비즈니스 뉴스입니다. 우리 지역에 본사
를 두고 의류 디자인과 제조 부문에서 20년 이상의
경력을 가진 회사인, Andrew Christian이 오늘 고
대하던 GLO 주식회사와의 합병을 발표했습니다.
GLO는 Andrew Christian의 의류를 판매하는 온라
인 플랫폼을 제공할 것입니다. Andrew Christian 부
사장과의 독점 인터뷰가 준비되어 있으니 내일 이
시간에도 방송을 들어주시기를 바랍니다. 그녀는 이
번 합병이 지역 경제에 어떤 의미가 있을지 더 자세
하게 알려줄 겁니다.

---

4. What is the purpose of the broadcast?

  (A) To advertise the store's grand opening

  (B) To announce a business merger

  (C) To discuss a new product

  (D) To report a change in regulations

방송의 목적은 무엇인가?

  (A) 매장의 개업을 광고하기 위해

  (B) 사업체 합병을 발표하기 위해

  (C) 신제품을 논하기 위해

  (D) 규정의 변경을 알리기 위해

5. What type of business is Andrew Christian?

  (A) A construction company

  (B) An interior design firm

  (C) An advertising agency

  (D) A clothing company

Andrew Christian은 어떤 유형의 사업체인가?

  (A) 건설 회사

  (B) 인테리어 디자인 회사

  (C) 광고 대행사

  (D) 의류 회사

6. What does the speaker encourage the listeners to do?

(A) Listen to an interview
(B) Visit a website
(C) Apply for a job
(D) Enter a contest

화자는 청자들에게 무엇을 하라고 장려하는가?

(A) 인터뷰를 듣는다
(B) 웹사이트를 방문한다
(C) 일자리에 지원한다
(D) 대회에 참가한다

> **VOCAB** locally based 현지에[이 지역에] 본사를 두고 있는 manufacture 제조하다 much-anticipated 고대하던 merger 합병
> grand opening 개장, 개점 regulation 규정 firm 회사 advertising agency 광고 대행사 make sure to-V 반드시 ~하다
> tune in (라디오, 텔레비전 프로를) 청취[시청]하다 exclusive 독점적인 vice president 부사장 apply for ~에 지원하다

> **해설** 세 문제 중 첫 문제로 대화나 담화의 목적을 묻는 말이 자주 출제되는데, 대부분 첫 한두 문장에서 정답을 알 수 있다. 이 방송에서
> 는 첫 문장에서 목적을 묻는 4번 문제뿐만 아니라 5번까지 모두 정답을 알려준다. Company, designing and manufacturing
> clothing, announced, merger 같은 키워드를 듣고 두 문제의 정답을 동시에 선택해야 하는데, 이런 문제는 항상 읽었던 문제의
> 내용을 기억하고 있어야 해결할 수 있다는 사실을 기억하자. 6번은 Make sure to tune in at this time tomorrow for an
> exclusive interview에서 정답을 알 수 있다.

Practice Test ● 정답을 맞힌 문제도 해설을 읽어보자.

1	a	4	b	7	b	10	c	13	a	16	b	19	b	22	b	25	d	28	a
2	d	5	b	8	a	11	c	14	d	17	c	20	a	23	a	26	b	29	c
3	c	6	b	9	c	12	b	15	d	18	b	21	c	24	a	27	a	30	b

---

p. 80 Part 1

1. [W Am]

(A) The worker's holding onto a handrail.
(B) The worker's reaching for the doorknob.
(C) The door is wide open.
(D) The stairs are being repaired.

(A) 난간을 붙잡고 있다.
(B) 문손잡이 쪽으로 손을 뻗고 있다.
(C) 문이 활짝 열려 있다.
(D) 계단을 수리하는 중이다.

> **VOCAB** reach (손을) 뻗다 doorknob 문손잡이 wide 활짝 stairs 계단

> **해설** '난간을 붙잡고 있다'는 토익에서 꾸준히 반복적으로 출제되는 정답 문장이므로 아예 통째로 기억해두자. 난간을 나타내는
> 단어는 세 가지(rail, railing, handrail)라는 것도 잊지 말자. 이 문제에서는 오답으로 사용되었지만, (B)에 들어 있는 reaching
> 이나 (C)에 들어 있는 open 같은 키워드들도 정답 문장에 자주 사용되므로 기억해두자. (D)는 진행 시제 수동태이기 때문에
> 해당 동작으로 하고 있어야만 정답이 될 수 있으므로 오답이다.

2. M Cn

(A) Some people are having a conversation over a meal.
(B) Some people are seated at an outdoor dining area.
(C) One woman is grabbing a bite of her sandwich.
(D) One woman is walking past a seating area.

(A) 식사하며 대화하고 있다.
(B) 야외 식당에 앉아 있다.
(C) 샌드위치를 한 입 먹고 있다.
(D) 좌석 구역을 지나 걷고 있다.

VOCAB　over a meal 식사하면서 outdoor dining area 야외 식당 grab a bite of ~을 한 입 먹다

해설　meal과 are seated, grabbing a bite를 들으면서 (A), (B), (C)는 오답이라는 것을 알아내야 한다. 좌석들을 지나쳐 걸어가는 사람이 있으므로 (D)가 정답이다.

3. M Au

(A) Trees are being planted alongside the building.
(B) Paint is being applied to a door.
(C) A woman is using a lawn mower to cut the grass.
(D) A woman is loading supplies into a container.

(A) 건물 옆을 따라 나무들이 심어지고 있다.
(B) 문에 페인트가 칠해지고 있다.
(C) 잔디 깎는 기계를 사용해서 잔디를 깎고 있다.
(D) 용기에 비품을 싣고 있다.

VOCAB　plant 심다 alongside ~ 옆을 따라 apply (페인트, 크림 등을) 바르다 lawn mower 잔디 깎는 기계 load (짐을) 싣다 supplies 비품, 용품 container 그릇, 용기

해설　진행 시제 수동태는 '동작'을 나타내기 때문에 (A)나 (B)가 정답이 되려면 어떤 사람이 나무 심는 동작이나, 페인트를 칠하는 동작을 하고 있어야 한다. 짐을 싣는 동작을 하고 있지 않기 때문에 (D)도 오답이다. 잔디 깎는 기계를 사용하고 있는 (C)가 정답이다.

p. 82 Part 2

W Am W Br
4. Why was this morning's meeting canceled?
(A) Room 306, I think.
(B) The manager was out of the office.
(C) Please confirm the itinerary for our trip.

오늘 오전 회의는 왜 취소되었나요?
(A) 제 생각에는, 306호요.
(B) 매니저가 사무실에 없었거든요.
(C) 우리 여행 일정 좀 확인해 주세요.

VOCAB　confirm 확인해 주다 itinerary 여행 일정표

해설　일정 변경의 이유를 묻는 말은 자주 반복적으로 출제되며 언제나 (B)처럼 "누군가가 없다"라는 대답이 정답이다. (A)는 Where 의문문의 정답으로 알맞은 대답이다.

5. Why is the company dinner being moved indoors?
(A) It was nice seeing him there.
(B) There's rain in the forecast.
(C) Could you hold the door for me?

회사 회식은 왜 실내로 옮겨지는 건가요?
(A) 그를 거기서 만나서 좋았어요.
(B) 비가 온다는 예보가 있어서요.
(C) 문 좀 잡아주시겠어요?

VOCAB indoors 실내로 forecast 예보 hold 잡고 있다

해설 Why 의문문은 날씨와 관련된 대답이 나오면 항상 정답이라는 것을 기억한다면 rain만 듣고도 (B)를 정답으로 선택할 수 있다. (A)는 질문의 company dinner에서 연상되는 대답으로 오답을 유도하고 있다. (C)에서는 질문의 indoors와 발음이 비슷한 door가 들릴 때 오답인 것을 알 수 있다.

6. Why is Maria late this morning?
(A) From eight to eleven thirty.
(B) There's a construction project on Lancaster Avenue.
(C) I'm sure you're next.

Maria가 오늘 아침에는 왜 늦지?
(A) 8시부터 11시 30분까지야.
(B) Lancaster 가(街)에서 공사 프로젝트가 있거든.
(C) 다음은 너일 것이라고 확신해.

VOCAB construction 공사 avenue 가, 거리 sure 확신하는

해설 '공사' 관련 키워드가 들어있는 대답은 정답이라는 것을 기억하고 (B)를 정답으로 선택해야 한다. (A)는 의문사 Why와는 무관한 대답이고, (C)는 질문의 late this morning에서 연상될 수 있는 대답이다. 보통 질문의 뒷부분에 있는 단어들에서 연상되는 대답을 들려주는 경우가 많다. 항상 문장 앞부분에 집중하고 있어야 한다.

7. Why did you say my computer will temporarily be slow?
(A) The printer is out of ink right now.
(B) Because some updates will be installed.
(C) Last year's computer seminar.

제 컴퓨터가 왜 일시적으로 느려질 거라고 하셨죠?
(A) 지금 프린터에 잉크가 떨어졌어요.
(B) 몇몇 업데이트 사항이 설치될 거라서요.
(C) 작년의 컴퓨터 세미나요.

VOCAB temporarily 일시적으로, 임시로 out of ~가 (다 쓰고) 없는

해설 Because (of)로 시작하는 대답은 거의 항상 정답이라는 점을 기억하면 쉽게 (B)를 정답으로 선택할 수 있다. (A)는 질문의 computer에서 연상될 만한 대답으로, (C)는 단어를 반복하면서 오답을 유도하고 있다.

8. Why was the meeting called to discuss the budget?
(A) Have you seen last quarter's sales figures?
(B) Next Wednesday at four o'clock.
(C) I'd like to, but it'll be much too expensive.

왜 회의를 소집해서 예산을 논의한 건가요?
(A) 지난 분기 매출액 보셨어요?
(B) 다음 주 수요일 네 시예요.
(C) 저도 그러고 싶지만, 너무 비쌀 거예요.

VOCAB call a meeting 회의를 소집하다 quarter 분기(分期, 3 개월) sales figure 매출액

해설 오답을 잘 골라낼수록 고수가 된다는 사실을 기억하라. (B)는 When 의문문에서 정답으로 나올 대답이고, (C)의 I'd like to, but 같은 표현은 제안/부탁 의문문의 정답으로 등장할 수 있는 표현이다. 오답을 골라내면 질문과 대답을 제대로 못 알아들어도 (A)를 정답으로 선택할 수 있다. 도저히 정답을 알 수 없다면, (A)처럼 반문하는 대답은 85-90%의 확률로 정답으로 출제된다는 것을 기억하자.

9. Why can't I access the reports folder anymore?

(A) Thirty pages long.

(B) It's much colder than last year.

(C) An e-mail has been sent out about that.

보고서 폴더에 더이상 접속할 수 없는 이유가 뭔가요?

(A) 30페이지 분량이요.

(B) 작년보다 훨씬 더 추워요.

(C) 그 점에 대해서는 이메일이 발송되었습니다.

VOCAB access (컴퓨터에) 접속하다

해설 모든 문제는 질문 문장 앞부분에 집중해야 한다. Why can't I access(접속할 수 없는 이유가 뭔가요)에 최대한 집중하면 (C)가 자연스러운 대화가 된다는 것을 알 수 있다. (A)는 질문의 reports에서 연상되는 대답으로서 의문사 Why와는 관련이 없다. (B)는 질문의 folder와 발음이 비슷한 colder로 오답을 유도하고 있다.

M Cn W Br

10. Why did Ms. Yang resign from her position?

(A) A week ago.

(B) It hasn't been signed yet.

(C) She found a different job.

Ms. Yang이 왜 자신의 직위에서 사임했나요?

(A) 일주일 전에요.

(B) 아직 서명이 안 됐어요.

(C) 다른 일자리를 찾았어요.

VOCAB resign from ~에서 사직하다, 사임하다, 물러나다

해설 문장 앞부분에 집중해야 한다. Why did Ms. Yang resign(Ms. Yang이 왜 사임했나요?)에 집중하면 (C)가 자연스러운 대답이라는 것을 쉽게 알 수 있다. (A)는 When 의문문의 정답으로 알맞은 대답이고, (B)는 resign - signed의 유사한 발음으로 오답을 유도하고 있다. 언제나 두 가지를 기억해야 한다. 문장 앞부분에 집중하라! 그리고 오답을 잘 골라낼수록 고수가 된다!

W Am W Br

11. Why am I getting two copies of this document?

(A) Yes, this is enough coffee for me.

(C) By tomorrow afternoon.

(C) You'll need one for your files.

왜 이 문서를 두 부(部) 주시나요?

(A) 네, 이것이면 저에게 커피는 충분합니다.

(B) 내일 오후까지요.

(C) 보관용으로 하나 필요하실 거예요.

VOCAB for one's files 보관용으로

해설 (A)는 Yes가 들리는 순간 곧장 오답으로 골라내야 한다. (B)는 When 의문문의 정답으로 나올 만한 대답이므로 쉽게 오답으로 제외할 수 있다. 오답만 잘 골라내면 (C)는 들을 필요도 없이 정답으로 선택하면 된다. 문장 앞부분 Why am I getting two (왜 두 부 주시나요)에 집중하는 것으로도 (C)가 정답이라는 것을 알 수 있다.

M Au M Cn

12. Why did you visit the clients yesterday?

(A) For about two hours.

(B) I had to renew their contract.

(C) The Dubai International Airport.

어제 왜 고객들을 방문하셨나요?

(A) 약 두 시간 동안이요.

(B) 그들의 계약을 갱신해야 했거든요.

(C) Dubai 국제공항이요.

VOCAB renew 갱신[연장]하다 contract 계약(서)

해설 (A)는 기간을 표현하고 있으므로 How long으로 시작하는 질문의 대답으로 나와야 한다. (C)는 장소를 말하고 있으므로 Where 의문문 유형에 대한 정답이다. 오답을 잘 골라내고, 문장 앞부분 Why did you visit(왜 방문하셨나요)에 집중하면 어렵지 않게 (B)를 정답으로 선택할 수 있다.

Questions 13 through 15 refer to the following conversation.

W Am I talked to Mr. Garcia from Reggi's Restaurant on the phone yesterday. **13. 14.** He said **his company will place an order** for vegetables from us, but **only when we offer them a ten percent discount**.

M Cn Reggi's is the biggest restaurant chain in this area. It couldn't be better if we attracted this client, but, um... can we afford to do this?

W Am I think we can. Considering the number of their restaurants in the area, the size of their orders will more than make up for the markdown.

M Cn **15.** Alright, then, **why don't you call them back now** and tell them the proposal's been accepted.

13-15번 문제는 다음 대화에 관한 것입니다.

여: 어제 Reggi's 레스토랑의 Mr. Garcia와 통화했어요. 그는 그의 회사가 우리에게서 채소를 주문할 것이지만, 우리가 10퍼센트 할인을 해줘야 하겠다고 하네요.

남: Reggi's는 이 지역에서 가장 큰 레스토랑 체인이에요. 이 사람들을 우리가 고객으로 유치한다면 더 바랄 것이 없겠지만, 음… 우리가 이걸 감당할 수 있나요?

여: 할 수 있을 것 같아요. 이 지역에 있는 그들의 식당 수를 생각하면, 주문의 규모가 할인을 벌충하고도 남을 거예요.

남: 좋아요, 그렇다면 지금 다시 전화해서 제안을 받아들이겠다고 하면 어떨까요.

13. What are the speakers discussing?
(A) A business proposal
(B) A shipment delay
(C) A restaurant opening
(D) A tourist attraction

화자들은 무엇을 논하는가?
(A) 거래 제안
(B) 배송 지연
(C) 식당 개업
(D) 관광 명소

14. What did Mr. Garcia request?
(A) More support
(B) Faster delivery
(C) Larger shipments
(D) Lower price

Mr. Garcia는 무엇을 요청했는가?
(A) 추가적인 지원
(B) 더 빠른 배달
(C) 더 많은 배송량
(D) 더 낮은 가격

15. What will the woman do next?
(A) Postpone a meeting
(B) Fill a new order
(C) Cancel a delivery
(D) Contact a client

여자는 이후에 무엇을 할 것인가?
(A) 회의를 연기한다
(B) 새 주문을 처리한다
(C) 배달을 취소한다
(D) 고객에게 연락한다

VOCAB place an order 주문하다 offer 제공하다 proposal 제안 shipment 수송 opening 개업 tourist attraction 관광 명소 attract ~을 유치하다, 끌어모으다 can afford to-V (~ 할 금전적, 시간적) 여유가[형편이] 되다 considering ~을 고려[감안]하면 make up for ~을 벌충[만회]하다 markdown 가격 인하 accept 수락하다 fill an order 주문을 처리하다 contact 연락하다

해설 13번 문제처럼 주제를 물어볼 때는 첫 문장부터 더 집중하는 것을 잊지 말자. 여자의 첫 대사 He said his company will place an order for vegetables from us, but only when we offer them a ten percent discount.에서 Mr. Garcia가 거래 제안을 했다는 것을 알아내면서 키워드 discount를 듣고 낮은 가격을 원한다는 것도 알아야 한다. 이 문장을 들으면서 13번과 14번 문제의 정답을 동시에 골라야 한다. 읽어 놓은 문제의 내용을 기억하고 있다. 15번 같은 do next 문제는 항상 마지막 대사에 정답이 나오므로 대화 마지막 부분까지 기다리다 why don't you call them back now가 들릴 때 정답을 골라야 한다.

Questions 16 through 18 refer to the following conversation.

W Br **16. 17.** Martin, it seems like it's time to start **developing an updated version of our personal finance software**. I know it was released on the market just six months ago and we've gained the most market share in the industry, but a few weeks ago, Max Programming introduced a quite similar software package at a lower price.

M Au Hmm... is there any fluctuation in our sales?

W Br According to last month's sales report, yes, we saw a slight decline. And consumers' response to their new product is fairly good.

M Au **18.** OK, then, let's **gather the members of the software development team** who created the first version so they can make it upgraded. We'll have to concentrate on adding new features that our competitor doesn't provide.

16-18번 문제는 다음 대화에 관한 것입니다.

여: Martin, 우리의 개인 재무 관리 소프트웨어의 업데이트된 버전 개발을 시작해야 할 때인 것 같아요. 그게 겨우 6개월 전에 시장에 출시되었고, 우리가 업계에서 가장 높은 시장 점유율을 차지하고 있는 건 알지만, 몇 주 전에 Max 프로그래밍이 꽤 비슷한 소프트웨어 패키지를 더 낮은 가격에 출시했어요.

남: 음… 우리 판매량에 변동이 있나요?

여: 지난달 영업 보고서에 따르면, 네, 약간 감소했어요. 그리고 그 회사 신제품에 대한 소비자들의 반응도 꽤 좋아요.

남: 알았어요, 그럼 첫 버전을 만들어 낸 소프트웨어 개발팀의 멤버들을 모아서 업그레이드하게 시킵시다. 우리의 경쟁사들은 제공하지 않는 새 사양을 추가하는 데 집중해야 할 거예요.

16. What are the speakers discussing?
(A) Analysis of the market
(B) Development of a software product
(C) Learning a foreign language
(D) New features of a software product

화자들은 무엇을 토론하고 있는가?
(A) 시장의 분석
(B) 소프트웨어 제품의 개발
(C) 외국어 배우기
(D) 소프트웨어 제품의 새로운 특징

17. Who most likely are the speakers?
(A) Neighbors
(B) Hardware store clerks
(C) Colleagues
(D) Market analysts

화자들은 누구인 것 같은가?
(A) 이웃 주민들
(B) 철물점 직원들
(C) 직장 동료들
(D) 시장 분석가들

18. Who do the speakers plan to meet with?
(A) Store managers
(B) Product developers
(C) Potential customers
(D) Sales representatives

화자들은 누구를 만날 계획인가?
(A) 매장 매니저들
(B) 제품 개발자들
(C) 잠재 고객들
(D) 영업 사원들

VOCAB it seems like ~인 것 같다, ~인 듯하다 updated 업데이트된, 갱신된 finance 재정, 재무 analysis 분석 foreign language 외국어 feature 특징, 사양, 기능 hardware store 철물점 colleague 동료 release/introduce 출시하다 gain 얻다, 획득하다 market share 시장 점유율 industry 업계 fluctuation 변동 sales 판매량 sales report 영업 보고서 slight 약간의 decline 감소 response 반응 fairly 꽤 gather 모으다 so (that) + S + can[may/will] + V ~하기 위해서 upgrade 업그레이드하다 concentrate 집중하다 add 추가하다 competitor 경쟁사

해설 16번 문제는 주제가 무엇인지, 17번은 화자들이 누구인지 묻고 있으므로, 두 문제는 첫 한두 문장에서, 동시에 정답을 알려줄 확률이 높다는 것을 미리 생각해두고 문제를 잘 읽어서 기억해두자. 그리고 여자의 첫 대사 Martin, it seems like it's time to start developing an updated version of our personal finance software.에서 두 문제의 정답을 한번에 골라야 한다. 18번 문제의 정답은 남자의 마지막 대사 let's gather the members of the software development team에서 알아낼 수 있다.

Questions 19 through 21 refer to the following conversation.

M Cn Hello. This is Terry Rogers from Mega Mart. **19. 20.** I sent a fax to **place an order for** five hundred boxes of **oranges** yesterday and I'd like to **add five hundred more boxes to my order**. Will you still be able to ship them to us by Thursday?

W Br I'm sorry, sir. **20. Oranges are currently out of stock in our warehouse**, and it'll take a couple of days for another shipment to arrive here. Your first order will be delivered on schedule, but the additional five hundred boxes won't be ready until some time next week.

M Cn Really? I hoped it would be sooner. **21.** So, we can still receive the **original order** by Thursday?

W Br **21.** Definitely, **it's on its way to your store now**. You'll receive it on Thursday, at 11 A.M. as scheduled.

19-21번 문제는 다음 대화에 관한 것입니다.

남: 여보세요. Mega 마트의 Terry Rogers입니다. 어제 오렌지 500상자를 주문하려고 팩스를 보냈는데요, 어제 주문에 500상자를 추가하고 싶습니다. 그래도 목요일까지 물건을 보내주실 수 있을까요?

여: 죄송합니다, 고객님. 현재 저희 창고에서 오렌지 재고가 떨어져서요, 그리고 다음 운송품이 여기 도착하는 데는 2, 3일 정도 걸릴 거예요. 고객님의 첫 주문은 예정대로 배달되겠지만, 추가 500상자는 다음 주까지는 준비가 되지 않을 거예요.

남: 그래요? 더 일찍 되기를 바랐는데요. 그럼, 원래 주문한 건 목요일까지 받을 수 있는 거죠?

여: 물론이죠, 지금 고객님 매장으로 배달되는 중이에요. 예정대로 목요일 오전 11시에 받으시게 될 겁니다.

19. Why is the man calling?
(A) To update a mailing address
(B) To add more items to his order
(C) To cancel a delivery
(D) To request a discount

남자는 왜 전화하는가?
(A) 발송 주소를 갱신하려고
(B) 주문에 물건을 추가하려고
(C) 배달을 취소하려고
(D) 할인을 요구하려고

20. Where does the woman probably work?
(A) At a produce supplier
(B) At a flower shop
(C) At a post office
(D) At a shipping company

여자는 어디에서 일하는 것 같은가?
(A) 농산물 납품업체
(B) 꽃가게
(C) 우체국
(D) 운송 회사

21. What does the woman say about the order?
(A) Its delivery will be behind schedule.
(B) It can be done online.
(C) It is being delivered to the man's store.
(D) The man will receive a discount on it.

여자는 주문에 대해 뭐라고 말하는가?
(A) 배달이 예정보다 늦어질 것이다.
(B) 온라인으로 할 수 있다.
(C) 남자의 매장에 배달되는 중이다.
(D) 남자가 그것에 대한 할인을 받게 될 것이다.

VOCAB place an order 주문하다 add 추가하다, 더하다 update 갱신하다 mailing address 우편 주소 produce 농작물, 농산물 supplier 공급 회사 ship 수송하다, 운송하다 currently 현재 out of stock 재고가 떨어진 warehouse 창고 shipment 운송품, 화물 order 주문(품) on schedule 예정대로, 일정대로 additional 추가적인 original 원래의 definitely 물론이죠 on one's way to ~로 가는 도중인 behind schedule 예정보다 늦은 as scheduled 예정대로

해설 19번 문제는 대화의 목적을 묻고 있고, 20번은 여자의 직업에 관한 질문이다. 둘 다 대부분 첫 한두 문장에서 정답의 키워드가 등장하는 유형이다. 정답을 동시에 골라야 할지도 모른다고 예상하고, 문제 내용을 더 잘 기억하도록 노력하자. 그리고 I sent a fax to place an order for five hundred boxes of oranges yesterday and I'd like to add five hundred more boxes to my order.를 들으면서 19번과 20번 문제의 정답을 동시에 고르고 넘어간다. 물론, 여자의 대사 Oranges are currently out of stock in our warehouse에서 여자가 일하는 장소가 어디인지 다시 확인할 수 있으므로 앞에서 20번 문제의 정답을 고르지 못했다면 여기에서라도 얼른 정답을 고르고 넘어가야 한다. 21번 문제는 여자의 마지막 대사 it's on its way to your store now.가 다른 표현으로 바뀌어 있는 (C)를 정답으로 골라야 한다.

Questions 22 through 24 refer to the following talk.

W Am **22.** Welcome to today's **training session**. **22. 23.** As **team leaders, each of you** play a critical role in our performance appraisal process. **23.** This year, we'll be using a new **software program for appraisals** and if you look up the screen, I'll show it to you now. When you log into the administrative page, you'll find your name under the 'appraisers' tab. There, you'll see a list of employees to provide feedback on. After you complete each form, click the submit button and your appraisal will be saved in the secure database. Since this information is highly confidential and only the senior managers have access to it, **24.** you'll each need to **sign a confidentiality** agreement. **24.** I'll **pass them out so you can do it now**.

22-24번 문제는 다음 담화에 관한 것입니다.

오늘 교육에 오신 걸 환영합니다. 팀장으로서 여러분 각각은 우리의 고과 평가의 절차에서 중요한 역할을 합니다. 올해는 우리가 평가를 위해 새로운 소프트웨어 프로그램을 사용할 건데요, 스크린을 보시면 이제 보여드리겠습니다. 관리자 페이지에 로그인하시면, '평가자' 탭에서 여러분의 이름을 발견하게 될 겁니다. 그곳에 여러분이 피드백을 해줘야 할 직원들의 목록이 보일 거예요. 각각의 양식을 작성한 후에 제출 버튼을 클릭하시면 여러분의 평가가 안전한 데이터베이스에 저장됩니다. 이 정보는 극비이고 오직 고급 간부들만이 접속 권한을 갖기 때문에, 여러분 모두는 기밀 유지 서약에 사인하셔야 합니다. 지금 하실 수 있게 제가 서약서를 나눠 드리겠습니다.

22. What is the purpose of the talk?
(A) To welcome new recruits
(B) To train team leaders
(C) To introduce technicians
(D) To revise an employee handbook

담화의 목적은?
(A) 신입 직원들을 환영하기 위해서
(B) 팀장들을 교육하기 위해서
(C) 기술자들을 소개하기 위해서
(D) 직원 안내 책자를 수정하기 위해서

23. According to the speaker, what will the software be used for?
(A) Conducting performance evaluations
(B) Recording product inventory
(C) Creating employee directory
(D) Comparing company benefit options

화자 말에 따르면 소프트웨어는 어디에 사용될 것인가?
(A) 고과 평가를 수행하는 데
(B) 제품 재고를 기록하는 데
(C) 직원 주소록을 만드는 데
(D) 회사의 복리후생 혜택들을 비교하는 데

24. What are listeners asked to do?
(A) Sign a form (B) E-mail a document
(C) Create a new password (D) Review some statistics

청자들에게 무엇을 요청하는가?
(A) 양식에 서명해라 (B) 서류를 이메일로 보내라
(C) 새 비밀번호를 만들어라 (D) 통계 자료를 검토해라

VOCAB training session 교육 (과정) play a critical role in ~에 중요한 역할을 하다 performance appraisal[evaluation] 인사 고과, 고과 평가 process 과정, 절차 appraisal 평가 look up (시선을 들어) 올려다보다, 쳐다보다 (new) recruit 신입 사원 revise 수정하다 employee handbook 직원 안내서 conduct (특정한 활동을) 하다 record 기록하다 inventory 재고(품) directory 주소 성명록, 인명부 compare 비교하다 benefit 복리후생 administrative 관리의, 관리자의 appraiser 평가자 complete 작성하다 secure 안전한 highly 대단히, 매우 confidential 기밀의 senior manger 고급 간부 have access to ~에 대한 접속 권한을 갖다 confidentiality agreement 기밀 유지 서약 pass out ~을 나눠 주다 review 검토하다 statistics 통계 자료

해설 22번과 같은 담화의 목적을 묻는 문제를 만나면 첫 문장부터 잘 집중해서 키워드를 놓치지 않도록 하자. 첫 문장 Welcome to today's training session.에서 지금 교육 중이며, 다음 문장에서 청자들을 팀장이라고 부르고 있다. (As team leaders, each of you~) 같은 문장에서 이들이 인사 고과를 해야 한다는 것을 알 수 있고,(each of you play a critical role in our performance appraisal process) 그다음에 이를 위해 새 소프트웨어를 사용할 것이라고 말한다.(we'll be using a new software program for appraisals) 여기서 22번과 23번의 정답을 동시에 골라야 한다. 따라서 원활하게 문제를 풀려면 읽은 내용을 잘 기억하고 있어야 한다. Performance evaluation[appraisal]은 토익 시험에 자주 출제되는 어휘로 꼭 기억해두자. 24번 문제는 지문의 마지막 부분에서 you'll each need to sign a confidentiality agreement. I'll pass them out so you can do it now.를 듣고 정답을 골라야 한다.

Questions 25 through 27 refer to the following telephone message.

25-27번 문제는 다음 전화 메시지에 관한 것입니다.

M Au This message is for Mr. Kim. Good morning, Mr. Kim. **25. 26.** I'm **calling from the Regent Hotel** in Sunnyville because you **left your camera in the room you stayed at**. We'd be happy to mail the camera back to you and we won't charge you the postal rate according to our policy. **27.** However, we do **need to confirm your address**. Please give us a call back with this information and we'll be able to send the camera back to you by tomorrow at the latest. Thank you for staying with us and have a nice day.

Mr. Kim께 남기는 메시지입니다. 안녕하세요, Mr. Kim. Sunnyville Regent 호텔에서 묵으셨던 방에 카메라를 남겨두고 가셨길래 전화합니다. 카메라는 기꺼이 우편으로 보내드릴 것이고, 저희 정책에 따라 요금은 청구하지 않을 것입니다. 하지만 선생님의 주소는 확인해야 합니다. 다시 전화 주셔서 이 정보를 알려주시면 늦어도 내일까지는 카메라를 돌려보내 드릴 수 있습니다. 저희 호텔에 묵어주셔서 감사드리며 좋은 하루 되세요.

25. Where does the speaker work?
(A) At a bank
(B) At an electronics store
(C) At a post office
(D) At a hotel

화자는 어디에서 근무하는가?
(A) 은행에서
(B) 전자제품 판매장에서
(C) 우체국에서
(D) 호텔에서

26. What is the phone call about?
(A) A defective product
(B) A forgotten item
(C) A billing issue
(D) A shipping delay

통화는 무엇에 관한 것인가?
(A) 결함 있는 제품
(B) 잊어버린 물건
(C) 비용 청구 문제
(D) 운송 지연

27. What information does the speaker need?
(A) A mailing address
(B) A credit card number
(C) A tracking number
(D) A description of an object

화자는 어떤 정보가 필요한가?
(A) 우편 주소
(B) 신용카드 번호
(C) 추적 번호
(D) 어떤 물건에 대한 설명

VOCAB leave (left-left) ~을 두고 가다 defective 결함이 있는 forgotten 잊고 안 가져간 billing 청구서 발부 shipping 운송, 배송 be happy to 기꺼이 ~하다 mail (우편으로) 보내다 charge (비용을) 청구하다 postal rate 우편 요금 confirm 확인하다 description 설명, 묘사 object 물건, 물체 give *sb* a call ~에게 전화하다 at the latest 늦어도

해설 25번 문제는 화자에 대한 정보를, 26번은 담화의 주제를 묻고 있으므로 둘 다 첫 한두 문장에서 정답을 대부분 알려주는 유형이다. 그러므로 두 문제의 키워드가 동시에 나올 것을 예상하고, 문제 내용을 잘 기억하며 첫 문장부터 집중하고 있어야 한다. 그리고 I'm calling from the Regent Hotel in Sunnyville because you left your camera in the room you stayed at. 이라는 첫 문장에서 두 문제의 정답을 한꺼번에 고르고 넘어가면 된다. 또한 27번 문제의 정답은 we do need to confirm your address라고 말하는 문장에서 어렵지 않게 알아낼 수 있다.

Questions 28 through 30 refer to the following telephone message.

W Am Hi, James. This is Mary. **28· 29·** I **just came into the sandwich shop** and when I **entered the storage room**, I saw the door of the refrigerator was open and all the **fruit and vegetable inside had started to go bad**. I threw away most of them, **30·** so now, we're low on **lettuce and tomatoes**. We're going to need more for the lunch crowd today. **30·** Could you please **pick some up** on your way to work this morning? I know you're scheduled to start work at ten o'clock and that should leave us enough time to get everything prepared. I can start setting up in the meantime.

28-30번 문제는 다음 전화 메시지에 관한 것입니다.

안녕, James예요. 제가 지금 막 샌드위치 가게에 들어왔는데 창고에 들어가니, 냉장고 문이 열려 있었고 모든 과일과 채소들이 상하기 시작한 것을 봤어요. 그것들 대부분은 버렸기 때문에, 이제 양상추와 토마토가 부족해요. 오늘 점심에 사람들이 모일 것을 대비해 이것들이 더 필요할 것 같아요. 오늘 아침 출근길에 좀 사 올 수 있나요? 10시에 일을 시작하기로 되어있다는 것을 알고 그건 우리가 모든 걸 준비해 놓는 데 충분한 시간일 거예요. 그동안에 제가 준비해 놓기 시작할 수 있어요.

28. Where does the speaker work?
   (A) At a sandwich shop
   (B) At a farm
   (C) At an electronics store
   (D) At a rental agency

화자는 어디에서 일하는가?
(A) 샌드위치 가게
(B) 농장
(C) 전자제품 판매장
(D) 임대 업체

29. What problem does the speaker report?
   (A) Some employees are absent.
   (B) Some equipment needs service.
   (C) Some food has spoiled.
   (D) Some deliveries were delayed.

화자는 어떤 문제를 알리는가?
(A) 몇몇 직원들이 결근했다.
(B) 어떤 장비에 서비스가 필요하다.
(C) 어떤 음식이 상했다.
(D) 몇 건의 배달이 지연되었다.

30. What does the speaker ask James to do?
   (A) Come in earlier than scheduled
   (B) Pick up some supplies
   (C) Call a supplier
   (D) Repair an appliance

화자는 제임스에게 무엇을 하라고 요청하는가?
(A) 예정보다 일찍 출근하라고
(B) 어떤 물자들을 사 오라고
(C) 공급업체에게 전화하라고
(D) 기기를 수리하라고

해설   28번 문제가 화자에 대한 정보를 묻고 있으므로 첫 한두 문장에서 정답을 알 수 있다는 것을 생각하며 집중하고 있어야 한다. 첫 문장에서 샌드위치 가게에 들어와서 창고로 갔다고 말하는데,(I just came into the sandwich shop and when I entered the storage room) 이것은 샌드위치 가게가 화자의 직장이라는 것을 알려준다. 또한 이 문장에 냉장고 안의 과일과 채소가 상하기 시작했다는 말이 있어(I saw the door of the refrigerator was open and all the fruit and vegetable inside had started to go bad.) 29번의 정답을 알려준다. 그러므로 수험자는 여기서 두 문제의 정답을 동시에 알아내야 하는데, 그러려면 28번을 보고 있으면서도 29번의 내용이 생각나야 한다. 항상 읽은 내용이 기억나도록 문제를 잘 읽어두자. 30번의 정답은 Could you please pick some up on your way to work this morning?에서 어렵지 않게 알아낼 수 있다.

p. 91 Part 1   Exercise   **1.** b   **2.** a

● 정답을 맞힌 문제도 해설을 읽어보자.

1.   M Au

(A) The woman is plugging in a computer.
(B) The woman is sipping from a cup.
(C) The woman is opening a window.
(D) The woman is adjusting a chair.

(A) 컴퓨터의 플러그를 꽂고 있다.
(B) 컵으로 조금씩 마시고 있다.
(C) 창문을 열고 있다.
(D) 의자를 조절하고 있다.

VOCAB   plug in ~의 플러그를 꽂다   adjust 조정하다, 조절하다

해설   '마시다'라는 뜻으로는 사실 drinking보다 sipping을 더 많이 사용한다. plugging in과 opening, adjusting은 모두 사진의 동작을 올바로 나타내지 못하지만, 다른 문제에서는 정답으로 출제될 수 있으니 언제나 오답으로 나온 표현들도 잘 기억해두자.

2.   W Am

(A) Many bicycles have been loaded onto a truck.
(B) Cyclists are riding down a city street.
(C) Several cars are parked in a row.
(D) A driver is getting out of a vehicle.

(A) 많은 자전거가 트럭에 실려 있다.
(B) 자전거 탄 사람들이 시내 도로를 따라 달리고 있다.
(C) 몇몇 자동차들이 일렬로 주차되어 있다.
(D) 운전자가 차량에서 내리고 있다.

VOCAB   cyclist 자전거 타는 사람   ride (자전거, 오토바이 등을) 타고 가다   in a row 일렬로   get out of ~에서 내리다

해설   사진에 보이지 않는 사람이 사물을 언급하는 문장은 오답이다. (B)의 자전거 타는 사람도, (D)의 운전자도 보이지 않으므로 둘 다 오답이다. 일렬로 있는 것은 자전거지 자동차가 아니므로 (C)도 오답이다.

| 1 | c | 3 | c | 5 | c | 7 | b | 9 | b |
| 2 | b | 4 | a | 6 | a | 8 | c | 10 | c |

● 정답을 맞힌 문제도 해설을 읽어보자.

M Cn W Br

1. How long was Mr. Park out sick?
   (A) It's too thick to bend.
   (B) At medical clinic.
   (C) Only a few days.

Mr. Park는 얼마 동안 결근하셨죠?
   (A) 너무 두꺼워서 구부릴 수 없습니다.
   (B) 병원에서요.
   (C) 딱 며칠만요.

VOCAB be out sick 아파서 결석[결근]하다 thick 두꺼운, 두툼한 bend 구부리다 medical clinic 병원

해설 How long 유형의 질문은 기간 표현이 대부분 정답으로 출제된다. (A)처럼 유사 발음(sick - thick)이 들리거나 (B)처럼 연상되는 단어(sick - medical clinic)가 들리는 경우는 오답으로 골라내는 것이 좋다.

W Br M Au

2. How many employees are expected to show up at the training course?
   (A) For the next eight to ten weeks.
   (B) Everyone from the research department.
   (C) There's a showing every hour on the hour.

교육 과정에 몇 명의 직원들이 올 것으로 예상됩니까?
   (A) 앞으로 8주에서 10주 동안이요.
   (B) 연구 부서 전원이요.
   (C) 매시 정각에 상영이 있습니다.

VOCAB show up (예정된 곳에) 나타나다 training course 교육 과정 showing (영화) 상영 every hour on the hour 정시마다

해설 How many 유형의 질문이 나왔을 때는 대부분 '숫자'가 들어가는 대답이 정답이 되지만, 숫자가 들리지 않더라도 many, (a) few, several, every, each 등의 키워드가 들어 있다면 정답으로 선택해야 한다. (A)는 기간 표현이기 때문에 How long 유형에서, (C)는 빈도 표현이기 때문에 How often 유형의 질문에서 정답으로 출제된다.

W Am M Cn

3. How will you get to the airport tomorrow morning?
   (A) Probably by express mail.
   (B) In case the flight is overbooked.
   (C) A friend is driving me.

내일 아침에 공항에 어떻게 가실 건가요?
   (A) 아마도 속달 우편으로요.
   (B) 비행기가 초과 예약이 될 경우를 대비해서요.
   (C) 친구가 차로 데려다 겁니다.

VOCAB express mail 속달 우편 in case ~할 때 대비해서 overbook (정원을) 초과해 예약을 받다 drive 차로 데려다 주다

해설 How ~ get to ~? 유형의 질문에서는 교통수단이나 길 이름이 들리는 대답이 대부분 정답으로 출제된다. (A)는 질문의 tomorrow morning에서 연상되는 express mail로, (B)는 airport에서 연상되는 flight로 오답을 유도하고 있다. 연상되는 단어는 대부분 오답 장치라는 사실을 기억하자.

4. How did you learn of the job opening in Lion Publishing?
  (A) A colleague told me.
  (B) By next Tuesday's meeting.
  (C) The city hall parking lot.

Lion 출판사에 공석이 난 건 어떻게 알았습니까?
(A) 동료가 말해줬어요.
(B) 다음 주 화요일 회의 때까지요.
(C) 시청 주차장이요.

VOCAB job opening (직장의) 공석 colleague 동료 city hall 시청 parking lot 주차장

해설 How did you lean[find our/hear] 유형의 질문에서 정답으로 가장 많이 출제되는 대답은 '~ told me'이다. (B)는 When 의문문의 정답으로 출제되는 패턴이고, (C)는 장소이므로 Where 의문문의 정답으로 알맞다.

5. How do you like your new office, Georgia?
  (A) About nine hundred dollars a month.
  (B) That bookcase right there.
  (C) It's too close to the employee lounge.

새 사무실은 어때요, Georgia?
(A) 한 달에 900달러 정도요.
(B) 바로 저기 저 책장이요.
(C) 직원 휴게실과 너무 가까워요.

VOCAB bookcase 책장, 책꽂이 employee lounge 직원 휴게실

해설 의견을 묻는 말 How do you like는 (C)처럼 형용사(too close)나 부사를 사용하는 대답이 들리면 대부분 정답이다. (A)는 금액으로 대답하고 있으므로 How much 질문 유형의 정답으로 알맞고, (B)는 의견을 말하는 문장이 아니다.

6. Would you be willing to give up your seat if the flight is overbooked?
  (A) What can I get in exchange?
  (B) Thanks, this is the book I left on my seat.
  (C) A few different travel agencies.

비행편이 초과 예약되었을 시에 자리를 양보해 주시겠습니까?
(A) 대가로 저는 뭘 받게 되죠?
(B) 고맙습니다, 이게 바로 제가 놓고 내린 책이에요.
(C) 몇몇 다른 여행사들이요.

VOCAB be willing to-V 흔쾌히 ~하다 give up 단념하다, 포기하다 overbook 정원을 초과하여 예약받다 in exchange 그 대신, 답례로 leave (left-left) 두고 오다 travel agency 여행사

해설 항상 문장의 앞부분에 집중하는 걸 습관으로 만들어야 한다. Would you be willing to give up(자리를 양보해 주시겠습니까)에 집중하면 (A) What can I get in exchange?(대가로 저는 뭘 받게 되죠?)가 정답임을 알 수 있다. 또한 반복되는 단어(seat)와 유사 발음(overbooked - book), 연상 단어(flight - travel agencies)들이 항상 오답을 고르게 하는 장치라는 것을 안다면 정답을 찾아낼 수 있다.

7. I didn't receive any response to the job application I submitted.
  (A) An updated résumé and cover letter.
  (B) Why don't you call the company?
  (C) I'm worried about my qualifications.

아직 제가 제출한 입사 지원서에 대한 응답을 못 받았습니다.
(A) 최신 이력서와 자기소개서요.
(B) 회사에 전화해 보는 건 어떠세요?
(C) 제 자격에 대해 걱정이 되는군요.

VOCAB response 대답, 응답 job application 입사 지원서 updated 최신의 résumé 이력서 cover letter 자기소개서 be worried about ~에 대해 걱정하다 qualification 자격

해설 문장 앞부분 I didn't received any response(응답을 못 받았습니다)에 집중하면 가장 자연스러운 대답을 알 수 있다. job application에서 연상되는 표현 résumé and cover letter라든가 qualifications같은 것들을 들으면 (A)와 (C)가 오답인 것도 짐작할 수 있다. 또한 도저히 정답을 알아내기 힘든 경우에는 (B)처럼 반문하는 대답이 대부분 정답이라는 사실을 기억하고 찍었을 때도 정답을 맞힐 확률을 최대한 높이자.

8. You remembered to back up the file before you modify it, didn't you?

(A) No, I don't remember her.
(B) A pile of black olives.
(C) Yes, thanks for checking.

파일을 수정하기 전에 잊지 않고 백업 해두셨죠?

(A) 아니요, 그녀는 기억이 안 납니다.
(B) 블랙 올리브 한 더미요.
(C) 네, 확인해주셔서 감사합니다.

VOCAB   back up ~을 백업하다   modify 수정하다, 바꾸다   pile 더미

해설   (A)와 (B)는 반복되는 단어(remember)와 유사 발음(back - black, file - pile)을 통해 오답으로 골라낼 수 있다. 오답을 잘 골라낼수록 고수가 된다. 또한 문장 앞부분 You remembered to back up(잊지 않고 백업 해두셨죠)에 집중하면 자연스러운 대화를 알아낼 수 있다.

9. Didn't Limtex Beverages come out with a new line of soft drinks?

(A) No, she didn't come with us.
(B) Yes, I sampled it the other day.
(C) I feel a little thirsty, too.

Limtex 음료 회사가 새 청량음료 제품군을 선보이지 않았나요?

(A) 아니요, 그녀는 우리와 함께 오지 않았습니다.
(B) 네, 제가 저번에 먹어봤어요.
(C) 저도 목이 좀 마르군요.

VOCAB   come out with ~을 선보이다   line 제품군   soft drink 청량음료   sample 맛보다   the other day 일전에   thirsty 목이 마른, 갈증이 나는

해설   반복되는 단어(come, with)와 연상되는 단어(Beverages, drinks - thirsty)는 대부분 오답을 유도하는 장치라는 걸 알고 있다면 쉽게 정답을 알아낼 수 있다. 문장 앞부분 Didn't Limtex Beverages come out with(Limtex 음료수 회사가 내놓지 않았나요)에 집중해도 가장 자연스러운 대답을 알 수 있다.

10. Are you going to the grant proposal writing workshop next week?

(A) It was working properly this morning.
(B) He works in the shop next door.
(C) No, I attended the last one.

다음 주 보조금 제안서 작성 워크숍에 가실 건가요?

(A) 오늘 아침에는 잘 작동하고 있었어요.
(B) 그는 옆 가게에서 근무합니다.
(C) 아니요, 지난번에 참석했어요.

VOCAB   grant (정부나 단체에서 주는) 보조금   proposal 제안(서), 제의   properly 잘   attend 참석하다, 출석하다

해설   (A)는 Where 의문문의 정답 패턴이므로 질문의 의문사 When만 기억하고 있어도 오답으로 골라낼 수 있고, (B)는 release - at least같은 유사한 발음을 통해 오답임을 알아차려야 한다. (C)처럼 '모른다'는 뜻으로 하는 대답은 거의 항상 정답이다. When 의문문에서 출제될 수 있는 "몰라" 유형의 대답으로 The schedule hasn't been confirmed yet.같은 문장도 기억해두자.

| p. 98 Part 3&4 | Sample Questions |

해석   1-3번 문제는 다음 대화에 관한 것입니다.

여: 실례합니다, 저는 여기 신입 사원이고 근무 첫날에 경비실을 방문해서 사원증을 찾으라고 얘기를 들었는데, 경비실이 어디 있는지 모르겠네요. 거기에 어떻게 가는지 알려주실 수 있나요?

1. 여자가 경비실에 가고 싶은 이유는?
(A) 명찰을 받기 위해
(B) 서류를 제출하기 위해
(C) 잃어버린 물건을 찾기 위해
(D) 공석에 대해 문의하기 위해

남: 물론이죠, 이 건물 단지가 헛갈리게 되어있어요, 그렇지 않나요? 건물 곳곳에 지도와 표지판을 더 많이 게시해 놔야 할 것 같은데 말이에요. 경비실은 길 건너편 건물에 있어요. 정문 근처에 있으니까 일단 건물 안에 들어가면 쉽게 찾을 거예요.

여: 아, 정말 고맙습니다. 그런데, 제가 이 건물 앞에 제 차를 세워 놨거든요. 건너편에 다녀오는 동안 차가 그곳에 있어도 될까요?

남: 사실, 그 구역은 허가증 소지자들만 쓰도록 지정된 곳이에요. 여기서 잠깐만 기다리시면 자동차 앞 유리에 놓아둘 임시 허가증을 제가 가져다 드릴게요.

2. 남자는 건물 단지에 대해 뭐라고 말하는가?
(A) 표지판이 충분하지 않다.
(B) 시 중심부에서 멀다.
(C) 조경 작업이 필요하다.
(D) 국경일이라 문을 닫았다.

3. 남자는 여자에게 무엇을 가져다줄 것인가?
(A) 보고서　　　　(B) 보안 출입증
(C) 허가증　　　　(D) 직원 안내 책자

---

p. 99 Part 3 & 4　　**Exercise**　　**1.** d　　**2.** c　　**3.** a　　**4.** a　　**5.** b　　**6.** d

● 정답을 맞힌 문제도 해설을 읽어보자.

Questions 1 through 3 refer to the following conversation.

W Am **1.** I'd like to check with you about the **TV commercial for our new line of mobile phones**. Have you talked to KTBC yet about inserting commercials in soap operas and talk shows?

M Au Yes, I just spoke with the director of their advertising department. **2.** Unfortunately, the **advertising rates have gone up** significantly recently, and we don't seem to be able to buy as many spots as we have before due to the lack of budget.

W Am **3.** Well, why don't we **shorten the length of our commercial** so we can spend less money? Last year's was sixty seconds long, but I think a thirty second one should also be effective enough.

1-3번 문제는 다음 대화에 관한 것입니다.

여: 우리의 새 휴대전화 제품군의 텔레비전 광고에 대해 당신과 확인하고 싶어요. 연속극과 토크쇼에 광고를 삽입하는 것에 대해 KTBC 측과 의논해 보셨나요?

남: 네, 방금 그쪽 광고부서 관리자와 통화했어요. 유감스럽게도, 최근 광고 요금이 상당히 올랐더라고요. 그래서 우리는 예산 부족 때문에 전에 했던 것만큼 많은 자리를 살 수는 없을 것 같아요.

여: 음, 우리가 돈을 덜 쓸 수 있게 광고의 길이를 줄이는 것은 어때요? 작년 것은 60초짜리였지만 제 생각에는 30초 짜리도 충분히 효과적일 것 같아요.

---

1. What type of product are the speakers planning to advertise?
(A) Motor vehicles
(B) Bathroom supplies
(C) Sporting goods
(D) Electronic appliances

화자들은 어떤 유형의 제품을 광고하려고 계획하는가?
(A) 자동차
(B) 욕실 용품
(C) 스포츠 용품
(D) 전자제품

2. What problem does the man mention?
(A) Production schedule has to be changed.
(B) Sales have decreased.
(C) Costs have increased.
(D) Advertising space has been sold out.

남자는 어떤 문제를 언급하는가?
(A) 생산 일정을 변경해야 한다.
(B) 판매량이 감소했다.
(C) 비용이 증가했다.
(D) 광고 공간이 다 팔렸다.

3. What does the woman recommend?
   (A) Making a shorter advertisement
   (B) Holding a press conference
   (C) Contacting another television channel
   (D) Promoting the product in a newspaper

여자는 무엇을 제안하는가?
   (A) 더 짧은 광고를 만드는 것
   (B) 기자 회견을 여는 것
   (C) 다른 텔레비전 채널에 연락하는 것
   (D) 제품을 신문에 광고하는 것

해설 당연한 이야기지만, 패러프레이즈 된 문장들을 이해하려면 풍부한 어휘력이 필수다. 1번 문제는 commercial(광고 방송), line (제품군), advertise(광고하다), electronic appliance(전자제품) 같은 단어들을 알고 있어야 한다. 2번에서는 대화의 rates(요금) 가 문제의 costs(비용)로 바뀌어 있다는 것을 간파하면서 the advertising rates have gone up이라는 문장이 귀에 들어와야 한다. 3번은 shorten the length of our commercial을 알아듣고 정답을 골라야 하는데, 미국 발음의 원리를 알고 연음되는 부분 을 알아들어야 한다. shorten을 미국 발음으로 읽으면 음절을 short - en으로 분리해서 읽기 때문에 우리 귀에는 [쇼r / 은]으로 들린다. length of our는 연음되기 때문에 [랭θㅓ바r]로 들린다. [쇼r / 은 더 랭θㅓ 바r 커머r셜]이라고 여러 번 연습해보자.

Questions 4 through 6 refer to the following advertisement.

[M Cn] **4.** Yellowstone **Fitness Center** is happy to announce its grand opening. Located on Grand Avenue, we dedicate ourselves to satisfying all of your health and exercise needs. With over one hundred pieces of fitness equipment, **5.** we guarantee you'll **never wait for more than five minutes** to use any of our exercise machines. **5.** You **won't find any other fitness centers in the area that can make this possible**. **6.** Also, **for this month only**, you will receive a **10 percent discount on** your first 6 months of **membership**.

4-6번 문제는 다음 광고에 관한 것입니다.

Yellowstone 헬스클럽이 개장을 발표하게 되어서 기 쁩니다. Grand 가(街)에 있는 저희 헬스클럽은 여러 분의 모든 건강과 운동에 대한 필요를 만족시켜 드리 는 데 헌신합니다. 백 점(點) 이상의 운동 장비를 갖 추고 있는 저희는 여러분이 어떤 운동 기계를 이용하 기 위해서라도 5분 이상은 절대 기다리지 않으실 것 이라는 걸 보장합니다. 이것을 가능하게 할 수 있는 헬스클럽은 지역 어디에서도 찾으실 수 없을 겁니다. 또한 이번 달 한정으로, 첫 6개월 동안의 회원권에 대해 10퍼센트 할인을 받으실 수 있습니다.

4. What is being advertised?
   (A) A fitness center
   (B) A sporting goods store
   (C) An organic food market
   (D) A doctor's clinic

무엇을 광고하고 있는가?
   (A) 헬스클럽
   (B) 스포츠용품점
   (C) 유기농 식품 시장
   (D) 병원

5. What makes the business different from its competitors?
   (A) Helpful staff
   (B) Short wait times
   (C) Industry awards
   (D) Extended hours

사업체가 경쟁사들과 다른 점은?
   (A) 도움이 되는 직원들
   (B) 짧은 대기 시간
   (C) 업계 수상 경력
   (D) 길어진 영업시간

6. What can listeners receive for a limited time only?

(A) Product samples

(B) A complimentary consultation

(C) Free delivery

(D) A reduced membership fee

한정된 동안만 받을 수 있는 것은?

(A) 제품 견본

(B) 무료 상담

(C) 무료 배송

(D) 할인된 회비

> **VOCAB** fitness center 헬스클럽 grand opening 개장, 개점 sporting goods 스포츠용품 organic 유기농의 located ~에 위치한 dedicate oneself to ~에 헌신하다, 전념하다 satisfy 만족시키다 piece (불가산명사와 함께 쓰여) ~ 한 가지, 하나 guarantee 보장하다 competitor 경쟁사[자] industry 업계 extend 연장하다 hours 영업시간 membership 회원권 limited 제한된, 한정된 complimentary 무료의 consultation 상담 membership fee 회비

> **해설** 일단 첫 문장에서 업체 이름 Yellowstone Fitness Center가 들리는 순간 4번 문제의 정답은 쉽게 알아낼 수 있다. 5번을 맞히려면 우선 담화 중간에 나오는 we guarantee you'll never wait for more than five minutes가 귀에 들어와야 한다. 그리고 바로 이어지는 문장 You won't find any other fitness centers in the area that can make this possible.까지 듣고 기다리는 시간이 짧다는 점이 경쟁사들과 차별성을 두고 있는 부분이라는 것을 파악해야 한다. 그런데 5번 정답을 고를 때는 패러프레이즈 된 문장을 알아채는 능력뿐만 아니라 순발력도 필요하다. 바로 이어지는 문장에서 6번 정답을 알려주기 때문이다. 우선 for this month only가 6번 질문의 for a limited time only로 바뀌어 있다는 것을 알아야 한다. 그리고 이 마지막 문장에서 discount와 membership이라는 키워드가 들린다면 정답을 알아낼 수 있을 것이다.

Practice Test ● 정답을 맞힌 문제도 해설을 읽어보자.

1	d	4	b	7	c	10	c	13	c	16	a	19	a	22	d	25	b	28	a
2	d	5	a	8	b	11	b	14	a	17	c	20	d	23	c	26	d	29	d
3	d	6	c	9	b	12	a	15	b	18	b	21	b	24	a	27	c	30	c

---

p. 101 Part 1

1. W Am

(A) Workers are fixing some broken tiles with tools.

(B) Workers are installing a door in an entryway.

(C) Awnings have been placed in a row.

(D) Reading material is on display near a storefront.

(A) 연장으로 깨진 타일들을 고치고 있다.

(B) 입구에 문을 설치하고 있다.

(C) 차양들이 일렬로 있다.

(D) 읽을거리가 가게 앞쪽에 진열되어 있다.

> **VOCAB** entryway (건물) 입구, 현관 awning (창이나 문 위의) 차양, 비[해] 가리개 reading material 읽을거리 storefront 매장 전면, 가게 앞 (공간)

> **해설** 수리하는 장면과 줄지어 있는 장면은 Day 3에서 공부했다. 잘 복습하며 awning 같은 단어는 잘 기억해 두고, (A)와 (C)는 오답으로 잘 골라내자. (B)는 동사 installing을 들으면 오답인 것을 알 수 있다. 물건이 진열된 장면에서는 (D)처럼 display가 들리는 문장이 대부분 정답이다. 토익 시험에서는 books 대신 reading material을 사용하는 경우가 많다는 것도 알아두자.

2. [M Au]

(A) One of the women has rolled up her sleeves.
(B) Some customers are waiting in line.
(C) Some customers are paying for some merchandise.
(D) One of the women is wearing a long-sleeved shirt.

(A) 소매를 걷어 올렸다.
(B) 줄을 서서 기다리고 있다.
(C) 상품의 값을 지불하고 있다.
(D) 긴팔 셔츠를 입고 있다.

VOCAB roll up (둥글게) 말다, 감다 sleeve 소매

해설 복장을 묘사할 때 wearing을 사용한다는 것과 long-sleeved shirt의 의미를 알고 정답을 선택하면 된다. 항상 오답으로 나온 표현들도 다른 문제에서는 정답으로 사용될 수 있으므로 의미를 모르는 것들이 있다면 따로 잘 모아서 외워두자.

---

3. [W Br]

(A) Some chairs have been placed on a balcony.
(B) A shopping bag has been propped up on a counter.
(C) Some potted plants are arranged on a shelf.
(D) Light fixtures are hanging above a dining area.

(A) 의자들이 발코니에 배열되어 있다.
(B) 쇼핑백을 계산대 위에 받쳐 놓았다.
(C) 화분들이 선반 위에 배열되어 있다.
(D) 조명 기구들이 식탁 공간 위에 걸려 있다.

VOCAB arrange 배열하다 prop 받치다 potted plant 화분 dining area 식탁 공간

해설 벽이나 천장에 걸려 있거나 매달려 있는 장면에서는 hanging이 들리는 문장이 대부분 정답이다. (A)와 (C)는 모두 위치 표현이 잘못 나왔다. 토익에서는 위치 표현을 통해 오답을 유도하는 경우가 많다는 것에 주의하자. (B)의 prop은 이 문제에서는 오답이지만 다른 문제에서는 가끔 정답에 사용될 수 있으므로 기억해두자.

---

p. 103 Part 2

[M Cn] [W Br]

4. Can you please give me a list of the audio and video equipment that needs to be replaced?
(A) About three hundred dollars each.
(B) I'll leave it on your desk.
(C) Where's the extension cord?

교체가 필요한 오디오와 비디오 장비의 목록 좀 저에게 주시겠어요?
(A) 개당 약 300달러입니다.
(B) 책상 위에 둘게요.
(C) 연장선 어디 있어요?

VOCAB leave 두고[남기고] 가다 extension cord (전기 기구용) 연장선

해설 항상 문장 앞부분에 집중하는 걸 습관으로 만들어야 한다. Can you please give me(좀 저에게 주시겠어요)에 집중하면 자연스러운 대답을 파악할 수 있다.

W Am M Au

5. This report shows trends in public library usage, doesn't it?

(A) Yes, over the past ten years.

(B) I'll apply for a library card.

(C) No, the loan period is two weeks.

이 보고서는 공립 도서관 사용의 동향을 보여주고 있어요, 그렇지 않나요?

(A) 네, 지난 10년 동안요.

(B) 도서관 카드를 신청할 겁니다.

(C) 아니요, 대여 기간은 2주입니다.

> **VOCAB** trend 동향, 추세 public library 공립[공공] 도서관 usage 사용(량) apply for ~을 신청하다 loan period 대여 기간

> **해설** 문장의 앞부분 This report shows trends(이 보고서는 동향을 보여주고 있어요)에 집중하면 자연스러운 대답이 어느 것인지 알 수 있다. (B)는 질문에 나왔던 library를 반복하면서 오답을 유도하고 있고, (C)는 역시 질문의 library에서 연상되는 단어 loan period를 들려주면서 오답 장치를 제시하고 있다.

M Au M Cn

6. How was your vacation in California?

(A) She arrives on Wednesday.

(B) I left it on the airplane.

(C) The weather was fantastic.

California에서 휴가는 어땠어요?

(A) 그녀는 수요일에 도착합니다.

(B) 비행기에 놓고 내렸어요.

(C) 날씨가 환상적이었어요.

> **VOCAB** leave (left-left) ~을 두고 오다[가다] fantastic 환상적인, 기막히게 좋은

> **해설** 'How + be 동사 ~?' 유형의 정답 패턴을 기억하고 형용사를 사용하는 대답이 들릴 때 정답을 선택하자.

W Br W Am

7. Didn't you submit your time sheet last week?

(A) If you have time to do that.

(B) It's not required on the weekends.

(C) Oh, I think I forgot.

지난주에 근무 시간 기록표를 제출하지 않았나요?

(A) 그렇게 해주실 시간이 있다면요.

(B) 주말에는 하실 필요 없습니다.

(C) 아, 깜빡 잊은 것 같아요.

> **VOCAB** time sheet 근무 시간 기록표

> **해설** 항상 문장 앞부분에 집중하는 걸 습관으로 만들어야 한다. Didn't you submit(제출하지 않았나요)에 집중하면 (C)가 정답이 라는 걸 알 수 있다. 또한 (A)와 (B)는 각각 반복되는 단어(time)와 유사 발음(week - weekends)으로 오답을 유도하고 있으 므로 오답을 골라내는 기술만 구사해도 정답을 맞힐 수 있다.

W Am M Cn

8. How did you like the apartment you looked around yesterday?

(A) Out near Little Palm Beach.

(B) I thought it was too small.

(C) $900 a month.

어제 둘러보신 아파트 어땠습니까?

(A) Little Palm 해변 근처에요.

(B) 너무 작은 것 같아요.

(C) 한 달에 900달러요.

> **VOCAB** look around ~을 둘러보다

> **해설** 의견을 물어보는 질문이 나오면 형용사나 부사가 들리는 대답을 정답으로 선택하면 된다. (A)는 Where 의문문의 정답패턴 이고, (C)처럼 '돈'으로 대답하는 경우는 의견이 아니다.

M Au W Br

9. How many bottles can these machines produce each day?

    (A) Mostly soft drinks and juices.

    (B) I just started here this week.

    (C) It stays fresh for quite a long time.

이 기계들은 하루에 몇 병이나 생산할 수 있나요?

    (A) 주로 청량음료와 주스요.

    (B) 저 여기서 이번 주에 막 근무 시작했어요.

    (C) 꽤 오랫동안 신선하게 유지됩니다.

> **VOCAB**   mostly 주로, 일반적으로   soft drink 청량음료   stay ~인 채로 있다   quite 꽤, 상당히

> **해설**   How many 유형의 질문에서는 대부분 '숫자'를 사용하는 대답이 정답이지만, 이 문제처럼 숫자가 아예 들리지 않는 때도 있으므로, Part 2에서 가장 중요한 원칙은 문장 앞부분에 집중하는 것과 오답을 골라내는 것이라는 점을 잊어서는 안 된다. 문장 앞부분 How many bottles(몇 병)에 집중하면 (A)와 (C)는 전혀 알맞지 않고, (B)가 가장 자연스러운 대답이라는 것을 알 수 있다.

M Cn W Br

10. How long will it take to fix the heating system?

    (A) Yes, I have one.

    (B) It will fit in the larger room.

    (C) It should be ready soon.

난방 시스템을 고치는 데 얼마나 걸릴까요?

    (A) 네, 하나 있습니다.

    (B) 더 큰 방에 맞을 거예요.

    (C) 곧 준비될 겁니다.

> **VOCAB**   heating system 난방 시스템   fit (어느 장소에 들어가기에) 맞다

> **해설**   (A)는 Yes를 듣자마자 오답인 것을 알 수 있고, (B)는 fix - fit의 유사 발음이 들릴 때 오답으로 골라낼 수 있다. 문장 앞부분의 How long will it take(얼마나 걸릴까요)에 집중하면 (C)가 자연스러운 대답이 되는 것을 알 수 있다.

M Au W Am

11. How do I get to the mail room?

    (A) Only several more packages.

    (B) I'm on my way there right now.

    (C) No, there isn't enough room.

우편실에 어떻게 가나요?

    (A) 소포 몇 개만 더요.

    (B) 제가 지금 그곳으로 가는 중이에요.

    (C) 아니요, 공간이 충분하지 않습니다.

> **VOCAB**   mail room 우편실   package 꾸러미, 소포, 짐   on one's way to ~로 가는 길[도중]인   room 자리, 공간

> **해설**   (A)는 mail room에서 연상되는 단어 packages로 오답을 유도하고 있고, (C)는 No를 듣고 오답으로 골라내야 한다. 오답을 골라내면 쉽게 정답을 알 수 있다.

W Br M Au

12. Do you know why the parts we ordered haven't arrived yet?

    (A) There was a delay at customs.

    (B) I don't think they'll arrive on time.

    (C) It departs at 7 P.M.

우리가 주문한 부품이 왜 아직도 도착하지 않았는지 아세요?

    (A) 세관에서 지연됐어요.

    (B) 제시간에 도착할 것 같지 않은데요.

    (C) 오후 7시에 출발합니다.

> **VOCAB**   part 부품, 부분   customs 세관   on time 제시간에   depart 출발하다

> **해설**   (B)와 (C) 모두 반복되는 단어(arrive)와 유사 발음(the parts - departs)을 통해 오답을 유도하고 있다. 오답을 잘 골라낼수록 고수가 된다.

Questions 13 through 15 refer to the following conversation.

M Cn Hi, Stacy. **13· What happened this morning? You missed the planning meeting**.

W Am I'm sorry. **14· My car stalled on the road** and I had to have it towed to the repair shop. Can we still discuss the preparation for the conference this morning, or should we meet later? I'm available either this afternoon or tomorrow afternoon.

M Cn I have to pick up a foreign investor at the airport tomorrow afternoon, **15· so we'd better meet this afternoon**. I wish we could complete the list of speakers by the end of the day.

13-15번 문제는 다음 대화에 관한 것입니다.

남: 안녕, Stacy? 오늘 아침에 무슨 일이 있었어? 기획 회의에 안 들어왔는데.

여: 미안해. 내 차가 길에서 멈춰서 수리점으로 견인 시켰어. 그래도 오전 중에 회의 준비에 대해 의논 할 수 있을까, 아니면 나중에 만나야 할까? 나는 오늘 오후도 괜찮고 내일 오후도 좋아.

남: 내일 오후에는 내가 공항에 어떤 외국인 투자자 를 데리러 가야 해서, 오늘 오후에 만나는 게 좋을 것 같아. 연설자들 명단 작성은 오늘 중으로 끝냈 으면 좋겠어.

13. Where does the conversation most likely take place?
(A) On a plane
(B) In a car
(C) In an office
(D) At a car repair shop

대화가 일어나는 장소는 어디인 것 같은가?
(A) 비행기
(B) 차
(C) 사무실
(D) 카센터

14. Why was the woman late?
(A) She had a problem with her car.
(B) She met with a client.
(C) She traveled to a foreign country.
(D) She failed to reserve a flight ticket.

여자는 왜 늦었는가?
(A) 차에 문제가 생겼다.
(B) 고객을 만났다.
(C) 외국으로 여행했다.
(D) 비행기 표를 예매하지 못했다.

15. When does the man suggest they meet?
(A) This morning
(B) This afternoon
(C) Tomorrow morning
(D) Tomorrow afternoon

남자는 그들이 언제 만날 것을 제안하는가?
(A) 오늘 아침
(B) 오늘 오후
(C) 내일 아침
(D) 내일 오후

VOCAB miss 거르다, 하지 않다 planning meeting 기획 회의 take place 발생하다 stall (차량, 엔진 등이) 멎다 tow 견인하다 repair shop 수리점 foreign country 외국 reserve 예약하다 preparation 준비 conference 회의, 학회 later 나중에 available 시간이 있는 either A or B A이든 B이든 pick up ~를 (차에) 태워서 가다 foreign investor 외국인 투자자 had better do ~하는 편이 낫다, ~해야 한다 complete 작성하다

해설 남자의 첫 대사 What happened this morning? You missed the planning meeting.은 일반적으로 사무실에서 들을 수 있는 말이므로 여기서 13번 문제의 정답을 고르자. 물론 대화 장소가 어디인지 직접 알려주는 부분은 없으므로, 아주 정확하게 판단 하려면 대화 전체를 듣고 추론해야 한다. 그러나 토익에서는 예외적이거나 특수한 경우를 대화의 배경으로 사용하는 경우가 없고, 항상 가장 일반적이고 평범한 내용으로 문제를 구성하므로, 그냥 쉽게 생각하고 정답을 선택하면 된다. 14번은 여자의 대사 My car stalled on the road and I had to have it towed to the repair shop.을 듣고 정답을 알아내야 한다. 어휘력이 관건이라는 것을 잊지 말자. 15번 문제의 정답은 마지막에 나오는 남자의 대사 so we'd better meet this afternoon.에서 알 수 있는데, 발음에 조금 유의하자. we'd는 we had의 줄임말로 이 부분은 [배러(터) 밑]이라고 들린다.

Questions 16 through 18 refer to the following conversation.

M Cn **16.** Stephanie, have you checked **if the new photocopiers** of Khawaja Electronics **arrived yet**? If my memory serves me right, we **placed an order** for them **about a month ago**. Didn't the **distributor say anything** about that?

W Am Yes, I got a phone call from their shipping manager this morning, and he said that the items are on the way and they'll arrive here by Thursday at the latest. **17.** Apparently, **the model we ordered was so popular that the manufacturer had trouble meeting the demands**.

M Cn I'm not surprised about that. It's been given positive reviews from users and the price is really affordable.

W Am **18.** Right, and best of all, **the shipping manager said they'll ship the items free of charge** because of this delay.

16-18번 문제는 다음 대화에 관한 것입니다.

남: Stephanie, Khawaja 전자의 새 복사기가 도착했는지 확인했나요? 내 기억이 맞다면, 우리가 주문을 한 달 전에 했잖아요. 판매 대리점에서는 이것에 대해 아무 말 없었나요?

여: 네, 오늘 아침에 그쪽 운송 매니저에게서 전화가 왔는데요, 그 사람이 말하기를 물건이 오는 중이고 늦어도 목요일까지는 여기에 도착할 거예요. 보아하니, 우리가 주문한 모델이 인기가 너무 좋아서 제조업체가 수요를 맞추는 데 고생한 것 같아요.

남: 놀랄 일도 아니죠. 사용자들로부터 긍정적인 평가를 받아왔고 가격이 정말 저렴하잖아요.

여: 맞아요, 그리고 무엇보다도, 그 운송 담당 매니저가 이렇게 지연된 것 때문에 물건을 무료로 배송해주겠다고 하네요.

16. What is the problem with the speakers' order?
   (A) The delivery has been delayed.
   (B) The wrong item was shipped.
   (C) Too much was charged on the bill.
   (D) Defective products were delivered.

화자들의 주문에 무엇이 문제인가?
   (A) 배달이 늦어졌다.
   (B) 물건이 잘못 배송되었다.
   (C) 너무 많은 요금이 부과되었다.
   (D) 결함이 있는 제품이 배달되었다.

17. What does the woman say about the product?
   (A) Its design has been changed.
   (B) It was discontinued.
   (C) It sells very fast.
   (D) Production costs have increased.

여자는 제품에 대해 뭐라고 말하는가?
   (A) 디자인이 변경되었다.
   (B) 단종되었다.
   (C) 매우 빠르게 팔린다.
   (D) 생산 비용이 증가했다.

18. What did the shipping manager offer?
   (A) A free upgrade of the model
   (B) Complimentary shipping
   (C) A longer warranty
   (D) A markdown on an additional purchase

운송 담당 매니저가 무엇을 제안했는가?
   (A) 모델의 무료 업그레이드
   (B) 무료 운송
   (C) 더 긴 품질 보증 기간
   (D) 추가 구매 시 가격 할인

VOCAB photocopier 복사기 if my memory serves me right 내 기억이 맞다면 place an order 주문하다 distributor 판매 대리점 ship 운송하다, 수송하다 bill 청구금액 charge 청구하다 defective 결함이 있는 shipping manager 운송 담당 매니저 on the way 도중의 at the latest 늦어도 apparently 보아하니 manufacturer 제조업체 meet the demand 수요를 충족시키다 discontinue 단종시키다 sell 팔리다 production cost 생산 비용 positive 긍정적인 review 평가 affordable 저렴한, 알맞은 best of all 무엇보다도 free of charge 무료로 complimentary 무료의 shipping 운송 warranty 품질 보증 markdown 할인 additional 추가적인

해설 남자의 첫 대사를 전체적으로 이해하면 한 달 전에 주문한 복사기가 아직도 도착하지 않았다는 내용이므로(Stephanie, have you checked if ~ Didn't the distributor say anything about that?) 여기서 16번 문제의 정답을 골라야 한다. 이어지는 여자의 대사에서는 모델이 너무 인기가 많아서 제조업체가 수요를 충족시키는 데 어려움을 겪고 있다는 문장(Apparently, the model we ordered was so popular that the manufacturer had trouble meeting the demands.)이 '매우 빠르게 팔린다(It sells very fast)'로 패러프레이즈 된 것을 파악하고 17번 정답을 골라준다. 또한 여자의 마지막 대사를 들으면서 제조업체 측 운송 담당 매니저가 지연에 대한 사과의 표시로 제품을 무료로 배송해주겠다고 제안했다는(the shipping manager said they'll ship the items items free of charge) 말이 나올 때 18번의 정답을 알아내야 한다. 고득점의 관건은 패러프레이즈 된 문장을 이해하게 해주는 어휘력이다.

Questions 19 through 21 refer to the following conversation.

(W Br) **19.** These directions say that **the next thing we have to do is turn left at Market Street**. But don't you think **we've been driving straight ahead** too long? Are you sure **we didn't pass it already**?

(M Au) I think you're right. It's possible I missed the street sign. **20.** Let's stop and **ask someone for directions**.

(W Br) That might be faster. I told Ms. Murphy that we'd arrive at her office at 4 o'clock. **21.** I **don't want to make our client wait for** us.

(M Au) I understand. **21.** I really **don't want to ruin our first impression by being late**. Let me pull over at the gas station right over there. One of those guys might be able to tell us where Market Street is.

19-21번 문제는 다음 대화에 관한 것입니다.

여: 이 길 안내에는 우리가 다음에 Market 가(街)에서 좌회전해야 한다고 나와 있어요. 하지만 우리가 직진을 너무 오래 한 것 같지 않아요? 이미 지나 오지 않은 게 확실한가요?

남: 당신 말이 맞는 것 같아요. 제가 거리 표지판을 놓쳤을 수 있어요. 멈춰서 누군가에게 길을 물어봅시다.

여: 그게 빠르겠네요. 제가 Ms. Murphy에게 우리가 사무실에 4시에 도착한다고 했거든요. 우리 고객이 우리를 기다리게 하고 싶지는 않아요.

남: 이해해요. 나도 지각을 해서 우리의 첫인상을 망치고 싶지는 않아요. 저쪽에 있는 주유소에 차를 세울게요. 저 사람 중 한 명이 Market 가(街)가 어디 있는지 우리에게 알려줄 수 있을지도 몰라요.

---

19. Where are the speakers?
(A) In a car
(B) In an office
(C) At a gas station
(D) At a bus stop

화자들은 어디에 있는가?
(A) 차 안에
(B) 사무실에
(C) 주유소에
(D) 버스 정류장에

20. What does the man suggest doing?
(A) Putting off a meeting
(B) Examining a map
(C) Waiting for a client
(D) Asking for directions

남자는 무엇을 할 것을 제안하는가?
(A) 회의를 연기하는 것
(B) 지도를 살펴보는 것
(C) 고객을 기다리는 것
(D) 길을 물어보는 것

21. What are the speakers worried about?
(A) Submitting a report on time
(B) Being late to a meeting
(C) Purchasing a present
(D) Paying for fuel

화자들은 무엇을 걱정하는가?
(A) 보고서를 제시간에 제출하는 것
(B) 회의에 늦는 것
(C) 선물을 구매하는 것
(D) 연료비를 지급하는 것

VOCAB directions 길 안내 turn left 좌회전하다 drive straight ahead 직진하다 pass 지나가다 miss 놓치다 sign 표지판 ask for ~을 요청하다 put off 연기하다, 미루다 examine 살펴보다, 조사하다 ruin 망치다 first impression 첫인상 on time 제시간에, 정각에 pull over 차를 길가에 대다 gas station 주유소

해설

19번처럼 대화 장소를 묻는 말은 대부분 첫 한두 문장에서 정답을 알 수 있는데, 직접적으로 장소를 언급하기보다는 관련 어휘를 통해 유추해야 하는 경우가 더 많다. 여자가 "길 안내에 따르면 Market 가(街)에서 좌회전해야 하는데, 너무 오래 직진만 한 것 같다. 혹시 Market 가(街)를 이미 지나친 것 아니냐?(These directions say that ~ we didn't pass it already?)"고 묻는 것을 들으며 정답을 유추해야 한다. 20번은 남자의 대사 Let's stop and ask someone for directions.에 들어 있는 키워드를 포착하면 쉽게 정답을 알 수 있다. 21번은 여자의 대사 I don't want to make our client wait for us.와 이어서 들리는 남자의 대사 I really don't want to ruin our first impression by being late.의 내용을 종합하여 정답을 알아낸다.

Questions 22 through 24 refer to the following introduction.

22-24번 문제는 다음 소개에 관한 것입니다.

M Au Welcome to the second session of our lecture series, *Understanding the Basics of Expanding Your Business Abroad*. **22.** I apologize that we had to **switch rooms** at the last minute because we **had more attendees than we'd been expecting**. I'm handing out the agenda for today's program now. **23.** As you already know, we have a very accomplished group of experts on our **panel, all of whom have been working in international business for several decades**. We'll be starting out in about twenty minutes, **24.** so if you haven't had a chance yet, **feel free to help yourself to some light snacks** on the table in the back of the room. Thank you all for coming.

강연 시리즈 '해외로 사업을 확장할 때의 기본 이해하기'의 두 번째 모임에 오신 걸 환영합니다. 저희가 예상했던 것보다 더 많은 분이 참석해 주셔서 막판에 방을 바꾸게 된 점 사과드립니다. 이제 오늘 프로그램의 일정을 나눠드리겠습니다. 이미 아시겠지만, 저희 패널로 매우 훌륭한 전문가 집단을 모셨는데요, 이분들은 모두 수십 년 동안 국제 비즈니스를 해 오신 분들입니다. 약 20분 후에 시작할 거니까요, 아직 기회를 얻지 못하셨다면, 방 뒤편 테이블 위에 있는 가벼운 간식들을 마음껏 드시기 바랍니다. 모두 와주셔서 고맙습니다.

22. According to the speaker, what was the problem with the original room?
(A) Some equipment was out of order.
(B) Some supplies were unavailable.
(C) It was too noisy.
(D) It was too small for the event.

화자 말에 따르면 원래의 방에는 무엇이 문제였는가?
(A) 어떤 장비가 고장이 났다.
(B) 어떤 용품을 이용할 수 없었다.
(C) 너무 시끄러웠다.
(D) 행사를 치르기에는 너무 작았다.

23. What is said about the members of the panel?
(A) They come from several different countries.
(B) They acquired some small businesses.
(C) They have many years of business experience.
(D) They have received many awards.

패널 멤버들에 대해 무엇이라고 말하는가?
(A) 여러 다른 나라 출신이다.
(B) 작은 사업체들을 인수했다.
(C) 여러 해의 비즈니스 경력이 있다.
(D) 많은 상을 받았다.

24. What does the speaker invite the listeners to do?
(A) Get some refreshments
(B) Check in coats and boots
(C) Meet with the panelists
(D) Review the agenda

화자는 청자들이 무엇을 하도록 권하는가?
(A) 다과를 좀 먹으라고
(B) 코트와 부츠를 맡기라고
(C) 패널 구성원들과 만나라고
(D) 일정을 검토하라고

VOCAB session 모임 abroad 해외로 switch 바꾸다 at the last minute 막판에 attendee 참석자 out of order 고장 난 supplies 비품, 용품 unavailable 이용할 수 없는 noisy 시끄러운 hand out ~을 나눠 주다 agenda 일정 accomplished 훌륭한 expert 전문가 panel 패널(특정한 문제에 대해 조언, 견해를 제공하는 전문가 집단) acquire 인수하다, 취득하다 feel free to-V ~을 마음 놓고 해도 괜찮다 help yourself to ~을 마음껏 드세요 snack 간식 refreshment 다과, 음식물 check in 맡기다 panelist 패널 구성원 review 검토하다

해설 22번 문제는 "예상보다 참가자가 많아서 막판에 갑자기 방을 바꾸게 되어 미안하다"라고 사과하는 문장(I apologize that we had to switch rooms at the last minute because we had more attendees than we'd been expecting.)에서 정답을 알아내야 한다. 참가자 수에 비해 방이 좁다는 말이다. 23번은 중간에 나오는 we have a very accomplished group of experts on our panel, all of whom have been working in international business for several decades.에서 정답을 알 수 있다. several decades가 보기에서 many years로 바뀌었을 뿐이다. 24번은 마지막 문장에 들어 있는 feel free to help yourself to some light snacks를 들으면서 snacks가 refreshments로 바뀌어 있는 것을 간파하고 정답을 선택하면 된다.

Questions 25 through 27 refer to the following broadcast.

M Cn Welcome to Daniel Thompson Evening Show on Radio XFM. **25.** Our guest tonight is **Ruth Martinez, a nutrition expert** working at Highland Hospital. She'll be sharing information from her recent study on the health benefits of cooking with spices from around the world. **26.** Ms. Martinez will also be **answering some questions from our callers about ways to improve the nutritional value of their favorite recipes**. **27.** If you are really interested in tonight's topic, but you **can't listen to the entire show**, don't worry. You'll have the second chance to hear Ms. Martinez discuss this topic and more – **27.** she's **delivering a free lecture at Jenkins Library this Saturday** at 10 A.M. We'll be right back after a word from our sponsors. Stay tuned.

25-27번 문제는 다음 방송에 관한 것입니다.

라디오 XFM의 Daniel Thompson 이브닝 쇼에 오신 걸 환영합니다. 오늘 우리의 게스트는 Highland 병원에서 근무하는 영양 전문가, Ruth Martinez입니다. 그녀는 전 세계에서 나는 향신료를 가지고 요리했을 때의 건강상의 이점에 대한 자신의 최신 연구에서 나온 정보를 여러분과 공유할 것입니다. Ms. Martinez는 또한 청취자들의 가장 좋아하는 요리법의 영양학적인 가치를 높이는 방법에 대한 질문도 답할 것입니다. 오늘의 주제에 정말 관심은 있지만, 방송 전체를 들을 수는 없다 하더라도, 걱정하지 마세요. Ms. Martinez가 오늘의 주제와 그 밖의 것들에 대해 이야기하는 걸 들을 수 있는 두 번째 기회가 있습니다 – 이번 주 토요일 오전 10시에 Jenkins 도서관에서 무료 강연을 하거든요. 광고주의 한 마디 듣고 바로 돌아오겠습니다. 채널 고정하세요.

25. Who is Ruth Martinez?
(A) A restaurant manager
(B) A nutritionist
(C) A radio producer
(D) A hospital administrator

Ruth Martinez는 누구인가?
(A) 식당 매니저
(B) 영양학자
(C) 라디오 프로듀서
(D) 병원 행정 담당자

26. What will Ruth Martinez discuss with callers?
(A) How to reduce intake of fat
(B) What type of exercise is most beneficial
(C) Where to purchase good cooking utensils
(D) How to make recipes healthier

Ruth Martinez는 전화 건 사람들과 무엇을 논할 것인가?
(A) 지방 섭취량을 줄이는 방법
(B) 어떤 유형의 운동이 가장 도움이 되는가
(C) 어디에서 좋은 조리 도구를 살 것인가
(D) 조리법을 건강에 더 좋게 하는 방법

27. What can listeners do if they miss part of the broadcast?
(A) Read a summary online
(B) E-mail questions to Ms. Martinez
(C) Attend a lecture on the weekend
(D) Listen to a rebroadcast of the show

방송의 일부를 놓친다면 어떻게 하면 되는가?
(A) 인터넷으로 요약본을 읽는다
(B) Ms. Martinez에게 이메일로 질문한다
(C) 주말 강연에 참석한다
(D) 쇼의 재방송을 듣는다

VOCAB nutrition 영양 expert 전문가 nutritionist 영양학자 administrator 관리자, 행정인 benefit 이점 spice 향신료 from around the world 전 세계에서 나는 nutritional 영양학적인 value 가치 favorite 매우 좋아하는 recipe 조리법, 요리법 intake 섭취 fat 지방 beneficial 도움이 되는 cooking utensil 조리 도구 entire 전체의 deliver a lecture 강연을 하다 miss 놓치다 broadcast 방송 summary 요약, 개요 rebroadcast 재방송 sponsor 광고주 stay tuned 채널을 고정하다

해설

우선 25번 문제의 정답은 두 번째 문장에서 들리는 Ruth Martinez, a nutrition expert에서 쉽게 알 수 있다. 그러나 그 다음 문제들은 쉽지 않다. 일단 중간에 나오는 Ms. Martinez will also be answering some questions from our callers가 26번 문제에서 Ruth Martinez discuss with callers로 바뀌어 있다는 것을 간파해야 한다. 그리고 이어지는 ways to improve the nutritional value of their favorite recipes(가장 좋아하는 조리법의 영양적인 가치를 높이는 방법)가 How to make recipes healthier(조리법을 건강에 더 좋게 하는 방법)로 패러프레이즈 되어 있는 것을 알아차리고 정답을 선택해야 한다. 이어지는 문장에 들어 있는 can't listen to the entire show는 27번 문제의 miss part of the broadcast로 바뀌어 있다. 곧바로 이어지는 내용 중 she's delivering a free lecture at Jenkins Library this Saturday at 10 A.M.에서 키워드를 파악하고 정답을 선택하자.

Questions 28 through 30 refer to the following telephone message.

W Am Hi, Mr. Hamidi. **28.** This is Clarice Watson, the freelancer **you hired to create a website** for your real estate agency. I'm actually calling to ask a favor of you. I'm now designing a brochure to promote my services and I'd like to include a few testimonials from the clients who were satisfied with my work. I read through the client survey feedback you wrote **29.** and you **mentioned that the website I designed for you helped you sell more houses in September than in the previous months**. **30.** So, I'd like you to **allow me to use this information in my brochure**. I'll be waiting for your reply before moving forward. Thanks.

28-30번 문제는 전화 메시지에 관한 것입니다.

안녕하세요, Mr. Hamidi. 부동산 중개업소의 웹사이트를 만들기 위해 고용하셨던 프리랜서 Clarice Watson입니다. 사실 부탁드릴 것이 있어서 전화 드립니다. 지금 제 서비스를 홍보하기 위해 안내 책자를 만들고 있는데요, 제 작업에 만족하셨던 고객님들의 추천 글 몇 개를 포함하려고 합니다. Mr. Hamidi께서 쓰신 고객 설문조사 응답을 읽어봤는데요, 제가 디자인해드린 웹사이트가 도움이 되어서 9월에 이전 몇 달보다 더 많은 집을 파셨다고 말하셨더군요. 그래서 이 정보를 제 안내 책자에 쓰도록 허락해 주셨으면 좋겠습니다. 일을 진행하기 전에 답장을 기다리겠습니다. 고맙습니다.

28. What did the speaker do for Mr. Hamidi?
(A) Design a website
(B) Introduce a new customer
(C) Print promotional fliers
(D) Renovate a house

화자는 Mr. Hamidi를 위해 무엇을 했는가?
(A) 웹사이트를 디자인했다
(B) 새 고객을 소개했다
(C) 홍보용 전단을 인쇄했다
(D) 집을 개조했다

29. According to the message, what did Mr. Hamidi do in September?
(A) Renewed a rental contract
(B) Moved to a new location
(C) Acquired a business
(D) Sold more houses than usual

메시지에 따르면 Mr. Hamidi는 9월에 무엇을 했는가?
(A) 임대 계약을 갱신했다
(B) 새 장소로 이전했다
(C) 사업체를 인수했다
(D) 평소보다 더 많은 집을 팔았다

30. What does the speaker ask Mr. Hamidi to do?
(A) Send a deposit one month in advance
(B) Discuss an upcoming construction project
(C) Give permission for some feedback to be published
(D) E-mail updated contact information

화자는 Mr. Hamidi에게 무엇을 요청하는가?
(A) 한 달 앞서서 계약금을 보내는 것
(B) 다가오는 공사 프로젝트에 대해 의논하는 것
(C) 어떤 의견을 게재하도록 허락해주는 것
(D) 갱신된 연락처를 이메일로 알려주는 것

VOCAB　real estate agency 부동산중개업소　promotional 홍보의, 판촉의　flier / flyer (광고·안내용) 전단　ask a favor of ~에게 부탁을 하다　brochure 안내 책자　promote 홍보하다　testimonial 추천의 글　satisfied with ~에 만족한　read through ~을 꼼꼼히 읽다　survey 설문조사　feedback 응답, 반응　mention 말하다, 언급하다　previous 이전의, 직전의　renew 갱신하다, 연장하다　rental contract 임대 계약　acquire 인수하다, 취득하다　allow 허용하다　move forward 진행하다　deposit 계약금　in advance 미리, 앞서서　upcoming 다가오는　permission 허가　publish (신문, 잡지에) 게재하다, 싣다　updated 최신의　contact information 연락처

해설　우선 28번 문제는 전화 건 사람의 신분을 밝히는 첫 문장 This is Clarice Watson, the freelancer you hired to create a website for your real estate agency.에서, 29번은 중간에 나오는 helped you sell more houses in September than in the previous months.에서 키워드를 듣고 어렵지 않게 정답을 알아낼 수 있다. 문제는 30번인데, 지문 마지막 부분에 나오는 I'd like you to allow me to use this information in my brochure.가 Give permission for some feedback to be published로 패러프레이즈 되어 있음을 파악해야 한다. So로 시작하는 문장은 정답을 알려줄 확률이 높으므로 더 집중해보자.

p. 111 Part 1   **Exercise**   **1.** b   **2.** d

● 정답을 맞힌 문제도 해설을 읽어보자.

1. W Am

(A) A railing is being repaired.
(B) A boat is moving toward a bridge.
(C) Some people are unloading a truck.
(D) Some people are swimming in the water.

(A) 난간이 수리되고 있다.
(B) 배가 다리를 향해 움직이고 있다.
(C) 트럭에서 짐을 내리고 있다.
(D) 물에서 수영하고 있다.

VOCAB railing 난간 unload ~에서 짐을 내리다

해설 진행 시제 수동태는 항상 진행 중인 동작을 나타낸다. 수리 중인 장면이 아니므로 (A)는 오답이다. 사진에 없는 사람이나 사물이 들리면 무조건 오답이라는 것도 알아야 한다. 트럭이 없으므로 (C)도 오답이다. 수영하는 사람이 없으므로 (D)도 오답이다. 배가 등장하는 사진에서 출제되는 여러 가지 표현들을 잘 익혀두자.

2. M Au

(A) She's trying on a jacket.
(B) She's measuring a piece of fabric.
(C) She's installing sliding windows.
(D) She's operating a sewing machine.

(A) 재킷을 한 번 입어보고 있다.
(B) 직물의 길이를 재고 있다.
(C) 미닫이창을 설치하고 있다.
(D) 재봉틀을 작동시키고 있다.

VOCAB try on (옷 따위를) 입어[신어] 보다 measure (치수, 양 등을) 측정하다, 재다 fabric 직물, 천 sliding window 가로닫이창, 미닫이창

해설 늘 하는 말이지만, 오답으로 나온 문장도 다른 문제에서는 정답으로 출제된다는 사실을 잊지 말자. 기계를 다루는 장면에서는 대부분 operate, adjust 같은 동사를 사용해서 정답을 출제한다.

1	b	3	a	5	c	7	a	9	b
2	b	4	b	6	a	8	b	10	b

● 정답을 맞힌 문제도 해설을 읽어보자.

M Cn W Br

1. How much was our travel budget increased by this year?

(A) Actually, she wasn't there last year.

(B) It's almost doubled.

(C) To Auckland and Wellington.

올해 우리의 출장 예산은 얼마나 증액됐습니까?

(A) 사실 그 친구는 작년에 그곳에 없었어요.

(B) 거의 두 배가 되었습니다.

(C) Auckland와 Wellington으로요.

VOCAB double 두 배로 만들다

해설 How much[big/large] 유형의 질문은 '숫자'가 들리는 대답이 거의 항상 정답이므로 double을 듣고 (B)를 정답으로 선택하는 게 알맞다. (A)는 year를 반복하고 있고, (C)는 Where 의문문의 정답패턴이기 때문에 오답으로 골라내야 한다.

W Br M Cn

2. How often do you hold employee development training?

(A) Give me the envelope, please.

(B) About once a quarter.

(C) For the entire staff.

직원 개발 교육은 얼마마다 한 번씩 하시나요?

(A) 봉투 하나 주세요.

(B) 분기마다 한 번 정도요.

(C) 전 직원을 대상으로요.

VOCAB hold (회의, 시합 등을) 열다, 개최하다 envelope 봉투 entire 전체의, 온 staff (전체) 직원

해설 How often 유형의 질문에서는 (B)처럼 '~ times a week[month/quarter/year]' 유형의 대답이 대부분 정답으로 출제된다. (A)는 development - envelope과 같은 유사 발음을 듣고 오답을 골라내면 되고, (C)는 employee - staff와 같은 연상 표현으로 오답을 유도하고 있다.

W Am M Au

3. Haven't you seen the new car models for next year?

(A) Yes, they look great!

(B) It seems to be true.

(C) In the next fiscal year.

내년도 신차 모델 못 보셨나요?

(A) 봤어요, 아주 좋던데요!

(B) 정말인 것 같습니다.

(C) 다음 회계연도에요.

VOCAB seem to-V ~하는 것 같다 fiscal year 회계 연도

해설 질문의 앞부분에 최대한 집중해야 한다. Haven't you seen(못 보셨나요?)에만 집중하면 (A)를 정답으로 선택할 수 있다. (B)는 seen - seems의 유사 발음이, (C)는 반복되는 단어 year가 들어있기 때문에 오답으로 골라낼 수 있다. 오답을 잘 골라낼수록 고수가 된다.

4. How soon will you be able to get the budget proposal ready?

    (A) Directly to the director.

    (B) By next week, I think.

    (C) I haven't read today's paper.

예산 기획안을 얼마나 빨리 준비해줄 수 있겠어요?

    (A) 직접 이사님에게요.

    (B) 제 생각에는 다음 주까지요.

    (C) 오늘 신문은 못 읽었는데요.

VOCAB   get *sth* ready ~을 준비하다 proposal 제안(서), 기획안 directly 곧장, 똑바로 director (회사의) 임원, 중역, 이사

해설   How soon[quickly]으로 시작하는 질문에서는 대부분 When 의문문처럼 대답하는 보기가 정답으로 출제된다. (A)처럼 직함이 들리는 대답은 대부분 Who 의문문의 정답으로 사용되고, (C)는 ready - read의 유사 발음으로 오답을 유도하고 있다.

5. How far is it to Lunar Circus Hotel?

    (A) You can get a discount this month.

    (B) I'm going to stay for two nights.

    (C) Just about three miles down the street.

Lunar Circus 호텔까지는 거리가 얼마나 됩니까?

    (A) 이번 달에 할인받으실 수 있어요.

    (B) 이틀 밤 묵으려고 합니다.

    (C) 길 따라 3마일 정도만 가시면 돼요.

VOCAB   down the street 길 아래로

해설   How far 유형의 질문은 거리를 묻는 것이기 때문에 kilometers, miles, blocks와 같은 거리의 단위가 들릴 때 정답으로 선택해야 한다. (A)는 거리와는 전혀 무관한 대답이고, (B)는 질문의 hotel에서 연상되는 대답으로 오답을 유도하고 있다.

6. Have you had a chance to meet the new regional director?

    (A) Not yet, have you?

    (B) The directions are on the website.

    (C) The northeast region.

새로 오신 지사장님 뵐 기회가 있었나요?

    (A) 아직이요, 당신은요?

    (B) 지시사항은 웹사이트에 있습니다.

    (C) 북동 지역이요.

VOCAB   regional director 지사장 directions 지시사항

해설   문장 앞부분 Have you had a chance(기회가 있었나요?)에 집중해서 (A)를 정답으로 선택하자. 또한 director - directions, regional - region 같은 유사 발음을 통해서 오답을 골라내도 정답을 알 수 있다. 일반 의문문에서 Not yet. / Not quite yet. / Not quite. 같은 대답은 No를 대신하는 표현으로서 들리기만 하면 거의 항상 정답이 된다는 사실을 기억하면 더 쉽게 풀 수 있다.

7. How can I join the arrangement committee?

    (A) Contact Ms. Garcia.

    (B) They left last Friday.

    (C) My colleagues did.

준비 위원회에 어떻게 합류하죠?

    (A) Ms. Garcia에게 연락하세요.

    (B) 그들은 지난주 금요일에 출발했어요.

    (C) 제 동료가 했어요.

VOCAB   arrangement committee 준비 위원회 contact 연락하다 colleague 동료

해설   How 의문문의 동사가 일반동사일 때 (A)처럼 명령문이 들린다면 100% 정답이다. (B)는 When 의문문의 정답 패턴이며, (C)처럼 사람으로 대답하는 경우는 Who 의문문의 정답이다.

8. How do we create a monthly sales forecast?

   (A) I think you should lengthen it.

   (B) Ji-seop can show you.

   (C) No, I was away in October.

월간 판매 예상 보고서는 어떻게 작성합니까?

(A) 그걸 늘려야 할 것 같은데요.

(B) 지섭이 알려줄 거예요.

(C) 아니요. 제가 10월에는 없었어요.

VOCAB   monthly sales forecast 월매출 예상   lengthen 길게 하다, 늘이다   away 부재의

해설   문장 앞부분 How do we create?(어떻게 작성합니까?)에 집중하면 (B)가 자연스러운 대답이라는 것을 알 수 있다. 또한 (A)는 monthly - lengthen it 같은 유사 발음이 들릴 때 오답으로 골라낼 수 있고, (C)는 No만 알아들어도 오답임을 쉽게 알 수 있다. 오답을 잘 골라낼수록 고수가 된다.

M Au   W Am

9. I hear that the city plans to build new bicycle paths along the river.

   (A) Before the city council meeting.

   (B) When will they be completed?

   (C) Turn left at the next street.

제가 듣기로는 시에서 강을 따라 새 자전거도로를 만들 계획이라는군요.

(A) 시의회 회의 전이에요.

(B) 언제 완공된대요?

(C) 다음 길에서 좌회전하세요.

VOCAB   bicycle path 자전거 전용 도로   city council 시의회

해설   (A)는 city가 반복되는 걸 듣고 오답임을 짐작할 수 있고, (C)는 paths에서 연상되는 단어 street를 통해 오답으로 골라내야 한다. 오답을 골라내면 정답이 나온다. 또한 질문과 대답을 전혀 이해하지 못해서 정답을 찍어야 하는 경우라면 (B)처럼 반문하는 대답은 내용에 상관없이 웬만하면 정답이라는 사실을 기억하고 정답을 맞힐 확률을 높여야 한다.

M Cn   M Au

10. How should the market analysis be presented?

   (A) The stock market.

   (B) Ask Mr. Mori what he prefers.

   (C) We should analyze the results.

시장 분석은 어떤 식으로 발표해야 하죠?

(A) 주식 시장이요.

(B) Mori 씨에게 선호하는 방식을 물어보세요.

(C) 결과를 분석해야 합니다.

VOCAB   analysis 분석 연구   present 발표하다   stock market 주식 시장   analyze 분석하다

해설   질문의 내용에 상관없이 '모른다' 유형의 대답이 들리면 대부분 정답이다. 'Ask + 사람 이름'은 이 유형 중에서도 매우 자주 출제되는 대답이므로 반드시 기억해두자. (A)와 (C)는 각각 반복되는 단어(market)와 유사 발음(analysis - analyze)으로 오답을 유도하는 대답이다.

p. 117 Part 3 & 4   Exercise   **1.** a   **2.** b   **3.** b   **4.** a   **5.** d   **6.** b

● 정답을 맞힌 문제도 해설을 읽어보자.

Questions 1 through 3 refer to the following conversation.

W Br You've reached the Kansas City Department of Parks and Recreation. How may I help you?

M Cn Hello. **1.** **I moved to Kansas last month** and I'm looking for a volunteer opportunity. I thought that might help familiarize myself with the area. Do you need any volunteers?

W Br We do! **2.** As a matter of fact, right now we're conducting a census of resident and migratory **birds** in our local parks. **2.** We **need volunteers to count them** so we may have an idea of how many of each there are. Are you interested in helping with that?

M Cn Yes. **3.** I'm just **worried** that I've **never done anything like that before**.

W Br No worry. You'll be paired with a park ranger, who'll show you how to identify the birds and count them.

1-3번 문제는 다음 대화에 관한 것입니다.

여: Kansas시 공원 여가부입니다. 어떻게 도와드릴까요?

남: 안녕하세요. 지난달에 Kansas로 이사 왔는데요, 자원봉사 기회를 찾고 있어요. 그게 이 지역에 익숙해지는 데 도움이 될 것 같거든요. 혹시 자원봉사자 필요하신가요?

여: 필요하죠! 실은 현재 저희가 지역 공원들에서 텃새와 철새 개체수 조사를 하고 있거든요. 각각 몇 마리가 있는지 알기 위해 그것들을 세어 줄 자원봉사자가 필요합니다. 이 일 도와주실 의향 있으세요?

남: 네. 다만 전에 그런 일을 전혀 해본 적이 없다는 게 걱정이네요.

여: 걱정하지 마세요. 공원 경비원과 조를 이루어 나가시게 될 거고요, 그분이 새들을 식별하고 세는 법을 알려드릴 겁니다.

---

1. What does the man say he did last month?
(A) **He moved to a new town.**
(B) He started a new business.
(C) He attended a science class.
(D) He paid a visit to a park.

남자는 자신이 지난달에 무엇을 했다고 말하는가?
(A) 다른 지역으로 이사했다.
(B) 새 사업을 시작했다.
(C) 과학 수업에 참석했다.
(D) 공원을 방문했다.

2. What task does the woman ask the man to help with?
(A) Leading tours
(B) **Counting birds**
(C) Planting gardens
(D) Cleaning parks

여자는 남자에게 어떤 업무를 도와달라고 부탁하는가?
(A) 투어 인솔하기
(B) 새들 수 세기
(C) 정원에 식물 심기
(D) 공원 청소하기

3. What is the man concerned about?
(A) His tight schedule
(B) **His lack of experience**
(C) The distance to a work place
(D) The cost of participation

남자는 무엇을 걱정하는가?
(A) 빡빡한 일정
(B) 경험 부족
(C) 업무 현장까지의 거리
(D) 참가 비용

VOCAB reach (특히 전화로) 연락하다 recreation 오락, 휴양 pay a visit to ~을 방문하다 volunteer 자원봉사자 opportunity 기회 familiarize oneself with ~에 익숙해지다 as a matter of fact 사실은 census 인구 조사, 개체수 조사 resident bird 텃새 migratory bird 철새 task 일, 과제 plant a garden 뜰에 나무를 심다 be worried that 걱정하다(=be concerned that) tight 빡빡한, 꽉 찬 lack 부족, 결핍 distance 거리 cost 비용 participation 참가, 참여 pair (둘씩) 짝을 짓다 park ranger 공원 경비원 identify (신원 등을) 확인하다, 알아보다

해설 우선 1번 문제는 남자의 첫 대사 I moved to Kansas last month를 들으면서 쉽게 정답을 알아낼 수 있다. 2번은 키워드를 직접 언급하기는 하지만 긴 문장 속에 숨어 있으므로(we're conducting a census of ~ birds ~ We need volunteers to count them ~ Are you interested in helping with that?) 더 많은 집중력이 필요하다. 3번은 2번의 정답을 고른 직후에 이어지는 남자의 대답 I'm just worried that I've never done anything like that before.를 듣고 패러프레이즈 되어 있는 표현을 정답으로 선택해야 한다.

Questions 4 through 6 refer to the following talk.

M Au Thank you for giving me this opportunity to speak at this marketing conference. My name is Tae-Ho Song, and I'm the managing director of Grabcustomer. **4.** We're one of the first companies to use **text messages as a direct marketing method**. So what does that mean? Well, first you secure customers who agree to sign up to receive promotional messages on their smart devices. Then, you develop a database of subscribers and send out text alerts to loyal customers. **5.** The **customers benefit as they're the first to be informed of upcoming deals or special events**. OK, please look at the screen right behind me, **6.** and I'll **show you exactly how this works**.

4-6번 문제는 다음 담화에 관한 것입니다.

저에게 이번 마케팅 콘퍼런스에서 발언할 이 기회를 주셔서 고맙습니다. 제 이름은 송태호이며 Grabcustomer의 전무이사입니다. 저희는 다이렉트 마케팅 방법으로 문자 메시지를 사용한 최초의 회사 중 하나입니다. 자 이게 무슨 뜻일까요? 음, 우선 스마트 기기로 홍보용 메시지를 받도록 가입하는 것에 동의하는 고객들을 확보합니다. 그러고 나서 가입자들의 데이터베이스를 구축하여 충실한 고객들에게 문자 알림을 발송합니다. 고객들은 곧 있을 혜택이나 특별 행사에 대해 가장 먼저 알림을 받기 때문에 이득을 보게 됩니다. 좋습니다, 바로 제 뒤에 있는 스크린을 보시면 이게 정확히 어떻게 진행되는지 보여드리겠습니다.

4. What is the speaker mainly discussing?
(A) **A marketing technique**
(B) An upcoming retail sale
(C) An employment opportunity
(D) A newly developed product line

화자는 주로 무엇을 논하고 있는가?
(A) 마케팅 기법
(B) 다가오는 소매 영업
(C) 구직 기회
(D) 새로 개발된 제품군

5. What customer benefit does the speaker mention?
(A) Improved customer service
(B) Shorter shipping time
(C) Flexible payment options
(D) **Advance notice of special offers**

화자는 어떤 고객 혜택을 언급하는가?
(A) 개선된 고객 서비스
(B) 짧아진 배송 시간
(C) 바꾸기 쉬운 결제 방식
(D) 특가 판매의 사전 공지

6. What will the speaker do next?
(A) Complete a questionnaire
(B) **Give a demonstration**
(C) Explain an updated policy
(D) Distribute some brochures

화자는 이후에 무엇을 할 것인가?
(A) 설문지를 작성한다
(B) 시범 설명을 한다
(C) 최신 정책에 관해 설명한다
(D) 안내 책자를 배부한다

VOCAB opportunity 기회 managing director 전무이사 method 방법 upcoming 다가오는, 곧 있을 retail 소매의 product line 제품군 secure 확보하다 sign up 가입하다 promotional 홍보의 device 장치, 기구 develop a database 데이터베이스를 구축하다 alert 알림 loyal 충실한, 충성스러운 benefit 득을 보다; 혜택 inform *sb* of *sth* ~에게 ~에 대해 알리다 deal 특가, 혜택 shipping 운송, 배송 flexible 바꾸기 쉬운 payment option 결제 방식 advance 사전의 notice 알림, 통지 special offer 특가품, 특가 판매 complete 작성하다 questionnaire 설문지 demonstration 시범 설명 updated 최신의 distribute 나누어 주다, 배부하다 brochure 안내 책자

해설 4번 문제는 첫 문장에서 이 행사가 마케팅 콘퍼런스라는 것을 이해하고(this marketing conference) 화자의 회사가 다이렉트 마케팅 방법으로 문자 메시지를 사용한다는(We're one of the first companies to use text messages as a direct marketing method.) 내용을 들으면 주제를 파악하고 정답을 고를 수 있다. 5번 문제는 The customers benefit as they're the first to be informed of upcoming deals or special events.가 패러프레이즈 되어 있는 보기를 정답으로 선택해야 한다. 가격 할인 관련 표현들은 토익 수험생이라면 필수로 다 알고 있어야 한다. 6번 문제는 do next 유형이므로 정답을 마지막 문장에서 알려줄 것이라고 짐작하고 끝까지 담화에 집중해야 한다. I'll show you exactly how this works.는 시범 설명을 하겠다는 말이다.

1	a	4	a	7	b	10	a	13	a	16	b	19	b	22	b	25	d	28	d
2	d	5	c	8	a	11	a	14	a	17	a	20	a	23	d	26	c	29	a
3	d	6	c	9	b	12	c	15	b	18	d	21	c	24	c	27	a	30	d

p. 119 Part 1

1. M Cn

(A) **The woman is writing some information on a form.**
(B) The woman is hanging a lab coat on a hook.
(C) The woman is looking inside a box.
(D) The woman is putting a pen in her pocket.

(A) 서식에 정보를 적어 넣고 있다.
(B) 걸이에 실험실 가운을 걸고 있다.
(C) 상자 안쪽을 들여다보고 있다.
(D) 주머니에 펜을 넣고 있다.

VOCAB form 서식 hang 걸다 lab coat 실험실 가운 hook 고리, 걸이

해설 펜으로 무언가를 쓰고 있는 장면에서는 writing, jotting, taking notes 같은 키워드를 듣고 정답을 선택하면 된다. 오답의 문장들도 모두 자주 정답으로 출제되는 것들이다.

2. W Am

(A) The woman is leaving a building.
(B) The man is pointing at a computer screen.
(C) The man is putting on a jacket.
(D) **The woman is standing at a counter.**

(A) 여자가 건물에서 나가고 있다.
(B) 남자가 컴퓨터 스크린을 가리키고 있다.
(C) 남자가 재킷을 입고 있다.
(D) 여자가 계산대에 서 있다.

VOCAB point at ~을 가리키다 put on ~을 입다

해설 (A)와 (B)는 모두 동작을 잘못 묘사하고 있으므로 오답이다. "재킷을 입고 있다."라는 뜻의 (C)도 오답인데, 우리말로 "~을 입고 있다."라고 해석할 수 있는 표현은 두 가지가 있다. wearing과 putting on인데, 차이점을 기억하자. wearing은 '착용한 상태'를, putting on은 '착용하는 동작'을 나타낸다. 사진으로는 옷을 입거나 벗는 동작을 나타내기가 매우 어렵다. 그래서 wearing은 자주 정답 문장에 사용되지만, putting on이 들리는 문장은 99% 오답이다. '~에 서 있다'라는 문장은 매우 자주 정답으로 출제되며, 항상 위치 표현을 잘 듣고 판단해야 한다. at a counter가 서 있는 위치로 가장 많이 등장한다.

3. W Br

(A) Some cyclists are riding past a building.
(B) Some scaffolding has been erected against a bridge.
(C) Some cars are traveling in the same direction.
(D) Some bicycles have been parked along a railing.

(A) 자전거 탄 사람들이 건물을 지나서 가고 있다.
(B) 비계가 다리에 붙여 세워져 있다.
(C) 자동차들이 같은 방향으로 이동하고 있다.
(D) 자전거들이 난간을 따라 주차되어 있다.

VOCAB cyclist 자전거 타는 사람 ride 타고 가다 past ~을 지나서 scaffolding (건축 공사장의) 비계, 발판 erect 세우다 travel 이동하다 in the same direction 같은 방향으로 railing 난간

해설 (A)와 (B)는 각각 사진에 없는 cyclists와 scaffolding을 듣고 오답으로 골라내야 한다. 사진에 없는 사람이나 사물이 들리면 무조건 오답이다. (C)는 자동차들이 이동하고 있지 않으므로 오답이다. '주차되어 있다(be parked[left])'가 시험에 자주 출제된다. 항상 위치 표현을 잘 듣고 판단해야 한다.

---

p. 121 Part 2

W Am W Br

4. How much food should I prepare for the company picnic?
(A) Enough for at least a dozen people.
(B) In the company storage room.
(C) The park on Main Street.

회사 야유회를 위해 음식을 얼마나 준비해야 할까요?
(A) 최소 십여 명의 사람들이 먹을 만큼이요.
(B) 회사 창고 안에요.
(C) Main 가(街)에 있는 공원이요.

VOCAB at least 적어도, 최소한 dozen 십여 개[명]의 storage room 창고

해설 How much 유형의 질문은 (A)처럼 대부분 숫자를 이용하는 대답이 정답이다. (B)는 반복되는 단어 company를 이용해서 오답을 유도하고 있고, (C)는 Where 의문문의 정답 패턴이다.

W Br M Cn

5. How did your presentation for the board of directors go?
(A) He is the chairperson.
(B) Should I join you?
(C) It went well.

이사회를 위한 프레젠테이션은 어떻게 되었나요?
(A) 그가 의장입니다.
(B) 제가 참여해야 하나요?
(C) 잘 됐어요.

VOCAB board of directors 이사회 chairperson 의장 go well 잘 되어가다

해설 일의 경과를 묻는 How ~ go? 유형의 질문이라는 것을 파악하고 (C)에서 부사 well이 들릴 때 정답으로 선택하면 된다. 참고로 It went well.은 Part 2에서 꽤 자주 등장하는 문장인데, 잘 안 들릴 수 있으므로 발음을 기억하자. [잇 웬 웰]이라고 읽어야 한다. (A)와 (B)는 모두 질문의 the board of directors에서 연상되는 대답으로 오답을 유도하고 있다. 연상되는 표현은 대부분 오답 장치라는 사실을 기억해야 한다.

W Am **M Au**

6. Thank you for sponsoring our museum's fundraising program.

(A) One of our most loyal supporters.

(B) On the radio program.

(C) I'm delighted to be of help.

우리 박물관의 기금 마련 프로그램을 후원해 주셔서 고맙습니다.

(A) 우리의 가장 충성스러운 지지자 중 한 명이죠.

(B) 라디오 프로그램에서요.

(C) 도움을 드리게 되어서 기쁩니다.

VOCAB sponsor 후원하다 fundraising 모금 loyal 충성스러운 supporter 지지자, 후원자 be delighted to-V ~해서 기쁘다 be of help 힘이 되다, 도움이 되다

해설 문장의 앞부분 Thank you for sponsoring(후원해 주셔서 고맙습니다)에 집중하면 (C)를 어렵지 않게 정답으로 선택할 수 있다. (A)는 질문의 sponsoring에서 연상되는 supporters를 이용해서 오답을 유도하고 있고, (B)는 program이 반복되는 걸 듣고 오답임을 알 수 있다.

M Au **W Br**

7. How do I get to the mail room?

(A) Only several more packages.

(B) I'm on my way there right now.

(C) No, there isn't enough room.

우편실에 어떻게 가나요?

(A) 소포 몇 개만 더요.

(B) 제가 지금 그곳으로 가는 중이에요.

(C) 아니요, 공간이 충분하지 않습니다.

VOCAB mail room 우편실 package 꾸러미, 소포, 짐 on one's way to ~로 가는 길[도중]인 room 자리, 공간

해설 (A)는 mail room에서 연상되는 단어 packages로 오답을 유도하고 있고, (C)는 No를 듣고 오답으로 골라내야 한다. 오답을 골라내면 쉽게 정답을 알 수 있다.

M Cn **W Am**

8. You've been to this restaurant before, haven't you?

(A) Yes, about a month ago.

(B) It's our chef's special today.

(C) I haven't ordered yet.

이 식당에 전에 와보신 적이 있죠, 그렇지 않나요?

(A) 네, 한 달 전쯤에요.

(B) 그건 오늘 저희 주방장 특별요리입니다.

(C) 아직 주문 안 했어요.

VOCAB chef's special 오늘의 특선 요리

해설 질문 앞부분 You've been to(와보신 적이 있죠?)에 집중해서 (A)를 정답으로 선택해야 한다. 연상 표현(restaurant – chef's special)과 반복되는 단어(haven't)를 통해 오답을 잘 골라내도 정답을 알 수 있다.

W Br **M Cn**

9. How can I reset my password?

(A) By the end of the week.

(B) You should contact the help desk.

(C) Thanks for setting the table.

비밀번호를 다시 설정하려면 어떻게 해야 하나요?

(A) 주말까지요.

(B) 업무 지원 센터에 연락하셔야 해요.

(C) 식탁 차려줘서 고마워요.

VOCAB reset (시간, 숫자 등을) 재설정하다 contact 연락하다 help desk (회사 내의, 특히 컴퓨터 관련) 업무 지원 센터 set the table 식탁을 차리다

해설 (A)는 When 의문문의 정답으로 알맞은 대답이고, (C)는 reset – setting의 유사 발음으로 오답을 유도하고 있다. 오답을 잘 골라낼수록 고수가 된다.

10. How do I sign up for the management webinar?

    (A) You can do that online.

    (B) No, it's not that far.

    (C) I'm interested in the web design.

경영 웨비나에 어떻게 등록하나요?

(A) 온라인으로 하시면 돼요.

(B) 아니요, 그리 멀지 않습니다.

(C) 저는 웹디자인에 관심 있어요.

VOCAB   sign up for (강좌에) 등록하다   management (사업체, 조직의) 경영, 운영, 관리   webinar 웨비나(인터넷상의 세미나)

해설   질문 앞부분의 How do I sign up(어떻게 등록하나요?)에 집중하면 어렵지 않게 (A)를 정답으로 선택할 수 있다. (B)는 No를 듣자마자 오답인 것을 알 수 있고, (C)는 webinar – web design의 유사 발음으로 오답을 유도하고 있다.

11. How do I turn off the photocopier?

    (A) I still need to make a few more copies.

    (B) At the second light.

    (C) Yes, the photographer is excellent.

복사기 어떻게 꺼요?

(A) 저 아직 복사 조금 더 해야 해요.

(B) 두 번째 신호등에서요.

(C) 네, 그 사진작가가 훌륭합니다.

VOCAB   turn off (전기, 기계 등을) 끄다   photocopier 복사기   make a copy 복사하다   photographer 사진작가

해설   (B)는 Where 의문문의 정답으로 나올 대답이고, (C)는 Yes 때문에 오답이다. 오답을 잘 골라내는 한편, 질문 앞부분 How do I turn off(어떻게 꺼요?)에 집중하면 자연스러운 대답은 (A)라는 것도 알 수 있다. 참고로 photographer의 발음은 [포토그래퍼] 가 아니라 [퍼타그러퍼]라는 것도 기억하자

12. Isn't Ms. Kato the district manager now?

    (A) It's a strictly restricted area.

    (B) I think I'll apply for it.

    (C) That's what I heard.

Ms. Kato 가 지금 지역 매니저 아닌가요?

(A) 엄격하게 제한된 구역입니다.

(B) 저 그 자리에 지원하려고 해요.

(C) 제가 듣기로는 그렇습니다.

VOCAB   district 지구, 지역   strictly 엄격히, 엄하게   restrict 제한하다   apply for ~에 지원하다

해설   That's what I heard.라든가 That's what they told me. / That's the forecast I heard. / That's what the memo says. 같은 대답은 일반 의문문에서 Yes를 대신하는 표현으로서 들리면 바로 정답으로 선택할 수 있게 외워두자. district와 비슷한 발음이 반복해서 들리는 (A)같은 대답은 오답으로 골라내야 한다. 또한 (B)는 질문에 직함(manager)이 나오기 때문에 연상되는 대답으로 오답을 유도하고 있다.

Questions 13 through 15 refer to the following conversation.

M Au Hi, you must be Margarita. **13.** I'm Min-ho, **with the real estate agency**. We spoke on the phone yesterday. **13.** **Let me show you the apartment** now.

W Br Thanks, Min-ho. **14.** I've been **excited about seeing this property** - it is **ideally located directly across from the park**.

M Au Many people have been showing interest because of that. And as you can see, this apartment has a lot of space as well.

W Br Hmm... but is there any washing machine in here?

M Au **15.** Actually, **there's a laundry room** on the ground floor just for tenants. **I can show it to you now**.

13-15번 문제는 다음 대화에 관한 것입니다.

남: 안녕하세요, Margarita이시죠? 부동산 중개소에서 나온 Min-ho입니다. 어제 통화했죠. 바로 아파트 보여드릴게요.

여: 고마워요, Min-ho. 이 건물 보는 거 기대하고 있었어요. 공원 바로 맞은편에 있는 게 딱 좋거든요.

남: 많은 분이 그 점 때문에 관심을 보이죠. 보시다시피 이 아파트는 공간도 넓습니다.

여: 음… 그런데 여기 세탁기는 있나요?

남: 있죠, 1층에 세입자들만을 위한 세탁실이 있어요. 지금 보여드릴 수 있습니다.

13. Who is the man?
(A) A real estate agent
(B) A financial planner
(C) A construction inspector
(D) An interior designer

남자는 누구인가?
(A) 부동산 중개인
(B) 재무 설계사
(C) 공사 감독관
(D) 인테리어 디자이너

14. What does the woman say she likes about the apartment?
(A) It is located close to a park.
(B) It has an open layout.
(C) It is reasonably priced.
(D) It has hardwood floors.

여자는 아파트에 관해 무엇이 마음에 든다고 말하는가?
(A) 공원 가까이에 있다.
(B) 개방형 설계로 되어 있다.
(C) 가격이 알맞게 매겨져 있다.
(D) 바닥이 단단한 나무로 되어 있다.

15. Where will the speakers go next?
(A) To the rooftop garden
(B) To the laundry facility
(C) To the storage area
(D) To the parking lot

화자들은 이후에 어디로 갈 것인가?
(A) 옥상 정원으로
(B) 세탁 시설로
(C) 보관 창고로
(D) 주차장으로

VOCAB real estate agency 부동산 중개소 real estate agent 부동산 중개인 financial planner 재무 설계사 inspector 감독관 property 부동산; 건물 ideally 이상적으로 located ~에 위치한 (directly) across from ~의 바로 맞은편에 close to ~ 가까이에 layout 설계, 배치 reasonably 적정하게 price 가격을 매기다 as well 또한, 역시 washing machine 세탁기 laundry room 세탁실 ground floor 1층 tenant 세입자 rooftop (건물의) 옥상 laundry 세탁 storage area 보관 창고

해설 첫 문제와 같이 화자의 직업을 묻는 문제는 대부분 첫 한두 문장에서 정답을 알려준다. I'm Min-ho, with the real estate agency. 와 Let me show you the apartment now.를 들으면 바로 정답을 알 수 있다. 14번 문제는 여자의 대사 I've been excited about seeing this property가 질문의 she likes about the apartment로, ideally located directly across from the park가 located close to a park로 패러프레이즈 되어 있다는 것을 간파하고 정답을 선택해야 한다. 세 문제 중 항상 마지막 문제로 출제되는 do[go] next 문제는 언제나 마지막 대사에서 정답을 알 수 있으므로 대화를 끝까지 듣고 선택해야 한다. 또한 Actually로 시작하는 문장에는 정답의 키워드가 들어 있을 확률이 높으므로 더 집중해보자. 남자가 마지막에 세탁실을 보여주겠다고(there's a laundry room ~ I can show it to you now.) 말하고 있으므로 당연히 이제 두 사람이 갈 곳은 세탁실이라고 추론할 수 있다.

Questions 16 through 18 refer to the following conversation.

M Au **16.** Before I start **scanning your items**, you don't seem to have brought any reusable bags for me to put your groceries in, do you?

W Br Oh, no, I didn't. I've just moved here and this is my first time shopping for food at this store. **17.** Was I **supposed to bring my own bags**?

M Au **17.** It is **our store policy**. **18.** But if you **sign up for one of our membership cards**, you'll **receive a reusable bag for free with your membership**. **18.** It **only takes a few minutes to register**.

16-18번 문제는 다음 대화에 관한 것입니다.

남: 고객님 상품들 바코드 스캔을 시작하기 전에, 식료품들을 담아 드릴 재사용 가방을 가져오지 않으신 것 같네요?

여: 아, 네, 안 가져왔어요. 막 이사 와서 이 상점에서 음식 장보기는 처음이거든요. 제 가방을 가져와야 하는 건가요?

남: 저희 매장 정책입니다. 회원 카드를 하나 신청하시면 카드와 함께 재사용 가방을 무료로 받으시게 됩니다. 등록하시는 데 몇 분밖에 안 걸려요.

16. Where most likely are the speakers?
(A) At a shoe store
(B) At a supermarket
(C) At a florist shop
(D) At a post office

화자들은 어디에 있는 것 같은가?
(A) 신발 판매장에
(B) 슈퍼마켓에
(C) 꽃집에
(D) 우체국에

17. What does the business require customers to do?
(A) Bring their own bags
(B) Provide their contact information
(C) Present photo identification
(D) Pay with a specific credit card

사업체는 고객들에게 무엇을 하도록 요구하는가?
(A) 자기 가방을 가져온다
(B) 연락처를 제공한다
(C) 사진이 부착된 신분증을 제시한다
(D) 특정 신용카드로 결제한다

18. What does the man recommend that the woman do?
(A) Come back another day
(B) Place an order online
(C) Use public transportation
(D) Register for a membership card

남자는 여자가 무엇을 할 것을 권하는가?
(A) 다른 날 다시 온다
(B) 인터넷으로 주문한다
(C) 대중교통을 이용한다
(D) 회원카드를 신청한다

VOCAB   scan 스캔하다 seem to have p.p. (과거에) ~한 것 같다 reusable 재사용할 수 있는 groceries 식료품 및 잡화 florist shop 꽃집 be supposed to-V ~해야 한다 contact information 연락처 present 제출하다 photo identification 사진이 부착된 신분증 specific 특정한 sign up[register] for ~을 신청[가입]하다 for free 무료로 register 등록하다 place an order 주문하다 public transportation 대중교통

해설   16번 문제와 같이 대화 장소를 묻는 문제는 대부분 첫 한두 문장 속에 정답이 암시되어 있다. 남자가 고객이 선택한 상품의 바코드를 스캔하려고 하고 있고, 식료품을 담을 재사용 가방에 대해 언급하고 있으므로(Before I start scanning your items, you don't seem to have brought any reusable bags for me to put your groceries in, do you?) 장소는 슈퍼마켓이다. 17번은 여자의 질문 Was I supposed to bring my own bags?와 남자의 대답 It is our store policy.에서 정답을 알 수 있다. 바로 이어지는 대사는 정답을 알려주는 경우가 많은 But으로 시작하는 문장이므로 더 귀를 기울여보자. 남자가 재사용 가방 무료 제공 혜택과 등록이 시간이 얼마 안 걸리는 간편한 절차임을 언급하면서 회원 가입을 권장하고 있으므로(But if you sign up for one of our membership cards, you'll receive a reusable bag for free with your membership. It only takes a few minutes to register.) 여기서 18번 문제의 정답을 알 수 있다.

Questions 19 through 21 refer to the following conversation with three speakers.

M Au Hello, Ms. Williams and Ms. Chae. **19.** Thank you for taking the time to meet with me about the **trouble I'm having with my workload**.

W Am No problem. What's the matter with you?

M Au Well, as you know, **20.** we recently **purchased additional cutting machines**, **19. 20.** and it's been **very hard for me to keep up with all the maintenance work**.

W Br That's understandable. **20.** It's crucial that we keep those machines running **in order to meet our production targets**. **21.** Maybe we should **hire another technician** to assist you.

W Am **21. I agree** - that sounds like a reasonable idea.

19-21번 문제는 화자가 세 명인 다음 대화에 관한 것입니다.

남: 안녕하세요, Ms. Williams, Ms. Chae. 제가 업무량 때문에 곤란을 겪고 있는데, 시간을 내서 저와 만나주셔서 고맙습니다.

여1: 별말씀을요. 어떤 문제가 있나요?

남: 음, 아시다시피, 우리가 최근에 절삭기들을 추가로 구매했는데요, 제가 모든 정비 작업을 늦지 않게 수행하는 게 매우 힘듭니다.

여2: 이해해요. 생산 목표를 달성하려면 그 기계들이 계속 돌아가도록 하는 게 매우 중요하죠. 아마 당신을 도와줄 기술자를 한 명 더 채용할 것 같네요.

여1: 동의해요. 그게 타당한 생각인 것 같아요.

19. What problem does the man mention?
(A) He needs to miss an upcoming seminar.
(B) He has too much work.
(C) A patent has expired.
(D) Some directions are poorly written.

남자는 어떤 문제를 언급하는가?
(A) 곧 있을 세미나는 걸러야 한다.
(B) 할 일이 너무 많다.
(C) 특허가 만료되었다.
(D) 어떤 설명이 형편없이 기술되었다.

20. Where do the speakers most likely work?
(A) At a factory
(B) At a car repair shop
(C) At a hardware store
(D) At a government building

화자들은 어디서 일하는 것 같은가?
(A) 공장에서
(B) 자동차 수리점에서
(C) 철물점에서
(D) 정부청사에서

21. What do the women agree to do?
(A) Revise an advertisement
(B) Change a worker's shift
(C) Hire another worker
(D) Offer an employee a pay raise

여자들은 무엇을 하는 데 합의하는가?
(A) 광고를 수정한다
(B) 어떤 직원의 근무조를 바꾼다
(C) 직원 한 명을 더 채용한다
(D) 어떤 직원에게 급여 인상을 제안한다

VOCAB workload 업무량 additional 추가의 cutting machine 절삭기 keep up with (~의 진도, 증가 속도 등을) 따라가다 maintenance work 정비 작업 miss 거르다, ~을 하지 않다 upcoming 다가오는, 곧 있을 patent 특허권 expire 만료되다, 만기가 되다 directions 지시, 명령 understandable 이해할 수 있는 crucial 중대한, 결정적인 meet the target 목표를 달성하다 hardware store 철물점 assist 돕다 reasonable 타당한 revise 수정하다 shift 교대 조 offer 제안하다 pay raise 급여 인상

해설 19번 문제는 남자가 첫 대사에서 업무량 때문에 곤란을 겪고 있다고 말하는 것과(the trouble I'm having with my workload.) 어떤 어려움이 있는지 묻는 말(What's the matter with you?)에 대해 모든 정비 작업을 늦지 않게 수행하는 게 매우 힘들다고 (it's been very hard for me to keep up with all the maintenance work.) 대답하는 것을 듣고 정답을 알아내야 한다. 20번 문제를 풀 때는 cutting machines(절삭기)와 maintenance work(정비 작업), in order to meet our production targets(생산 목표를 달성하기 위해) 같은 키워드를 듣고 이곳이 공장이라는 것을 알아야 한다. 19번과 20번 문제의 정답을 골라야 하는 시점이 거의 차이가 나지 않으므로 Part 3, 4 문제를 풀 때는 항상 순발력이 필요하다는 것을 잊어서는 안 된다. 21번은 영국 여자가 기술자를 한 명 더 채용해야겠다고(Maybe we should hire another technician to assist you.) 말하자 미국 여자가 동의하는 것(I agree)을 듣고 정답을 알 수 있다.

Questions 22 through 24 refer to the following advertisement.

M Cn **22.** The world is filled with true once-in-a-lifetime **adventures and destinations. ABC Travel Agency is ready to get you there**. ABC Travel Agency specializes in trips to exotic areas around the world. Our experienced agents are experts in booking flight tickets, arranging hotel accommodations and finding the best local tourist spots and tour guides. But don't take our word for it - read some of the reviews from our satisfied customers on our website. **23.** In fact, we were **recently presented with the Best Customer Satisfaction Award** by *Today's Traveler* Magazine. **24.** Currently, we are offering a **special promotion**. You'll **receive 10 percent off the cost of the airfare if you book your trip before May 31st**. But why wait till the end of the month? Visit our website or office today and let us make your travel dream a reality.

22-24번 문제는 다음 광고에 관한 것입니다.

세상은 일생 한 번 보기도 힘든 모험과 관광지들로 가득 차 있습니다. ABC 여행사는 여러분을 바로 그 곳으로 모셔다 드립니다. ABC 여행사는 전 세계의 이국적인 경치를 볼 수 있는 지역 여행을 전문으로 합니다. 저희의 경험 많은 직원들은 비행편 예약과 호텔 숙박 예약, 지역의 가장 좋은 관광지와 관광가이드 찾기의 전문가들입니다. 그러나 저희 말만 듣고 판단하지 마시고 저희 웹사이트에서 만족하신 고객들이 남긴 평가를 몇 개 읽어보세요. 사실 저희는 최근에 *Today's Traveler* 잡지로부터 고객만족도 최우수상을 받았습니다. 현재 저희는 특별 판촉행사를 진행하고 있습니다. 5월 31일 이전에 여행을 예약하신다면 항공요금 비용의 10퍼센트를 할인받으시게 될 것입니다. 하지만 왜 월말까지 기다리세요? 오늘 저희 웹사이트나 사무실을 방문하시면 저희가 당신의 꿈의 여행을 현실로 만들어 드리겠습니다.

22. What is being advertised?

(A) An air carrier   **(B) A travel agency**

(C) A hotel chain   (D) A botanical garden

무엇을 광고하고 있는가?

(A) 항공사   (B) 여행사

(C) 호텔 체인   (D) 식물원

23. What did the business recently receive an award for?

(A) Its successful advertising campaign

(B) Its comfortable accommodations

(C) Its environmentally friendly practices

(D) Its high level of customer satisfaction

최근에 이 업체는 무엇으로 상을 받았는가?

(A) 성공적인 광고 캠페인

(B) 편안한 숙박시설

(C) 환경친화적인 관행

(D) 높은 수준의 고객만족도

24. How can listeners get a special discount?

(A) By entering a promotional code

(B) By presenting a voucher

(C) By making a reservation before May 31st.

(D) By referring a friend

특별 할인은 어떻게 받을 수 있는가?

(A) 쿠폰 번호를 입력함으로써

(B) 쿠폰을 제시함으로써

(C) 5월 31일 전에 예약함으로써

(D) 친구를 소개함으로써

VOCAB once-in-a-lifetime 일생에 한 번의 adventure 모험 destination (여행 등의) 목적지 travel agency 여행사 specialize in ~을 전문으로 하다 exotic 외국의; 이국적인 experienced 경험이 많은 agent 직원 expert 전문가 book 예약하다 arrange 마련하다 accommodation 숙박 tourist spot 관광지, 명소 don't take one's word for it ~의 말을 그대로 믿지 마세요. review 평가 present 주다, 수여하다; 제시하다 customer satisfaction 고객 만족(도) off 할인하여 environmentally friendly 환경친화적인 practice 관행, 관례 currently 현재, 지금 promotion 판촉 행사 airfare 항공요금 enter 기재하다, 입력하다 promotional code 쿠폰 번호 voucher 상품권, 할인권, 쿠폰 refer 소개하다 reality 현실

해설 우선 22번 문제는 첫 문장에 들어 있는 adventures and destinations와 바로 이어지는 문장 ABC Travel Agency is ready to get you there.를 들으면서 정답을 알아내야 한다. 23번은 중간에 나오는 문장 In fact, we were recently presented with the Best Customer Satisfaction Award by Today's Traveler Magazine.에서 상 이름을 듣고 정답을 고른다. 조금 있으면 You'll receive 10 percent off the cost of the airfare를 듣게 되는데, 이 부분이 24번 문제의 질문에 들어 있는 get a special discount로 패러프레이즈 되어 있다는 것을 간파하면 이 문제도 정답을 알 수 있다.

Questions 25 through 27 refer to the following advertisement.

[M Cn] **25.** If your office **needs a renovation, why not call a company you can trust? Wang Brothers is the number one commercial remodeling contractor** in the Georgetown area. From lobbies to offices, function rooms and amenities, we do it all. Not only do we offer complete design-build services but we also guarantee long-term quality. **26. Unlike our competitors, we offer a complimentary inspection** program - **one year after the project is completed**, we will come check that everything in your renovated building is working as it should. **27. Visit our website** at www.wangbrothers.com to **look at some photos of other commercial properties we've remodeled**. We are confident that you'll be impressed by the creativity and quality of our past projects. Whatever type of workspace you have, Wang Brothers has the best solution for you!

25-27번 문제는 다음 광고에 관한 것입니다.

사무실 개조가 필요하시다면 믿을 수 있는 곳에 전화하셔야죠. Wang Brothers는 Georgetown 지역 최고의 상업 리모델링 건축업체입니다. 로비에서부터 사무실, 회의실, 편의시설에 이르기까지 저희는 모든 것을 합니다. 저희는 설계시공 서비스 일체를 제공할 뿐만 아니라 장기간의 품질까지도 보장합니다. 경쟁업체들과는 달리 저희는 무료 점검 프로그램을 제공합니다. 프로젝트가 끝난 1년 후 저희는 당신의 개조된 건물에 가서 모든 것이 제대로 돌아가고 있는지 확인해 드립니다. 저희 웹사이트 www.wangbrothers.com을 방문하셔서 저희가 개조한 상업용 부동산들의 사진 몇 장을 보세요. 저희의 지난 프로젝트의 창의성과 품질을 보시면 감동하실 것이라고 자신합니다. 어떤 종류의 일터이든 Wang Brothers는 당신을 위한 최고의 솔루션을 갖고 있습니다.

25. What type of business is being advertised?
(A) A web design firm
(B) A hardware store
(C) A real estate agency
(D) A remodeling company

어떤 유형의 사업체를 광고하고 있는가?
(A) 웹디자인 회사
(B) 철물점
(C) 부동산 중개업체
(D) 리모델링 회사

26. What special service does the business offer?
(A) Complimentary installation
(B) A flexible payment plan
(C) A follow-up inspection
(D) Emergency repairs

업체는 어떤 특별 서비스를 제공하는가?
(A) 무료 설치
(B) 바꾸기 쉬운 결제 방식
(C) 후속 점검
(D) 비상 수리

27. What does the speaker suggest the listeners do online?
(A) View work samples　(B) Leave testimonials
(C) Request an estimate　(D) Find a business location

화자는 청자들에게 온라인으로 무엇을 하라고 제안하는가?
(A) 작업 견본을 본다　(B) 추천의 글을 남긴다
(C) 견적을 요청한다　(D) 업체의 지점을 찾는다

VOCAB　renovation 개조　trust 신뢰하다　commercial 상업용의　remodeling 개조　contractor (건축) 하청업체　hardware store 철물점　real estate agency 부동산 중개소　function room 대회의장　amenity 편의시설　design-build 설계시공　guarantee 보장하다　long-term 장기간의　competitor 경쟁업체　complimentary 무료의　inspection 검열, 점검　flexible 유연한, 바꾸기 쉬운　payment plan 결제 방식　follow-up 뒤따르는, 추가의　emergency 비상 (사태)　property 부동산, 건물　view 보다　leave 남기다　testimonial 추천의 글　estimate 견적서　confident 자신 있는　impressed 인상 깊게 생각하는　creativity 창의성　workspace 일터　solution 해결책

해설　사무실 개조(renovation)가 필요하다면 신뢰할 수 있는 회사에 전화하라고(call a company you can trust) 말하는 첫 문장에 이어 Wang Brothers는 상업 리모델링을 전문으로 하는 건축업체(commercial remodeling contractor)라고 소개하고 있으므로 여기서 25번 문제의 정답을 알 수 있다. 광고 중간에 나오는 Unlike our competitors는 자기들이 경쟁업체들에는 없는 특별한 서비스를 제공하고 있다는 것을 나타내므로 여기서 26번의 정답을 알려주려고 한다는 것을 알 수 있다. 이어서 들리는 we offer a complimentary inspection program과 one year after the project is completed를 들으면서 이 부분이 압축되어 패러프레이즈 되어 있는 (C)를 정답으로 선택하자. 바로 다음 문장에서는 웹사이트 방문을 권장하고 있는데(Visit our website), 웹사이트에서 지금까지 자기들이 작업한 건물들의 사진을 볼 수 있다고(to look at some photos of other commercial properties we've remodeled) 알려주고 있으므로 여기서 27번의 정답을 알아내야 한다.

Questions 28 through 30 refer to the following telephone message.

28-30번 문제는 다음 전화 메시지에 관한 것입니다.

W Am Good morning, this message is for Mr. Morris. I'm Jennifer Clarke, a sales manager from Olympus Medical Systems. **28.** I'm supposed to conduct a product demonstration of our equipment **at next month's trade fair**, **29.** so **I'd like to know when we'll be able to start** setting up our equipment at the convention center. Could you please let me know about this by phone? **30.** Also, I noticed a minor **problem** on your website – **my name's misspelled on the program**. It's actually Clarke spelled with an E at the end. I'd appreciate it if you could correct this.

안녕하세요, Mr. Morris께 남기는 메시지입니다. 저는 Olympus 의료시스템의 영업부장 Jennifer Clarke입니다. 제가 다음 달 무역박람회에서 저희 장비의 시연회를 진행하기로 되어 있는데요, 그래서 컨벤션센터에서 저희 장비의 설치를 언제 시작할 수 있을지 알고 싶습니다. 이걸 전화로 좀 알려주실 수 있나요? 그리고 당신들의 웹사이트에서 사소한 문제점을 하나 발견했는데요, 프로그램에서 제 이름의 철자가 잘못 나왔더군요. 사실 제 이름은 끝에 E가 붙어 있는 Clarke입니다. 이걸 좀 바로잡아 주시면 고맙겠습니다. .

28. What event is the speaker calling about?
(A) A shareholders' meeting
(B) A business management course
(C) A press conference
(D) A trade fair

화자는 어떤 행사에 관련해서 전화했는가?
(A) 주주총회
(B) 경영학 수업
(C) 기자회견
(D) 무역박람회

29. What is the speaker asking about?
(A) The schedule of an event
(B) The background of a speaker
(C) The venue for a banquet
(D) The number of participants

화자는 무엇을 묻는가?
(A) 행사의 일정
(B) 어떤 연설자의 학력이나 경력
(C) 연회장소
(D) 참가자의 수

30. What problem does the speaker mention?
(A) A venue is too far from her home.
(B) A potential client is unable to attend.
(C) Some equipment is no longer available.
(D) Some information is provided incorrectly

화자는 어떤 문제를 언급하는가?
(A) 장소가 집에서 너무 멀다.
(B) 어떤 잠재고객이 참석할 수 없다.
(C) 어떤 장비를 더 이상 이용할 수 없다.
(D) 어떤 정보가 정확하지 않게 제공되었다.

VOCAB sales manager 영업부장 be supposed to-V ~하기로 되어 있다, ~해야 한다 conduct 실시하다 product demonstration 제품시연회 trade fair 무역박람회 set up ~을 설치하다 background 학력, 경력 venue 장소 banquet 연회 participant 참가자 notice 발견하다 minor 작은, 사소한 misspell 철자를 잘못 쓰다 potential client 잠재고객 available 이용할 수 있는 incorrectly 부정확하게 spell 철자를 쓰다 correct 바로잡다 venue 장소

해설 "I'm supposed to ~ at next month's trade fair, so I'd like to know when we'll be able to start ~" 에서 28번과 29번 문제의 정답을 동시에 파악하고 선택해야 한다. 매달 한 번 정도 이런 식으로 출제되는데, 두 문제의 정답을 동시에 고르기 위해서는 미리 읽어 놓은 문제의 내용을 기억해야 하고, 패러프레이즈 된 표현들을 알아들을 수 있게 단어도 많이 암기해두자. 30번도 my name's misspelled on the program을 들으면서 이 부분이 패러프레이즈 되어 있는 보기를 정답으로 선택해야 한다.

p. 129 Part 1   Exercise   1. c   2. c

● 정답을 맞힌 문제도 해설을 읽어보자.

1. W Am

(A) Some pedestrians are crossing at an intersection.
(B) Tree branches are being cleared off a walkway.
(C) Some vehicles are facing a high wall.
(D) A car is exiting a parking garage.

(A) 보행자들이 교차로에서 건너고 있다.
(B) 나뭇가지들이 보도에서 치워지고 있다.
(C) 몇몇 차량이 높은 벽을 향하고 있다.
(D) 자동차가 주차장에서 나오고 있다.

VOCAB   pedestrian 보행자 cross 건너다 intersection 교차로 clear A off B B에서 A를 치우다 walkway 보도 exit 나가다
parking garage 주차장

해설   사진에 교차로(intersection)도 없고, 나뭇가지(tree branches)도 보이지 않으므로 (A)와 (B)는 오답이다. 주차장이 있기는
하지만 자동차가 나오고 있지 않으므로 (D)도 오답이다. '~를 향하다'라는 뜻으로 동사 face를 사용한다는 것을 기억하고
정답을 선택하자.

2. M Au

(A) A railing runs along the top of the wall.
(B) The lawn is being mowed.
(C) Tools are propped against a wall.
(D) Some equipment has been left on a step.

(A) 벽 맨 위를 따라 난간이 뻗어 있다.
(B) 잔디가 깎이고 있다.
(C) 연장들이 벽에 기대어 있다.
(D) 장비가 계단에 남겨져 있다.

VOCAB   railing 난간 run (길이) 뻗다, 이어지다 lawn 잔디밭 mow (잔디를) 깎다 leave 남겨두다 step 계단

해설   물건이 어딘가에 기대어 있는 장면에서는 leaning이나 propped가 들어 있는 문장이 정답이다. railing이나 step 같은 사진에
없는 물건을 언급하는 (A)와 (D)는 오답이다. 잔디를 깎는 장면도 아니므로 (B)도 정답이 될 수 없다.

1	a	3	b	5	a	7	c	9	b
2	b	4	c	6	b	8	b	10	a

● 정답을 맞힌 문제도 해설을 읽어보자.

M Cn   W Br

1. Jeff's presentation hasn't ended yet, has it?

   (A) No, but it will be over in a minute.

   (B) I certainly recognize him.

   (C) He still doesn't have any.

Jeff의 프레젠테이션 아직 안 끝났죠, 그렇죠?

(A) 네, 하지만 곧 끝날 겁니다.

(B) 그 사람 확실히 알아보겠어요.

(C) 그 사람에게는 아직도 전혀 없어요.

VOCAB   end 끝나다   over 끝이 난   in a minute 즉각, 당장   certainly 틀림없이, 분명히   recognize 알아보다

해설   일반 의문문은 대답을 Yes, and / Yes, but / No, but / But으로 시작하면 100% 정답이다. 매달 한 문제 정도는 출제되므로 꼭 기억해 뒀다가 활용해야 한다. (B)는 질문에 들어 있는 사람 이름에서 연상되는 대답으로, (C)는 질문에 두 번 등장하는 have 동사를 사용해서 오답을 유도하고 있다.

M Au   M Cn

2. What kind of decoration would you like on the tables?

   (A) No, assembly is not required for them.

   (B) Just some flower arrangements.

   (C) Anywhere near the counter, please.

테이블 위에는 어떤 종류의 장식으로 하시겠어요?

(A) 아니요, 그것들은 조립은 필요 없습니다.

(B) 그냥 꽃꽂이 몇 개요.

(C) 계산대 근처 아무 곳으로나 해주세요.

VOCAB   assembly 조립   flower arrangement 꽃꽂이   anywhere 어디든, 아무데나

해설   What kind of decoration에만 집중하면 (B)에서 flower arrangements를 듣고 정답을 고를 수 있다. (A)는 No로 시작했기 때문에 정답이 될 수 없고, (C)는 Where 의문문의 정답패턴이다.

W Br   W Am

3. Hasn't this invoice already been paid?

   (A) I'd like to invite them.

   (B) Rebecca would know.

   (C) That's a good plan.

이 청구서의 비용을 이미 지급하지 않았나요?

(A) 그들을 초대하고 싶습니다.

(B) Rebecca가 알 거예요.

(C) 좋은 계획입니다.

VOCAB   invoice 송장(送狀), 청구서

해설   질문의 내용과 상관없이 '몰라' 유형의 대답은 거의 항상 정답이다. '사람 이름 + might[probably/should/would] know' 같은 대답은 최근 들어 자주 출제되는 '몰라' 유형이므로 반드시 기억해두자. (A)는 invoice-invite라는 유사발음으로 오답을 유도하고 있고, (C)는 질문이 어떤 제안일 때 정답으로 출제되는 대답이다.

4. Have the budget figures changed since we last discussed it?

(A) An informative discussion.

(B) The financial policy.

(C) Not that I'm aware of.

우리가 마지막으로 예산 수치를 의논한 이후에 변경이 있었나요?

(A) 유익한 토론이요.

(B) 금융 정책이요.

(C) 제가 아는 한은 아니에요.

VOCAB figure 수치 informative 유용한 정보를 주는, 유익한 financial 금융의, 재정의

해설 일반 의문문에서 No를 대신하는 표현으로 Not that I know of.와 Not that I'm aware of.는 자주 출제되고 있다. 들리기만 하면 거의 다 정답이므로 외우고 있어야 한다. 또한 (A)는 유사 발음(discussed - discussion), (B)는 연상 표현(budget - financial)을 통해 오답을 유도하고 있다는 점도 간파할 수 있도록 훈련하자.

5. Can we listen to music at our desks while at work?

(A) Only if you wear headphones.

(B) Yes, two new work desks.

(C) Yes, I heard about it, too.

근무 중일 때 책상에서 음악을 들어도 되나요?

(A) 헤드폰을 착용했을 때만요.

(B) 네, 작업용 책상 두 개요.

(C) 네, 저도 그것에 대해 들었어요.

VOCAB while at work 근무 중에

해설 문장 앞부분이 Can we listen to music(음악을 들어도 되나요?)이므로 자연스러운 대답은 (A)이다. (B)는 반복되는 단어 (desk, work)가 들릴 때 오답으로 골라낼 수 있고, (C)는 listen에서 연상되는 단어 heard로 오답을 유도하고 있다. 만약 도저히 답을 알 수 없을 때는 (A)처럼 Only if[when]으로 시작하는 대답은 내용에 상관없이 90% 정도의 확률로 정답으로 사용된다는 점을 알아두고 최후의 수단으로 사용하자.

6. What time are you leaving the office today?

(A) It takes about an hour and a half.

(B) As soon as I'm done with this report.

(C) No, the day after tomorrow.

오늘은 몇 시에 퇴근하실 거예요?

(A) 약 한 시간 반 걸립니다.

(B) 이 보고서 끝나자마자요.

(C) 아니요, 내일모레요.

VOCAB be done with ~을 다 처리하다

해설 What time ~? 유형은 When 의문문과 정답 패턴이 같다고 생각하면 된다. When 의문문에서는 접속사 When[While/As soon as]로 시작하는 대답이 나오면 무조건 정답이라고 배운 것을 기억하라. (A)는 '한 시간 반'이라는 기간 표현이 나왔으므로 How long 유형의 질문에서 정답으로 알맞고, (C)는 No를 듣고 바로 오답으로 골라낼 수 있다.

7. What's the projected budget for the trip to New York?

(A) We're planning to leave next month.

(B) At the next planning meeting.

(C) I'd estimate it's about 6,000 dollars.

뉴욕 여행을 위해 예상되는 예산은 얼마인가요?

(A) 다음 달에 떠날 계획입니다.

(B) 다음 기획 회의 때요.

(C) 약 6,000 달러 정도 될 거로 추산합니다.

VOCAB project 예상[추정]하다 planning meeting 기획 회의 estimate 추산[추정]하다

해설 질문에서 What's와 budget만 알아들었다면 (C)에서 '돈'을 듣고 정답으로 선택하면 된다. (A)와 (B)는 모두 When 의문문의 정답 패턴이다.

8. What was your boss like at the last job?

(A) That's not very likely.

(B) She was open and approachable.

(C) The bus route has been changed.

이전 직장에서 당신의 사장님은 어떤 분이었나요?

(A) 그럴 가능성이 별로 없습니다.

(B) 그 분은 솔직하고 다정다감했죠.

(C) 버스 노선이 변경되었습니다.

VOCAB likely ~할 것 같은 open 숨김없는, 솔직한 approachable 말을 붙이기 쉬운

해설 What's ~ like? 유형의 질문은 형용사를 사용하는 대답이 정답인 경우가 많다. (A)나 (C)처럼 유사 발음(like - likely, boss - bus)이 들리는 보기는 오답으로 골라내는 것도 잊어서는 안 된다. 오답을 잘 골라낼수록 고수가 된다.

9. What should be discussed at our first meeting?

(A) Okay, I'll see you there.

(B) The annual production cost.

(C) It seemed rather fast.

첫 회의에서는 뭘 의논해야 하죠?

(A) 좋습니다, 거기서 뵙죠.

(B) 연간 생산 비용이요.

(C) 다소 빨라 보였어요.

VOCAB production cost 생산 비용 rather 좀, 약간

해설 주제를 물어보는 질문은 '명사(구)'만을 이용해서 대답하는 보기가 정답일 확률이 높다. (A)의 Okay는 사실상 Yes와 같은 뜻이기 때문에 정답으로 선택할 수 없다. 또한 (C)는 at our first - rather fast 같은 유사 발음으로 오답을 유도하고 있다.

10. You remembered to lock the warehouse doors, didn't you?

(A) I'll double check.

(B) In the locker beside the door.

(C) I don't remember his name.

창고 문 잊지 않고 잠그셨죠?

(A) 다시 확인할게요.

(B) 문 옆 로커예요.

(C) 그 분 성함이 기억이 안 나네요.

VOCAB warehouse 창고 double check 다시 한번 확인하다 locker 로커, 물품 보관함

해설 항상 문장 앞부분에 집중하는 걸 습관으로 만들어야 한다. You remembered(잊지 않으셨죠?)에 집중하면 (A) I'll double check. (다시 확인할게요.)를 어렵지 않게 정답으로 선택할 수 있다. 또한 (B)와 (C)는 반복되는 단어(door, remember)와 비슷한 발음(look - locker)을 통해 오답을 유도하고 있다. 오답을 잘 골라낼수록 고수가 된다.

---

p. 135 Part 3 & 4 **Sample Questions**

해석 1-3번 문제는 다음 대화에 관한 것입니다.

남: 토론토는 어땠어요, Vartika?

여: 편안했어요. 고마워요. 관광도 좀 하고 일도 쉬어서 좋았죠. 어, 내가 사무실을 비운 동안 일이 어땠나요? 새 그래픽 디자이너를 찾는 일이 어떻게 진행되고 있어요?

남: 적임자를 찾은 것 같아요. 당신 책상에 서류를 놔뒀어요.

1. 여자는 토론토에서 무엇을 했는가?

(A) 입사지원자들의 면접을 봤다.

(B) 친척들을 만났다.

(C) 휴가를 보냈다.

(D) 세미나를 주재했다.

여: 이게 Rolando Villazón의 이력서인가요? 내 친구 중 한 명이에요. 그 친구가 이 자리에 지원했다는 거예요?

남: 바로 내가 말하던 그 사람이에요. 모든 사람에게 정말 깊은 인상을 줬어요.

여: 잘됐네요. Rolando는 대학 때부터 알던 사이에요. 수업도 몇 개 같이 들었죠. 컨벤션에서 몇 번 우연히 마주치기는 했지만, 여기 이 자리에 지원하는 줄은 전혀 몰랐네요.

2. "이거 Rolando Villazón이 이력서인가요?"라고 말할 때 여자는 무엇을 암시하는가?
(A) 어떤 문서를 보고 놀랐다.
(B) 어떤 자리에 후보를 추천한다.
(C) 사생활 보호가 걱정이다. (D) 어떤 글을 읽을 수 없다.

3. 여자는 Rolando Villazón을 어떻게 아는가?
(A) 같은 동네에 살았다. (B) 같은 대학교에 다녔다.
(C) 함께 콘퍼런스를 준비했다. (D) 같은 회사에서 근무했다.

---

p.136 Part 3 & 4 **Exercise** **1.** b **2.** c **3.** d **4.** d **5.** a **6.** c

● 정답을 맞힌 문제도 해설을 읽어보자.

Questions 1 through 3 refer to the following conversation.

W Br Hi, Kent, this is Tracey Ellington. **1.** You **helped me find an apartment two years ago**. I was **wondering if your agency could help me find a new one** in the same neighborhood.

M Au Oh, hi, Tracey. It'd be my pleasure to help you. You currently live in the Mount Elizabeth area, don't you?

W Br Yes, and I like it a lot. **2.** But I've recently **set up my own business**, designing jewelry and selling it online, so now I'm looking for a two-bedroom apartment. I need to have another room to use as workspace.

M Au **3.** I **have several apartments that I'd like to show you**. How's your afternoon?

1-3번 문제는 다음 대화에 관한 것입니다.

여: 안녕하세요, Kent, Tracey Ellington이에요. 2년 전에 제가 아파트 찾는 걸 도와주셨죠. 그쪽 회사가 제가 같은 지역에서 새 아파트 찾는 걸 도와주실 수 있을지 궁금해서요.

남: 아, 안녕하세요, Tracey. 도와드리게 되어서 기쁩니다. 현재 Mount Elizabeth 지역에 사시죠?

여: 네, 그리고 정말 마음에 들어요. 하지만 최근에 제가 사업을 시작했어요. 보석류를 디자인해서 온라인으로 판매한답니다. 그래서 지금 방 두 개짜리 아파트를 찾고 있어요. 작업 공간으로 쓸 방이 하나 더 있어야 하거든요.

남: 보여드리고 싶은 아파트가 몇 군데 있어요. 오후 시간 어떠세요?

---

1. Why is the woman calling the man?
(A) To order some jewelry
(B) To find a new apartment
(C) To recommend some tools
(D) To share some information

여자는 왜 남자에게 전화하고 있는가?
(A) 보석류를 주문하기 위해
(B) 새 아파트를 찾기 위해
(C) 연장을 추천하기 위해
(D) 정보를 공유하기 위해

2. What does the woman say she has done recently?
(A) Planted a garden
(B) Joined a community organization
(C) Started a business
(D) Remodeled a room

여자는 최근에 무엇을 했다고 말하는가?
(A) 뜰에 나무를 심었다
(B) 지역사회기관에 가입했다
(C) 사업을 시작했다
(D) 방을 개조했다

3. Why does the man say, "How's your afternoon?"

(A) To ask whether the woman is having a good time.

(B) To request assistance in completing a project

(C) To explain an updated vacation policy

(D) To suggest a meeting time

남자는 왜 "오후 시간 어떠세요"라고 말하는가?

(A) 여자가 즐거운 시간을 보내고 있는지 묻기 위해

(B) 프로젝트를 마무리하는 데 도움을 요청하기 위해

(C) 갱신된 휴가 정책에 관해 설명하기 위해

(D) 만날 시간을 제안하기 위해

해설 여자가 2년 전에 아파트를 구하는 데 도움을 받았던 중개소에 다시 전화했고(You helped me find an apartment two years ago.), 새 아파트를 찾는 데 다시 도움이 필요하다고 (I was wondering if your agency could help me find a new one in the same neighborhood.) 말하는 데서 1번 문제의 정답을 알 수 있다. 2번은 여자의 대사 But I've recently set up my own business에서 쉽게 정답을 알아낼 수 있다. But으로 시작하는 문장에는 대부분 정답의 키워드가 들어 있으니 더 집중해보자. 3번에서 남자가 How's your afternoon?이라고 말하는 의도는 바로 앞 문장 I have several apartments that I'd like to show you.를 통해 알 수 있다. 보여주고 싶은 아파트가 있다고 했으므로 오후에 만나기를 원한다는 의미다.

Questions 4 through 6 refer to the following telephone message.

M Cn Hello Mr. Iwata. **4.** This is Mark Dickson returning **your call about speaking at a seminar** for the chemical engineers in your laboratory. There are many topics I can cover in my presentation, **5.** but **if you want me to talk about** my recent experiments with the newly developed material, which have generated a lot of interest, **those results won't be public for some time**. **5.** Give me a call so we could **discuss other possible topics**. **6.** Oh, and regarding the **schedule of fees** posted on my website, I'll waive my usual speaking fee because I've collaborated on a few projects with your company before.

4-6번 문제는 다음 전화 메세지에 관한 것입니다.

남: 안녕하세요, Mr. Iwata. 저는 Mark Dickson이며 귀 연구소 화학공학 기술자들을 위한 세미나 강연에 대해 전화 문의하신 것 답변 드립니다. 제가 프레젠테이션에서 다룰 수 있는 주제는 여러 가지가 있습니다만, 새로 개발된 소재로 한 최근 저의 실험들에 대해 말하기를 원하신다면, 그게 많은 관심을 자아내기는 했습니다만, 그 결과들은 한동안 공개되지 않을 것입니다. 전화 주시면 다른 가능한 주제들에 대해 논의해보도록 하죠. 아, 그리고 제 웹사이트에 게시된 요금표에 대해서라면, 제가 전에 몇몇 프로젝트를 귀사와 협업한 적도 있으니 평소의 강연료는 적용하지 않겠습니다.

4. What has the speaker been asked to do?

(A) Interview a job candidate

(B) Organize a workshop

(C) Perform an experiment

(D) Give a presentation

화자는 무엇을 하도록 요구받았는가?

(A) 어떤 입사지원자를 면접한다

(B) 워크숍을 준비한다

(C) 실험한다

(D) 프레젠테이션한다

5. What does the speaker imply when he says, "Those results won't be public for some time?"

(A) He cannot speak about a topic.

(B) He is impatient with a delay.

(C) He needs more time to complete a project.

(D) He wonders how the listener has acquired some data.

화자는 "그 결과들은 한동안 공개되지 않을 것입니다."라고 말할 때 무엇을 암시하는가?

(A) 어떤 주제에 대해 이야기할 수 없다.

(B) 지체되는 것이 짜증난다.

(C) 프로젝트를 완료하기 위해 시간이 더 필요하다.

(D) 청자가 어떻게 데이터를 입수했는지 궁금하다.

6. What does the speaker say is posted on his website?

(A) A biography (B) A photograph

(C) A fee schedule (D) An e-mail address

화자는 자신의 웹사이트에 무엇이 게시되어 있다고 말하는가?

(A) 약력 (B) 사진

(C) 요금표 (D) 이메일 주소

> **VOCAB** chemical engineer 화학공학 기술자 laboratory 연구소 interview 면접을 보다 job candidate 입사 지원자 organize 준비하다 perform 실시하다 experiment 실험 give a presentation 프레젠테이션하다 cover 다루다 material 물질, 재료, 소재 generate 발생시키다, 만들어 내다 public 공개된 for some time 한동안 impatient with ~에 대해 짜증 난 complete 완료하다 wonder 궁금하다 acquire 얻다, 획득하다 regarding ~에 관하여 schedule of fees(=fee schedule) 요금표 post 게시하다 waive (규칙 등을) 적용하지 않다 usual 평상시의 collaborate 협업하다 biography 전기, 일대기

> **해설** 첫 문장을 들으면 청자가 화자에게 세미나에서 강연해달라고 요구했고 화자는 답변하는 것이므로(This is Mark Dickson returning your call about speaking at a seminar for the chemical engineers in your laboratory.) 4번 문제의 정답을 알 수 있다. 5번에서는 주어진 문장 바로 앞에 나오는 if you want me to talk about(~에 대해 말하기를 원하신다면)과 바로 뒤에 나오는 Give me a call so we could discuss other possible topics.를 들으면 화자가 어떤 주제에 대해서는 발표를 할 수 없다는 것을 알 수 있다. 정답을 고를 때는 항상 순발력이 필요하다는 사실을 잊지 말자. 또한 5번 같은 유형에서 순발력을 발휘하려면 보기의 내용을 잘 읽어서 기억하고 있어야 한다는 점도 잊지 말자. 6번은 schedule of fees posted on my website라는 키워드를 통해 쉽게 정답을 알아낼 수 있지만, 5번의 정답을 고르는 게 너무 오래 걸리면 놓쳐버릴 수 있다.

Practice Test   ● 정답을 맞힌 문제도 해설을 읽어보자.

1	a	4	a	7	a	10	c	13	c	16	c	19	a	22	a	25	c	28	c
2	b	5	a	8	a	11	c	14	b	17	b	20	b	23	d	26	b	29	a
3	c	6	c	9	a	12	a	15	a	18	d	21	c	24	b	27	b	30	b

p. 138 Part 1

1. [W Am]

(A) She's cleaning up some debris.
(B) She's installing some patio tiles.
(C) A brick chimney is being painted.
(D) A broom has been propped against a windowsill.

(A) 쓰레기를 청소하고 있다.
(B) 테라스 타일을 설치하고 있다.
(C) 벽돌 굴뚝에 페인트칠하고 있다.
(D) 빗자루가 창턱에 기대어져 있다.

> **VOCAB** debris 잔해, 쓰레기 patio 테라스 brick 벽돌 chimney 굴뚝 broom 빗자루 prop 기대 세우다 windowsill 창턱

> **해설** debris는 발음이 특이하다. 뒷 음절에 강세를 주면서 [드브리]라고 읽어야 한다. 청소하는 장면이므로 (A)가 정답이다. 청소하는 장면에서 사용되는 여러 가지 동사들을 잘 기억해두고, broom(빗자루)을 듣고 (D)를 정답으로 고르지 않도록 주의하자. 오늘 propped가 어떤 장면을 묘사하는지 배웠으므로 헷갈리면 안 된다. 타일을 깔거나 페인트칠을 하는 장면이 아니므로 (B)와 (C)도 오답이다. patio나 brick, windowsill 같은 단어들은 출제위원들이 Part 1에서 즐겨 사용하는 것이므로 기억해두는 게 좋다.

2.

(A) There are dishes piled in a sink.

(B) There are cabinets above a counter.

(C) The man is opening a window.

(D) The man is reaching for kitchen paper.

(A) 싱크대에 접시들이 쌓여 있다.
(B) 조리대 위에 보관장이 있다.
(C) 창문을 열고 있다.
(D) 키친타월 쪽으로 손을 뻗고 있다.

VOCAB pile 쌓다 cabinet 캐비닛, 보관장 above ~보다 위에 counter 조리대 reach 손[팔]을 뻗다 kitchen paper 키친타월

해설 기본적으로 cabinet이나 counter 같은 단어들을 못 알아듣지 않도록 잘 외워두고, 항상 위치 표현에 주의해서 정답을 선택해야 한다. (A)는 사진에서 '싱크대 안(in a sink)'이 보이지 않으므로 오답이다. 남자가 열고 있는 것은 창문이 아니고, 팔을 뻗고 있지도 않으므로 (C)와 (D)도 오답으로 잘 골라내자.

3. W Br

(A) The man's wrapping boxes in plastic.

(B) The man's repairing heavy machinery.

(C) The man's sitting in the driver's seat.

(D) The man's leaving the warehouse.

(A) 상자들을 비닐로 싸고 있다.
(B) 중장비를 수리하고 있다.
(C) 운전석에 앉아 있다.
(D) 창고에서 나가고 있다.

VOCAB wrap 싸다, 포장하다 plastic 비닐 heavy machinery 중장비 driver's seat 운전석 warehouse 창고

해설 상자가 이미 포장이 되어 있지, 포장을 하는 중이 아니므로 (A)는 오답이다. 수리하는 장면이라고 볼 수도 없으므로 (B)도 오답이다. 창고에서 나가고 있는 것인지도 사진으로 확인할 수 없으므로 (D)도 오답이다. "앉아 있다."가 자주 출제되는 문장 중 하나라는 것을 알고 잘 익혀두자.

p. 140 Part 2

M Au W Am

4. What location was chosen for the film shoot?

(A) Highland Park.

(B) In the camera case.

(C) I'm coming, too.

영화 촬영을 위해 어느 장소가 선택되었나요?

(A) Highland 공원이요.
(B) 카메라 케이스 안에요.
(C) 저도 갈게요.

VOCAB location 장소 film shoot 영화 촬영

해설 What 바로 뒤에 있는 명사 location만 알아들으면 (A)가 정답이라는 걸 쉽게 알 수 있다.

5. What time do you usually get to work?
   (A) Between seven thirty and eight.
   (B) I usually take the subway.
   (C) She left the company three months ago.

보통 몇 시에 출근하시나요?
(A) 7시 30분에서 8시 사이요.
(B) 저는 보통 지하철을 탑니다.
(C) 그녀는 3개월 전에 회사를 그만두었어요.

VOCAB get to work 출근하다

해설 What time ~?이라고 물었으므로 당연히 시간이 들리는 (A)가 정답이다. (B)는 usually를 반복하고 있고, (C)는 She가 누구를 가리키는지 알 수 없으므로 정답이 될 수 없다.

6. What time do you think we'll leave the zoo?
   (A) Please go through the east gate.
   (B) Twenty dollars for adults.
   (C) Some of the exhibit lines are quite long.

동물원에서 몇 시에 나갈 수 있을 것 같으세요?
(A) 동문을 통해 가시기 바랍니다.
(B) 성인은 20달러입니다.
(C) 몇몇 전시관은 줄이 꽤 길어요.

VOCAB exhibit 전시   quite 꽤, 상당히

해설 "몇 시에 나갈 수 있을 것 같냐"는 질문에 대해 줄이 긴 전시가 몇 개 있어서 금방 나가지는 못할 것 같다고 말하는 (C)가 정답이다. 내용을 알아듣기 힘들어도 오답을 잘 골라내서 정답을 찾아내야 한다. (A)와 (B)는 각각 Where 의문문과 How much 유형의 질문에서 정답으로 나올 만한 것들이라서 What time 유형에서는 오답이 된다.

7. What's the total cost of the repair work?
   (A) It's free because of the warranty.
   (B) I have some cartons you can use.
   (C) In a couple of days.

수리 작업의 총비용은 얼마인가요?
(A) 품질보증 덕분에 무료입니다.
(B) 당신이 사용할 만한 상자가 좀 있어요.
(C) 2, 3일 후에요.

VOCAB cost 값, 비용   free 무료의   warranty 품질보증   carton 상자   a couple of 두서너 개의

해설 비용을 묻는 말이므로 무료라고 대답하는 (A)가 정답이 된다. (B)는 '돈'과는 상관없는 대답이며, (C)는 When 의문문의 정답으로 알맞다.

8. What kind of food should I bring to the company picnic?
   (A) They hired a catering company this year.
   (B) Yes, Bonnie will be at the staff meeting.
   (C) A park on Granby Street.

회사 야유회에 어떤 음식을 가져가야 할까요?
(A) 올해는 출장뷔페 업체를 고용했대요.
(B) 네, Bonnie는 직원 회의에 참석할 겁니다.
(C) Granby 가(街)에 있는 공원이요.

VOCAB catering company 출장뷔페 업체   staff meeting 직원회의

해설 질문 앞부분의 What kind of food should I bring(어떤 음식을 가져가야 할까요?)에 집중하면 (A)가 정답인 것을 알 수 있다. (B)는 Yes가 들리자마자 오답으로 골라내야 하고, (C)는 Where 의문문의 정답이 될 대답이다.

M Au W Br

9. Have you heard the municipal orchestra play?

(A) Yes, I think they're wonderful.

(B) You sound very organized.

(C) I used to play the piano.

시립 오케스트라가 연주하는 거 들어보셨어요?

(A) 네, 멋진 것 같아요.

(B) 당신 말씀을 들어보니 아주 체계적인 분 같군요.

(C) 저는 피아노를 치곤 했죠.

VOCAB municipal 시[읍/군]의 sound (말을 듣거나 글을 읽어보니) ~인 것 같다 organized (사람이) 체계적인 used to ~하곤 했다

해설 질문의 앞부분 Have you heard(들어보셨어요)?에 집중한다면 자연스러운 대답을 파악할 수 있다. (B)는 유사 발음(orchestra – organized), (C)는 반복되는 단어(play)를 통해 오답을 유도하고 있다. 오답을 잘 골라낼수록 고수가 된다.

M Cn W Am

10. Aren't we having lunch with the new clients today?

(A) I read a few good suggestions.

(B) No, I don't think we have.

(C) I'm afraid we have to postpone it.

우리 오늘 새 고객과 점심 식사 할 예정 아닌가요?

(A) 몇 가지 좋은 제안을 읽었습니다.

(B) 아니요, 우리가 하지 않은 것 같은데요.

(C) 연기해야 할 것 같아요.

VOCAB suggestion 제안, 의견 postpone 연기하다, 미루다

해설 일반 의문문에서 I'm afraid나 I'm sorry로 시작하는 대답은 대부분 No와 같은 뜻으로 정답이 된다. 또한 질문의 앞부분이 be 동사로 시작하기 때문에 (B)는 I don't think we have.가 아니라 I don't think we are.라고 말해야 정답이 될 수 있다.

W Br M Cn

11. We met at the trade fair in Yokohama last year, didn't we?

(A) It will be in July.

(B) It didn't last long.

(C) Yes, you look familiar.

우리가 작년 Yokohama 무역박람회에서 만났죠, 그렇죠 않나요?

(A) 7월에 있을 겁니다.

(B) 그리 오래 가지 않았어요.

(C) 네, 낮이 익으시네요.

VOCAB trade fair 무역 박람회 last 계속되다 familiar 익숙한, 친숙한

해설 항상 문장 앞부분에 집중하는 걸 습관으로 만들어야 한다. We met(우리가 만났죠?)에 집중하면 (C)를 정답으로 선택하게 된다. (A)는 질문의 trade fair에서 연상되는 대답으로 오답을 유도하고 있고, (B)는 반복되는 단어 last가 들릴 때 오답이라고 짐작할 수 있다.

W Am M Au

12. Don't you think we should get some new computers for our office?

(A) Yes, but not until the end of the year.

(B) Don't forget to save your work often.

(C) Well, it's quite a long commute.

우리 사무실에 새 컴퓨터를 들여놔야 할 것 같지 않으세요?

(A) 네, 하지만 연말은 되어야 할 거예요.

(B) 작업한 걸 자주 저장하는 것 잊지 마세요.

(C) 글쎄요, 꽤 긴 통근길이네요.

VOCAB quite 꽤, 상당히 commute 통근

해설 일반 의문문은 대답이 Yes, and / Yes, but / No, but / But으로 시작하면 100% 정답이다. 매달 한 문제 정도는 반드시 출제되므로 꼭 기억해 뒀다가 활용해야 한다. (B)와 (C)는 각각 office – often, computers – commute 같은 유사 발음을 통해 오답을 유도하고 있다.

Questions 13 through 15 refer to the following conversation.

M Au　Good morning, Ms. Bryant. **13. Do you have a minute** to discuss **this month's production figures**?

W Am　**14. I'll be attending a meeting in a minute**, but go ahead.

M Au　Because of the defects with two machines on the assembly line, we're not producing as many glass bottles as usual right now.

W Am　Really? **15. Have any client deadlines been affected**?

M Au　Well, not quite yet, but I'm worried we won't be able to meet them next month.

W Am　All right. Call a meeting this afternoon, please. I'll go over the figures right after this one.

13-15번 문제는 다음 대화에 관한 것입니다.

남: 안녕하세요, Ms. Bryant. 잠깐 이번 달 생산 수치에 대해 의논할 시간 좀 있으세요?

여: 금방 회의에 들어가야 하는데, 어쨌든 얘기해보세요.

남: 조립 라인의 기계 두 대에 생긴 결함 때문에 지금 평소만큼의 유리병을 생산하지 못하고 있습니다.

여: 정말요? 납품 마감기한 중 영향을 받는 게 있나요?

남: 음, 아직은 없지만, 다음 달에는 지키지 못할까봐 걱정이에요.

여: 알았어요. 오후에 회의를 소집해주세요. 이 회의 끝나고 바로 수치를 검토해 볼게요.

13. What are the speakers mainly discussing?
(A) Safety procedures
(B) Training materials
(C) Monthly results
(D) Client surveys

화자들은 주로 무엇을 논하고 있는가?
(A) 안전수칙
(B) 교육 자료
(C) 월 실적
(D) 고객 설문조사

14. What does the woman mean when she says, "I'll be attending a meeting in a minute"?
(A) She is looking forward to a meeting.
(B) She cannot talk with the man for long.
(C) She wants the man to join a meeting.
(D) She is asking the man to give her a document.

여자는 "금방 회의에 들어가야 하는데,"라고 말할 때 무엇을 의미하는가?
(A) 회의가 기대된다.
(B) 남자와 오래 이야기하지는 못한다.
(C) 남자가 회의에 합류하기를 바란다.
(D) 남자에게 문서를 달라고 요구하고 있다.

15. What does the woman want to know?
(A) If deadlines have been missed
(B) If sales figures are satisfactory
(C) If clients have canceled their orders
(D) If machines need to be purchased

여자는 무엇을 알고 싶은가?
(A) 마감기한을 놓쳤는지
(B) 매출액이 만족스러운지
(C) 고객들이 주문을 취소했는지
(D) 기계를 구매해야 하는지

VOCAB　have a minute 시간이 좀 나다　figure 수치　safety procedure 안전수칙　material 자료　in a minute 곧, 금방　look forward to ~을 기대하다　for long 오랫동안　defect 결함　assembly line 조립 라인　deadline 마감기한　affect 영향을 미치다　miss 놓치다　sales figures 매출액　satisfactory 만족스러운　not quite 그다지 ~하지는 않는　meet (기한 등을) 지키다　call a meeting 회의를 소집하다　go over 검토하다

해설　13번과 같이 주제를 묻는 문제는 대부분 대화 첫 한두 문장에서 정답을 알 수 있다. 남자의 첫 대사에서 this month's production figures라는 키워드를 듣고 정답 (C)를 선택하자. 그리고 곧장 14번의 주어진 문장 I'll be attending a meeting in a minute이 나오므로 13번에서 순발력을 발휘해서 빠른 속도로 정답을 골라놔야 한다는 것도 잊지 말자. Do you have a minute(시간 좀 있으세요?)에 대한 대답이고, 바로 뒤에 but go ahead라고 말했으므로, 남자와 대화할 수는 있으나 오래 하지는 못한다는 뜻으로 한 말이다. 15번은 여자의 대사 Have any client deadlines been affected(납품 마감기한 중 영향을 받는 게 있나요?)?에서 정답을 알 수 있다.

Questions 16 through 18 refer to the following conversation.

M Cn Hi, Emira. We just got a request from our client, KLV Foods. **16.** They **want us to change the contents of the advertisement** for their new line of beverages. This advertisement needs to be ready by the end of the week, **17.** so **can you work on the revisions right away**?

W Am **17.** I was **just about to leave for the weekly design team meeting**. I guess **I can ask Manyata to update me later**. Could I see what exactly they want to change?

M Cn Sure, here's the request. Generally, they want to use more modern graphic design.

W Am Okay. **18.** Let me just **send a quick text message to the design team**.

M Cn Great, thanks! I appreciate your help.

16-18번 문제는 다음 대화에 관한 것입니다.

남: 안녕, Emira. 방금 고객사 KLV 식품으로부터 요청이 들어왔어요. 새 음료수 제품군 광고의 내용을 바꿔주기를 원하더라고요. 이 광고는 주말까지 준비되어야 하는데, 즉시 수정 작업을 해줄 수 있겠어요?

여: 지금 막 주간 디자인팀 회의에 가려고 하고 있었어요. Manyata에게 나중에 업데이트해달라고 하면 될 것 같네요. 정확히 뭘 바꿔 달라고 하는 건지 알 수 있을까요?

남: 물론이죠, 요청서 여기 있어요. 전체적으로 더 현대적인 그래픽 디자인을 사용하고 싶어 해요.

여: 알겠어요. 얼른 디자인팀에 문자메시지만 보낼게요.

남: 좋아요, 고마워요! 도와줘서 정말 고마워요.

---

16. Where do the speakers most likely work?
(A) At a restaurant
(B) At a delivery service
(C) At an advertising agency
(D) At a food manufacturer

화자들은 어디서 일하는 것 같은가?
(A) 식당
(B) 배달 서비스
(C) 광고 대행사
(D) 식품 제조업체

17. Why does the woman say, "I can ask Manyata to update me later"?
(A) She disagrees with a proposal.
(B) She plans to skip a meeting.
(C) She needs to extend a deadline.
(D) She wants to understand a regulation.

여자는 왜 "Manyata에게 나중에 업데이트해달라고 하면 될 것 같네요."라고 말하는가?
(A) 제안에 동의하지 않는다.
(B) 회의 참석을 거를 계획이다.
(C) 마감기한을 연장해야 한다.
(D) 규정을 이해하고 싶다.

18. What does the woman plan to do?
(A) Place an order for equipment
(B) Reserve a meeting room
(C) Sample some food items
(D) Contact some colleagues

여자는 무엇을 할 계획인가?
(A) 장비를 주문한다
(B) 회의실을 예약한다
(C) 식품의 맛을 본다
(D) 동료들에게 연락한다

VOCAB content 내용 line 제품군 beverage 음료수 advertising agency 광고 대행사 manufacturer 제조업체 revision 수정 right away 즉시 be about to-V 막 ~하려고 하다 disagree 동의하지 않다 proposal 제안 skip 거르다 extend 연장하다 deadline 마감기한 regulation 규정 modern 현대적인 text message 문자 메시지 place an order for ~을 주문하다 reserve 예약하다 sample 맛보다 contact 연락하다 colleague 동료

해설 직업을 묻는 문제는 대부분 정답을 첫 한두 문장에서 알 수 있으므로 16번 같은 문제는 대화의 도입부에 집중하고 있어야 한다. 남자의 첫 대사에서 They want us to change the contents of the advertisement(광고의 내용을 바꿔주기를 원하더라고요.)를 들으면 이들은 광고를 제작하는 사람들이라는 것을 알 수 있다. 17번 문제의 주어진 문장은 즉시 수정 작업을 해줄 수 있겠는지(can you work on the revisions right away?) 묻는 남자의 질문에 대해 여자가 I was just about to leave for the weekly design team meeting(지금 막 주간 디자인팀 회의에 가려고 하고 있었어요.)이라고 대답한 후에 나온 말이므로 '회의에 들어가지 않고' 나중에 Manyata에게 내용을 물어보겠다는 뜻이라는 것을 알 수 있다. 18번 문제는 여자의 마지막 대사에 들어 있는 send a quick text message to the design team이 패러프레이즈 되어 있다는 것을 간파하고 (D)를 정답으로 선택해야 한다.

Questions 19 through 21 refer to the following conversation.

(W Br) Hi Ethan, this is Xiao Hong from Human Resources. **19.** I just wanted to **let you know** that the **projector** in the meeting room 3C is **not working properly**.

(M Au) Oh, I'm sorry, **20.** I can **come over there right away** and take a look at it.

(W Br) **20.** **Right now?** Uh... **I'm interviewing someone in here in ten minutes. 20.** And I **don't need the projector for that**. So, if you could wait...

(M Au) Oh, OK, I'll come by when you're finished then. Is everything else you need in the room set up?

(W Br) Yeah, thanks. **21.** **For once** I'm meeting with someone who already lives in the area, so it **won't be a videoconference**. I'm looking forward to **talking to someone in person for a change**.

19-21번 문제는 다음 대화에 관한 것입니다.

여: 안녕 Ethan, 인사부의 Xiao Hong이에요. 3C 회의실의 프로젝터가 제대로 작동하지 않는다고 알려드리려고요.

남: 아, 죄송해요. 즉시 들러서 봐 드릴 수 있어요.

여: 지금이요? 어… 10분 후에 여기서 누구 면접이 있어요. 그 일에는 프로젝터가 필요 없거든요. 그러니까 기다려주실 수 있다면…

남: 아, 알겠습니다. 그러시면 당신 일 끝나면 들를게요. 방에서 필요하신 다른 것들은 모두 준비되어 있나요?

여: 네, 고마워요. 이번만은 이미 이 지역에 사는 사람을 만나서 화상회의가 아니에요. 여느 때와 달리 사람을 직접 만나 대화하는 게 기대되네요.

19. Why is the woman calling the man?
(A) **To report an equipment malfunction**
(B) To reschedule a meeting
(C) To ask for personnel information
(D) To inquire about a missing item

여자는 왜 남자에게 전화하고 있는가?
(A) 장비 기능 불량을 알리려고
(B) 회의 일정을 다시 잡으려고
(C) 인사 정보를 요청하려고
(D) 분실된 물건에 대해 문의하려고

20. What does the woman mean when she says, "I'm interviewing someone in here in ten minutes"?
(A) She is in urgent need of help.
(B) **She does not want to be disturbed.**
(C) She is worried about an assignment.
(D) She will not attend another meeting.

여자는 "10분 후에 여기서 누구 면접이 있어요."라고 말할 때 무엇을 의미하는가?
(A) 긴급하게 도움이 필요하다.
(B) 방해받고 싶지 않다.
(C) 어떤 업무가 걱정된다.
(D) 또 다른 회의에 참석하지는 않을 것이다.

21. What does the woman say is unusual about the interview?
(A) It will be broadcast online.
(B) It will take place on a weekend.
(C) **It will be conducted face to face.**
(D) It will last for less than an hour.

여자는 면접에 관하여 무엇이 특이하다고 말하는가?
(A) 온라인으로 방송될 것이다.
(B) 주말에 있을 것이다.
(C) 대면하여 실시될 것이다.
(D) 한 시간 이상 걸리지 않을 것이다.

VOCAB human resources 인사부 let *sb* know ~에게 알리다 projector 영사기, 프로젝터 properly 제대로, 적절히 report 알리다 malfunction 기능 불량, 오작동 reschedule 일정을 변경하다 personnel information 인사 정보 inquire 묻다 missing 없어진 come over[by] 들르다 right away 곧바로, 즉시 be in need of ~이 필요하다 urgent 긴급한 disturb 방해하다 assignment 과제, 임무 set up ~을 준비하다 for once 이번만은 videoconference 화상 회의 look forward to ~을 기대하다 in person 직접, 몸소 for a change 여느 때와 달리 unusual 특이한 broadcast 방송하다 conduct (특정한 활동을) 하다 face to face 얼굴을 마주 대하고 last 계속되다

해설 19번 같은 대화의 목적을 묻는 문제는 첫 문장부터 집중해서 정답을 선택할 준비를 하고 있어야 한다. 대화가 시작될 때 여자가 한 말 I just wanted to let you know that the projector in meeting room 3C is not working properly.가 패러프레이즈 되어 있는 (A)가 정답이다. 여기서 순발력 있게 정답을 골라야 다음 문제 푸는 데 지장이 없다는 것을 잊지 말자. 장비에 문제가 있다는 말을 듣고 남자가 "즉시 들러서 봐 드릴 수 있어요(I can come over there right away and take a look at it)."라고 하자 여자가 Right now?라는 대답으로 남자의 제안에 대해 거리낌을 나타내고 있고, 이어서 하는 말이 "10분 후에 여기서 누구 면접이 있어요(I'm interviewing someone in here in ten minutes.)"이므로 이것은 업무에 방해를 받고 싶지 않다는 뜻으로 한 말이다. 게다가 면접에는 프로젝터가 필요 없다는(And I don't need the projector for that.) 부연 설명까지 뒤따르고 있다. 따라서 20번 문제의 정답은 (B)이다. 21번 문제는 For once로 시작하는 여자의 마지막 대사를 듣고, 평소와 달리 이번에는 이 지역에 사는 사람을 만나는 것이라서 대면으로 면접을 진행한다는 내용인 것을 간파하고 (C)를 정답으로 선택해야 한다.

Questions 22 through 24 refer to the following excerpt from a meeting.

(W Br) Hi, everyone, **22. let's begin the weekly call-center staff meeting**. **23.** To begin with, I wanted to let you know that **I've just hired three additional customer service representatives** to deal with the increasing number of incoming phone calls. **Yes, I know that's not enough.** But there isn't much more I can do with our limited budget. Anyway, their first day at work is next Monday, **24.** but before they get started, it's **imperative that we make some revisions to our training manual**. I'm going to **assign a section to each one of you**. Please go through your section, and if you see anything that requires correction, please e-mail me with the page number and your comments. I'll review all your recommendations and create a final draft.

22-24번 문제는 다음 회의 발췌문에 관한 것입니다.

모두 안녕하세요. 주간 콜센터 직원회의를 시작합니다. 우선 점점 더 많이 들어오고 있는 전화 상담 업무를 처리하기 위해 세 명의 고객서비스 직원을 지금 막 추가로 채용했다는 사실을 알려드리고 싶습니다. 네, 그걸로는 충분하지 않다는 거 저도 알아요. 하지만 우리의 한정된 예산으로는 더 할 수 있는 일이 많지 않습니다. 어쨌든 그들의 근무 첫날이 다음 주 월요일인데요, 그들이 일을 시작하기 전에 반드시 교육 설명서를 약간 수정해야 합니다. 여러분 각자에게 한 부분씩 배정하겠습니다. 맡은 부분을 살펴보고, 정정할 필요가 있는 곳이 보이면, 페이지 번호와 의견을 저에게 이메일로 보내주세요. 여러분의 모든 제안 사항을 검토하고 최종본을 만들겠습니다.

22. Who most likely are the listeners?
 (A) Customer service representatives
 (B) Software programmers
 (C) Corporate executives
 (D) Financial analysts

청자들은 누구인 것 같은가?
(A) 고객서비스 직원들
(B) 소프트웨어 프로그래머들
(C) 회사 중역들
(D) 금융 전문가들

23. What does the woman mean when she says, "Yes, I know that's not enough"?
 (A) She is admitting her own mistakes.
 (B) She is concerned about a deadline.
 (C) She plans to solicit funds.
 (D) She recognizes the listeners' concerns.

여자는 "네, 그걸로는 충분하지 않다는 거 저도 알아요."라고 말할 때 무엇을 의미하는가?
(A) 자신의 실수를 인정한다.
(B) 마감기한이 걱정이다.
(C) 자금을 요청할 계획이다.
(D) 청자들의 우려를 인식하고 있다.

24. What task does the speaker assign to the listeners?
 (A) Updating a mailing list
 (B) Revising training materials
 (C) Giving advice to new staff
 (D) Learning more about a software program

화자는 청자들에게 어떤 업무를 배정하는가?
(A) 우편 수신자 명단 업데이트하기
(B) 교육 자료 수정하기
(C) 신입 직원들에게 조언하기
(D) 어떤 소프트웨어 프로그램에 대해 더 알아보기

VOCAB customer service representative 고객서비스 직원 corporate 기업의, 회사의 executive 간부, 중역 to begin with 우선, 먼저 let *sb* know ~에게 알리다 additional 추가적인 deal with 다루다, 처리하다 incoming 도착하는, 들어오는 admit 인정하다, 시인하다 be concerned about ~에 대해 걱정하다 deadline 마감기한 solicit 요청하다 fund 자금 recognize 인식하다 concern 걱정, 우려 limited 제한된, 한정된 anyway 그건 그렇고 get started 시작하다 imperative 반드시 해야 하는 make a revision to ~을 수정하다(= revise) assign 맡기다, 배정하다 section 부분 training material 교육용 자료 go through ~을 살펴보다 correction 정정, 수정 comment 의견 final draft 최종안

해설 22번처럼 청자의 신분을 묻는 문제는 대부분 첫 한두 문장에서 정답을 알 수 있다. let's begin the weekly call-center staff meeting (주간 콜센터 직원회의를 시작합시다.)이라고 했으므로 모여 있는 사람들은 콜센터에서 근무하는 이들, 즉 고객서비스 직원들이다. 언제나 순발력이 필요하다는 것을 잊지 말자. 키워드를 듣자마자 정답을 빨리 골라야 다음 문장을 듣고 23번 문제의 정답을 알아낼 수 있다. 회의 현장의 분위기를 알아차려야 한다. 화자가 세 명의 직원을 추가로 채용했다는 말을 했을 때(I've just hired three additional customer service representatives), 직원들은 말은 안 하지만 표정이나 제스처 등으로 "업무량을 감당하기에 그걸로는 턱도 없다"라는 생각을 나타내 보인 것이다. 화자도 상황을 잘 알고 있으므로 Yes, I know that's not enough.이라고 말한 것이므로 (D)가 정답이다. 24번은 it's imperative that we make some revisions to our training manual. I'm going to assign a section to each one of you.에서 키워드만 파악되면 쉽게 정답을 알 수 있다.

Questions 25 through 27 refer to the following telephone message.

M Au **25.** Jocelyn, I'm calling you to follow up on yesterday's **discussion on your finances**. I just wanted to make sure that you didn't misunderstand the points of my presentation. As your financial adviser, **26.** I'm **amazed at what you've accomplished** so far. You **started with one beauty salon two years ago, and now you have three shops** in the area. **I couldn't have done that.** So don't worry about a couple of months of low profits. **27.** Instead, I recommend you **go to the Entrepreneurs Convention** in San Francisco next month. I saw there are some informative presentations scheduled on the topic of coping with sales fluctuations.

25-27번 문제는 다음 전화 메시지에 관한 것입니다.

Jocelyn, 당신의 재무 상황을 놓고 어제 나눈 이야기에 대해 후속 논의를 하려고 전화했어요. 제 설명의 요점을 절대 오해하지 않으셨으면 좋겠습니다. 당신의 재정 자문으로서 저는 당신이 지금까지 이루어 놓으신 것에 놀라고 있어요. 2년 전에 미용실 하나로 시작하셨는데, 지금은 이 지역에 매장을 세 개 갖고 계시잖아요. 저라면 그렇게 못 했을 겁니다. 그러니까 2, 3개월 정도의 낮은 수익에 대해서는 걱정하지 마세요. 대신 다음 달에 샌프란시스코에서 하는 기업가 대회에 가보실 것을 권해드립니다. '매출 변동에 대응하기'라는 주제에 대해 예정된 유익한 프레젠테이션이 몇 개 있는 걸 봤어요.

25. What is the speaker following up on?
(A) A sales call
(B) A company memo
(C) A financial meeting
(D) A customer review

화자는 무엇에 대한 후속 논의를 하고 있는가?
(A) 영업 상담
(B) 회사 단체 메일
(C) 재무 회의
(D) 고객 평가

26. Why does the speaker say, "I couldn't have done that"?
(A) To express gratitude
(B) To offer encouragement
(C) To avoid accusation
(D) To correct an error

화자는 왜 "저라면 그렇게 못 했을 겁니다."라고 말하는가?
(A) 감사를 표하기 위해
(B) 격려하기 위해
(C) 비난을 피하기 위해
(D) 오류를 바로잡기 위해

27. What does the speaker recommend the listener do next month?
(A) Participate in a survey
(B) Attend a conference
(C) Open an additional store location
(D) Hire experienced sales representatives

화자는 청자가 다음 달에 무엇을 하도록 권장하고 있는가?
(A) 설문조사에 참여한다
(B) 콘퍼런스에 참석한다
(C) 추가로 지점을 연다
(D) 경력이 있는 영업 사원들을 채용한다

VOCAB follow up on ~의 후속 논의를 하다 finance 재정 memo 단체 메일 review 논평, 비평 make sure ~을 확실히 하다 misunderstand 오해하다 point 요점 presentation 발표, 설명 financial adviser 재정 자문 be amazed at ~에 놀라다 accomplish 이룩하다, 성취하다 so far 지금까지 beauty salon 미용실 gratitude 감사 encouragement 격려 accusation 비난 correct 바로잡다, 정정하다 a couple of 두서너 개의 profit 이윤 entrepreneur 기업가 convention 대회(= conference) additional 추가적인 experienced 경력이 있는 sales representative 영업 사원 informative 유익한 scheduled 예정된 cope with ~에 대처하다 fluctuation 변동

해설 25번 같은 문제는 미리 잘 읽어두기만 하면 첫 문장 I'm calling you to follow up on yesterday's discussion on your finances.에서 키워드를 듣고 정답을 선택할 수 있다. 26번 문제를 해결하기 위해 문맥을 잘 파악해야 한다. 첫 문장 이후의 내용이 "내 말을 오해하지 말라. 나는 당신이 이루어 놓은 것에 놀라고 있다. 2년 만에 매장을 두 개나 더 열지 않았는가?"이므로 "저라면 그렇게 못 했을 겁니다(I couldn't have done that)."는 문맥상 격려라고 할 수 있다. 27번 문제는 메시지 후반부에 등장하는 Entrepreneurs Convention이 conference로 바뀌어 있다는 것만 간파하면 정답을 고를 수 있다.

Questions 28 through 30 refer to the following excerpt from a meeting.

28-30번 문제는 다음 회의 발췌문에 관한 것입니다.

M Au Hi, everyone. **28.** The first item on the agenda this morning is to let you know that **there's going to be some maintenance work** going on outside our office today. **28.** **This afternoon** a crew's going to be coming to repaint the lines between parking spaces in the lot behind the building. **29.** This means that at lunch we're going to **need all staff to move their car** either to street parking or to the public parking lot on Jackson Street. I thank you all in advance for your cooperation **30.** and I **apologize for the late notice**. It wasn't our decision to have this done today.

모두 안녕하세요. 오늘 오전 안건 중 첫 항목은 여러분에게 오늘 우리 사무실 바깥에서 진행되는 보수 작업이 있으리라는 것을 알려드리는 것입니다. 오후에 작업반이 와서 건물 뒤편의 주차장에서 주차 칸 사이의 선을 다시 그릴 겁니다. 이것은 점심 때 모든 직원 여러분이 차를 길가 주차 공간이나 Jackson 가(街)에 있는 공용주차장으로 옮겨주셔야 한다는 것을 의미합니다. 여러분 모두의 협조에 미리 감사드리며 늦은 공지에 대해 사과드립니다. 이 일을 오늘 하는 것은 우리의 결정이 아니었습니다.

28. According to the speaker, what will take place this afternoon?
(A) A product demonstration
(B) A fire drill
(C) A maintenance project
(D) A software training session

화자의 말에 따르면 오늘 오후에 무슨 일이 있을 것인가?
(A) 제품 시연회
(B) 소방 훈련
(C) 보수 프로젝트
(D) 소프트웨어 교육

29. What does the speaker ask listeners to do?
(A) Move their vehicles
(B) Assemble some equipment
(C) Choose a time slot
(D) Print some reading materials

화자는 청자들에게 무엇을 하라고 요구하는가?
(A) 차를 옮긴다
(B) 장비를 조립한다
(C) 시간대를 선택한다
(D) 문서 자료를 인쇄한다

30. What does the speaker imply when he says, "It wasn't our decision to have this done today"?
(A) He needs more time to make a decision.
(B) He is unhappy with the timing of some work.
(C) He has an important meeting with a client today.
(D) He does not know who will be assigned to a project.

화자는 "이 일은 오늘 하는 것은 우리의 결정이 아니었습니다."라고 말할 때 무엇을 암시하는가?
(A) 결정을 내리기 위해 시간이 더 필요하다.
(B) 어떤 작업의 시기에 불만이 있다.
(C) 오늘 고객과 중요한 회의가 있다.
(D) 누가 프로젝트에 배정될 것인지 모른다.

VOCAB item 항목 agenda 안건 let *sb* know ~에게 알리다 maintenance 정비, 관리 crew 작업반 parking space 주차 공간 lot 구역, 부지 public parking lot 공영주차장 assemble 조립하다 time slot 시간대 reading material 독서 자료 in advance 미리 apologize for ~에 대해 사과하다 notice 알림, 통지 be unhappy with ~에 불만이다 assign 맡기다, 배정하다

해설 지문에서 maintenance work, This afternoon, we're going to need all staff to move their car 같은 키워드만 들리면 28번과 29번 문제의 정답은 매우 쉽게 알 수 있다. 30번은 주어진 문장의 바로 앞 문장 I apologize for the late notice를 알 아들으면 화자 자신도 오늘 오후에 작업을 해서 점심 때 직원들을 불편하게 하는 것에 대해 불편한 마음이라는 것을 알 수 있다.

| p. 147 Part 1 | Exercise | 1. c | 2. d |

● 정답을 맞힌 문제도 해설을 읽어보자.

1. `M Au`

(A) Some people are installing a canopy.
(B) Some people are unloading a truck.
(C) Some people are gathered around a market stand.
(D) Some people are replacing lightbulbs.

(A) 차양을 설치하고 있다.
(B) 트럭에서 짐을 내리고 있다.
(C) 시장 가판대 주변에 모여 있다.
(D) 백열전구를 교체하고 있다.

VOCAB canopy (햇볕을 가리기 위하여 치는) 차양(遮陽) unload ~에서 짐을 내리다 stand 판매대 replace 교체하다
lightbulb 백열전구

 해설

각 문장의 동사를 잘 들어야 한다. installing이나 unloading, replacing 같은 동사는 모두 사진과 관련이 없다. 사람이나 물건이
모여 있는 장면에서는 gather나 group이 들리면 정답이다.

2. `W Am`

(A) Some workers are putting up scaffolding.
(B) Some passengers are boarding a bus.
(C) A man is climbing up a ladder.
(D) A wheelbarrow is being pushed at a work site.

(A) 인부들이 비계를 세우고 있다.
(B) 승객들이 버스에 타고 있다.
(C) 남자가 사다리를 오르고 있다.
(D) 작업장에서 외바퀴 수레를 밀고 있다.

VOCAB put up (건물 등을) 세우다, 짓다 scaffolding (건축 공사장의) 비계 board 탑승하다 climb up ~에 오르다
work site 작업장

해설

외바퀴 수레 같은 바퀴 달린 물건을 움직일 때는 동사 pushing, pulling, wheeling, rolling을 사용해서 동작을 묘사한다.
Part 1 문제가 어렵게 출제될 때는 건축물을 '세우다'라는 뜻으로 put up이나 erect 같은 동사를 사용할 수 있으므로 기억해
두자. 계단이나 사다리를 '올라가는' 장면이 출제될 수도 있으므로 동사 climb up도 기억하자. (B)는 사진에 bus가 없으므로
오답이다.

1	b	3	c	5	b	7	a	9	b
2	b	4	c	6	a	8	c	10	a

● 정답을 맞힌 문제도 해설을 읽어보자.

[W Br] [M Cn]

1. What will the seminar be about?

(A) Yes, I'm planning to.

(B) Current trends in the industry.

(C) It'll start at about 10.

세미나는 무엇에 관한 것일까요?

(A) 네, 그렇게 하려고 계획 중입니다.

(B) 업계 현 동향이요.

(C) 10시쯤에 시작할 겁니다.

VOCAB   current 현재의, 지금의   trend 동향, 추세   industry 산업계, 업계

해설   What ~ about?은 주제를 묻는 질문이다. 이 유형은 완전한 문장이 아닌 명사(구)로만 이루어진 대답이 자주 정답으로 출제된다. (A)는 Yes만 들어도 오답임을 알 수 있고, (C)는 about이 반복되는 걸 듣고 오답으로 골라낼 수 있다.

[M Au] [W Am]

2. Do you know when the next payment is due?

(A) The same amount as the last one.

(B) On December fifth.

(C) It's three hundred dollars.

다음 납입대금은 언제 지급해야 하는지 알아요?

(A) 지난번과 같은 금액이요.

(B) 12월 5일에요.

(C) 300달러요.

VOCAB   payment 지급금   due (돈을) 지급해야 하는   amount 총액, 액수

해설   간접 의문문이므로 질문 앞부분에 집중하면서 중간에 나오는 의문사 when을 놓치지 않아야 한다. 의문사에 집중하면 날짜를 듣고 정답을 알아낼 수 있다. (A)와 (C)는 모두 질문의 payment에서 연상되는 표현으로 오답을 유도하고 있다.

[W Br] [M Cn]

3. What were your main duties as a manager there?

(A) The due date is Monday.

(B) Mainly in the evening.

(C) I oversaw production processes.

그곳 매니저로서 당신의 주요 업무는 어떤 거였죠?

(A) 마감 날짜는 월요일입니다.

(B) 주로 저녁때요.

(C) 생산 공정을 감독했습니다.

VOCAB   duty 직무, 임무   due date 만기일   oversee 감독하다   process 과정, 공정

해설   (A)와 (B)에서 반복되는 단어(main)와 유사 발음(duties - due date)을 통해 오답을 골라낼 수 있다면 (C)는 들을 필요도 없다. 오답을 잘 골라낼수록 고수가 된다!

M Cn M Au

4. What's the best way for us to get to the convention center?

(A) I haven't heard from him, either.

(B) There will be a great presentation.

(C) Let's take a look at the train schedule.

우리가 컨벤션 센터에 가기에 가장 좋은 방법은 뭔가요?

(A) 저도 그에게서 소식을 듣지 못했어요.

(B) 대단한 프레젠테이션이 있을 거예요.

(C) 열차 시간표를 봅시다.

VOCAB hear from ~에게서 소식을 듣다

해설 What's the fastest[best / quickest / shortest] way to ~? 유형의 질문은 대부분 교통수단이나 길 이름으로 대답하는 보기가 정답이다. (A)는 him이 누구를 가리키는지 알 수 없는 질문과 무관한 대답이고, (B)는 질문의 convention에서 연상되는 대답으로 오답을 유도하고 있다.

 W Am W Br

5. What do most people do for a living around here?

(A) About 20 miles away.

(B) They work at the car manufacturing plant.

(C) Yes, the living room is elegantly furnished.

이 부근에서는 대부분 어떤 일을 하나요?

(A) 약 20마일 떨어져 있어요.

(B) 자동차 공장에서 일합니다.

(C) 네, 거실이 품격 있게 마감 처리되어 있어요.

VOCAB manufacturing plant 제조 공장 elegantly furnished 품격 있게 마감 처리된

해설 직업을 물어보는 질문이므로 직업에 대해 말하고 있는 (B)가 정답이다. (A)는 거리를 말하고 있으므로 How far ~? 유형 질문의 정답으로 알맞고, (C)는 Yes가 들리는 순간 오답으로 골라내야 한다.

 M Cn W Br

6. I don't owe the library a late fee, do I?

(A) Not unless your book is overdue.

(B) Yes, I'll be at one of the reading rooms.

(C) The library closes on holidays.

저 도서관에 연체료 남은 거 없죠, 그렇죠?

(A) 책이 연체되지 않았다면 없겠죠.

(B) 네, 열람실 중 한 군데에 있을게요.

(C) 휴일에는 도서관이 문을 닫습니다.

VOCAB owe 빚지고 있다 late fee 연체료 overdue 기한이 지난 reading room 열람실, 독서실

해설 질문 앞부분 I don't owe(지급해야 할 돈 없죠?)에 집중해서 자연스러운 대답을 알아내야 한다. 연상되는 단어(library - reading rooms)나 반복되는 단어(library)가 거의 항상 오답을 유도하는 장치라는 걸 기억하고 있으면 더 쉽게 문제를 해결할 수 있다.

 M Au W Am

7. Haven't you received the invoice from the supplier yet?

(A) No, but let me check up on that.

(B) It's very noisy here.

(C) Which one do you recommend?

납품업체로부터 아직 송장(送狀)을 못 받았습니까?

(A) 네, 하지만 다시 확인해 볼게요.

(B) 여기 정말 시끄럽군요.

(C) 어느 걸로 추천하시겠어요?

VOCAB invoice 송장(送狀), 청구서 supplier 공급자, 공급 회사 check up on ~가 맞는지 확인하다 noisy 시끄러운

해설 일반 의문문은 Yes, and / Yes, but / No, but / But으로 시작하는 대답이 들리면 100% 정답이다. 질문 앞부분 Haven't you received(못 받았습니까?)에 집중하면 오답인 대답도 골라낼 수 있다. 게다가 (B)는 질문의 invoice를 voice로 잘못 알아들은 사람이 연상되는 단어 noisy를 듣고 선택하도록 유도하고 있다.

W Am **M Cn**

8. Isn't the development workshop going well?

    (A) Sometime next week.

    (B) No, I'll exchange it.

    (C) I think it is.

개발 워크숍은 잘 되고 있지 않나요?

    (A) 다음 주 언젠가요.

    (B) 네, 교환할 겁니다.

    (C) 잘 되는 것 같아요.

VOCAB   go well 잘 되어가다

해설   일반 의문문에서 I think so.와 그 변화형들은 Yes를 대신하는 표현으로서 들리면 정답이 된다.

W Br **M Au**

9. What did you think of the company newsletter?

    (A) About three pages long.

    (B) It had some interesting articles.

    (C) Please seal the envelopes over there.

회사 회보에 대해 어떻게 생각하셨어요?

    (A) 약 세 페이지 정도 분량이요.

    (B) 흥미로운 기사가 몇 개 있더군요.

    (C) 저기 있는 봉투들을 봉해주세요.

VOCAB   newsletter 회보   seal (봉투 등을) 봉하다

해설   What do you think of[about] ~? 같은 의견을 묻는 말은 '형용사'나 '부사'를 사용하는 대답이 들리면 정답이 되는 경우가 많다. 문서의 분량을 말하고 있는 (A)는 의견이 될 수 없고, (C)는 letter에서 연상되는 표현 seal the envelopes로 오답을 유도하고 있다. 연상되는 표현이 들리면 대부분 오답 장치라는 것을 잊지 말자.

M Cn **W Am**

10. What should I do with the extra training materials?

    (A) Leave them on my desk.

    (B) Yes, they should.

    (C) Around three thirty.

남는 교육 자료는 어떻게 할까요?

    (A) 제 책상 위에 두세요.

    (B) 네, 그래야 합니다.

    (C) 3시 30분쯤이요.

VOCAB   extra 여분의   training materials 교육용 자료   leave 남겨두다

해설   What should I[we] do ~?가 출제되면 명령문이 들릴 때 무조건 정답으로 선택하자. (B)는 Yes를 듣고 오답인 것을 알 수 있고, (C)는 What time 유형에서 정답으로 나올 대답이다.

p. 152 Part 3 & 4   Exercise   **1.** b   **2.** a   **3.** c   **4.** b   **5.** d   **6.** a

● 정답을 맞힌 문제도 해설을 읽어보자.

Questions 1 through 3 refer to the following conversation.

M Cn Hi, Helen. It's almost twelve-thirty. **1. I'm on my way to lunch with Tom**. Would you like to **come with us**?

W Br **I have four payroll checks left to process.**

M Cn Oh, OK. **2. I'll see you at the staff meeting this afternoon** then. Do you need any help preparing for the meeting?

W Br Well, we're going to go over the new vacation policy which has just been finalized. **3. Could you make copies of the handout** for everyone?

M Cn **3. Sure, I'd be happy to.**

1-3번 문제는 다음 대화에 관한 것입니다.

남: 안녕, Helen. 12시 반이 다 되어가요. Tom이랑 점심 먹으러 가는 길이거든요. 우리와 함께 갈래요?

여: 저는 급여명세서 4개가 남아 있어서 처리해야 해요.

남: 아, 알겠어요. 그럼 오후 직원회의에서 봐요. 혹시 회의 준비하는 데 도움이 필요한가요?

여: 음, 지금 막 마무리된 새 휴가 정책을 검토할 거예요. 인쇄물을 모든 사람이 볼 수 있게 복사 좀 해주시겠어요?

남: 물론이죠. 기꺼이 해드릴게요.

---

1. Why does the woman say, "I have four payroll checks left to process"?

(A) To inquire about some software

(B) To decline an invitation

(C) To ask for an extension

(D) To reassure a colleague

여자는 왜 "저는 급여명세서 4개가 남아 있어서 처리해야 해요."라고 말하는가?

(A) 어떤 소프트웨어에 관해 묻기 위해

(B) 초대를 거절하기 위해

(C) 연장을 요청하기 위해

(D) 동료를 안심시키기 위해

2. What will take place this afternoon?

(A) A staff meeting

(B) A fire drill

(C) A department celebration

(D) A product demonstration

오후에 어떤 일이 있을 것인가?

(A) 직원회의

(B) 화재 대피 훈련

(C) 부서 기념행사

(D) 제품 시연회

3. What does the man agree to do?

(A) Call an employee

(B) Cancel a reservation

(C) Copy a document

(D) Write a report

남자는 무엇을 하는 것에 동의하는가?

(A) 어떤 직원에게 전화한다

(B) 예약을 취소한다

(C) 문서를 복사한다

(D) 보고서를 쓴다

VOCAB on one's way to ~로 가는 도중인 payroll check 급여명세서 leave 남기다 process 처리하다 inquire 묻다, 알아보다 decline 거절하다 reassure 안심시키다 colleague 동료 staff meeting 직원회의 fire drill 화재 대피 훈련 celebration 기념행사 product demonstration 제품 시연회 prepare for ~를 준비하다 go over ~을 점검하다, 검토하다 finalize 마무리 짓다 make a copy of ~을 복사하다 handout 인쇄물, 유인물 I'd be happy to. 기꺼이 해드릴게요.

해설 I have four payroll checks left to process. 바로 뒤에 2번 문제 정답의 키워드가 나오므로 1번 문제의 정답은 매우 빠른 속도로 선택해야 한다. 오래 생각하지 않고 재빨리 정답을 고르려면 보기의 내용을 잘 읽어서 기억하고 있어야 한다. 바로 앞에 나오는 남자의 대사 I'm on my way to lunch with Tom. Would you like to come with us?는 함께 점심을 먹자는 제안이므로 I have four payroll checks left to process.는 제안에 대한 거절이다. 재빨리 정답을 고르고 바로 이어지는 남자의 대사 I'll see you at the staff meeting this afternoon then.에서 2번 문제의 정답을 골라야 한다. 3번은 대화 끝에서 Could you make copies of the handout for everyone?이라는 여자의 부탁에 대해 남자가 Sure, I'd be happy to.라고 대답하는 것을 듣고 정답을 알 수 있다.

Questions 4 through 6 refer to the following telephone message.

W Am Hello, Ms. Yamamura. **4.** I'm **calling from Riverside Medical Center**. **5.** **In your online request** from this morning, you **asked to have your annual health checkup with Dr. Hamad**. Well, I'm sorry to tell you that **he recently moved to Morristown**. But we have several other doctors in our practice. **6.** Their professional **profiles are posted on our website**, so I'd encourage you to read them. I'm sure the information in the profiles will help you decide who you'd like to see.

4-6번 문제는 다음 전화 메시지에 관한 것입니다.

안녕하세요, Ms. Yamamura. Riverside 메디컬 센터에서 전화 드립니다. 오늘 오전에 온라인으로 요청하실 때 연례 건강검진을 Hamad 선생님에게 받고 싶다고 요청하셨어요. 어, 말씀드리기 죄송하지만, 그분이 최근에 Morristown으로 옮기셨습니다. 하지만 저희 병원에는 다른 의사들이 몇 분 계십니다. 저희 웹사이트에 그분들의 소개가 게재되어 있으니까 한 번 읽어보실 것을 권해 드립니다. 누구에게 진료를 받을지 결정하실 때 그 소개 정보가 분명히 도움이 될 겁니다.

4. Where does the speaker work?
(A) At a real estate agency
(B) At a medical center
(C) At an accounting firm
(D) At an Internet service provider

화자는 어디서 근무하는가?
(A) 부동산 중개소
(B) 종합 병원
(C) 회계 사무소
(D) 인터넷 서비스 제공업체

5. What does the speaker mean when she says, "he recently moved to Morristown"?
(A) A hiring decision was unexpected.
(B) A location has become very popular.
(C) An appointment should be postponed.
(D) A request cannot be accommodated.

화자는 "그분이 최근에 Morristown으로 옮기셨습니다." 라고 말할 때 무엇을 의미하는가?
(A) 채용 결정이 예상치 못한 것이었다.
(B) 한 장소가 매우 인기 있게 되었다.
(C) 예약을 연기해야 한다.
(D) 요청에 부응할 수 없다.

6. Why does the speaker recommend visiting a website?
(A) To read some profiles
(B) To fill out some forms
(C) To view an invoice
(D) To find a telephone number

화자는 왜 웹사이트 방문을 권장하는가?
(A) 인물 소개를 읽기 위해
(B) 양식을 작성하기 위해
(C) 송장을 보기 위해
(D) 전화번호를 찾기 위해

VOCAB　medical center 종합 병원, 의료 센터 real estate agency 부동산 중개소 accounting firm 회계법인, 회계사무소 unexpected 예상 밖의, 뜻밖의 location 소재지, 있는 곳 appointment 예약 accommodate (요구 등에) 부응하다, 협조하다 practice (의사, 변호사 등의) 개업[영업] 장소 professional profile (업무, 비즈니스 관련) 인물 소개 post 게시하다 see (의사에게) 진찰받다 fill out 작성하다, 기재하다 view 보다 invoice 송장(送狀), 청구서

해설　4번과 같이 화자에 대한 정보를 묻는 문제는 대부분 첫 한두 문장에서 정답을 알 수 있다. I'm calling from Riverside Medical Center.라는 첫 문장을 듣고 정답을 선택한다. 이어지는 문장이 you asked to have your annual health checkup with Dr. Hamad(연례 건강검진을 Dr. Hamad에게 받고 싶다고 요청하셨어요).이므로 "그분이 근무지를 옮겼다(he recently moved to Morristown)"라는 말은 요구사항을 수용할 수 없다는 뜻인 것을 파악하고 5번 정답을 선택해야 한다. 4번과 5번의 단서가 중간에 틈을 주지 않고 연달아 등장하고 있다. 정답을 선택할 때는 언제나 순발력이 필요하다는 사실을 잊어서는 안 된다. 6번 문제의 정답은 Their professional profiles are posted on our website, so I'd encourage you to read them.에서 알 수 있다.

1	d	4	c	7	c	10	b	13	b	16	d	19	a	22	b	25	a	28	b
2	d	5	c	8	c	11	a	14	c	17	b	20	c	23	b	26	c	29	c
3	b	6	a	9	b	12	b	15	b	18	c	21	b	24	d	27	b	30	d

p. 154 Part 1

1. W Am

(A) Some trees are being planted.
(B) Some leaves have been raked into a pile.
(C) Some crates are being transported.
(D) Some fruit has been stacked in a bin.

(A) 나무가 심어지는 중이다.
(B) 나뭇잎을 긁어모아 쌓아 놓았다.
(C) 상자들이 운반되고 있다.
(D) 과일이 통 안에 쌓여 있다.

VOCAB　plant 심다 rake 갈퀴로 모으다 pile 더미 crate (운송, 저장용 대형) 상자 transport 이동시키다 stack 쌓다 bin 통

해설　진행 시제 수동태는 '동작'을 나타내기 때문에 (A)나 (C)가 정답이 되려면 어떤 사람이 나무 심는 동작이나, 상자를 운반하는 동작을 하고 있어야 한다. 나뭇잎을 갈퀴로 모아 놓지도 않았기 때문에 (B)도 오답이다. 과일이 통 안에 쌓여 있으므로 (D)가 정답이다.

2. M Cn

(A) All of the people are wearing hats.
(B) Several cars are parked in a garage.
(C) Many performers are signing autographs.
(D) Sound equipment has been set up on a stage.

(A) 모든 사람이 모자를 쓰고 있다.
(B) 차 몇 대가 차고에 주차되어 있다.
(C) 많은 공연자가 사인해주고 있다.
(D) 무대에 음향 장비가 설치되어 있다.

VOCAB　garage 차고, 주차장 autograph (유명인의) 사인

해설　모자를 쓴 사람은 한 명밖에 없으므로 (A)는 오답이다. 차들은 차고에 있지 않으므로 (B)도 오답이다. 관객들에게 사인을 해주는 장면도 아니므로 (C)도 오답이다.

3.

(A) Some workers are building a fence.

(B) Some men are resting their hands on a railing.

(C) The people are selecting some photographs.

(D) The people are sweeping a balcony.

(A) 인부들이 울타리를 만들고 있다.

(B) 몇몇 남자들이 난간에 손을 올려놓고 있다.

(C) 사람들이 사진을 고르고 있다.

(D) 사람들이 발코니를 쓸고 있다.

VOCAB build 짓다, 건설하다 railing 난간 sweep 쓸다

해설 '두다/놓다' 동사를 잘 기억하고 정답을 선택하자. Part 1 사진에는 난간도 자주 등장하므로 난간을 나타내는 단어도 알고 있어야 한다. rail이나 handrail이라고도 한다. (A)와 (C), (D)는 각각 동사 building, selecting, sweeping을 듣고 오답으로 골라내야 한다.

---

p. 156 Part 2

4. What's the matter with this sewing machine?

(A) I saw it in the warehouse.

(B) We met her last Wednesday.

(C) It's missing some parts.

이 재봉틀에 뭐가 문제죠?

(A) 창고에서 봤어요.

(B) 지난주 수요일에 그녀를 만났습니다.

(C) 부품 몇 개가 분실됐어요.

VOCAB sewing machine 재봉틀 part 부품

해설 문장 앞부분의 What's the matter(뭐가 문제죠?)에 집중하면 문제점을 알려주고 있는 (C)를 정답으로 선택할 수 있다. 물론 (A)의 sewing - saw it, (B)의 matter - met her 같은 유사 발음을 통한 오답 장치도 잘 파악해야 한다. 오답을 잘 골라낼수록 고수가 된다.

---

5. What is the procedure for submitting a résumé and cover letter?

(A) Wasn't it covered by the newspaper?

(B) At least three years of experience.

(C) You can just e-mail it to the recruiter.

이력서와 자기소개서를 제출하는 절차가 어떻게 되나요?

(A) 그건 신문에서 다루지 않았나요?

(B) 최소한 3년의 경력이요.

(C) 그냥 채용담당자에게 이메일로 보내시면 됩니다.

VOCAB procedure 절차, 순서 cover letter 자기소개서 cover 다루다 recruiter 인사담당자

해설 (A)는 cover가 반복되었다는 걸 알아차리면 오답임을 알 수 있고, (B)에서는 résumé and cover letter에서 연상되는 대답으로 오답을 유도하고 있다는 것을 알아야 한다. 질문 문장의 앞부분 What is the procedure(절차가 어떻게 되나요?)를 알아들으면 (C)가 자연스러운 대답이라는 것을 알 수 있다.

W Br M Au

6. There's only two patients left in the waiting area.

(A) I'll let the doctor know.

(B) I left my car in the parking area.

(C) I need to have my prescription refilled.

대기실에 환자분 두 분만 남으셨어요.

(A) 선생님께 알릴게요.

(B) 제 차는 주차장에 세워놨어요.

(C) 처방전대로 다시 조제받아야 합니다.

 VOCAB left 남아 있는 let *sb* know ~에게 알리다 leave 두고 오다 parking area 주차장 have a prescription refilled 처방전대로 다시 조제받다

해설 질문 앞부분이 There's only two patients left(환자분 두 분만 남으셨어요.)인 것을 듣고 정답을 알 수 있다. (B)는 반복되는 단어(left, area)가 자꾸 나오는 걸 듣고, (C)는 연상되는 단어(patients - prescription)를 듣고 오답으로 골라낼 수 있다. 오답을 잘 골라낼수록 고수가 된다.

W Am W Br

7. Have the interns been trained on the video conferencing system?

(A) The conference is supposed to start at 11:30.

(B) The next train will bypass this station.

(C) I don't think they'll need to use it.

인턴 사원들이 화상회의 시스템에 대해 교육받았나요?

(A) 학회는 11시 30분에 시작하기로 되어 있습니다.

(B) 다음 열차는 이 역을 건너뛸 겁니다.

(C) 그들이 그걸 사용해야 할 것 같지는 않은데요.

VOCAB video conferencing 화상 회의 conference 회의, 학회 be supposed to-V ~하기로 되어 있다, ~할 의무가 있다 bypass 건너뛰다

해설 (A)와 (B)를 들으면서 질문과 대답에서 반복되는 단어(conference, train)는 항상 오답 장치라는 걸 기억해야 한다. 질문 앞부분이 Have the interns been trained on(인턴 사원들이 ~에 대해 교육받았나요?)이므로 자연스러운 대답은 (C)이다.

M Cn M Au

8. Do you know how to get to the movie theater?

(A) I'm sorry I wasn't able to join you.

(B) The movie was really fun.

(C) The 605 bus goes straight there.

극장까지 어떻게 가는지 알아요?

(A) 당신들과 합류하지 못해서 미안해요.

(B) 영화는 정말 재미있었어요.

(C) 605번 버스가 그리로 곧장 갑니다.

VOCAB join 함께 하다, 합류하다 straight 곧장, 곧바로

해설 간접 의문문이므로 질문 앞부분에 집중하면서 중간에 나오는 의문사 부분을 놓치지 않아야 한다. how ~ get to ~? 유형은 대부분 '교통수단'이나 '길 이름'을 들려주는 대답이 정답이다. (A)는 get to the movie theater에서 연상되는 대답으로 오답을 유도하고 있고, (B)는 movie가 반복되는 것을 듣고 오답으로 골라낼 수 있다.

M Au W Am

9. A new parking garage is being built across the street.

(A) Yes, I think it's fully occupied.

(B) Do you know when it'll be completed?

(C) The driveway should be expanded.

길 건너에 새 주차장이 지어지고 있어요.

(A) 네, 만차인 것 같습니다.

(B) 언제 완공될지 아세요?

(C) 진입로를 확장해야 해요.

VOCAB parking garage 주차장, 주차장 건물 fully occupied 만석인 driveway (차고에 들어가는) 진입로

M Cn W Br

10. What ingredients did you put in this cake?

    (A) Not that I know of.

    (B) Some dried fruits and nuts.

    (C) Cookbooks are on the third floor.

이 케이크에 어떤 재료를 넣으셨나요?

    (A) 제가 아는 바로는 아니에요.

    (B) 약간의 말린 과일과 견과요.

    (C) 요리책은 3층에 있습니다.

VOCAB   ingredient 재료 Not that I know of. 내가 아는 바로는 아니에요. dried fruit 말린 과일

해설 'What + N ~?' 유형이므로 What 바로 뒤에 있는 명사 ingredients만 알아들으면 된다. (A)는 의미상 No.라고 말한 것과 같으므로 의문사 의문문의 정답이 될 수 없고, (C)는 질문의 내용에서 연상되는 대답으로 오답을 유도하고 있다.

W Br M Cn

11. What did Siena say about the project proposal?

    (A) She said she liked it a lot.

    (B) The other projector's out of order.

    (C) Right, I heard about that, too.

Siena가 프로젝트 기획안에 대해 뭐라고 말했나요?

    (A) 매우 마음에 든다고 했어요.

    (B) 다른 프로젝터가 고장 났습니다.

    (C) 맞아요, 저도 그것에 대해 들었어요.

VOCAB   proposal 기획안 projector 영사기, 프로젝터 our of order 고장 난

해설 문장 앞부분 What did Siena say(Siena가 뭐라고 말했나요?)에 집중하면 (A)가 자연스러운 대화를 만들어준다는 것을 알 수 있다. (B)는 project - projector의 유사 발음으로, (C)는 Yes나 다름없는 Right으로 오답인 것을 간파할 수 있다. 문장 앞부분에 집중하고 오답을 골라내는 것이 항상 Part 2 문제 풀이의 기본이다.

W Am M Au

12. What are they building near the shopping center?

    (A) On the fifteenth floor.

    (B) An apartment complex.

    (C) I'd avoid shopping there on the weekends.

쇼핑센터 근처에 뭘 짓고 있나요?

    (A) 15층에요.

    (B) 아파트 단지요.

    (C) 저라면 주말에 거기서 쇼핑하는 건 피하겠어요.

VOCAB   build 짓다, 건설하다 apartment complex 아파트 단지 shop 쇼핑하다

해설 문장 앞부분 What are they building(뭘 짓고 있나요?)에 집중해서 (B)를 정답으로 선택해야 한다. (A)는 Where 의문문의 정답으로 알맞고, (C)는 shopping을 반복하면서 오답을 유도하고 있다. Part 2는 언제나 문장 앞부분에 집중하고 오답을 골라내야 한다.

Questions 13 through 15 refer to the following conversation.

M Au Hi, Isabel. Have you had your lunch break yet?

W Am **13.** Yeah, I had a **chicken sandwich from Ravi's Café**. It was **delicious**!

M Au **I eat there several times a week!** So, how are you adjusting to your new job? **14.** Are you **getting acclimated to the warehouse**?

W Am **14.** Yeah, it's **going well**. **15.** It's **much easier to fill shipping orders here than at my previous job**. These **robots are very efficient**.

M Au It's a nice system, isn't it?

W Am **15.** Yes - **at my old job**, we had to do **much of the picking and packing manually**. Everything **here** has been **entirely automated**, which **makes the job a lot easier**.

13-15번 문제는 다음 대화에 관한 것입니다.

남: 안녕, Isabel. 점심시간을 좀 가졌나요?

여: 네, Ravi's Café에서 치킨샌드위치 먹었어요. 맛있던데요!

남: 저는 거기서 일주일에 몇 번씩이나 먹잖아요! 그래, 새 일자리에는 어떻게 적응하고 있나요? 창고에 익숙해지고 있나요?

여: 네, 잘 되어가고 있어요. 여기서는 제 이전 직장 보다 운송 주문 처리하기가 훨씬 더 쉬워요. 이 로봇들 정말 효율적이에요.

남: 좋은 시스템이죠?

여: 네, 이전 직장에서는 고르고 포장하는 일의 상당 부분을 손으로 해야 했거든요. 여기서는 모든 게 완전히 자동화되어 있어서 일을 훨씬 더 쉽게 해 주네요.

13. Why does the man say, "I eat there several times a week"?

(A) To refuse a proposal

(B) To agree to an opinion

(C) To suggest an alternative

(D) To dispute a criticism

남자는 왜 "저는 거기서 일주일에 몇 번씩이나 먹잖아요." 라고 말하는가?

(A) 제안을 거절하기 위해

(B) 의견에 동의하기 위해

(C) 대안을 제시하기 위해

(D) 비판에 반박하기 위해

14. Where do the speakers work?

(A) At an electronics store

(B) At a financial institution

(C) At a warehouse

(D) At a stationery store

화자들은 어디서 일하는가?

(A) 전자제품 판매장에서

(B) 금융 기관에서

(C) 창고에서

(D) 문구점에서

15. Why does the woman prefer her new job to her previous one?

(A) There is a wider variety of work.

(B) More of the work is automated.

(C) The schedule is more flexible.

(D) More time is spent with clients.

여자는 왜 이전 일자리보다 새 자리를 선호하는가?

(A) 더 다양한 일이 있다.

(B) 더 많은 작업이 자동화되어 있다.

(C) 일정이 더 유연하다.

(D) 고객과 함께 더 많은 시간을 보낸다.

VOCAB refuse 거절하다, 거부하다 proposal 제안, 제의 alternative 대안 dispute 반박하다 criticism 비판, 비난 adjust to ~에 적응하다 get acclimated to ~에 익숙해지다 warehouse 창고 go well 잘 되어가다 fill an order 주문을 처리하다 shipping 운송 previous 이전의, 직전의 efficient 효율적인 pick 고르다, 선택하다 pack 포장하다 manually 손으로, 수동으로 entirely 완전히, 전부 automate 자동화하다 prefer A to B B보다 A를 선호하다 a wide variety of 매우 다양한 flexible 유연한, 용통성 있는

13번 문제를 다룰 때 대화를 듣고 정답을 추론하는 데 시간이 오래 걸리지 않도록 보기 네 문장의 내용을 미리 잘 외워두자. Ravi's Café에서 먹은 샌드위치가 맛있었다는(I had a chicken sandwich from Ravi's Café. It was delicious!) 여자의 말을 듣고 자기는 거기서 일주일에 몇 번씩이나 먹는다고 대답했으므로, 맛있다는 여자의 의견에 동의한다는 뜻이다. 빠른 속도로 정답을 선택한 후에 이어지는 남자의 대사가 새로 시작한 창고 업무에 잘 적응하고 있는지 묻는 내용(Are you getting acclimated to the warehouse?)인 것을 파악해야 한다. 여자가 잘 적응하고 있다고(Yeah, it's going well.) 대답했으므로, 14번의 정답으로 두 사람이 일하는 곳은 창고다. 바로 이어지는 내용을 잘 듣기 위해 이 문제도 순발력을 발휘해서 정답을 골라야 한다. 여자의 바로 다음 대사는 "로봇들이 효율적이라서 이전 직장에서보다 주문 처리가 훨씬 빠르다"라는(It's much easier to fill shipping orders here than at my previous job. These robots are very efficient.) 내용이다. 효율적인 로봇을 사용한다고 했으므로 여기서 15번의 정답을 알 수 있다. 만약 여기서 정답을 선택하는 데 실패한다면 다행히 뒤에 정답의 단서가 한 번 더 등장하니 끝까지 집중력을 떨어뜨리지 말자. "이전 직장에서는 작업의 상당 부분이 손으로 이루어졌지만, 여기서는 모든 것이 자동화되어 있다"라고(at my old job, we had to do much of the picking and packing manually. Everything here has been entirely automated, which makes the job a lot easier.) 말하며 다시 한번 정답을 알려주고 있다.

Questions 16 through 18 refer to the following conversation.

M Cn Good morning, Tomoko. **16.** Do you **have a minute to talk**?

W Br **My next meeting isn't until four.**

M Cn Thanks. Have you had a chance to look over the store's quarterly sales report?

W Br No, not yet. **17.** Is there **any problem** with it?

M Cn **17.** Yes, **the Sorel brand of shoes isn't selling well**.

W Br Hmm… that is a problem, since we have a huge number of them in stock.

M Cn Right. **18.** We need to **investigate why they're not as popular** as we'd expected.

W Br **18.** I agree - we should **survey customers** who buy similar products from our competitors. The survey should let us know why people aren't interested in the Sorel brand.

16-18번 문제는 다음 대화에 관한 것입니다.

남: 안녕하세요, Tomoko. 잠깐 얘기 나눌 시간 있으세요?

여: 다음 회의가 4시는 되어야 있어요.

남: 고마워요. 매장 분기별 매출 보고서를 살펴볼 기회가 있으셨나요?

여: 아니요, 아직이요. 그거 무슨 문제라도 있나요?

남: 네, Sorel 브랜드 신발이 잘 안 팔리고 있어요.

여: 어… 그거 문제인데요. 엄청나게 많은 수의 재고가 있잖아요.

남: 그렇죠. 그게 왜 예상했던 것만큼 인기 있지 않은지 조사해봐야겠어요.

여: 동의해요. 경쟁업체에서 유사한 제품을 사는 고객들을 대상으로 조사해야 해요. 왜 사람들이 Sorel 브랜드에 관심이 없는지 조사로 알 수 있을 거예요.

---

16. What does the woman imply when she says, "My next meeting isn't until four"?

(A) She wants to volunteer for a task.

(B) She thinks the schedule should be adjusted.

(C) She does not need to use a conference room.

(D) She is available to talk.

여자가 "다음 회의가 4시는 되어야 있어요."라고 말할 때 암시하는 것은 무엇인가?

(A) 자진하여 일을 맡고 싶다.

(B) 일정이 조정되어야 한다고 생각한다.

(C) 회의실을 사용할 필요가 없다.

(D) 이야기 나눌 시간이 있다.

17. What problem are the speakers discussing?

(A) A product launch has been delayed.

(B) A product has not been selling well.

(C) Some employees have not reported to work.

(D) Some merchandise has been returned.

화자들은 어떤 문제에 대해 논하고 있는가?

(A) 제품 출시가 지연되었다.

(B) 제품이 잘 팔리지 않고 있다.

(C) 일부 직원들이 출근하지 않았다.

(D) 일부 상품이 반품되었다.

18. What do the speakers agree to do?

(A) Hire a new vendor

(B) Offer a large discount

(C) Collect customer feedback

(D) Talk with the marketing director

화자들은 무엇을 하는 데 합의하는가?

(A) 새 판매상을 쓴다

(B) 큰 폭의 할인을 제공한다

(C) 고객의 피드백을 모은다

(D) 마케팅 담당자와 이야기한다

해설

16번은 주어진 문장이 들릴 때 시간 끌지 않고 정답을 선택할 수 있게 보기의 내용을 잘 기억하도록 노력하자. 얘기 나눌 시간이 있냐는(Do you have a minute to talk?) 남자의 질문에 대해 다음 회의는 4시는 되어야 있다고(My next meeting isn't until four.) 대답한 것은 대화할 시간이 넉넉히 있다는 뜻이다. 17번은 여자와 남자의 대사에서 각각 any problem과 isn't selling well이라는 키워드만 들려도 정답을 알 수 있다. 문제가 되는 상황이 어떤 것인지 이야기를 나눈 후에, 남자가 해결책으로 제품이 인기 있지 않은 이유를 조사하자고(We need to investigate why they're not as popular as we'd expected.) 말하자, 여자가 고객들을 대상으로 설문조사를 실시하자는(I agree - we should survey customers who ~) 말로 동의를 표하고 있으므로 18번은 여기서 정답을 골라야 한다.

Questions 19 through 21 refer to the following conversation.

19-21번 문제는 다음 대화에 관한 것입니다.

[M Cn] **19.** I think **something needs to be done** about the landscaping company we use. I **just received this month's bill**.

[W Br] **19.** Why? Is it **higher than usual**?

[M Cn] **19.** It's **almost doubled**! You know, I'm very impressed with their work - the entrance to our office looks a lot better than it has in years, **20.** but we **can't sustain** it at this rate.

[W Br] Well, **the business across the street did some landscaping recently**.

[M Cn] Great. **20. Let me talk to them now**. **21.** In the meantime, **could you pick up some snacks and beverages** for our afternoon meeting?

[W Br] Sure. I'll run to the grocery store.

남: 우리가 쓰는 조경 회사에 대해 무언가 조치가 취해져야 할 것 같아요. 지금 막 이번 달 청구서를 받았거든요.

여: 왜요? 평소보다 더 높은가요?

남: 거의 두 배가 되었어요! 알죠? 내가 그들의 작업에 매우 깊은 인상을 받았잖아요. 우리 사무실 출입구가 몇 년 동안 봐온 것보다 훨씬 더 좋거든요. 하지만 이런 요금으로는 일을 지속시킬 수 없어요.

여: 음, 길 건너에 있는 사업체가 최근에 조경 작업을 조금 했던데요.

남: 잘됐네요. 지금 그들과 얘기해 봐야겠어요. 그동안 당신은 오후 회의를 위해 간식과 음료를 좀 사다 주시겠어요?

여: 물론이죠. 얼른 식품점으로 갈게요.

19. What problem is discussed?

(A) A cost has increased.

(B) A design has changed.

(C) A property was sold.

(D) A document was misplaced.

어떤 문제가 논의되고 있는가?

(A) 비용이 늘어났다.

(B) 디자인이 변경되었다.

(C) 부동산이 팔렸다.

(D) 문서를 찾을 수 없다.

20. Why does the woman say, "the business across the street did some landscaping recently"?

(A) To support a decision

(B) To turn down an offer

(C) To make a suggestion

(D) To apologize for an error

여자는 왜 "길 건너에 있는 사업체가 최근에 조경 작업을 조금 했던데요."라고 말하는가?

(A) 결정을 지지하기 위해

(B) 제안을 거절하기 위해

(C) 제안을 하기 위해

(D) 실수에 대해 사과하기 위해

21. What does the man ask the woman to do?

(A) Reserve a table

(B) Buy some refreshments

(C) Print presentation materials

(D) Make a phone call

남자는 여자에게 무엇을 하라고 요구하는가?

(A) 테이블을 예약한다.

(B) 다과를 사 온다.

(C) 프레젠테이션 자료를 인쇄한다.

(D) 전화를 건다.

VOCAB landscaping company 조경 회사 bill 고지서, 청구서 double 두 배로 만들다 cost 경비, 비용 property 부동산 misplace 제자리에 두지 않아 찾지 못하다 impressed 인상 깊게 생각하는 sustain 지속시키다 rate 요금 landscaping 조경 turn down ~을 거절하다 offer 제의, 제안 in the meantime 그동안에 pick up ~을 사다, 얻다, 획득하다 snack 간식 beverage (물 이외의) 음료 reserve 예약하다 refreshments 다과, 음식물 materials 자료 grocery store 식품점

해설 우선 남자가 어떤 조치가 취해져야 한다는(I think something needs to be done about ~) 말을 하면서 어떤 문제점을 언급하려고 한다는 것을 시사하고 있다. 그러면서 이번 달 청구서가 왔다고(I just received this month's bill.) 말하자 여자가 요금이 평소보다 높게 나왔는지(Is it higher than usual?) 물었는데 거의 두 배가 되었다고(It's almost doubled!) 대답한다. 큰 폭의 비용 증가를 언급하고 있는 이 부분에서 19번 문제의 정답을 선택하자. but으로 시작하는 문장에는 거의 항상 정답의 키워드가 있으니 더 집중해보자. but we can't sustain it at this rate.(하지만 이런 요금으로는 일을 지속시킬 수 없어요.)라는 말을 들은 여자가 the business across the street did some landscaping recently(길 건너에 있는 사업체가 최근에 조경 작업을 조금 했던데요.)라고 대답하고 있는데, 이것은 다른 조경업체를 한 번 알아보는 게 어떻겠냐는 제안이다. 이어지는 남자의 대답 Let me talk to them now.(지금 그들과 얘기해 봐야겠어요.)는 여자의 제안을 수락한다는 뜻이므로 여기서 20번의 정답을 고르자. 정답 선택이 늦으면 다음 문장을 놓쳐서 21번 문제를 풀 수 없을 수도 있으니, 빠르게 정답을 고르기 위해 항상 보기 네 문장의 내용을 기억해야 한다는 점도 잊지 말자. could you pick up some snacks and beverages for our afternoon meeting?(오후 회의를 위해 간식과 음료를 좀 사다 주시겠어요?)이 패러프레이즈 되어 있는 보기를 21번의 정답으로 선택해야 한다.

p. 158 Part 4

Questions 22 through 24 refer to the following telephone message.

(W Br) Hello, Daniel. This is Kate. **22.** I'm **preparing for our advertising meeting** with the clients tomorrow morning, and **24.** I noticed the **projector's missing from the fourth-floor conference room**. Since we're pitching our new ad campaign to these clients tomorrow, **23.** we **need to have a way to show them the presentation**. **24.** I thought the other rooms with projectors were all booked, but I checked the online scheduler and it looks like... **the meeting in Room C has been canceled.**

22-24번 문제는 다음 전화 메시지에 관한 것입니다.

안녕하세요, Daniel. Kate예요. 내일 오전에 있을 고객과의 광고 회의를 준비하고 있는데요, 보니까 4층 회의실에서 프로젝터가 없어졌어요. 내일 이 고객들에게 새 광고 캠페인을 홍보할 거라서 그분들에게 프레젠테이션을 보여줄 방법이 있어야 해요. 프로젝터가 있는 다른 방들이 모두 예약이 된 줄 알았는데요, 온라인 스케줄러를 확인해 보니까… C 회의실의 회의가 취소된 것으로 보여요.

22. Which department does the speaker most likely work in?

(A) Accounting

(B) Advertising

(C) Personnel

(D) Technical Support

23. What does the speaker say will happen at a meeting?

(A) A business merger will be discussed.

(B) A presentation will be given.

(C) A new board member will be interviewed.

(D) A salary raise will be approved.

24. Why does the speaker say, "the meeting in Room C has been canceled"?

(A) To indicate that she has spare time

(B) To correct an error in a schedule

(C) To apologize for a postponement

(D) To suggest a different location

화자는 어느 부서에서 일하는 것 같은가?

(A) 회계

(B) 광고

(C) 인사

(D) 기술지원

화자는 회의에서 어떤 일이 있을 것이라고 말하는가?

(A) 사업 합병이 논의될 것이다.

(B) 프레젠테이션을 할 것이다.

(C) 새 이사회 임원 면접을 볼 것이다.

(D) 급여 인상이 승인될 것이다.

화자는 왜 "C 회의실의 회의가 취소되었어요."라고 말하는가?

(A) 남는 시간이 있다는 것을 말하기 위해

(B) 일정상의 오류를 바로잡기 위해

(C) 연기에 대해 사과하기 위해

(D) 다른 장소를 제안하기 위해

VOCAB prepare for ~을 준비하다 advertising 광고 notice 알아차리다 projector 영사기, 프로젝터 missing 없어진 conference room 회의실 accounting 회계 (업무) personnel 인사부 technical support 기술지원부 pitch (구매, 거래 등을) 권유하다, 홍보하다 ad(vertising) campaign 광고 캠페인 merger 합병 give a presentation 프레젠테이션을 하다 board member 이사회 임원 interview 면접을 보다 salary raise 급여 인상 approve 승인하다 book 예약하다 it looks like (that) ~인 것으로 보이다. indicate 내비치다, 시사하다 spare time 여가, 남는 시간 correct 바로잡다, 정정하다 postponement 연기

해설 화자에 대한 정보를 묻는 문제는 대부분 첫 한두 문장에서 정답을 알 수 있다. I'm preparing for our advertising meeting 이라고 말했으므로 화자는 광고 부서에서 근무한다는 것을 짐작하고 22번 문제의 정답을 선택한다. 메시지 중간에 들리는 "그분들에게 프레젠테이션을 보여줄 방법이 있어야 해요(we need to have a way to show them the presentation)."는 내일 회의 때 프레젠테이션이 있을 것을 암시하므로 여기서 23번의 정답을 고른다. 24번은 대화의 전체적인 내용을 이해해야 한다. 화자는 프로젝터가 있어야 하는데 예약한 4층 회의실에는 프로젝터가 없다(the projector's missing from the fourth-floor conference room). 프로젝터가 있는 다른 방들은 빈 곳이 없는 줄 알았는데(I thought the other rooms with projectors were all booked), 알고 보니 C 회의실 회의가 취소되었다(the meeting in Room C has been canceled). 마지막 문장이 회의 장소를 옮겨달라는 요청인 것을 파악하고 정답을 선택해야 한다.

Questions 25 through 27 refer to the following excerpt from a meeting.

W Am **25.** **In order to be in compliance with the new government regulations**, we have to **increase the volume of recycled materials put into manufacturing our products**. Where are we going to get all those used materials? **26.** Our colleague Mariko has **secured contracts** with the recycling departments of several cities **so we can purchase plastic and paper** from them. And because of the new regulations, we'll also have to replace some machines in our production line with new ones. **27.** We **contacted four different vendors for cost estimates**, but **one is considerably lower** than the others. Then **I think the decision will be a simple one**.

25-27번 문제는 다음 회의 발췌문에 관한 것입니다.

새 정부 규정을 준수하기 위해 우리는 우리 제품 제조에 투입되는 재생 재료의 양을 늘려야 합니다. 이 모든 중고 재료들을 어디서 구하냐고요? 우리 동료 Mariko가 몇몇 시의 재활용 담당 부서들과의 계약을 확보해서 그들로부터 플라스틱과 종이를 사 올 수 있게 했습니다. 그리고 새 규정 때문에 우리는 또한 생산 라인의 일부 기계들을 새것으로 교체해야 합니다. 네 군데의 판매업체에 연락해서 비용 견적을 받았는데요, 한 견적가가 다른 것들보다 현저히 낮습니다. 그렇다면 결정은 간단한 일인 것 같습니다.

25. Why is a change being made to a production process?
(A) **Because of government regulations**
(B) Because of trouble with the supply chain
(C) Because of high customer demand
(D) Because of innovative technology

생산 공정에 왜 변화가 생길 것인가?
(A) 정부 규정 때문에
(B) 공급망의 문제 때문에
(C) 고객들의 높은 수요 때문에
(D) 혁신적인 기술 때문에

26. What has Mariko done?
(A) She has written an instructional manual.
(B) She has led a training session.
(C) **She has secured a supply of materials.**
(D) She has met the requirements for a promotion.

Mariko가 무엇을 했는가?
(A) 교육용 설명서를 썼다.
(B) 교육을 주재했다.
(C) 재료 공급을 확보했다.
(D) 승진 요건을 충족시켰다.

27. What does the speaker imply when she says, "I think the decision will be a simple one"?
(A) She is disappointed with the outcome of an initiative.
(B) **The cheapest option will be chosen.**
(C) A product has not been selling very well.
(D) The management makes the same decision each time.

화자는 "결정은 간단한 일인 것 같습니다."라고 말할 때 무엇을 암시하는가?
(A) 계획의 결과에 실망했다.
(B) 가장 싼 옵션이 선택될 것이다.
(C) 제품이 그리 잘 팔리지는 않았다.
(D) 경영진은 매번 같은 결정을 내린다.

VOCAB be in compliance with ~을 준수하다 regulation 규정 volume (~의) 양 recycle 재활용하다 material 재료 manufacture 제조하다 production process 생산 공정 supply chain 공급망 demand 수요 innovative 혁신적인 colleague 동료 secure 확보하다 contract 계약 recycling 재활용 so (that) + S + can[may/will] + V ~하기 위해서 instructional 교육용의 training session 교육 (과정) supply 공급, 보급 meet the requirements 요건을 충족시키다 promotion 승진 replace 교체하다 contact 연락하다 vendor 판매 회사 cost estimate 가격 견적서 considerably 많이, 상당히 disappointed 실망한, 낙담한 outcome 결과 initiative (문제 해결, 목적 달성을 위한) 계획 sell 팔리다 management 경영진 make a decision 결정을 하다

해설 25번 문제는 첫 문장에서 "우리 제품 제조에 투입되는 재생 재료의 양을 늘려야 합니다(we have to increase the volume of recycled materials put into manufacturing our products)."가 생산 공정의 변화를 의미하는 것이므로 여기서 정답을 선택해야 한다. 26번은 "우리 동료 Mariko가 몇몇 시의 재활용 담당 부서들과의 계약을 확보해서 그들로부터 플라스틱과 종이를 사 올 수 있게 했습니다(Our colleague Mariko has ~ from them)."를 요약 진술한 "재료 공급을 확보했다."가 정답이다. 27번의 주어진 문장은 네 군데의 판매업체에 연락해서 견적을 받아 비교해보니 한 군데가 다른 곳들에 비해 현저히 낮은 가격을 제시했다는 말(We contacted ~ lower than the others.)에 이어서 나오는 것이므로, 가격이 가장 낮은 옵션을 선택하겠다는 의미이다. 화자의 의도를 추론할 때 시간이 너무 오래 걸리면 다음 문제를 읽고 푸는 데 큰 지장이 있을 수 있으므로, 빠른 속도로 정답을 고를 수 있게 보기의 내용을 반드시 암기하려고 노력하자.

Questions 28 through 30 refer to the following excerpt from a meeting.

28-30번 문제는 다음 회의 발췌문에 관한 것입니다.

[M Au] **28.** Our team's a little behind in planning the **client appreciation dinner in December**. One of the first things we should do is choose the venue. An event like this at a great location is perfect for maximizing its impact and improving our client retention. That's why I recommend Hong-do Art Gallery on Maple Street. **29.** It's a bit **expensive**, but it'll be **memorable** for our clients, and **we're not spending much on promotional items**. **30.** We need to **choose a catering service** with a great menu. **30.** Taro, could you **work on researching some options** that we could choose from?

우리 팀은 12월의 고객 감사 만찬을 계획하는 일이 약간 밀려 있습니다. 해야 할 첫 번째 일 중 하나는 장소를 고르는 거죠. 아주 훌륭한 장소에서 이와 같은 행사를 하는 것은 행사의 영향을 극대화하고 고객 유지율을 높이는 데 안성맞춤입니다. 바로 그 점 때문에 저는 Maple 가(街)에 있는 Hong-do 미술관을 추천합니다. 약간 비싸기는 합니다만, 우리 고객들에게는 기억에 남을 만한 일일 것이고, 우리가 판촉물에 많은 돈을 쓰고 있지도 않으니까요. 아주 훌륭한 메뉴가 있는 출장뷔페 서비스를 선택해야 합니다. Taro, 선택할 만한 몇몇 옵션 조사하는 일을 좀 해주시겠어요?

28. What is going to take place in December?
(A) A craft fair
(B) A client dinner
(C) A company outing
(D) A charity event

12월에 어떤 일이 있을 것인가?
(A) 공예품 전시회
(B) 고객 만찬
(C) 회사 야유회
(D) 자선 행사

29. Why does the speaker say, "we're not spending much on promotional items"?
(A) To complain about the quality of some merchandise
(B) To thank some colleagues for their hard work
(C) To explain why a location is affordable
(D) To request budget approval

화자는 왜 "우리가 판촉물에 많은 돈을 쓰고 있지도 않으니까요."라고 말하는가?
(A) 일부 상품의 품질에 대해 불만을 말하려고
(B) 몇몇 동료들의 노고에 감사하려고
(C) 어떤 장소가 왜 알맞은지 설명하려고
(D) 예산 승인을 요청하려고

30. What does the speaker ask Taro to do?
(A) Draft an activities schedule
(B) Hire some professional musicians
(C) Distribute flyers in the neighborhood
(D) Look up some catering options

화자는 Taro에게 무엇을 하라고 요구하는가?
(A) 활동 일정표의 초안을 작성한다
(B) 전문 음악가를 몇 명 고용한다
(C) 인근에서 전단을 배포한다
(D) 선택할 만한 출장뷔페를 찾아본다

VOCAB behind (지급, 일 등이) 밀려 있는 outing 야유회 venue 장소 maximize 극대화하다 impact 영향 retention 보유, 유지 a bit 조금, 다소, 약간 memorable 기억할 만한 promotional 홍보의, 판촉의 colleague 동료 hard work 노고 affordable (가격 등이) 알맞은, 감당할 수 있는 approval 승인 catering 출장뷔페 research 조사하다 draft 초안을 작성하다 distribute 나누어주다, 분배하다 flyer (광고, 안내용) 전단 neighborhood 근처, 인근 look up ~을 찾아보다

해설 우선 28번 문제는 첫 문장에 들어 있는 키워드 the client appreciation dinner in December를 듣고 쉽게 정답을 알 수 있다. 29번을 잘 풀어야 하는데, 정답을 빠른 속도로 고를 수 있게 우선 보기 네 문장의 내용을 잘 기억해두자. 추천하는 장소가 다소 비싸다는 말(It's a bit expensive)을 알아들어야 한다. 비싸기는 하지만 고객들에게 기억에 남을 만한 추억을 선사할 것이고, 판촉물에 큰 비용을 들이지 않고 있으므로 괜찮다고 말하고 있다(It's a bit expensive, but it'll be memorable for our clients, and we're not spending much on promotional items.). 추천하는 장소가 비용 면에서 알맞은 이유를 설명하고 있다는 것을 간파하고 정답을 고르자. 바로 정답을 고르고 이어지는 문장을 들어보면 출장뷔페 서비스를 선택해야 한다고 말하고 있다(We need to choose a catering service with a great menu). 그러면서 타로에게 고를 만한 옵션들을 알아봐 달라고(Taro, could you work on researching some options that we could choose from?) 부탁하고 있으므로 여기서 30번의 정답을 선택하면 된다.

p. 163 Part 1　　Exercise　1. a　　2. d

● 정답을 맞힌 문제도 해설을 읽어보자.

1.　M Cn

(A) One of the women is handing another a brochure.
(B) One of the women is hanging clothes in a closet.
(C) The women are setting up a tent.
(D) The women are lifting a table off the ground.

(A) 다른 사람에게 안내 책자를 건네고 있다.
(B) 벽장 안에 옷을 걸고 있다.
(C) 텐트를 설치하고 있다.
(D) 땅에서 테이블을 들어 올리고 있다.

VOCAB　brochure 안내 책자　hang 걸다　closet 벽장　set up ~을 설치하다　lift 들어 올리다

해설　물건을 건네주는 장면에서는 주로 handing이나 passing이 들리는 문장이 정답이다. 교재 앞부분에서 공부한 hanging, setting up, lifting 같은 동사들도 잊어버리지 않도록 반복해서 공부하자.

2.　M Au

(A) They're installing a railing.
(B) They're sweeping the steps.
(C) They're looking out a window.
(D) They're descending a stairway.

(A) 난간을 설치하고 있다.
(B) 계단을 쓸고 있다.
(C) 창밖을 내다보고 있다.
(D) 계단을 내려오고 있다.

VOCAB　install 설치하다　railing 난간　sweep 쓸다

해설　계단을 나타내는 단어 stairs, steps, stairway, staircase와 동사 descend를 기억하자. installing, sweeping, looking out 도 모두 정답과 오답으로 시험에 자주 등장하는 동사들이다.

1	a	3	c	5	a	7	b	9	c
2	a	4	b	6	c	8	a	10	c

● 정답을 맞힌 문제도 해설을 읽어보자.

W Am W Br

1. Why don't we invite the new assistant to the party on Friday?

(A) **That would be great.**

(B) Over the last two weeks.

(C) She was a big help.

금요일 파티에 새 비서도 초대하는 게 어때요?

(A) 좋죠.

(B) 지난 2주에 걸쳐서요.

(C) 그 사람이 큰 도움이 되었습니다.

VOCAB assistant 조수, 비서

해설 동의 표현 That would be great[nice/fantastic/very helpful]. 등을 기억하자. (B)는 기간 표현이므로 How long ~?의 정답으로 출제되며, (C)는 질문의 assistant에서 연상되는 단어 help로 오답을 유도하고 있다.

M Au W Am

2. We should tell Brian what time we expect to arrive.

(A) **Okay, I'll call him right now.**

(B) Until about November fifteenth.

(C) It's been thoroughly inspected.

Brian에게 우리가 몇 시에 도착할 것 같은지 알려줘야 해요.

(A) 알았어요, 즉시 전화할게요.

(B) 11월 15일쯤까지요.

(C) 철저하게 점검되었습니다.

VOCAB expect to-V ~할 것을 예상하다 thoroughly 철저하게 inspect 점검하다, 검사하다

해설 일단 질문에서 조동사 should가 들리면 제안으로 생각하자. 제안/부탁 의문문은 Thanks나 Okay로 시작하는 대답이 들리면 거의 100% 정답이다. (B)는 질문에 들어 있는 what time에서 연상되는 표현으로, (C)는 expect - inspected의 유사 발음 으로 오답을 유도하고 있다.

M Cn W Br

3. Don't you want to come to my dinner party on Friday?

(A) Usually steak and salad.

(B) I had really a good time.

(C) **Sorry, I'll be out of town.**

금요일에 제 만찬에 오시겠어요?

(A) 보통은 스테이크와 샐러드요.

(B) 정말 즐겁게 지냈습니다.

(C) 죄송하지만, 출장 가 있을 거예요.

VOCAB out of town 출장 중인

해설 제안/부탁 의문문은 누군가가 부재중이라고 대답하면 다 거절하는 대답으로 정답이라는 사실을 기억하고 out of town [the office] 같은 표현이 들릴 때 정답으로 고르면 된다. (A)는 dinner - steak and salad라는 연상 표현으로 오답을 유도 하고 있다는 사실도 인지해야 하며, (B)는 과거 시제로 대답하고 있으므로 대화가 되지 않는다.

4. Why don't we look at the expense reports right now?

    (A) She seems like a great reporter to me.

    (B) They're not available yet.

    (C) I think you have to make a left now.

바로 지금 지출기안서를 보는 게 어때요?

    (A) 그 사람 저에게는 훌륭한 기자로 보이는데요.

    (B) 그건 아직 이용할 수가 없어요.

    (C) 지금 좌회전 하셔야 할 것 같은데요.

VOCAB　expense report 지출기안서　seem like ~처럼 보이다　available 이용할 수 있는　make a left 좌회전하다

해설　(A)는 reports와 발음이 비슷한 reporter를 들려주면서, (C)는 right에서 연상되는 단어 left를 통해 오답을 유도하고 있다. 오답을 잘 골라낼수록 고수가 된다.

---

5. Could I get a copy of the train schedule?

    (A) They're available at the ticket booth over there.

    (B) You should take the train to Lancaster.

    (C) The training session is scheduled for ten o'clock.

기차 시간표 한 부 받을 수 있을까요?

    (A) 저쪽 매표소에서 받으실 수 있습니다.

    (B) Lancaster에는 기차 타고 가셔야 해요.

    (C) 교육 모임은 10시로 일정이 잡혀 있습니다.

VOCAB　a copy of ~ 한 부　available 이용할 수 있는　ticket booth 매표소　training session 교육 (과정)　be scheduled for ~으로 일정이 잡혀 있다

해설　(B)와 (C)에서 반복되는 단어와 유사 발음(train, training, schedule)이 들릴 때 오답을 골라낸다면 쉽게 정답을 찾을 수 있다. 오답을 잘 골라낼수록 고수가 된다.

---

6. Could you join us for dinner tomorrow evening?

    (A) We watched it the other day.

    (B) Yes, they have.

    (C) Thanks, but I already have other plans.

내일 저녁에 저희와 함께 식사하실 수 있으세요?

    (A) 저번에 봤습니다.

    (B) 네, 그들이 그렇습니다.

    (C) 고맙지만 이미 다른 계획이 있어서요.

VOCAB　the other day 일전에

해설　저녁을 먹자는 제안이므로 (A)는 오답이다. 질문이 Could you로 시작했기 때문에 (B)처럼 they have로 대답하는 것도 정답이 될 수 없다. Thanks, but으로 시작하는 문장은 제안/부탁 의문문의 거절하는 대답으로 자주 사용된다. 또한 부사 already가 들리는 대답은 항상 거절이기 때문에 이 한 단어만 듣고도 정답을 알 수 있다. I have other plans.나 I have a previous appointment. 같은 대답도 거절 표현으로 자주 사용되는 대답이다.

---

7. Could you help me organize the sales conference?

    (A) The reference was helpful.

    (B) I don't have time right now.

    (C) Don't mention it.

영업 회의 준비하는 것 좀 도와주실래요?

    (A) 참고 자료가 유용했습니다.

    (B) 지금은 시간이 없어요.

    (C) 별말씀을요.

VOCAB　organize 준비하다, 조직하다　sales conference 영업 회의　reference 참고 자료　Don't mention it. (고맙다는 말에 대한 정중한 인사로) 별말씀을요

해설　'바쁘다' 유형의 대답 세 가지 don't have time, too busy, too much work는 제안/부탁에 대한 거절 표현으로 매우 자주 사용된다. (A)는 help - helpful, conference - reference의 유사 발음으로 오답을 유도하고 있고, (C)는 고맙다는 말에 대한 응답이다.

8. Do you want to talk about the applicants now?

(A) Let's discuss them on Tuesday instead.

(B) In the job description.

(C) It's nice to meet you.

지원자들에 대해 지금 얘기 좀 해볼까요?

(A) 그들에 대해서는 대신 화요일에 의논합시다.

(B) 직무 내용 설명서에요.

(C) 만나서 반갑습니다.

VOCAB applicant 지원자 job description 직무 내용 설명서

해설 제안/부탁 의문문에 대해 역으로 제안하는 대답은 항상 정답이라는 사실을 기억하고 (A)처럼 Let's로 시작하는 대답이 들릴 때 정답으로 고르면 된다. (B)는 applicants – job description이라는 연상되는 단어로 오답을 유도하고 있다.

W Am M Au

9. Should we hold this year's company picnic at Mahonia Park?

(A) You can pick it up whenever you want.

(B) I had a hard time to find a place for parking.

(C) Yes, it's within walking distance from the office.

올해 회사 야유회는 Mahonia 공원에서 할까요?

(A) 원하실 때 언제든지 가져가실 수 있습니다.

(B) 주차할 곳을 찾느라 애를 먹었어요.

(C) 네, 그곳이 사무실에서 걸어갈 수 있는 거리에 있죠.

VOCAB hold 열다, 개최하다 pick up (~에서) ~을 찾아오다 within walking distance 걸어서 갈 수 있는 거리에 있는

해설 (A)와 (B)는 각각 picnic – pick it up, Park – parking이라는 유사 발음을 통해서 오답을 유도하고 있으므로 오답을 골라 낼 수 있다면 (C)는 들을 필요도 없이 정답이 된다. 오답을 잘 골라낼수록 고수가 된다.

M Cn W Br

10. Please visit the manager's office to pick up your apartment keys.

(A) She's moved to another department.

(B) Who's supposed to pick up the mail?

(C) I'll come by this afternoon.

매니저 사무실을 방문하셔서 아파트 열쇠를 찾아 가시기 바랍니다.

(A) 그 친구 다른 아파트로 이사 갔어요.

(B) 우편물은 누가 가져오기로 되어 있죠?

(C) 오늘 오후에 들를게요.

VOCAB pick up (어디에서) ~을 찾아오다 be supposed to-V ~하기로 되어 있다, ~해야 한다 come by 잠깐 들르다

해설 (A)와 (B)에서 반복되는 단어(pick up)와 유사 발음(apartment – department)을 통해 오답을 골라내면 쉽게 정답을 알 수 있다. 오답을 잘 골라낼수록 고수가 된다!

---

p. 172 Part 3 & 4 Sample Questions

해석 1-3번 예제는 다음 대화와 전화번호부에 관한 것입니다.

여: 안녕하세요, Anne Klein Shoes의 상점 주인인데요. 여기 무역박람회에서 부스를 차렸어요.

남: 안녕하세요, 안내데스크에 잘 오셨습니다. 자, 무엇을 도와드릴까요?

여: 음, 제가 부스를 신청할 때 일반 조명 대신 LED 조명이 있는 진열 케이스를 요청하는 걸 깜빡 잊었어요. 제품의 색상이 두드러지게 해야 하거든요. 지금 조명을 교체하는 게 가능할까요?

고객서비스: 555-1368	
서비스	내선
등록	101
시설	102
청소	103
분실물	104

1. 여자는 누구인가?

(A) 상점 점원 (B) 무역박람회 출품자

(C) 행사 진행자 (D) 건물 관리인

남: 될 겁니다. 저희 시설관리부에 전화해서 어떻게 해드릴지 알아보겠습니다. 직원 중 몇 명이 지금 점심을 먹으러 나 갔지만, 일단 그들이 돌아오면, 누군가가 그 일을 처리해드 릴 수 있을 겁니다. 아마 30분 후쯤이 될 것 같은데요.

여: 그렇게 해주시면 좋죠. 고맙습니다.

2. 그래픽을 보면 남자는 어느 내선 번호로 전화해야 하겠는가?

(A) 내선 101   (B) 내선 102

(C) 내선 103   (D) 내선 104

3. 남자는 왜 몇몇 직원들이 늦을 수 있다고 말하는가?

(A) 점심을 먹고 있다.   (B) 다른 사람들을 돕고 있다.

(C) 설명회에 가 있다.   (D) 장비를 찾아오고 있다.

---

p. 173 Part 3 & 4   **Exercise**   **1.** d   **2.** c   **3.** b   **4.** a   **5.** c   **6.** b

● 정답을 맞힌 문제도 해설을 읽어보자.

Questions 1 through 3 refer to the following conversation and guide.

M Cn   Hi. This is my first time to visit this tea store. Could you recommend something?

W Am   Sure, what kind of tea do you usually enjoy?

M Cn   **1.** I'd **only had herbal tea**, but **after watching a documentary on the health benefits of green tea**, I thought I'd try some.

W Am   Green tea is a good choice. We have several options, but I'd like to recommend a simple one to begin with. Actually we're having a promotion on our basic green tea. **2.** If you **buy some**, you'll **get a free ceramic teapot**.

M Cn   That's great. I'd like to buy some. **3.** Is it **prepared the same as herbal tea?**

W Am   **3.** It **doesn't have to stay as long** in hot water. Here's a guide for you, telling you about it.

1-3번 문제는 다음 대화와 안내서에 관한 것입니다.

남: 안녕하세요. 이번에 이 차 가게에 처음 와봤습니다. 추천 좀 해주실 수 있나요?

여: 물론이죠. 평소에 어떤 종류의 차를 즐기시나요?

남: 허브차만 마셔 봤는데요, 녹차의 건강상의 효능에 대한 다큐멘터리를 본 후에는 한 번 마셔 봐야겠다고 생각했어요.

여: 녹차는 좋은 선택이죠. 몇 가지 옵션이 있지만, 저는 처음에는 단순한 것으로 추천해드리고 싶어요. 사실 저희가 일반 녹차 제품에 대한 홍보 행사를 하 고 있거든요. 사시면 무료 도자기 찻주전자를 받으 시게 됩니다.

남: 그거 좋죠. 사고 싶어요. 허브차와 똑같이 만드나요?

여: 그렇게 오래 뜨거운 물에 넣어 두실 필요는 없어요. 여기 그 부분에 대해 알려드리는 안내서를 드릴게요.

---

1. Why does the man want to try a new tea?

(A) It is popular with his colleagues.

(B) It is only sold at this store.

(C) It has a strong flavor.

(D) It has health benefits.

남자는 왜 새로운 차를 마셔 보고 싶어 하는가?

(A) 동료들 사이에 인기가 좋다.

(B) 이 상점에서만 판매된다.

(C) 향이 강하다.

(D) 건강상의 이점이 있다.

2. What will the man receive with his purchase?

(A) A complimentary tea sample

(B) A health consultation

(C) A free teapot

(D) A gift voucher

남자는 구매품과 함께 무엇을 받을 것인가?

(A) 무료 차 샘플

(B) 건강 상담

(C) 무료 찻주전자

(D) 상품권

Tea Type	Time in Hot Water
White	3 minutes
Green	4 minutes
Black	5 minutes
Herbal	7 minutes

차 종류	뜨거운 물에 담그는 시간
백차	3분
녹차	4분
홍차	5분
허브차	7분

3. Look at the graphic. How long should the man leave the tea in hot water?

(A) 3 minutes

(B) 4 minutes

(C) 5 minutes

(D) 7 minutes

그래픽을 보면 남자는 얼마 동안 뜨거운 물에 차를 담가 둬야 하는가?

(A) 3분

(B) 4분

(C) 5분

(D) 7분

VOCAB herbal tea 허브차 health benefit 건강상의 이익[이점] green tea 녹차 try 먹어보다, 마셔보다 colleague 동료 flavor 맛, 풍미 to begin with 처음에는 promotion 홍보[판촉] 활동 ceramic 도자기의 teapot 찻주전자 purchase 구매품 complimentary 무료의 consultation 상담 gift voucher 상품권 prepare (음식을) 준비[마련]하다 guide 안내서 leave 그대로 두다

해설 1번 문제의 정답은 지금까지 허브차만 마셔본 남자가 녹차의 건강상의 이점을 알고 한 번 먹어보려고 한다고(I'd only had herbal tea, ~ on the health benefits of green tea, I thought I'd try some.) 말하는 것을 듣고 선택하면 된다. 2번은 여자의 대사 If you buy some, you'll get a free ceramic teapot.에서 키워드를 듣고 어렵지 않게 정답을 알 수 있다. 남자가 허브차를 만드는 방식과 똑같은지(Is it prepared the same as herbal tea?) 물었을 때 여자가 그 정도로 오래 뜨거운 물에 넣어둘 필요는 없다고 했고(It doesn't have to stay as long in hot water.), 1번 문제를 풀면서 남자가 사려고 하는 것은 녹차라는 것을 알았으므로, 이런 것들을 통해 3번 문제의 정답을 고르면 된다.

Questions 4 through 6 refer to the following talk and chart.

M Au Good afternoon, passengers. Welcome aboard Taban Airways flight 372A with nonstop service to Portland. **4.** At this time, please **make sure your carry-on baggage and personal items are properly stowed in the overhead compartments or under the seat ahead of you.** **5.** Our **flight** today will be about five **hours long**, and we expect an on-time arrival. We'll be taking off in about seven minutes, so I'd like to remind you that wireless Internet access is available on this flight. You can refer to the booklet in your seat-back pocket for pricing options. **6.** **Once we've reached our cruising altitude**, flight attendants will **come around with our complimentary meal service**.

4-6번 문제는 다음 담화와 도표에 관한 것입니다.

승객 여러분, 안녕하십니까. Taban 항공 Portland 직항 372A 비행편에 탑승하신 것을 환영합니다. 이 시간에는 반드시 여러분의 기내 휴대용 수하물과 개인 물품들을 머리 위 짐칸이나 앞 좌석 아래에 제대로 넣어 주시기를 바랍니다. 오늘 우리의 비행시간은 약 5시간이며, 정시 도착을 예상합니다. 약 7분 후에 이륙하며, 이 비행편에서는 무선 인터넷 접속을 이용하실 수 있다는 점을 다시 알려드립니다. 가격 옵션은 좌석 뒷주머니에 있는 소책자에서 보실 수 있습니다. 일단 순항 고도에 진입하면 승무원들이 다니며 무료 식사 서비스를 제공해 드리겠습니다.

4. What does the speaker request that passengers do?

(A) Store their luggage

(B) Turn off their electronic devices

(C) Fasten their seat belts

(D) Pay attention to the safety briefing

화자는 승객들에게 무엇을 하라고 요청하는가?

(A) 수하물을 보관한다.

(B) 전자 장치를 끈다.

(C) 안전벨트를 맨다.

(D) 안전 브리핑에 주목한다.

Wireless Internet Access Rates	
1 hour	$2.00
3 hour	$5.00
5.5 hour	5.$8.00
7 hours or more	$10.00

무선 인터넷 접속 요금	
1 시간	2.00달러
3 시간	5.00달러
5 시간	8.00달러
7 시간 이상	10.00달러

5. Look at the graphic. How much does Internet access cost for the duration of the flight?

(A) $2.00

(B) $5.00

(C) $8.00

(D) $10.00

그래픽을 보면 비행시간 동안 인터넷 접속 비용은 얼마인가?

(A) 2.00달러

(B) 5.00달러

(C) 8.00달러

(D) 10.00달러

6. What does the speaker say flight attendants will do later?

(A) Show a safety demonstration

(B) Serve meals

(C) Distribute customs declaration forms

(D) Provide pillows

화자는 승무원들이 나중에 무엇을 할 것이라고 말하는가?

(A) 안전 시범을 보인다

(B) 음식을 제공한다

(C) 세관 신고서를 배부한다

(D) 베개를 제공한다

VOCAB　passenger 승객　Welcome aboard ~에 탑승하신 것을 환영합니다.　nonstop service 직행, 직항　at this time 이때에, 지금　make sure (that) 반드시 ~하도록 하다　carry-on baggage 기내 휴대용 수하물　properly 제대로, 적절히　stow 집어넣다　overhead compartment 머리 위 짐칸　ahead of ~ 앞에 있는　store 보관하다　luggage 짐, 수하물　turn off 끄다　electronic device 전자 장치　fasten (두 부분을 연결하여) 매다, 채우다　flight 비행　on-time arrival 정시 도착　take off 이륙하다　access 접속; 접속하다　refer to ~을 보다, 참조하다　booklet 소책자　pricing 가격 책정　rate 요금　cost 비용이 ~ 들다　duration 지속 기간　once 일단 ~하면　cruising altitude 순항 고도　flight attendant (비행기) 승무원　complimentary 무료의　demonstration 시범 설명　distribute 배부하다　customs declaration form 세관 신고서　pillow 베개

해설　4번 문제는 어휘력이 필요하다. 인사말에 이어 나오는 please make sure your carry-on baggage and personal items are properly stowed in the overhead compartments or under the seat ahead of you.를 알아듣고 이 부분이 패러프레이즈 되어 있는 보기를 정답으로 선택해야 한다. 5번은 바로 이어지는 문장을 통해 비행시간이 5시간이라는 것만 알면 (Our flight today will be about five hours long,) 그래픽을 보며 쉽게 정답을 고를 수 있다. 다만 4번의 정답을 고르는 게 너무 늦으면 5번의 키워드를 놓칠 수 있으니, 언제나 순발력이 필요하다는 점을 기억하자. 6번은 마지막 문장에서 flight attendants와 meal service라는 키워드만 들리면 쉽게 해결할 수 있다.

1	b	4	b	7	c	10	a	13	b	16	c	19	b	22	b	25	a	28	b
2	d	5	c	8	c	11	a	14	b	17	a	20	a	23	d	26	d	29	c
3	c	6	c	9	c	12	c	15	a	18	b	21	b	24	c	27	b	30	d

p. 175 Part 1

1. M Au

(A) The floor is missing some wooden boards.

(B) There's an open umbrella over a dining area.

(C) Some potted plants have been arranged on the ground.

(D) There are some trees behind a fence.

(A) 바닥에서 나무판자 몇 개가 빠져 있다.

(B) 식사 공간 위로 파라솔이 펼쳐져 있다.

(C) 식물이 담긴 화분들이 바닥에 배열되어 있다.

(D) 울타리 뒤에 나무들이 있다.

VOCAB miss 빠뜨리다, 빼놓다 wooden board 나무판자, 널빤지 umbrella 우산, 양산, 파라솔 dining area 식사 공간
potted plant 식물이 심긴 화분 arrange 정리하다, 배열하다

해설 무언가가 열려 있는 장면에서는 open을 키워드로 출제하는 경우가 많다. (C)는 화분들이 바닥에(on the ground) 놓여 있지 않고 가로대에 매달려 있으므로 오답이며, (D)는 사진에 울타리(fence)가 없으므로 오답이다.

2. W Br

(A) He's wiping a counter.

(B) He's washing some clothes.

(C) He's drying some dishes with a towel.

(D) He's leaning over a sink.

(A) 계산대를 닦고 있다.

(B) 옷을 세탁하고 있다.

(C) 수건으로 접시를 닦고 있다.

(D) 싱크대 위로 몸을 숙이고 있다.

VOCAB wipe 닦다, 훔치다 dry 말리다, 닦다 sink 싱크대, 개수대

해설 wiping이나 washing도 정답으로 출제될 수는 있지만, 이 사진을 묘사할 수 있는 동사는 아니다. (C)는 사진에 towel이 보이지 않기 때문에 오답이다. 몸을 숙이는 동작을 나타내는 leaning과 bending을 기억하자.

3.

(A) He's repairing a fence.
(B) He's sweeping the stairs.
(C) He's carrying a bicycle.
(D) He's sitting in the park.

(A) 울타리를 수리하고 있다.
(B) 계단을 쓸고 있다.
(C) 자전거를 운반하고 있다.
(D) 공원에서 앉아 있다.

VOCAB sweep 쓸다 stairs 계단

해설 repairing과 sweeping, sitting 모두 정답이나 오답으로 문제에 자주 등장하는 동사라는 점은 기억하자. 그리고 물건을 운반하는 동작은 carrying, moving, transporting으로 나타내서 정답을 출제한다는 사실을 기억하자.

p. 177 Part 2

M Au W Am
4. Why don't we take a bus to work tomorrow?
(A) On the corner of Oak and Seventh Street.
(B) I was planning to ride my bike.
(C) Every thirty minutes, I think.

내일은 버스를 타고 출근하는 게 어때?
(A) Oak 가(街)와 7번가(街)가 만나는 모퉁이에서.
(B) 나 자전거 타고 가려고 했는데.
(C) 내 생각에는 30분마다.

VOCAB ride (자전거, 오토바이 등을) 타다, 몰다

해설 제안/부탁 의문문에서 I was planning to는 동의 표현과 거절 표현 양쪽 모두로 사용될 수 있다. (A)와 (C)는 모두 질문의 bus에서 연상되는 표현으로 오답을 유도하고 있지만, 각각 Where 의문문과 How often ~?의 정답으로 알맞다.

W Am M Cn
5. Please update me on the board meeting when you return.
(A) I'll present these statistics.
(B) She started work last month.
(C) I definitely will.

돌아오시면 이사회 회의에 대해 최신 소식을 알려주세요.
(A) 이 통계 자료를 발표할 거예요.
(B) 그 사람은 지난달에 근무를 시작했어요.
(C) 꼭 그럴게요.

VOCAB update 최신 정보를 알려주다 board meeting 이사회 회의 present 발표하다 statistics 통계자료 definitely 분명히, 틀림없이

해설 문장 앞부분 Please update me(최신 소식을 좀 알려주세요.)에 집중하면 별로 어렵지 않게 (C)가 자연스러운 대답이라는 것을 알 수 있다. 제안/부탁 의문문에서 종종 I will.이 동의 표현으로 출제된다. (A)는 질문의 the board meeting에서 연상되는 대답으로 오답을 유도하고 있고, (B)는 she가 누구를 가리키는지 알 수 없다.

6. Why don't we go over these sales reports one more time?
(A) Actually, they're on sale this week.
(B) Sorry, my watch stopped working.
(C) You're right, we probably should.

이 영업보고서들은 한 번 더 검토하는 게 어떨까요?
(A) 사실 그것들은 이번 주에 할인 중입니다.
(B) 미안하지만 제 시계가 멈췄어요.
(C) 맞아요, 그래야 할 것 같아요.

VOCAB   go over ~을 검토하다, 점검하다   on sale 할인 중인

해설   (A)는 sale을 반복하면서, (B)는 time에서 연상되는 단어 watch를 들려주면서 오답을 유도하고 있다는 걸 눈치채야 한다. 또한 문장 앞부분 Why don't we go over(검토하는 게 어떨까요?)에 집중하면 (C)가 자연스러운 대답이라는 것을 알 수 있다. You're right이나 We probably should. 같은 대답은 제안/부탁 의문문의 동의 표현으로 사용된다는 것도 알고 있으면 더 쉽게 문제를 해결할 수 있다.

---

7. Don't you think we should replace the carpet in the living room?
(A) The place you talked about.
(B) No, I'll take a bus.
(C) If it's not too expensive.

거실 카펫은 바꿔야 한다고 생각하지 않으세요?
(A) 당신이 말하던 그 장소요.
(B) 아니요, 저는 버스 탈 건데요.
(C) 너무 비싸지만 않다면요.

VOCAB   replace 교체하다   living room 거실

해설   (A)는 질문의 replace와 발음이 비슷한 place를 듣고 오답인 것을 알 수 있고, (B)의 출제 의도는 질문의 carpet을 car로 잘못 알아듣고 연상되는 대답을 고르도록 유도하는 것이다. 질문 앞부분에 집중하면서 오답을 골라내야 한다. 앞부분 Don't you think we should replace(바꿔야 한다고 생각하지 않으세요?)에 집중하면 (C)가 자연스러운 대답이라는 것을 알 수 있다. 더 쉽게 풀 수 있게 제안/부탁 의문문에 대한 대답으로 if 절이 들리면 일단 정답이라고 기억하자.

---

8. Excuse me, could you help me find this suit in another color?
(A) Black, grey and blue.
(B) That's not a suitable solution.
(C) I'll be right with you.

저기요, 이 양복 다른 색깔로 찾는 것 좀 도와주시겠어요?
(A) 검정과 회색, 파란색이요
(B) 그건 적절한 해결책이 아닙니다
(C) 금방 가겠습니다

VOCAB   suitable 적합한, 적절한, 알맞은   solution 해법, 해결책

해설   (A)는 질문의 color에서 연상되는 대답으로, (B)는 질문의 suit와 발음이 비슷한 suitable을 들려주면서 오답을 유도하고 있다. 부탁하는 질문에 대해서는 Wait a minute.이나 I'll be right there. 같은 대답이 아주 적절하다는 것을 알아두자.

---

9. Why don't we discuss it after the press briefing?
(A) Yes, we've looked everywhere.
(B) That's too short for our presentation.
(C) Sorry, I have a previous appointment then.

그건 기자 브리핑 이후에 의논하는 게 어때요?
(A) 네, 모든 곳을 다 봤어요.
(B) 그건 우리 프레젠테이션에는 너무 짧아요.
(C) 죄송하지만 전 그때 선약이 있어요.

VOCAB   press briefing 기자단에게 하는 발표[브리핑]   previous appointment 선약

W Am **M Au**

10. Shouldn't we move the reception desk closer to the main entrance?

(A) That won't probably be necessary.
(B) The desk was delivered yesterday.
(C) Mostly on Friday evening.

안내 데스크를 정문에 더 가까운 곳으로 옮겨야 하지 않을까요?

(A) 그럴 필요는 없을 것 같은데요.
(B) 책상은 어제 배달되었어요.
(C) 대부분 금요일 저녁에요.

VOCAB reception desk 접수처, 안내 데스크 **main entrance** 중앙출입구 **mostly** 주로, 일반적으로

해설 자주 출제되는 동의/거절 표현을 많이 따라 읽어서 That's not necessary.를 기억하자. (B)는 desk가 반복되는 것을 듣고 오답으로 골라낼 수 있고, (C)는 질문의 reception에서 연상되는 표현으로 오답을 유도하고 있다.

M Cn **W Am**

11. Wouldn't you like to try something from our dessert menu?
(A) I'll just have some coffee, thanks.
(B) The restaurant doesn't open until twelve.
(C) Yes, I'd like to see her in the blue dress.

저희 디저트 메뉴 중에서 무언가 좀 드셔 보시겠습니까?
(A) 그냥 커피 마실게요, 고마워요.
(B) 식당은 12시가 되어야 문을 엽니다.
(C) 네, 그녀가 파란 드레스 입은 걸 보고 싶군요.

해설 문장 앞부분 Wouldn't you like to try something(무언가 좀 드셔 보시겠어요?)에 집중해서 자연스러운 대답을 정답으로 선택해야 한다.

M Au **W Br**

12. Would you like to review the yearly sales figures sometime today?
(A) I think they're open until seven.
(B) Oh, is the sale still going on?
(C) I'm free this afternoon.

오늘 중에 연간 매출액을 검토해 보시겠어요?
(A) 7시까지 문을 열 걸요.
(B) 아, 할인이 아직 진행 중인가요?
(C) 오늘 오후에 시간이 있습니다.

VOCAB review 검토하다 **yearly sales figures** 연매출액 **go on** 계속되다

해설 (A)는 they가 누구를 가리키는지 알 수 없고, (B)는 질문에 나왔던 sale을 반복하면서 오답을 유도하고 있다. Would you like to review(검토해 보시겠어요?)에 대해 오후에 시간이 있으니 그때 하겠다고 대답하는 (C)가 자연스러운 대답이다.

Questions 13 through 15 refer to the following conversation and webpage.

Ⓜ Au Hey, Yaping. **13.** I've finished setting up all the necessary equipment for the **commercial we're shooting today**. Is everything else ready?

Ⓦ Br Yeah, the actors have already arrived, **13.** so **we can start filming** exactly at ten o'clock.

Ⓜ Au Super! What do you think about going out for lunch afterwards? I've just found some restaurants in the area. This one is the closest, and it looks nice.

Ⓦ Br Hmm, I had lunch there the other day, and I'd like to try someplace new this time. **14.** How about **this restaurant**? It's only **two miles away**.

Ⓜ Au **14. Sure**. **15.** You know, I remember my **office mate** Mark mentioning about that restaurant. **15.** If you don't mind, I'd like to **ask him if he wants to join** us.

13-15번 문제는 다음 대화와 웹페이지에 관한 것입니다.

남: Yaping, 오늘 우리가 촬영할 광고를 위해 필요한 모든 장비의 설치를 끝냈어요. 다른 건 다 준비됐나요?

여: 네, 배우들은 이미 도착했으니까 정확히 10시에 찍기 시작할 수 있어요.

남: 좋아요! 끝나고 나서 점심 먹으러 나가는 거 어떻게 생각해요? 방금 이 지역의 식당들을 좀 찾아냈어요. 이곳이 가장 가까운데, 좋아 보여요.

여: 음, 저번에 거기서 점심을 먹었는데, 이번에는 새로운 곳에 한번 가보고 싶어요. 이 식당은 어때요? 2마일밖에 안 떨어져 있어요.

남: 좋죠. 있잖아요, 내 사무실 동료 Mark가 그 식당에 대해 언급했던 게 생각나네요. 당신이 괜찮다면 그 친구에게 합류하고 싶은지 물어보고 싶어요.

13. What will the speakers do at 10:00?
(A) Repair some equipment
(B) Film a commercial
(C) Visit a location
(D) Give a presentation

화자들은 10시에 무엇을 할 것인가?
(A) 장비를 수리한다
(B) 광고를 촬영한다
(C) 야외 촬영지를 방문한다
(D) 프레젠테이션을 한다

Restaurants Near Me

Restaurant	Distance
1. Paul's Diner	1 mile
14. 2. **Redstone Grill**	**14.** 2 **miles**
3. Futuro's Café	3 miles
4. Roberto's Cantina	5 miles

내 주변 식당

식당	거리
1. Paul's Diner	1마일
2. Redstone Grill	2마일
3. Futuro's Café	3마일
4. Roberto's Cantina	5마일

14. Look at the graphic. Which restaurant do the speakers decide on?
(A) Paul's Diner
(B) Redstone Grill
(C) Futuro's Café
(D) Roberto's Cantina

그래픽을 보면 화자들은 어느 식당으로 정하는가?
(A) Paul's Diner
(B) Redstone Grill
(C) Futuro's Café
(D) Roberto's Cantina

15. What does the man want to do?

   (A) Invite a coworker

   (B) Pay a deposit

   (C) Give some advice

   (D) Cancel a reservation

남자는 무엇을 하고 싶은가?

   (A) 동료를 초대한다.

   (B) 보증금을 낸다.

   (C) 조언을 한다.

   (D) 예약을 취소한다.

`VOCAB` set up ~을 설치하다 equipment 장비, 설비 commercial 광고 shoot 촬영하다, 찍다(= film) location 야외 촬영지 afterwards 이따가, 나중에 the other day 일전에, 며칠 전에 someplace new 새로운 곳 away (시간, 공간적으로) 떨어져 있는 office mate 사무실 동료 mention 언급하다, 말하다 if you don't mind 당신이 괜찮다면 coworker 동료 deposit 보증금

`해설` 13번 문제는 남자의 첫 대사에서 the commercial we're shooting today라는 키워드를 듣고 화자들이 오늘 광고 촬영을 한다는 것을 파악한 후에 이어지는 여자의 대사 중 we can start filming exactly at ten o'clock.를 통해 정답이 (B)라는 것을 알 수 있다. 14번 같은 문제는 대화에서 식당 이름을 직접 알려주지 않으리라는 것을 미리 알고 그래픽에 나와 있는 거리 정보를 보고 정답을 선택할 준비를 하고 있어야 한다. 여자의 대사 How about this restaurant? It's only two miles away.에 이어 남자가 Sure.라고 동의하는 것을 듣고 정답을 알 수 있다. 또한 바로 이어지는 문장을 못 듣고 15번을 놓치지 않도록 빠른 속도로 정답을 고르는 것도 잊지 말자. 15번은 문제의 내용이 대화에서 패러프레이즈 되는 것을 간파해야 한다. (A)의 coworker 가 대화에서 office mate로 바뀌어 있다는 것을 알아야 하고, 남자의 마지막 대사 I'd like to ask him if he wants to join us. 를 통해 동료를 초대하고 싶어 한다는 것을 알아내야 한다.

Questions 16 through 18 refer to the following conversation and sign.

W Br Don't you have baggage to check in, Jorge? **16.** You're **traveling light for someone headed to a four-day conference**.

M Au **16. 17.** I **won't be able to attend the whole conference**. **17.** I'm **supposed to get back for an important client meeting**. Rescheduling would have been inconvenient for the clients, so I'll be leaving the conference right after leading the workshop tomorrow.

W Br That's too bad. **18.** Hey, we should probably head over to the **departure gate**. **18.** My boarding pass says **it's Gate C14.**

M Au Let me check the departure board. **18.** Hmm.. **Gate C14.** There it is. **18.** It says our flight's **on time.** But, we do have enough time to buy a cup of coffee while we're walking over there.

16-18번 문제는 다음 대화와 표지판에 관한 것입니다.

여: 화물칸에 부칠 짐 없어요, Jorge? 나흘짜리 콘퍼런스에 가는 사람치고는 짐을 가볍게 하고 여행하네요.

남: 콘퍼런스 전체를 참석할 수 없거든요. 고객과의 중요한 회의 때문에 돌아와야 해요. 일정을 변경하면 고객들에게 불편하니까 내일 워크숍을 주재한 직후에 회의장에서 나올 거예요.

여: 안타깝네요. 어, 출발 게이트로 가야 할 것 같아요. 내 탑승권에 C14 게이트라고 쓰여 있어요.

남: 출발 안내판을 볼게요. 음… C14. 여기 있네. 우리 비행기는 정시 출발이라고 나와 있어요. 하지만 거기까지 걸어가는 동안 커피 한 잔 살 시간은 충분히 있어요.

---

16. What type of event are the speakers traveling to?

   (A) A music festival

   (B) A culinary competition

   (C) A business conference

   (D) An awards ceremony

화자들은 어떤 종류의 행사에 가고 있는가?

   (A) 음악 축제

   (B) 요리 대회

   (C) 비즈니스 콘퍼런스

   (D) 시상식

17. Why is the man staying just a short time?

(A) He must return for a meeting.

(B) He is about to go on a vacation.

(C) He has an insufficient budget.

(D) He could not find a later flight.

남자는 왜 짧은 시간 동안만 있을 것인가?

(A) 회의 때문에 돌아와야 한다.

(B) 막 휴가를 가려고 한다.

(C) 예산이 충분하지 않다.

(D) 더 나중에 있는 비행편을 찾지 못했다.

Destination	Gate	Time	Status
Oklahoma	A2	15:30	Canceled
18.Ottawa	18.C14	15:30	18.On time
Pittsburgh	C10	15:45	Delayed
Phoenix	B22	16:00	On time

목적지	게이트	시간	상황
Oklahoma	A2	15:30	취소
Ottawa	C14	15:30	정시
Pittsburgh	C10	15:45	지연
Phoenix	B22	16:00	정시

18. Look at the graphic. What city are the speakers flying to?

(A) Oklahoma

(B) Ottawa

(C) Pittsburgh

(D) Phoenix

그래픽을 보면 화자들은 비행기를 타고 어느 도시로 가는가?

(A) Oklahoma

(B) Ottawa

(C) Pittsburgh

(D) Phoenix

VOCAB baggage 짐, 수하물 check in (짐을) 부치다 travel light 짐을 적게 가지고 여행하다 be headed to ~로 향하다(= head over to) conference 회의 whole 전체의 culinary 요리의 get back 돌아오다(= return) be about to-V 막 ~ 하려고 하다 insufficient 불충분한 reschedule 일정을 다시 잡다[변경하다] inconvenient 불편한 departure gate 출발 탑승구 boarding pass 탑승권 departure board 출발 안내판 on time 시간을 어기지 않은 status 상황 fly 비행기를 타고 가다

해설 18번 같은 문제는 대화에서 자기들의 목적지가 어디인지 직접 언급하지는 않을 것이라고 예상할 수 있다. 그래픽에 표시된 게이트 번호나, 출발 시각, 상황 등의 정보를 통해 정답을 찾아내야겠다고 미리 생각해두고 대화를 듣자. 여자가 마지막 대사에서 "탑승 게이트가 C14"이라고 말하고 있고(we should probably head over to the departure gate. My boarding pass says it's Gate C14.), 이어지는 남자의 대사는 "비행기가 정시에 출발한다(It says our flight's on time)."이므로 그래픽의 내용을 통해 목적지가 Ottawa임을 알 수 있다. 16번 문제는 여자와 남자의 첫 대사 You're traveling light for someone headed to a four-day conference.와 I won't be able to attend the whole conference.에서 두 사람이 지금 콘퍼런스 참석을 위해 비행기를 타려고 한다는 것을 알 수 있다. 그런데, 남자의 대사에서 won't be able to attend the whole conference는 17번 질문에서 staying just a short time으로 패러프레이즈 되어 있다는 것도 간파해야 한다. 이어지는 문장 I'm supposed to get back for an important client meeting.에서 정답을 알 수 있지만, 16번 문제의 정답 선택을 천천히 하면 키워드가 들어 있는 문장을 못 듣고 놓칠 수 있으므로, Part 3, 4 문제 풀이에는 언제나 순발력이 필요하다는 사실을 기억하자.

Questions 19 through 21 refer to the following conversation and ticket.

W Br Hi, Tom. I hear you're going to the guitar concert on Friday. **19.** Can I **ask a favor of you?**

M Cn Of course, how can I help you?

W Br Some of us from the design department are also attending the concert, but we have a meeting until six thirty that day. Since seats are assigned on a first-come-first-served basis, **19.** we were wondering **if you could save some places for us.**

M Cn That's no problem. I don't have any meetings on Friday afternoon, **20.** so I plan to **get there when the doors open**. How many seats should I reserve?

W Br Hmm… I'm not sure yet if Enrique is coming with us. **21.** Why don't I send him a text message right now, and I'll let you know how many to save?

19-21번 문제는 다음 대화와 티켓에 관한 것입니다.

여: 안녕, Tom. 금요일에 기타 콘서트에 간다고 들었어요. 부탁 하나 해도 돼요?

남: 물론이죠, 어떻게 도와줄까요?

여: 우리 디자인 부서에서도 몇 명이 콘서트에 갈 건데요, 그날 회의가 6시 반까지 있어요. 좌석이 선착순으로 배정되니까 당신이 우리 대신 자리를 좀 맡아줄 수 있을까 해서요.

남: 문제없죠. 나는 금요일 오후에 회의가 없어서 공연장이 개방될 때 도착하도록 갈 계획이에요. 몇 자리나 맡아둘까요?

여: 음… Enrique가 우리와 함께 갈 건지 확실하지 않아요. 지금 바로 문자 메시지를 보내보고 몇 자리를 맡아주셔야 할지 알려드릴게요.

---

19. What does the woman ask the man to do?

(A) Record a concert

(B) Save a few seats

(C) Reschedule a meeting

(D) Give her a ride home

여자는 남자에게 무엇을 요구하는가?

(A) 콘서트를 녹화한다

(B) 몇 자리를 맡아둔다

(C) 회의 일정을 다시 잡는다

(D) 집까지 태워준다

VICTORIA CONCERT HALL
ANA KRIVOKAPIC
GUITAR CONCERT
SHOWTIME 7:00 P.M.
20. DOORS OPEN 6:00 P.M.
FRIDAY, APRIL 7

VICTORIA 콘서트홀
ANA KRIVOKAPIC
기타 콘서트
공연 시간 오후 7:00
공연장 개방 오후 6:00
4월 7일 금요일

---

20. Look at the graphic. When does the man plan to arrive at the concert hall?

(A) At 6:00 P.M.

(B) At 6:30 P.M.

(C) At 7:00 P.M.

(D) At 7:30 P.M.

그래픽을 보면 남자는 언제 콘서트홀에 도착할 계획인가?

(A) 오후 6시에

(B) 오후 6시 30분에

(C) 오후 7시에

(D) 오후 7시 30분에

---

21. What will the woman do next?

(A) Print a confirmation e-mail

(B) Send a text message

(C) Cancel a purchase

(D) Request contact information

여자는 이후에 무엇을 할 것인가?

(A) 확인 이메일을 인쇄한다

(B) 문자 메시지를 보낸다

(C) 구매를 취소한다

(D) 연락처를 요청한다

VOCAB ask a favor of ~에게 부탁을 하다 attend 참석하다, ~에 가다 assign 배정하다 on a first-come-first-served basis 선착순으로 wonder 궁금하다 save a place[seat] 자리를 맡다 record 녹화하다 give *sb* a ride ~를 태워 주다 reserve 따로 맡아 두다 confirmation (예약 등의) 확인 contact information 연락처

해설

19번 문제는 여자의 대사 we were wondering if you could save some places for us.에서 어렵지 않게 정답을 알 수 있다. 20번은 남자의 대사 so I plan to get there when the doors open.을 들으면서 그래픽을 보고 정답을 찾아내야 한다. but, no, actually, so로 시작하는 문장에는 정답의 키워드가 들어 있을 확률이 높다. 21번 같은 do next 문제는 항상 정답이 대화의 마지막 대사에서 나오는데, Why don't I send him a text message right now에서 쉽게 알아낼 수 있다.

p. 179 Part 4

Questions 22 through 24 refer to the following excerpt from a meeting and floor plan.

M Cn Our company's been doing really well recently. **22. Last week we signed a long-term contract** with a sportswear company to do their advertising campaigns. For our first project, the client has specifically asked for something unique and eye-catching so their new line of workout clothes will really stand out. If you want to work on this campaign, **23. please create a proposal on how you would design** the campaign. **23. Next week you can come by my office to present your proposals**. Just a reminder, because of the renovation work on the fifth floor, **24. my office** has been temporarily moved to the third floor. **24.** It's **across from the photocopy room** and **right next to the conference room**.

22-24번 문제는 다음 회의 발췌문과 평면도에 관한 것입니다.

우리 회사는 최근에 정말 잘 되고 있습니다. 지난주에는 한 운동복 회사와 광고 캠페인을 만들어 주기로 장기 계약을 맺었죠. 고객은 첫 프로젝트로 자기들의 새 운동복 제품군이 정말 돋보이도록 독특하고 눈길을 끄는 무언가를 특별히 요청했습니다. 이 캠페인을 맡아서 해보고 싶다면 어떤 식으로 캠페인을 디자인할 것인지에 대한 기획안을 만들어 주세요. 다음 주에 내 사무실에 들러서 여러분의 기획안을 발표하시면 됩니다. 잊어버리셨을까 봐 말씀드리는데, 5층 보수 작업 때문에 내 사무실은 임시로 3층으로 옮겼습니다. 복사실 맞은편 회의실 바로 옆입니다.

22. What did the company recently do?
(A) Sponsor a sporting event
(B) Sign a business contract
(C) Hold an athletic meet
(D) Publish an employee handbook

회사는 최근에 무엇을 했는가?
(A) 스포츠 행사를 후원했다.
(B) 비즈니스 계약을 맺었다.
(C) 체육대회를 개최했다.
(D) 직원 편람을 발행했다.

23. What does the speaker ask the listeners to do?
(A) Participate in an employee survey
(B) Work extra hours
(C) Search for a professional athlete
(D) Submit design ideas

화자는 청자들에게 무엇을 하라고 요청하는가?
(A) 직원 설문조사에 참여한다.
(B) 초과 근무를 한다.
(C) 프로 운동선수를 찾는다.
(D) 디자인 아이디어를 제출한다.

Floor Plan		
Office 302	**24. Photocopy Room**	Office 303
24. Conference Room	**24. Office 304**	Office 305

평면도		
302호 사무실	복사실	303호 사무실
회의실	304호 사무실	305호 사무실

24. Look at the graphic. Which office is the speaker's?

(A) Office 302

(B) Office 303

(C) Office 304

(D) Office 305

그래픽을 보면 화자의 사무실은 어느 것인가?

(A) 302호

(B) 303호

(C) 304호

(D) 305호

해설 Look at the graphic 문제는 24번 문제처럼 주어지는 그래픽이 지도나 도면인 경우가 매우 많다. 거의 항상 위치 표현이 정답의 키워드로 사용된다. my office has been temporarily moved to the third floor.에 이어서 나오는 마지막 문장에서 화자의 사무실은 복사실 맞은편이고 회의실 바로 옆이라고(It's across from the photocopy room and right next to the conference room.) 했으므로 정답이 (C)라는 것을 알 수 있다. 22번은 둘째 문장에서 Last week we signed a long-term contract를 듣고 쉽게 정답을 알 수 있다. 23번은 네 번째와 다섯 번째 문장 If you want to work on this campaign, please create a proposal on how you would design the campaign. Next week you can come by my office to present your proposals.를 알아듣고 이 부분이 요약된 (D)를 정답으로 선택해야 한다.

Questions 25 through 27 refer to the following talk and schedule.

W Br **25.** I'm really pleased that **so many of you have signed up** for the professional development workshops offered by the company. Before we begin today's session on communication policies, I'd like to let you know about a change in the schedule. We definitely have a workshop next month, in March. **26.** However, the **April session has been canceled** due to the company-wide staff meeting on the eighth. **27.** And remember that **each workshop includes lunch,** which will be catered by the sandwich shop next door. **27.** The **lunch break will be provided after the morning session.**

25-27번 문제는 다음 담화와 일정표에 관한 것입니다.

이렇게 많은 여러분이 회사가 제공하는 전문성 개발 워크숍에 등록해 주시니 정말 기쁩니다. 커뮤니케이션 정책에 대한 오늘 모임을 시작하기 전에 일정 변경에 대해 알려드리고자 합니다. 다음 달 3월에는 워크숍이 확실히 있습니다. 그러나 4월 모임은 8일에 있을 회사 전체 직원회의 때문에 취소되었습니다. 그리고 각 워크숍에는 옆 건물 샌드위치 가게가 제공하는 점심이 포함된다는 점 기억하시기 바랍니다. 점심시간은 오전 모임 후에 제공됩니다.

25. What does the speaker say she is pleased about?

(A) The number of participants
(B) The variety of menu items
(C) The location of classes
(D) The reputation of instructors

화자는 자신이 무엇을 기쁘다고 말하는가?

(A) 참가자의 수
(B) 메뉴 품목의 다양성
(C) 수업의 장소
(D) 강사들의 명성

Workshop	Month
Creative Graphics	January 9
Communication Policies	February 10
Managing Database	March 12
26. **Reading Financial Statements**	**26.** **April 8**

워크숍	개최 월
창의적인 그래픽	1월 9일
커뮤니케이션 정책	2월 10일
데이터베이스 관리	3월 12일
재무제표 읽기	4월 8일

26. Look at the graphic. Which session has been canceled?

(A) Creative Graphics
(B) Communication Policies
(C) Managing Databases
(D) Reading Financial Statements

그래픽을 보면 어느 모임이 취소되었는가?

(A) 창의적인 그래픽
(B) 커뮤니케이션 정책
(C) 데이터베이스 관리
(D) 재무제표 읽기

27. What will happen after the morning session?

(A) Identification badges will be distributed.
(B) Lunch will be provided.
(C) Certificates will be awarded.
(D) Monetary incentives will be given.

오전 모임 후에 어떤 일이 있을 것인가?

(A) 명찰이 배부된다
(B) 점심이 제공된다
(C) 증명서가 수여된다
(D) 장려금이 주어진다

VOCAB be pleased that ~해서 기쁘다 sign up for ~에 등록하다 participant 참가자 variety 다양성 menu item 메뉴 품목 instructor 강사 session 모임, 수업 definitely 확실히, 분명히 company-wide 회사 전체의 staff meeting 직원회의 creative 창의적인 financial statement 재무제표 cater (행사에) 음식을 공급하다 identification badge 명찰, 사원증 distribute 배부하다 certificate 자격증, 증명서 award 수여하다 monetary 금전상의 incentive 장려책

해설

25번 문제에서는 첫 문장의 so many of you have signed up을 들으면 화자가 참가자 수가 많아서 기뻐하고 있다는 것을 알 수 있다. 26번은 네 번째 문장 However, the April session has been canceled due to the company-wide staff meeting on the eighth.에서 키워드 April과 canceled를 듣고 그래픽에서 4월 워크숍을 찾아내어 정답을 골라야 한다. 이어지는 문장에서 워크숍마다 점심이 제공된다고(each workshop includes lunch) 말하고 있는데, 바로 다음 문장에서 점심시간은 오전 모임 후에 있다고(The lunch break will be provided after the morning session.) 했으므로 여기서 27번의 정답을 알아낼 수 있다.

Questions 28 through 30 refer to the following telephone message and weather forecast.

W Am Hi, it's Ruth. **28.** I'm calling with some updates on the logistics for the Movie Week **events that we're organizing.** I've just checked this week's weather forecast and decided to move the award banquet indoors. There is no inclement weather predicted that day, **29.** but **it's expected to rain both days right before the day of the banquet,** and I'm worried the ground will still be too wet. **30.** Also, since you booked the **catering company, could you call** and let them know about this change?

28-30번 문제는 다음 전화 메시지와 일기 예보에 관한 것입니다.

안녕하세요, Ruth예요. 우리가 준비 중인 Movie Week 행사 실행 계획의 갱신 사항으로 연락드립니다. 지금 막 이번 주 일기 예보를 확인했는데요, 시상식 연회는 실내로 옮기기로 했습니다. 연회 당일에 악천후가 예상되지는 않지만, 직전 이틀 모두 비가 올 것으로 예상되어서요, 땅이 여전히 너무 젖어 있을까 봐 염려되는군요. 그리고 당신이 출장 뷔페 업체를 예약했으니까, 전화하셔서 이 변경에 대해 좀 알려주시겠어요?

28. Who most likely is the speaker?
(A) A weather forecaster
(B) An event planner
(C) A restaurant employee
(D) A magazine publisher

화자는 누구인 것 같은가?
(A) 일기 예보관
(B) 행사 기획자
(C) 식당 직원
(D) 잡지 발행인

29. Tuesday	**29.** Wednesday	**29.** Thursday	Friday
🌧	🌧	☁	☀

화요일	수요일	목요일	금요일
🌧	🌧	☁	☀

29. Look at the graphic. What day will the banquet be held?
(A) Tuesday (B) Wednesday
(C) Thursday (D) Friday

그래픽을 보면 연회는 무슨 요일에 열릴 것인가?
(A) 화요일 (B) 수요일
(C) 목요일 (D) 금요일

30. What does the speaker ask the listener to do?
(A) Create some diagrams
(B) Revise some brochures
(C) Prepare a budget report
(D) Contact a vendor

화자는 청자에게 무엇을 해달라고 요구하는가?
(A) 도표를 만든다
(B) 안내 책자를 수정한다
(C) 예산보고서를 준비한다
(D) 판매업체에 연락한다

VOCAB update 갱신, 최신 정보 logistics 실행 계획 organize 조직하다, 준비하다 award banquet 시상식 연회 inclement weather 악천후 wet 젖은 book 예약하다 catering company 출장 뷔페 업체 diagram 도표 revise 수정하다 brochure 안내 책자 contact 연락하다 vendor (특정 제품) 판매업체

해설 28번과 같이 화자나 청자에 대한 정보를 묻는 문제는 대부분 첫 한두 문장에서 정답을 알 수 있다. 첫 문장에서 들리는 the Movie Week events that we're organizing(우리가 준비 중인 Movie Week 행사)라는 구문이 화자의 직업을 알려준다. 29번 문제는 연회가 열리는 요일을 묻고 있으므로 직접 요일을 언급하는 일은 없을 것이라고 예상할 수 있다. 세 번째 문장에서 행사 당일에는 궂은 날씨가 예상되지 않지만(There is no inclement weather predicted that day), 직전 이틀 동안은 계속 비가 올 것으로 예상된다고(but it's expected to rain both days right before the day of the banquet) 말하고 있으므로 그래픽에 나타난 날씨 정보를 통해 행사가 목요일에 열린다는 것을 알 수 있다. but으로 시작하는 문장에는 대부분 정답의 키워드가 들어 있다는 사실도 기억하자. 30번 문제는 마지막 문장에서 들리는 the catering company가 문제에서 a vendor로, call이 Contact로 바뀌어 있다는 것을 간파하고 정답을 선택해야 한다.

● 정답을 맞힌 문제도 해설을 읽어보자.

1.   W Am

(A) People are facing in the same direction.
(B) Shelves are full of boxes.
(C) A floor lamp is in the corner of the office.
(D) A ladder is leaning against a desk.

(A) 같은 방향으로 향하고 있다.
(B) 선반들이 상자로 가득 차 있다.
(C) 사무실 구석에 플로어 스탠드가 있다.
(D) 사다리가 책상에 기대어 있다.

VOCAB   face ~을 향하다   in the same direction 같은 방향으로   shelf (pl. shelves) 선반   floor lamp 플로어 스탠드(바닥에 세워 놓는 키 큰 스탠드)   lean against ~에 기대다

해설   두 사람이 반대 방향을 향하고 있으므로 (A)는 오답이다. 사진에서 램프는 보이지 않기 때문에 (C)도 오답이다. (D)는 사다리가 기대어 있는 곳이 책상이 아니므로 오답이다. 위치 표현에 주의하자. 정답을 알아내기 위해 '가득 차 있다'라는 뜻의 be filled with와 be full of를 기억하자.

2.   M Cn

(A) He's pouring liquid into a glass.
(B) He's pressing a button on a device.
(C) He's putting on his lab coat.
(D) He's taking a pen out of the pocket.

(A) 유리잔에 액체를 따르고 있다.
(B) 장치에서 버튼을 누르고 있다.
(C) 실험 가운을 입고 있다.
(D) 주머니에서 펜을 꺼내고 있다.

VOCAB   pour 붓다, 따르다   liquid 액체   device 장치   put on ~을 착용하다   lab coat 실험실 가운   take 꺼내다

해설   (C)는 오답인데, 동사 put on은 입는 '동작'을 나타내기 때문이다. 이미 착용하고 있는 '상태'를 나타낼 때는 wearing his lab coat라고 표현해야 한다. (A)와 (D)는 모두 동작을 잘못 묘사하고 있다. 버튼이나 초인종을 누르는 동작은 동사 push나 press로 나타낸다.

1	c	3	c	5	c	7	b	9	a
2	b	4	b	6	a	8	c	10	b

● 정답을 맞힌 문제도 해설을 읽어보자.

1. Would you rather go to the theater or the basketball game?

  (A) Five tickets, please.

  (B) This is the second time.

  (C) I'd rather go to the game.

극장에 가시겠어요, 농구시합에 가시겠어요?

(A) 표 다섯 장이요.

(B) 이번이 두 번째입니다.

(C) 시합 보러 가고 싶네요.

VOCAB   would rather ~ (than) (~하기보다는 차라리) ~하겠다[하고 싶다]

해설   theater와 basketball game 중 game을 선택했으므로 (C)가 정답이다. 질문에서 연상될 수 있는 대답을 하는 (A)같은 대답은 항상 오답 장치임을 기억하자.

2. Do you want to wait for a table, or should we eat somewhere else?

  (A) I'll throw them away later.

  (B) Let's try a different restaurant.

  (C) Yes, here's a list of attendees.

자리가 날 때까지 기다릴까요, 아니면 다른 곳에 가서 먹을까요?

(A) 제가 나중에 버릴게요.

(B) 다른 식당으로 가보죠.

(C) 네, 참석자들 명단 여기 있어요.

VOCAB   somewhere else (어딘가) 다른 곳에서   throw away ~을 버리다   later 나중에   attendee 참석자

해설   eat somewhere else를 패러프레이즈 하는 대답 try a different restaurant를 정답으로 선택해야 한다. (A)는 유사 발음 (wait - away)을 이용해서 오답을 유도하고 있고, (C)는 선택 의문문에서 Yes가 들리면 오답이라는 사실만 인지하고 있으면 오답으로 골라낼 수 있다.

3. Did you eat lunch in the staff lounge or the cafeteria?

  (A) We eat at twelve thirty.

  (B) It's at the end of the hall.

  (C) I ate outside.

점심을 직원 휴게실에서 드셨나요, 구내식당에서 드셨나요?

(A) 저희는 식사를 12시 30분에 합니다.

(B) 복도 끝에 있습니다.

(C) 밖에 나가서 먹었어요.

VOCAB   staff lounge 직원 휴게실   cafeteria 구내식당   hall 복도   outside 밖에서

해설   the staff lounge도 the cafeteria도 아닌 제 3의 선택(outside)을 하는 (C)가 정답이다. (A)는 질문의 eat를 반복하면서 오답을 유도하고 있고, (B)는 Where 의문문에서 정답으로 출제될 수 있는 대답이다.

4. Should we have cake or pie for dessert?

(A) You're welcome.

(B) Whichever you want.

(C) The place was deserted.

디저트로 케이크를 먹을까요, 파이를 먹을까요?

(A) 천만에요.

(B) 뭐든지 당신이 원하는 거로요.

(C) 그곳은 사람이 없었어요.

VOCAB deserted 사람이 없는

해설 선택 의문문은 대답에서 '아무거나(either, whichever, whatever, whenever, any ~)'라는 말이 들리면 100% 정답이다. (A)는 상대방이 Thank you.라고 말했을 때 할 수 있는 대답이고, (C)는 질문에 나오는 dessert와 발음이 비슷한 deserted를 이용해서 오답을 유도하고 있다.

5. Will Ms. Baker be arriving by train or by plane?

(A) For a training session.

(B) Before she arrives.

(C) Mr. Nelson should know.

Ms. Baker가 기차를 타고 오시나요, 비행기로 오시나요?

(A) 교육 때문에요.

(B) 그분이 도착하기 전에요.

(C) Mr. Nelson이 알 겁니다.

VOCAB training session 교육 (과정)

해설 질문의 내용에 상관없이 '몰라' 유형의 대답은 거의 항상 정답이다. '사람 이름 + might[probably/should/would] know' 패턴의 대답은 최근 들어 '몰라' 유형으로 자주 출제되고 있으므로 반드시 기억하자. 또한 (A)와 (B)가 반복되는 단어들(train, arrive)로 오답을 유도하고 있으므로 오답만 골라내도 쉽게 정답을 알 수 있다.

6. Should I reserve you a hotel room, or will you return the same day?

(A) I'll need a room for one night.

(B) I returned it last week.

(C) I can show you a different one.

호텔 방을 예약해드릴까요, 아니면 당일에 돌아오실 겁니까?

(A) 하룻밤 묵을 방이 필요할 거예요.

(B) 지난주에 반납했는데요.

(C) 다른 거로 보여드릴게요.

VOCAB reserve 예약하다

해설 reserve you a hotel room을 패러프레이즈 한 대답 need a room for one night를 정답으로 선택해야 한다. (B)는 return을 반복하면서, (C)는 질문의 same에서 연상되는 단어 different를 이용해서 오답을 유도하고 있다.

7. Are you a member of our fitness center, or are you a guest?

(A) Do you remember what happened?

(B) I'm just visiting.

(C) I think I guessed right this time.

우리 헬스클럽 회원이십니까, 아니면 비회원이십니까?

(A) 무슨 일이 있었는지 기억나세요?

(B) 그냥 방문 중이에요.

(C) 이번에는 제 생각이 맞는 것 같군요.

VOCAB guest 미등록 이용자, 비회원

해설 are you a guest를 just visiting으로 바꿔서 대답하는 (B)가 정답이다. (A)나 (C)처럼 유사 발음(member - remember, guest - guessed)이 들리는 대답은 오답으로 골라내야 한다.

8. Will you continue to work here or transfer to the new branch office?

(A) I can work some extra hours.

(B) The cartons are in the storage room.

(C) I'm planning on staying.

여기서 계속 근무하실 건가요, 새 지사로 전근 가실 건가요?

(A) 제가 잔업을 좀 할 수 있어요.

(B) 상자들은 창고에 있습니다.

(C) 머물러 있으려고 계획 중입니다.

VOCAB transfer 전근 가다 branch office 지사, 지점 work extra hours 잔업을 하다 carton 상자, 통 storage room 저장고

해설 continue to work here를 패러프레이즈 한 대답 staying을 듣고 (C)를 정답으로 선택해야 한다. (A)는 work를 반복하면서, (B)는 질문의 transfer(운반하다)에서 연상되는 단어 carton(상자)을 들려주면서 오답을 유도하고 있다.

9. Do you prefer the colored copy or the black and white?

(A) The one with the blue logo looks better.

(B) Sure, we should make at least forty.

(C) You'd better call her before making a decision.

컬러 복사본이 좋으시겠어요, 흑백으로 해드릴까요?

(A) 파란 로고가 있는 게 더 좋아 보이는데요.

(B) 물론이죠, 최소한 40부는 만들어야 합니다.

(C) 결정을 내리기 전에 그분에게 전화해야 해요.

VOCAB colored copy 컬러 복사본 black and white 흑백의, 단색의 at least 적어도, 최소한 make a decision 결정을 하다

해설 선택 의문문은 대답에서 (the) one(s)이 들리면 100% 정답이다. (B)는 Sure가 들리는 순간 Yes와 같은 의미이기 때문에 오답으로 골라내야 하고, (C)는 유사 발음(colored - call her)을 통해 오답으로 골라낼 수 있다.

10. Is Mr. Liu coming in today, or is he still in Barcelona?

(A) I thought it was last night.

(B) He won't be in until tomorrow.

(C) Actually, he did.

Mr. Liu는 오늘 출근하시나요, 아니면 아직 Barcelona에 계신가요?

(A) 그게 어젯밤인 줄 알았네요.

(B) 내일까지는 회사에 안 계실 거예요.

(C) 사실은 그분이 했습니다.

VOCAB come in 출근하다 in 회사에, 사무실에

해설 (B) He won't be in until tomorrow.라는 대답은 Mr. Liu가 아직 Barcelona에 있다는 말이므로 정답이 된다. (A)는 today에서 연상되는 표현 last night을 이용해서 오답을 유도하고 있고, (C)는 질문이 be 동사로 시작되기 때문에 조동사 did를 듣고 정답이 될 수 없음을 알아야 한다.

p.188 Part 3 & 4 Exercise **1.** b **2.** b **3.** a **4.** b **5.** b **6.** b

● 정답을 맞힌 문제도 해설을 읽어보자.

Questions 1 through 3 refer to the following conversation and cast list.

W Am Hey, Chan-Ho. Have you seen the performance of *Winter Story*? **1.** It's a **musical play**, which is **my favorite genre**. But it's only in town for another week, and the tickets are much too expensive.

M Cn Haven't you heard? Our company's reserved tickets to that play. **2. Each employee can get two tickets** for free. Just **go pick them up from your manager.**

W Am That's incredible! I'll go get mine right away.

M Cn **3.** And did you know that the **lead actress is a local resident?** She **lives right here in town!**

1-3번 문제는 다음 대화와 출연자 명단에 관한 것입니다.

여: 저기, Chan-Ho. 'Winter Story'의 공연을 본 적 있나요? 그건 제가 제일 좋아하는 장르인 뮤지컬이에요. 하지만 이 지역에서 겨우 일주일만 더 한다고 하고, 티켓은 너무 비싸요.

남: 못 들었나 봐요? 우리 회사가 그 뮤지컬 티켓을 마련해뒀잖아요. 직원마다 티켓을 두 장씩 무료로 받을 수 있어요. 그냥 가서 매니저에게서 받기만 하면 돼요.

여: 믿을 수가 없군요! 곧바로 가서 내 걸 받아야겠어요.

남: 그리고 주연 여배우가 이 지역에 산다는 것 알고 있었어요? 바로 여기 우리 동네에 산대요!

---

1. What does the woman say is her favorite type of performance?

(A) Dance

(B) Musical

(C) Drama

(D) Comedy

여자는 자신이 가장 좋아하는 유형의 공연이 무엇이라고 말하는가?

(A) 무용

(B) 뮤지컬

(C) 드라마

(D) 코미디

---

2. How can employees obtain tickets?

(A) By ordering them over the phone

(B) By asking a manager

(C) By visiting a ticket office

(D) By participating in a survey

직원들은 어떻게 티켓을 얻을 수 있는가?

(A) 전화로 주문해서

(B) 매니저에게 부탁해서

(C) 매표소를 방문해서

(D) 설문 조사에 참여해서

Winter Story Cast List

Michelle Portman
3. Lead Actress

Johnny Smith
Lead Actor

Isabel Foster
Supporting Actress

Jack Freeman
Supporting Actor

Winter Story 출연자 명단

Michelle Portman
주연 여배우

Johnny Smith
주연 배우

Isabel Foster
조연 여배우

Jack Freeman
조연 배우

---

3. Look at the graphic. According to the man, which performer is a local resident?

(A) Michelle Portman

(B) Johnny Smith

(C) Isabel Foster

(D) Jack Freeman

이미지를 보아라. 남자에 따르면, 어느 공연자가 이 지역 주민인가?

(A) Michelle Portman

(B) Johnny Smith

(C) Isabel Foster

(D) Jack Freeman

VOCAB cast list 출연자 명단 musical play 뮤지컬 genre (예술 작품의) 장르 in town 이 지역에 있는; 이 지역에서 reserve (특정인을 위하여) ~을 마련해 두다 for free 무료로 pick up ~을 얻다, 획득하다 obtain 얻다, 구하다, 입수하다 ticket office 매표소 participate in ~에 참여하다 survey (설문) 조사 incredible (너무 좋거나 커서) 믿어지지 않을 정도인 right away 곧바로, 즉시 lead actor[actress] 주연 배우[여배우] local (자신이 사는) 지역의 resident 거주자, 주민 supporting actor[actress] 조연 배우[여배우] performer 연기자

해설 1번과 2번 문제는 각각 여자의 대사 It's a musical play, which is my favorite genre.와 남자의 대사 Each employee can get two tickets for free. Just go pick them up from your manager.에서 키워드를 파악하고 어렵지 않게 정답을 알아낼 수 있다. 3번은 주연 여배우가 이 지역 주민이라는(And did you know that the lead actress is a local resident? She lives right here in town!) 남자의 말을 듣고 출연자 명단에 있는 정보를 이용하여 배우 이름을 찾아내야 한다.

Questions 4 through 6 refer to the following telephone message and schedule.

(M Cn) Hi, this is Richard at the Delmont Restaurant calling. **4.Congratulations on being hired!** It was nice to talk with you at the interview last week. As you might already know, I'm in charge of making the work schedules, **5.** and I'm calling about **the schedule that I just e-mailed to you.** I put you down for mostly evening shifts; **6.** I'm not sure **if you're able to work mornings or not.** When you get this message, **6.** please **call me back and let me know if that morning shift works for you.** Thanks.

4-6번 문제는 다음 전화 메시지와 일정표에 관한 것입니다.

안녕하세요, Delmont 레스토랑의 Richard입니다. 채용되신 것을 축하합니다! 지난주 면접에서 당신과 이야기할 수 있어서 즐거웠어요. 아마 이미 알지도 모르지만, 저는 근무 일정을 짜는 것을 담당하고 있어요. 그래서 당신에게 방금 이메일로 보낸 일정 때문에 전화드렸어요. 저는 당신을 주로 저녁 근무 명단에 올려놨어요; 저는 당신이 오전에도 근무가 가능한지 확실하지 않아서요. 만약 당신이 이 메세지를 받는다면, 저에게 회신해서 오전 근무조도 괜찮은지 저에게 알려주세요. 고마워요.

---

4. Why does the speaker congratulate the listener?
(A) For winning a prestigious award
(B) For getting a new job
(C) For completing an internship
(D) For getting a pay raise

화자는 왜 청자를 축하하는가?
(A) 명망 있는 상을 타서
(B) 새 일자리를 얻어서
(C) 인턴 과정을 끝마쳐서
(D) 급여 인상을 받아서

5. According to the speaker, where can the listener find the schedule?
(A) In a folder
(B) In an e-mail
(C) On a website
(D) On a bulletin board

화자의 말에 따르면 청자는 어디에서 일정표를 찾을 수 있는가?
(A) 폴더에서
(B) 이메일에서
(C) 웹사이트에서
(D) 게시판에서

Schedule	
Friday	5 P.M. – 11 P.M.
Saturday	5 P.M. – 11 P.M.
Sunday	**6.7 A.M. – 1 P.M.**
Monday	OFF
Tuesday	4 P.M. – 10 P.M.

일정	
금요일	오후 5시 – 오후 11시
토요일	오후 5시 – 오후 11시
일요일	오전 7시 – 오후 1시
월요일	비번
화요일	오후 4시 – 오후 10시

6. Look at the graphic. Which day does speaker want the listener to confirm?
(A) Saturday
(B) Sunday
(C) Monday
(D) Tuesday

그래픽을 보면 화자는 청자가 어느 요일을 확인해주기 바라는가?
(A) 토요일
(B) 일요일
(C) 월요일
(D) 화요일

VOCAB win an award 상을 타다 prestigious 명망 있는, 일류의 pay raise 급여 인상 in charge of ~을 담당하는 bulletin board 게시판 put *sb* down for *sth* (~을 위한 명단에 ~의 이름을) 올려놓다 mostly 주로, 일반적으로 shift 교대 근무, 교대 조 confirm 확인해주다 off (근무일을) 쉬는

해설 4번 문제의 정답은 인사말에 이어 나오는 Congratulations on being hired!에서 알 수 있다. 5번도 어렵지 않다. 메시지 중간에 나오는 and I'm calling about the schedule that I just e-mailed to you.를 들으면서 정답을 고를 수 있다. 6번은 요일을 묻고 있지만, 메시지에서 요일을 언급하지는 않을 것이라고 예상하는 게 좋다. 표를 보면서 근무 시간에 대한 언급이 나오기를 기다리자. 그리고 "당신이 오전 근무가 가능할지 모르겠다"라는(I'm not sure if you're able to work mornings or not.) 말과 마지막에 나오는 "전화로 오전 근무가 가능한지 알려달라"는(please call me back and let me know if that morning shift works for you.) 부탁을 듣고, 오전에 근무하도록 일정을 짜놓은 요일을 정답으로 선택하자.

Practice Test
● 정답을 맞힌 문제도 해설을 읽어보자.

1	a	4	c	7	b	10	b	13	d	16	c	19	c	22	d	25	c	28	b
2	d	5	c	8	c	11	a	14	b	17	a	20	d	23	c	26	a	29	d
3	d	6	c	9	b	12	b	15	d	18	b	21	d	24	b	27	c	30	c

p. 191 Part 1

1. | M Au |

(A) A beverage is being poured into a glass.
(B) Some flowers are being arranged in a vase.
(C) A woman is folding a napkin.
(D) A woman is wiping off a table.

(A) 음료가 잔에 부어지고 있다.
(B) 꽃들이 꽃병에 꽂꽂이 되고 있다.
(C) 냅킨을 접고 있다.
(D) 테이블을 닦고 있다.

VOCAB beverage (물 외의) 음료 arrange 배치하다 vase 꽃병 fold 접다 wipe (off) (먼지, 물기 등을 없애기 위해 무엇을) 닦다 [훔치다]

해설 (A)와 (B)는 진행시제 수동태 문장이기 때문에 사람이 해당 동작을 하고 있어야 정답이 될 수 있다. 음료를 따르는 중이기 때문에 (A)는 정답이지만, 꽃을 병에 꽂는 동작은 아니므로 (B)는 오답이다. vase는 영국이나 호주식으로 읽을 때 [바-즈]라고 한다는 것도 꼭 기억하자. (C)와 (D)의 동사들도 모두 사진의 동작을 묘사하고 있지 않으므로 오답이다.

2. W Br

(A) A display case is being installed.

(B) A windowpane is being wiped.

(C) A server is distributing menus.

(D) A server is taking an order.

(A) 진열장이 설치되고 있다.

(B) 창유리가 닦여지고 있다.

(C) 메뉴를 나누어 주고 있다.

(D) 주문을 받고 있다.

VOCAB display case 진열장 windowpane 창유리 wipe (먼지, 물기 등을 없애기 위해 무엇을) 닦다[훔치다] distribute (사람들에게) 나누어 주다, 분배[배부]하다

해설 (A)와 (B)는 진행시제 수동태 문장이기 때문에 사람이 해당 동작을 하고 있어야 정답이 될 수 있다. (C)의 distributing은 자주 시험에 등장하는데, 거의 항상 오답으로만 나온다. 식당 장면에서 나올 수 있는 여러 가지 표현을 익혀두고 (D)를 정답으로 선택해야 한다.

3. M Au

(A) A woman is viewing some statues.

(B) A woman is waiting in a bank lobby.

(C) A woman is paying for a painting.

(D) A woman is attending an art exhibit.

(A) 조각상을 보고 있다.

(B) 은행 로비에서 기다리고 있다.

(C) 그림값을 지불하고 있다.

(D) 미술 전시회에 참석하고 있다.

VOCAB view (특히 세심히 살피며) 보다 statue 조각상 painting (물감으로 그린) 그림 art exhibit 미술 전시회

해설 사진 속에 조각상이 없으므로 (A)는 오답이다. (B)는 사진의 배경이 은행 로비라고 확실히 말할 수 없으므로 오답이다. 물건값을 계산하는 장면도 아니므로 (C)도 오답이다. 미술 전시회, 스포츠 경기, 프레젠테이션, 콘서트 등의 장면에서는 "~에 참석하고 있다"는 문장이 자주 정답으로 출제된다.

p. 193 Part 2

W Br W Am

4. Should I wait for Dr. Kim or come back tomorrow?

(A) Yes, he came in early this morning.

(B) I don't think he was.

(C) He's already left for the day.

Dr. Kim을 기다릴까요, 내일 다시 올까요?

(A) 네, 오늘 아침에는 일찍 출근하셨어요.

(B) 그분이 그런 것 같지 않은데요.

(C) 오늘은 이미 퇴근하셨습니다.

VOCAB leave for the day 퇴근하다

해설 wait for Dr. Kim과 come back tomorrow 중 come back tomorrow를 패러프레이즈 한 대답 He's already left for the day.를 정답으로 선택해야 한다. 선택 의문문에서 (A)처럼 Yes나 No로 시작하는 대답은 오답이다. (B)도 Yes를 대신하는 표현이므로 오답이다. 언제나 오답을 잘 골라낼수록 고수가 된다.

(W Am) (W Br)

5. Do you want me to organize the receipts, or is there something else I can help you with?

    (A) She's done outstanding work.

    (B) I haven't submitted mine, either.

    (C) You could sort out those papers for me.

제가 영수증을 정리해드릴까요, 아니면 도와드릴 다른 일이 있나요?

    (A) 그녀는 일을 아주 잘했습니다.

    (B) 저도 아직 제출 안 했어요.

    (C) 저 서류들 좀 분류해 주십시오.

VOCAB organize 정리하다 something else 다른 것 outstanding 뛰어난 sort out ~을 정리하다, 분류하다

해설 organize the receipts와 something else I can help you with 중 something else I can help you with를 선택해서 패러프레이즈 한 sort out those papers가 정답이다. 선택 의문문은 매달 이렇게 패러프레이즈 된 대답이 정답으로 출제되므로 어휘력과 청취력을 위한 꾸준한 노력이 필요하다.

(W Br) (M Cn)

6. Would you like assistance with the report, or can you take care of it by yourself?

    (A) Yes, I can hear it.

    (B) He's a good reporter.

    (C) I'm almost finished.

보고서 좀 도와드릴까요, 아니면 혼자 맡으실 수 있겠어요?

    (A) 네, 들립니다.

    (B) 그는 훌륭한 기자입니다.

    (C) 거의 다 끝났어요.

VOCAB assistance 도움 take care of ~을 책임지고 떠맡다 by oneself 혼자; 도움을 받지 않고 reporter 기자 be finished (사람이 ~을) 끝내다, 마무리하다(with)

해설 선택 의문문이기 때문에 (A)에서 Yes가 들리는 순간 오답임을 알 수 있고, (B)에서는 report와 발음이 비슷한 reporter를 듣고 오답으로 골라낼 수 있다. 오답을 잘 골라낼수록 고수가 된다. 질문의 take care of it by yourself가 패러프레이즈 되어 있는 대답을 정답으로 선택하자.

(M Au) (W Am)

7. Which flavor of ice-cream would you prefer, vanilla or chocolate?

    (A) I'll refer you to my manager.

    (B) Some of each, if you have enough.

    (C) It's across from the café.

바닐라와 초콜릿 중 어느 맛의 아이스크림이 더 좋으세요?

    (A) 저희 매니저를 소개해 드릴게요.

    (B) 충분히 갖고 있으시다면, 각각 조금씩 주세요.

    (C) 카페 건너편에 있습니다.

VOCAB flavor 풍미, 맛 refer *sb* to *sb* ~를 ~에게 소개하다 across from ~의 바로 맞은편에

해설 선택 의문문은 의문사 Which로 시작할 수도 있다. 대답에서 both나 each가 들릴 때에는 주저 말고 정답으로 선택하자. (A)는 prefer와 발음이 비슷한 refer를 듣고 오답임을 짐작할 수 있고, (C)는 Where 의문문의 정답패턴이다.

W Am W Br

8. Would you prefer to be seated inside or on the patio?

(A) I'd rather listen to the radio.

(B) We ran out of the ingredients.

(C) It doesn't matter to me.

실내에 앉으시겠어요, 테라스로 가시겠어요?

(A) 저는 라디오를 듣겠어요.

(B) 재료가 다 떨어졌습니다.

(C) 저는 상관없습니다.

VOCAB be seated 앉다 patio 테라스 would rather ~ (than) (~하기보다는 차라리) ~하겠다[하고 싶다] run out of ~이 다 떨어지다 ingredient (특히 요리 등의) 재료

해설 선택 의문문 마법의 키워드들을 외우고 It doesn't matter.가 들릴 때 정답으로 선택하자. (A)는 유사 발음(patio - radio)을 이용한 오답이고, (B)는 질문과 대답이 모두 식당에서 나올 수 있는 대화이므로 연상되는 대답으로 오답을 유도하고 있다.

W Br W Am

9. Should I fax the contract or mail it to you?

(A) We hired a building contractor.

(B) What's more convenient to you?

(C) No, the package hasn't arrived.

계약서를 팩스로 보내드릴까요, 우편으로 보내드릴까요?

(A) 저희는 건설업자를 고용했어요.

(B) 당신은 어떤 게 더 편리한가요?

(C) 아니요, 소포는 아직 도착하지 않았어요.

VOCAB fax 팩스로 보내다 contract 계약(서) mail 우편으로 보내다 building contractor 건설업자 convenient 편리한 package 소포

해설 (A)는 유사 발음(contract - contractor)을 통해 오답을 유도하고 있고, (C)는 No가 들리는 순간 오답임을 쉽게 알 수 있다. 오답을 잘 골라낼수록 고수가 된다. 도저히 정답을 모르겠다면, 반문하는 대답은 정답일 확률이 높다는 사실을 기억하자.

W Am M Au

10. Should we start the meeting now or wait for Mr. Shin?

(A) He'll start working here next week.

(B) We have a lot to get through, so let's begin.

(C) I'm waiting for the seven thirty plane.

이제 회의를 시작할까요, 아니면 Mr. Shin을 기다릴까요?

(A) 그는 다음 주에 여기서 근무를 시작할 겁니다.

(B) 끝내야 할 것도 많은데, 시작합시다.

(C) 7시 30분 비행기를 기다리고 있습니다.

VOCAB get through ~을 끝내다, 하다

해설 질문의 start the meeting now를 패러프레이즈 해서 대답하고 있는 (B)를 정답으로 선택해야 한다. (A)와 (C)는 각각 반복되는 단어(start, wait for)를 이용해서 오답을 유도하고 있다.

M Cn W Br

11. Would you like to go to the luncheon now, or are you going home first?

(A) I'm going straight to the luncheon.

(B) It should be approved by the manager.

(C) The third house on the left.

지금 오찬에 가시겠어요, 아니면 집으로 먼저 가실래요?

(A) 곧장 오찬에 갈게요.

(B) 관리자의 승인을 받아야 합니다.

(C) 왼쪽에서 세 번째 집이요.

VOCAB luncheon 오찬 straight 곧장, 곧바로 approve 승인하다

해설 to the luncheon과 home 중에서 to the luncheon을 선택한 (A)가 정답이다.

W Am W Br

12. Is it better to respond to this invitation by e-mail or by phone?

(A) I'll call and let her know you're here.

(B) Either would be fine.

(C) At least two hundred guests.

이 초대에는 이메일로 응답하는 게 좋을까요, 전화가 좋을까요?

(A) 제가 그분에게 전화해서 당신이 여기 왔다고 전할게요.

(B) 아무렇게나 해도 좋을 거예요.

(C) 최소한 200명의 손님이요.

VOCAB respond 응답하다 let *sb* know ~에게 알리다 at least 적어도, 최소한

해설 선택 의문문은 대답에서 '아무거나(either, whichever, whatever, whenever, any ~)'라는 말이 들리면 100% 정답이다. (A)는 her가 누구를 가리키는지 알 수 없으므로 정답이 될 수 없고, (C)는 질문의 invitation에서 연상되는 단어 guests를 이용해서 오답을 유도하고 있다.

p. 194 Part 3

Questions 13 through 15 refer to the following conversation and registration form.

M Au Hi, I enrolled in the fundamentals of economics course that meets on Tuesdays starting in March, but I've never received a confirmation e-mail about it.

W Br OK, let me check on that. Your name, please?

M Au Novak Sokolov. S-O-K-O-L-O-V.

W Br Here it is. Ah, I see. **13.** There's a **typo on your registration form**. You **put in 256 instead of 2256**. I just fixed that for you.

M Au Thank you very much. **14.** One more thing - I'd like to apply for a **student loan** to help pay for my tuition fee. Could you tell me about the **loan options** available?

W Br Oh, you'll have to talk to financial aid office about that. **15.** Hold on, please. I'll **transfer you to the department**.

13-15번 문제는 다음 대화와 신청서에 관한 것입니다.

남: 안녕하세요, 3월부터 화요일마다 있는 경제학 개론 수업에 등록했는데요, 그것에 관한 확인 이메일을 못 받았어요.

여: 알겠습니다, 확인해 볼게요. 성함을 알려주시겠어요?

남: Novak Sokolov요. S-O-K-O-L-O-V.

여: 여기 있네요. 아, 알겠네요. 학생 신청서에 오타가 있어요. 2256이 아니라 256이라고 기재하셨네요. 제가 방금 고쳐드렸어요.

남: 정말 고맙습니다. 한 가지만 더요 - 수업료 내는 데 도움을 줄 학자금 대출을 신청하고 싶거든요. 이용 가능한 대출 옵션에 대해 말씀해 주시겠어요?

여: 아, 그것에 대해서는 학자금 대출과에 말씀하셔야 해요. 끊지 말고 기다리세요. 부서로 연결해 드릴게요.

Online Registration Form

Name:	Novak Sokolov
Student ID:	992648
13. Course Number:	**13.** 256
Start Date:	March 5
E-mail Address:	ns015@bae.net

온라인 신청서

이름:	Novak Sokolov
학번:	992648
강의 번호:	256
시작 날짜:	March 5
이메일 주소:	ns015@bae.net

13. Look at the graphic. According to the woman, what information is incorrect?

(A) The start date   (B) The e-mail address

(C) The student ID   **(D) The course number**

그래픽을 보면 여자 말에 따르면 어떤 정보가 잘못되었는가?

(A) 시작 날짜   (B) 이메일 주소

(C) 학번   (D) 강의 번호

14. What does the man ask for more information about?
(A) Part-time jobs
(B) Student loans
(C) Graduate programs
(D) Volunteer opportunities

남자는 무엇에 대한 추가 정보를 요구하는가?
(A) 아르바이트
(B) 학자금 대출
(C) 대학원 과정
(D) 자원봉사 기회

15. What will the woman do next?
(A) Consult a brochure
(B) Print an invoice
(C) E-mail a form
(D) Transfer a call

여자는 이후에 무엇을 할 것인가?
(A) 안내 책자를 찾아본다
(B) 청구서를 인쇄한다
(C) 서식을 이메일로 보낸다
(D) 전화를 연결해준다

VOCAB enroll in ~에 등록하다 fundamental 기본 원칙 economics 경제학 course 강의, 강좌 confirmation 확인 check on ~을 확인하다 typo 오타, 오자 registration form 신청서 incorrect 부정확한, 맞지 않는 apply for ~을 신청하다 loan 대출 tuition fee 수업료 available 이용 가능한 graduate 대학원의 volunteer 자원봉사자 opportunity 기회 financial aid office 학자금 대출과 Hold on. (끊지 말고) 기다리세요. transfer *sb* to ~로 전화를 연결해주다 consult 찾아보다, 참고하다 brochure 안내 책자 invoice 송장(送狀), 청구서 form 서식

해설 여자가 신청서에 오타가 있다고 말하며(There's a typo on your registration form.), 2256을 기재해야 하는 것을 실수로 256을 기재했다고 했으므로(You put in 256 instead of 2256.), 온라인 신청서를 보면서 남자가 신청서에서 강의 번호(The course number)를 잘못 기재했다는 것을 파악하고 13번 문제의 정답을 선택하면 된다. 14번은 남자가 학자금 대출을 신청하고 싶다고 말하면서 이용 가능한 옵션을 물을 때(I'd like to apply for a student loan ~ Could you tell me about the loan options available?) 정답을 고를 수 있다. 15번은 do next 유형이므로 언제나 마지막 대사에서 정답을 알아내야 하는데, 여자의 마지막 대사가 I'll transfer you to the department.인 것을 듣고 고르면 된다.

Questions 16 through 18 refer to the following conversation and list of properties.

16-18번 문제는 다음 대화와 건물 목록에 관한 것입니다.

M Cn Hi Erika, this is Masaru. I need to decide which properties to show Ms. Weng. **16.** She wants to **start a coffee shop** in the center of town.

W Br **17.** Well, **here are the listings**. There are several properties available that might be suitable for a coffee shop. Is there any particular feature she considers important?

M Cn **17.** Well, she really **wants the shop to have its own parking lot.**

W Br OK, then I think you should show her this one.

M Cn OK. **18.** I'll **give her a call right now** and set up an appointment.

남: 안녕하세요 Erika, Masaru예요. 저는 Ms. Weng에게 어느 건물들을 보여줄지 결정해야 해요. 그녀는 마을 중심부에 커피숍을 시작하고 싶어 해요.

여: 음, 여기 목록이 있어요. 커피숍에 적합할 지도 모르는 이용 가능한 건물들이 몇 군데 있어요. 그녀가 중요하게 생각하는 특별한 주안점이 있나요?

남: 음, 가게에 전용 주차장이 있기를 정말 바라던데요.

여: 좋아요, 그렇다면 그녀에게 이 자리를 보여주면 좋을 것 같아요.

남: 알겠어요. 지금 바로 그녀에게 전화해서 약속을 잡을게요.

16. What type of business does Ms. Weng want to open?

(A) A toy store

(B) A real estate agency

(C) A coffee shop

(D) A legal service provider

Ms. Weng은 어떤 유형의 사업체를 열고 싶어 하는가?

(A) 장난감 가게

(B) 부동산 중개소

(C) 커피숍

(D) 법률 서비스 제공업체

COMMERCIAL PROPERTIES FOR RENT

Address	Property Feature
17. 55 North Street	**17.** Parking lot
30 Main Avenue	Storage area
22 Senate Street	Price
35 Central Avenue	Size

임대용 상업 부동산

주소	건물의 특징
55 North Street	주차장
30 Main Avenue	보관 창고
22 Senate Street	가격
35 Central Avenue	크기

17. Look at the graphic. Which property will be shown to Ms. Weng?

(A) 55 North Street

(B) 30 Main Avenue

(C) 22 Senate Street

(D) 35 Central Avenue

그래픽을 보면 Ms. Weng에게 어느 건물이 소개될 것인가?

(A) 55 North Street

(B) 30 Main Avenue

(C) 22 Senate Street

(D) 35 Central Avenue

18. What will the man most likely do next?

(A) Take a measurement of a room

(B) Get in touch with a client

(C) Provide driving directions

(D) Supply a price estimate

남자는 이후에 무엇을 할 것 같은가?

(A) 방의 치수를 잰다

(B) 고객에게 연락을 한다

(C) 운전을 위한 길 안내를 제공한다

(D) 가격 견적서를 제공한다

VOCAB property 부동산, 건물 real estate agency 부동산 중개소 legal 법률과 관련된 listing 목록, 명단 available 이용 가능한 suitable 적합한, 알맞은 particular 특정한, 특별한 feature 특징, 주안점 commercial 상업적인 rent 임대, 임차 storage area 보관 창고 give *sb* a call 전화를 걸다 set up an appointment 만날 약속을 하다 take a measurement of ~의 치수를 재다 get in touch with ~와 연락하다 directions 길 안내 supply 제공하다, 공급하다 price estimate 가격 견적서

해설 우선 16번 문제의 정답은 남자의 대사 She wants to start a coffee shop에서 쉽게 알아낼 수 있다. 17번을 풀기 위해 여자가 남자에게 목록을 줄 때(here are the listings) 그래픽에 주목하기 시작해야 한다. 그리고 남자가 she really wants the shop to have its own parking lot.이라고 말할 때 분명 고객에게 주차장이 있는 건물을 보여주리라는 것을 파악하고 17번의 정답을 선택한다. 18번 같은 do next 유형의 문제는 언제나 마지막 대사에서 정답을 알려주므로 대화를 끝까지 집중해서 들어야 한다. 남자의 마지막 대사에서 give her a call이 Get in touch with a client로 바뀌어 있다는 것을 간파하고 정답을 골라야 한다.

Questions 19 through 21 refer to the following conversation and map.

M Cn Hi, I'd like to buy a ticket for the eight o'clock showing of the history documentary. **19.** Do you **offer a student discount?**

W Am Yes, we do. If you can present your student ID, you're eligible to get a ten percent discount.

M Cn Great. Here it is.

W Am Thank you. That'll be thirteen dollars. **20.** Also, we're **running a special at our snack bar** today. **20.** A **free beverage** is being provided with the purchase of any food item.

M Cn That sounds good, **20.** but I'll **head directly to the theater** because I **already had dinner**.

W Am All right, here's your ticket. **21.** The movie is **showing in the theater closest to the snack bar.**

19-21번 문제는 다음 대화와 지도에 관한 것입니다.

남: 안녕하세요, 역사 다큐멘터리의 8시 상영 티켓을 사려고 해요. 학생 할인을 제공하시나요?

여: 네, 제공합니다. 학생증을 제시할 수 있다면, 10퍼센트 할인을 받으실 자격이 되세요.

남: 잘됐네요. 여기 있어요.

여: 고맙습니다. 13 달러입니다. 그리고 오늘 저희 스낵바에서 특별 행사를 하고 있어요. 아무 식품이나 구매하시면 무료 음료가 제공되고 있습니다.

남: 그거 좋네요, 하지만 저는 이미 저녁을 먹어서 곧장 극장으로 가야겠어요.

여: 네, 표 여기 있습니다. 영화는 스낵바에서 가장 가까운 상영관에서 상영합니다.

19. What does the man ask the woman about?
(A) Parking fees
(B) Seat assignment
(C) A student discount
(D) A payment option

남자는 여자에게 무엇을 묻는가?
(A) 주차 요금
(B) 좌석 배정
(C) 학생 할인
(D) 결제 방법

20. Why does the man decline an offer?
(A) He seldom goes to the theater.
(B) He is waiting for a friend.
(C) He usually buys tickets online.
(D) He already ate a meal.

남자는 왜 제안을 거절하는가?
(A) 좀처럼 극장에 가지 않는다.
(B) 친구를 기다리고 있다.
(C) 보통 인터넷으로 표를 산다.
(D) 이미 식사를 했다.

21. Look at the graphic. Where will the man go next?
(A) To Theater 1
(B) To Theater 2
(C) To Theater 3
(D) To Theater 4

그래픽을 보면 남자는 이후에 어디로 갈 것인가?
(A) 제1관으로
(B) 제2관으로
(C) 제3관으로
(D) 제4관으로

해설

19번 문제는 남자의 대사 Do you offer a student discount?를 들으면 쉽게 정답을 알 수 있다. 20번은 여자가 A free beverage is being provided with the purchase of any food item.이라는 말로 스낵바 이용을 권장하자 남자가 but I'll head directly to the theater because I already had dinner.이라는 말로 거절하는 것을 듣고 정답을 알아내야 한다. 21번 문제처럼 주어지는 그래픽이 지도(map)나 도면(floor plan)이면 대부분 '위치 표현'이 정답의 키워드가 된다. 여자의 마지막 대사 The movie is showing in the theater closest to the snack bar.를 들으면 남자는 스낵바에서 가장 가까운 제4관으로 가야 한다는 것을 알 수 있다.

p. 195 Part 4

Questions 22 through 24 refer to the following excerpt from a meeting and floor plan.

M Au Hi everyone. **22.** The first item on the agenda this morning is a new **company initiative**. **22.** To **promote employee health**, we **encourage everyone to drink more water**. **23.** As part of this effort, a new **water dispenser** is going to be installed. **23.** There's **already one in the employee lounge**, and the **new one will be added** in the hallway, **right across from the kitchen.** And to encourage you to use the dispensers, we're giving away a reusable water bottle to each employee. You'll have a choice of either metal or plastic, **24.** so please **put a check next to the one you'd prefer on the paper** I'm passing around.

22-24번 문제는 다음 회의 발췌문과 평면도에 관한 것입니다.

모두 안녕하세요. 오늘 오전 안건의 첫 항목은 회사의 새 계획입니다. 직원 건강을 증진시키기 위해, 우리는 여러분 모두가 더 많은 물을 마실 것을 권장합니다. 이 활동의 일환으로, 새로운 정수기가 설치될 것입니다. 이미 직원 휴게실에 하나가 있고, 새로운 것은 식당 바로 맞은편 복도에 추가될 것입니다. 그리고 여러분이 이 정수기들을 사용할 것을 권장하기 위해, 우리는 각 직원에게 재사용할 수 있는 물병을 나눠 줄 것입니다. 금속 또는 플라스틱 중 하나를 고를 수 있으니, 제가 돌리고 있는 종이에 당신이 선호하는 것을 체크 표시해 주세요.

22. What is the company trying to do?
(A) Encourage energy conservation
(B) Decrease travel expenses
(C) Enhance workplace safety
(D) Promote employee health

회사는 무엇을 하려고 노력하고 있는가?
(A) 에너지 절약을 권장한다
(B) 출장비를 감소시킨다
(C) 직장 안전을 향상시킨다
(D) 직원 건강을 증진시킨다

Office 201	Ⓐ	Conference Room
Employee Lounge	Ⓑ	Office 204
Office 202	Ⓒ	**23.** Kitchen
Office 203	Ⓓ	Copy Room

사무실 201	Ⓐ	회의실
직원 휴게실	Ⓑ	사무실 204
사무실 202	Ⓒ	식당
사무실 203	Ⓓ	복사실

23. Look at the graphic. Where will a new dispenser be located?

    (A) At location A

    (B) At location B

    (C) At location C

    (D) At location D

그래픽을 보면 새 정수기를 어디에 위치할 것인가?

    (A) A 지점에

    (B) B 지점에

    (C) C 지점에

    (D) D 지점에

24. What are the listeners asked to do?

    (A) Retain receipts

    (B) Indicate a preference

    (C) Read an user manual

    (D) Report problems immediately

청자들은 무엇을 하도록 요구받는가?

    (A) 영수증을 보관한다

    (B) 선호하는 것을 나타낸다

    (C) 사용자 설명서를 읽는다

    (D) 문제를 즉시 보고한다

VOCAB item 항목 agenda 안건 initiative 계획, 프로젝트 promote 증진시키다 encourage 권장하다, 장려하다 conservation 보존, 절약 travel expense 출장비 enhance 향상시키다 effort 노력; 활동 water dispenser 정수기 lounge 휴게실 hallway 복도 across from ~맞은편에 conference room 회의실 give away ~을 나눠 주다, 선물로 주다 reusable 재사용할 수 있는 pass around (여러 사람이 보도록) 돌리다 retain 보관하다 receipt 영수증 indicate 나타내다 preference 선호

해설 우선 22번 문제는 회사가 직원들의 건강을 증진하기 위해 물 마시기를 권장한다는(To promote employee health, we encourage everyone to drink more water.) 말을 듣고 정답을 알 수 있다. 그래픽 문제는 23번처럼 지도나 도면이 주어질 때가 많은데, 이런 경우에는 항상 '위치 표현'이 정답의 키워드가 된다. 새 정수기는 복도에 설치될 것인데, 식당 맞은편이라고 (the new one will be added in the hallway, right across from the kitchen.) 말하는 것을 듣고 정답을 선택해야 한다. 24번은 마지막 문장에서 put a check next to the one you'd prefer가 패러프레이즈 되어 있는 보기 (D)가 정답이다.

Questions 25 through 27 refer to the following telephone message and office directory.

[M Cn] Hi Fariya, it's Joseph. **25.** Thanks for **taking over my delivery route** tomorrow morning. I really appreciate it. **25.** I wanted to tell you that **one of the packages is a printer** that's going to the Stadley Office Building on Mabrick Street. **26.** Just **remember that a signature confirmation is required** for this kind of package, so **it has to be signed** for by the person it's addressed to. **27.** I don't remember the name of the **recipient**, but **his office is Room 304.** Thanks again!

25-27번 문제는 다음 전화 메시지와 사무실 안내판에 관한 것입니다.

안녕, Fariya. Joseph예요. 내일 오전에 내가 배달할 곳들을 맡아줘서 고마워요. 정말 고마워요. 소포 중 하나는 Mabrick 가(街)에 있는 Stadley 업무용 빌딩으로 가는 프린터라는 걸 말해주고 싶었어요. 이런 종류의 소포는 서명 확인이 필요하므로 받는 사람이 사인해줘야 한다는 걸 잊지 말아 주세요. 수령인 이름은 기억이 안 나지만 사무실은 304호예요. 다시 한번 고마워요!

25. What will be delivered?

    (A) Some architectural plans

    (B) Some employee records

    (C) A printer

    (D) A desk lamp

무엇이 배송될 것인가?

    (A) 몇몇 건축 도면

    (B) 몇몇 직원 기록

    (C) 프린터

    (D) 탁상용 램프

26. What does the speaker remind the listener to do?

(A) Get a signature
(B) Secure a visitor pass
(C) Confirm a delivery address
(D) Call the head office

화자는 청자에게 무엇을 하도록 상기시키는가?

(A) 서명을 받는다
(B) 방문자 출입증을 확보한다
(C) 배송 주소를 확인한다
(D) 본사에 전화한다

Stadley Office Building Directory	
302	Raymond Jackman
303	Shichiro Ichimura
27. **304**	**27.** **Weimin Li**
305	Harvey Morris

Stadley 오피스 빌딩 안내	
302	Raymond Jackman
303	Shichiro Ichimura
304	Weimin Li
305	Harvey Morris

27. Look at the graphic. Who is the package addressed to?

(A) Raymond Jackman
(B) Shichiro Ichimura
(C) Weimin Li
(D) Harvey Morris

그래픽을 보면 소포는 누구 앞으로 보내지는가?

(A) Raymond Jackman
(B) Shichiro Ichimura
(C) Weimin Li
(D) Harvey Morris

VOCAB directory 빌딩 안내판 take over 넘겨받다, 인수하다 appreciate 고마워하다 package 소포 architectural plan 건축 도면 signature 서명 confirmation 확인 address (~ 앞으로 우편물을) 보내다 secure 확보한다, 획득한다 pass 출입증 confirm 확인하다 head office 본사 recipient 받는 사람, 수령인

해설 25번 문제는 두 번째 문장의 one of the packages is a printer에서, 26번은 이어지는 문장의 a signature confirmation is required와 it has to be signed에서 정답을 알 수 있다. 28번은 문제를 미리 읽을 때, 수령인의 이름이 직접 언급되는 일은 없을 것이므로 그래픽에 나와 있는 사무실 번호를 듣고 정답을 골라야겠다고 생각해둬야 한다. 따라서 마지막 문장의 his office is Room 304.를 듣고 선택하면 된다.

Questions 28 through 30 refer to the following talk and product ratings.

Ⓜ Ⓐⓤ Alright everyone, as most of you know, **28.** Consumer Corner **magazine** is about to publish its annual review of washing machines. That includes our Wilson 25. **28.** I just handed out the **advance copies of the article we'd received.** As the contents of the table demonstrate, we were rated "excellent" in one category and we got several "goods," **29.** but that **rating of "fair"** falls short of our expectations. **29.** So that's **what we've got to focus on improving** in next year's model of this machine. **30.** I've asked **Peter from the product design team** to join us and share his thoughts. Peter?

28-30번 문제는 다음 담화와 제품 평가에 관한 것입니다.

자, 여러분, 대부분 아시다시피, 'Consumer Corner' 잡지가 곧 세탁기에 대한 연례 평가를 실을 겁니다. 거기에는 우리의 Wilson 25가 포함됩니다. 방금 우리가 받은 견본 기사를 나눠드렸습니다. 표의 내용이 보여주듯이, 우리는 한 부문에서 '우수' 등급을 받았고 여러 개의 '양호'를 받았지만, '평균' 등급은 우리의 기대치에 못 미칩니다. 따라서 바로 그 부분이 우리가 이 기계의 내년 모델에서 향상시키는 데 집중해야 하는 부분일 겁니다. 제품 디자인 팀의 Peter에게 우리와 함께해서 의견을 공유해달라고 부탁했습니다. Peter?

28. What has the speaker received a copy of?

(A) A testimonial

(B) A magazine article

(C) A sales report

(D) A technical drawing

화자는 무엇의 사본을 받았는가?

(A) 추천의 글

(B) 잡지 기사

(C) 판매 보고서

(D) 기술 도안

Washing Machine Product Ratings	
Wilson 25	
Features	**Ratings**
Price	Excellent
Wash settings	Good
Load capacity	Good
Energy efficiency	Good
29. Noise	29. Fair

세탁기 제품 평가	
Wilson 25	
특성	**등급**
가격	우수
세탁 설정	양호
적재 용량	양호
에너지 효율	양호
소음	평균

29. Look at the graphic. Which feature does the speaker say they have to focus on?

(A) Price

(B) Load capacity

(C) Energy efficiency

(D) Noise

그래픽을 보면 화자는 어느 특성에 초점을 맞춰야 한다고 말하는가?

(A) 가격

(B) 적재 용량

(C) 에너지 효율

(D) 소음

30. Who is Peter?

(A) A sales associate

(B) A maintenance technician

(C) A product designer

(D) A company executive

Peter는 누구인가?

(A) 영업 사원

(B) 정비 기사

(C) 제품 디자이너

(D) 회사 간부

VOCAB rating 평가, 순위 be about to-V 막 ~하려는 참이다 review 논평, 비평 washing machine 세탁기 hand out ~을 나눠 주다, 배포하다 advance copy 신간 출판물 견본 content 내용 table 표 demonstrate 보여주다, 입증하다 rate 등급을 매기다 category 범주, 부문 fair 중간 정도의, 평균의 fall short of ~에 미치지 못하다 expectation 기대, 요구 have got to ~해야 한다 focus on ~에 집중하다, 초점을 맞추다 feature 특징, 특성 setting 설정 load 적재량 capacity 용량, 수용력

해설 28번은 키워드만 잘 파악해 보자. 첫 문장에서 잡지 이름 *Consumer Corner* magazine을 언급한 후에 견본 기사를 받았다는 (the advance copies of the article we'd received) 말이 나오므로 여기서 정답을 선택하면 된다. 29번은 문제를 미리 읽을 때 특성 항목은 언급되지 않을 것이므로 등급을 나타내는 단어를 잘 들어야겠다고 생각해두자. '평균' 등급은 우리의 기대치에 못 미치는 것"(but that rating of "fair" falls short of our expectations.)이라고 말한 후에 "바로 그 부분이 향상시키는 데 집중해야 하는 것"(So that's what we've got to focus on improving)이라고 했으므로, 표에서 "평균(fair)" 등급을 받은 항목을 찾아 정답을 골라야 한다. 30번은 마지막 문장에서 Peter from the product design team이라는 키워드를 듣고 정답을 선택하자.

토익 마법
2주의 기적

초보자를 가장 빠르게 **700점** 이상으로 인도하는 책

1 청취력에 상관없이 점수를 올려주는 문제 풀이 비결 제시!

2 10년 이상의 생생한 현장 강의를 집결한 비법 전수!

3 출제 유형별 필수 키워드와 핵심 표현 완벽 정리!

4 하루에 모든 파트를 학습할 수 있는 DAY 구성!

5 초급 탈출 및 중급자를 위한 고득점의 발판 마련!

<EVOLVE> 시리즈

COURSE

9781009231763
A1

9781009231794
A2

9781009231824
B1

9781009237550
B1+

9781009235518
B2

9781009237581
C1

<UNLOCK> 시리즈

Listening & Speaking

9781009031455
A1

9781009031462
A2

9781009031479
B1

9781009031486
B2

9781009031493
C1

Reading & Writing

9781009031387
A1

9781009031394
A2

9781009031400
B1

9781009031417
B2

9781009031448
C1

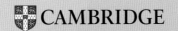

BM (주)도서출판 성안당 CAMBRIDGE 도서문의 031-950-6394

9781009285971
A1

9781009286336
A2

9781009286534
B1

9781009286596
B1+

9781009251327
A1

9781009251631
A2

9781009251792
B1

9781009251860
B2

9781009251938
C1

BM (주)도서출판 성안당 | CAMBRIDGE | 도서문의 031-950-6394